Mark Zahel

Alm- und Hüttenwanderungen
Südtirol West

Vinschgau, Meraner Land, Sarntal

70 ausgewählte Touren

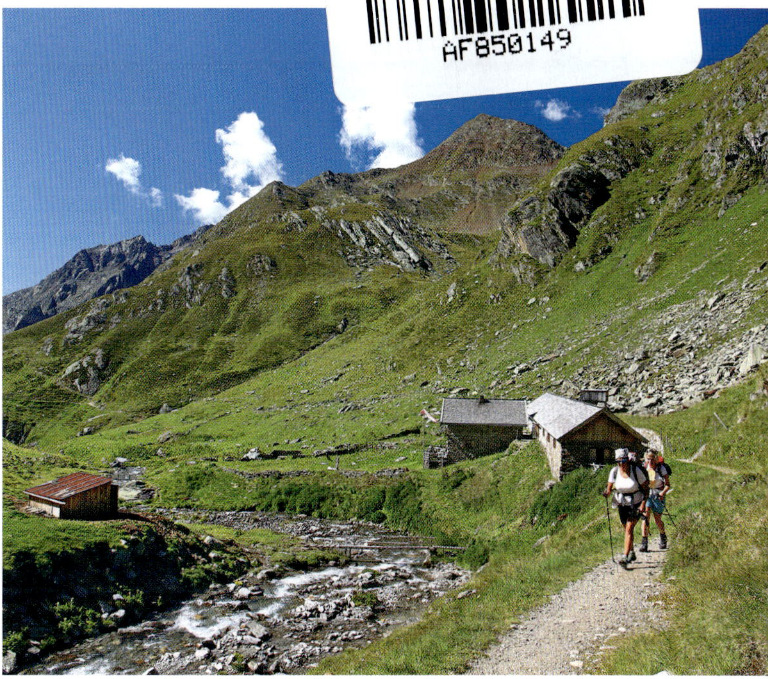

ROTHER
BERGVERLAG

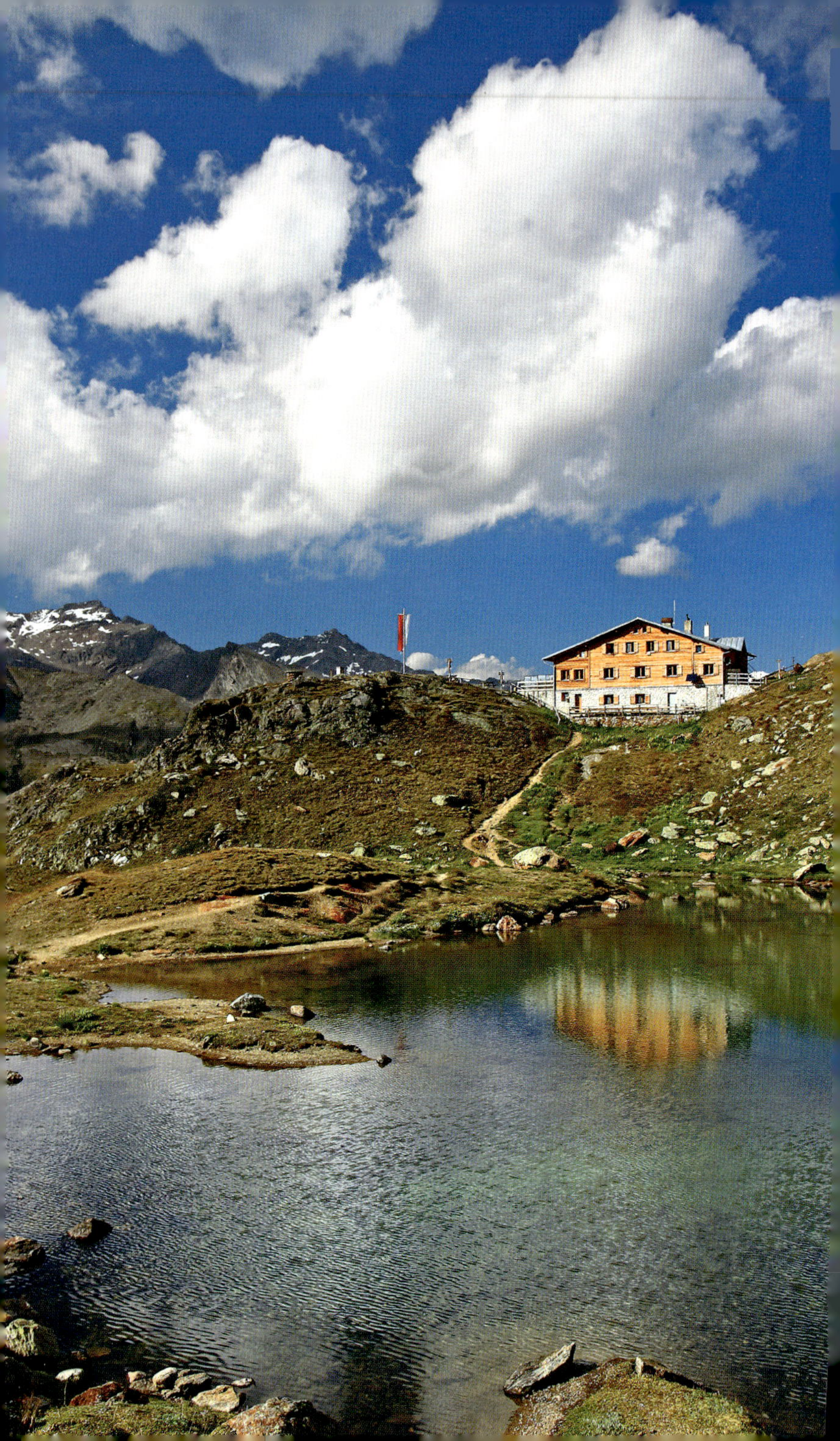

Vorwort

Wandern in Südtirol – fürwahr ein unerschöpfliches Thema! Die landschaftliche Spannbreite dieses sonnenverwöhnten Landstrichs auf der Alpensüdseite reicht von den Weinbergen und Obstgärten des Unterlandes bis zu den eisigen Höhen des Alpenhauptkammes und der Ortlergruppe, die am allerhöchsten Berg fast 4000 Meter messen. Die meisten Wanderer sind mit Vorliebe irgendwo dazwischen unterwegs und stellen traditionell gern das Genussmotto in den Vordergrund ihrer Aktivitäten. Und wo käme dieses Motto wohl besser zum Tragen als auf Streifzügen zu den zahlreichen bewirtschafteten Almen und Hütten, die mit prima Aussicht, kulinarischen Köstlichkeiten und einem herrlichen Naturerlebnis ringsum punkten?
Ein Aufstieg durch würzigen Bergwald, hinein in die ganz eigene Welt der Hochweiden, wo sich das Blickfeld allmählich weitet und die Kuhglocken meditative Klänge verströmen: Dort liegt das Ziel, an dem unsere Wünsche bereits angelangt sind, die Sehnsucht nach Idylle und Seelenfrieden oder ganz profan nach einem erfrischenden Getränk und einer herzhaften Mahlzeit. Die klassische Südtiroler Marende ist auch bei Touristen ein Evergreen, ebenso wie landestypische Fleisch- und Veggie-Gerichte ein Stück »Glück auf dem Teller« bedeuten.
In diesem Büchlein sind zahllose Möglichkeiten enthalten, dieser unwiderstehlichen Lebensart auf die Spur zu kommen, verpackt in 70 konkrete Tourenvorschläge. Dabei bestehen natürlich merkliche Unterschiede zwischen einem gemütlichen Almbummel und einem Aufstieg zu einer hochgelegenen Schutzhütte, der uns manchmal schon auf Augenhöhe mit stattlichen Berggipfeln bringt. Praktisch vollzählig vorgestellt werden die echten Tourenstützpunkte der Region; bei der enormen Anzahl an Almen ist indes eine großzügige Auswahl getroffen worden. Ihrer relativ geringen Anforderungen wegen eignen sich die weitaus meisten Wanderungen auch für die ganze Familie, gegebenenfalls in Form einer verkürzten Variante, sofern der Nachwuchs noch nicht so ausdauernd sein sollte. Ein paar Hinweise werden zudem auf das erweiterte Tourenumfeld gegeben, schließlich bevorzugt manch einer die Einkehr womöglich erst nach erfolgreicher Gipfelbesteigung ...
Aufgrund der Fülle von potenziellen Zielen in Südtirol präsentieren wir das Land in zwei Bände aufgeteilt. Der hier vorliegende widmet sich der Westhälfte, also dem Vinschgau mit all seinen Seitentälern, dem Meraner Land einschließlich Passeier, Ulten und Deutschnonsberg, dem Sarntal sowie dem südlichsten Winkel um den Kalterer See. Beschrieben werden meist die gängigsten Aufstiege, nicht selten auch in pfiffigen Kombinationen – denn die Einkehrmöglichkeiten bilden die inhaltliche Klammer im Sinne eines thematisch ausgerichteten Wanderbuches.
Bleibt mir, Ihnen vielfältige »Genüsse« in einer der schönsten Alpenregionen zu wünschen ...

Frühjahr 2023 | Mark Zahel

Die Marteller Hütte über der Konzenlacke.

Inhalt

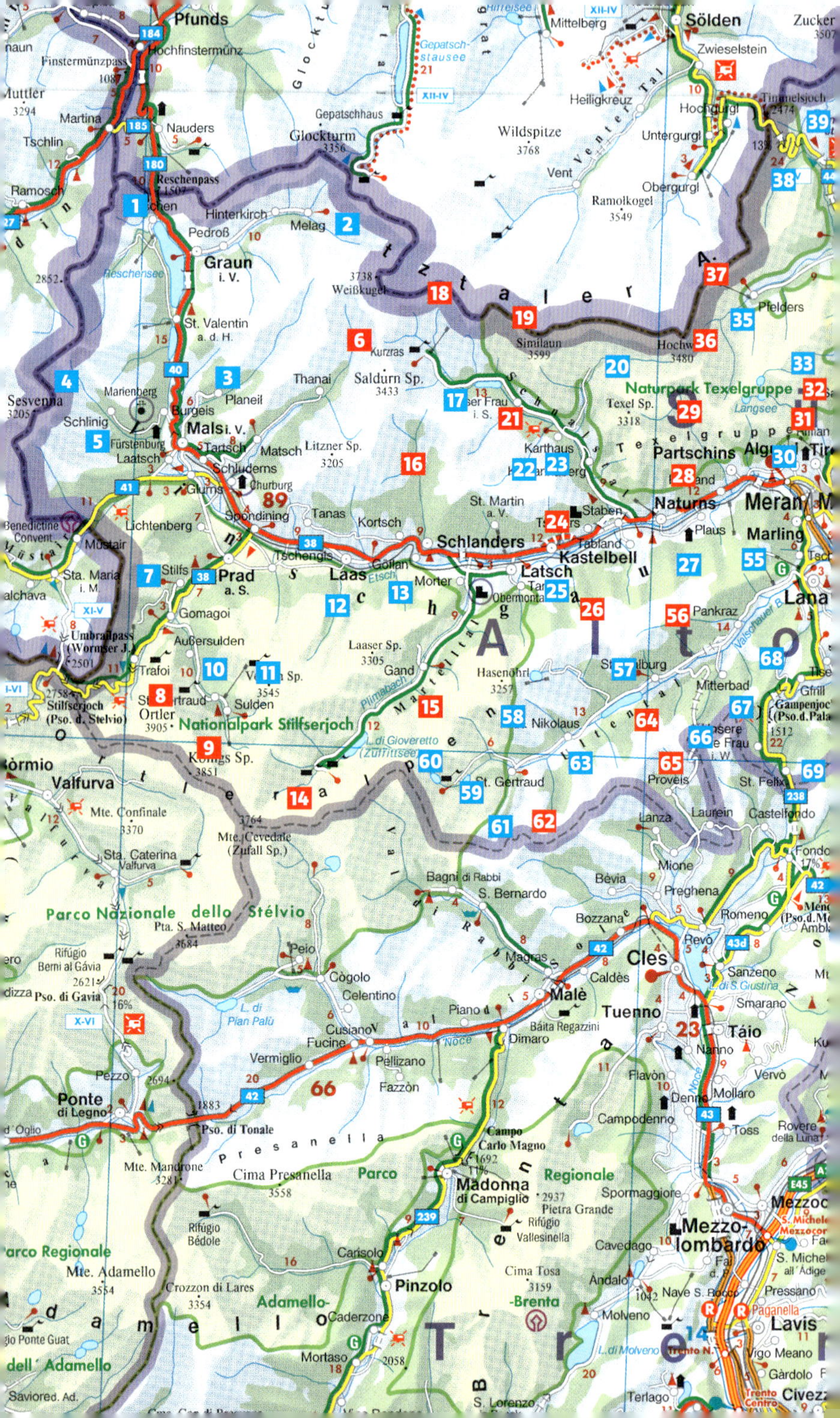

Pfunds
Hochfinstermünz
Finstermünzpass
Nauders
Reschenpass
Martina
Tschlin
Ramosch
Gepatsch-stausee
Gepatschhaus
Glockturm
Mittelberg
Sölden
Zwieselstein
Heiligkreuz
Wildspitze
Vent
Hochgurgl
Untergurgl
Obergurgl
Ramolkogel
Timmelsjoch
Hinterkirch
Melag
Pedroß
Graun i. V.
Reschensee
Weißkugel
St. Valentin a. d. H.
Similaun
Pfelders
Kurzras
Saldurn Sp.
Thanai
Planeil
Marienberg
Sesvenna
Schlinig
Burgeis
Fürstenburg
Laatsch
Malsi. V.
Tartsch
Matsch
Litzner Sp.
Schluderns
Churburg
Glurns
Texel Sp.
Naturpark Texelgruppe
Langsee
Karthaus
Partschins
Algund
Naturns
Meran
Marling
Plaus
Staben
Tabland
Kastelbell
Schlanders
St. Martin a. V.
Lichtenberg
Spondinig
Tanas
Kortsch
Müstair
Sta. Maria i. M.
Stilfs
Prad a. S.
Tschengls
Laas
Göflan
Morter
Latsch
Obermontani
Lana
Pankraz
Gomagoi
Umbrailpass (Wormser J.)
Außersulden
Trafoi
Stilfserjoch (Pso. d. Stelvio)
Ortler
Sulden
Nationalpark Stilfserjoch
Laaser Sp.
Gand
Hasenöhrl
St. Walburg
Mitterbad
Gampenjoch (Pso.d.Palade)
St. Nikolaus
Königs Sp.
L. di Gioveretto (Zufrittsee)
St. Gertraud
Proveis
St. Felix
Bórmio
Valfurva
Mte. Confinale
Mte. Cevedale (Zufall Sp.)
Sta. Caterina Valfurva
Lanza
Laurein
Castelfondo
Fondo
Mione
Bévia
Preghena
Bagni di Rabbi
S. Bernardo
Parco Nazionale dello Stélvio
Pta. S. Matteo
Bozzana
Romeno
Revò
Sanzeno
Cles
Caldès
Rifúgio Berni al Gávia
Pso. di Gavia
Peio
Cógolo
Celentino
L. di Pian Palù
Malè
Tuenno
L. di S. Giustina
Smarano
Piano
Cusiano
Fucine
Vermiglio
Pellizano
Fazzòn
Dimaro
Báita Regazzini
Táio
Nanno
Flavòn
Denno
Mollaro
Vervò
Ponte di Legno
Pezzo
Pso. di Tonale
Presanella
Campodenno
Toss
Campo Carlo Magno
Mte. Mandrone
Cima Presanella
Parco Regionale
Madonna di Campiglio
Pietra Grande
Spormaggiore
Rifúgio Vallesinella
Rifúgio Bédole
Mezzolombardo
Mezzocorona
S. Michele all' Adige
Cavedago
Carisolo
Parco Regionale
Mte. Adamello
Crozzon di Lares
Cima Tosa
Pinzolo
Adamello-Brenta
Andalo
Nave S. Rocco
Pressano
Molveno
Paganella
Caderzone
L. di Molveno
Lavis
Vigo Meano
Gárdolo
Mortaso
Terlago
Trento Centro
Civezzano
S. Lorenzo
Saviore d. Ad.

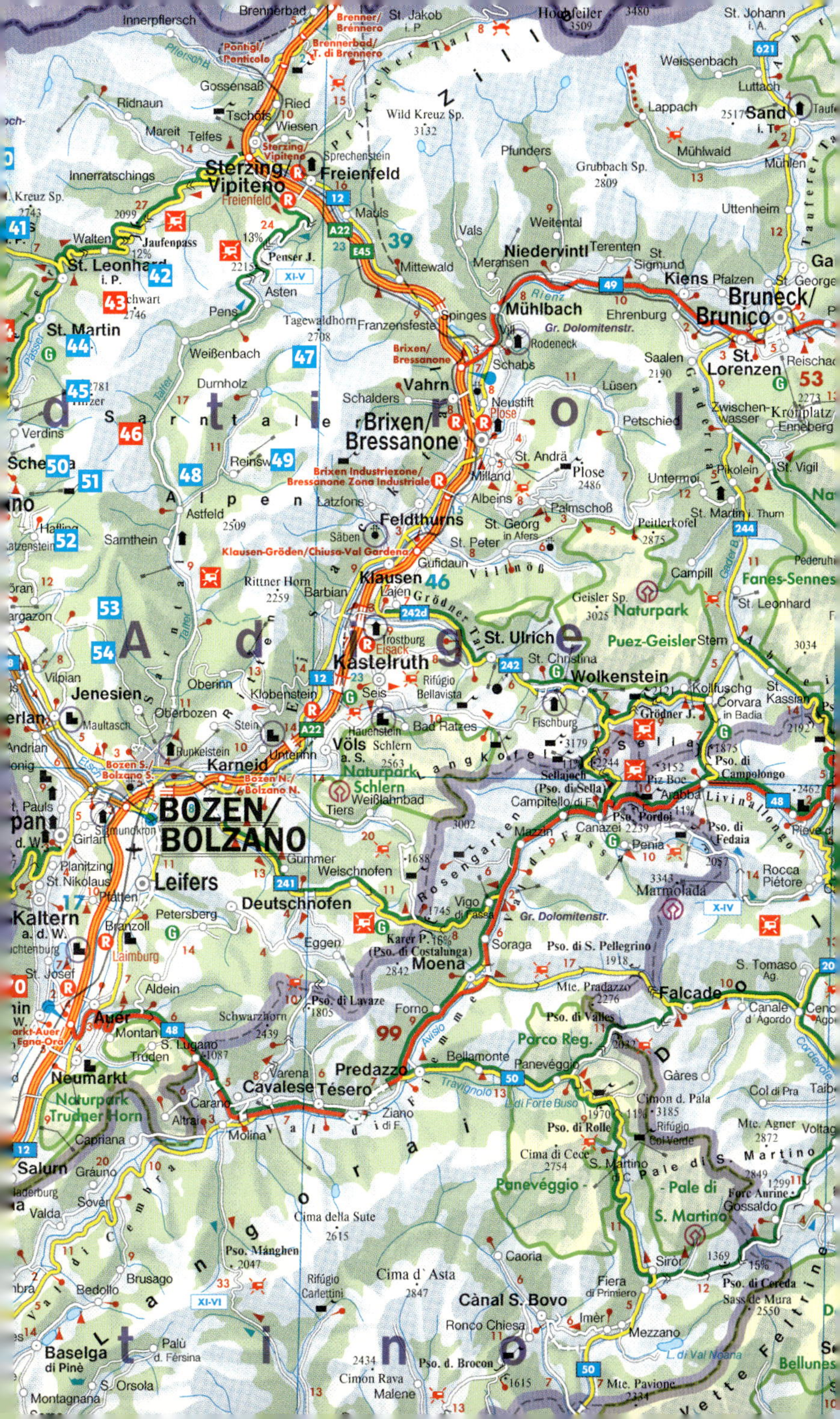

Innerpflersch
Brennerbad
Brenner/ Brennero
St. Jakob i. P.
Hochfeiler 3509
3480
St. Johann i. A.
Brennerbad/ T. di Brennero
Pontigl/ Ponticolo
Weissenbach
Gossensaß
Ridnaun
Ried
Tschöfs
Wiesen
Wild Kreuz Sp. 3132
Lappach
Luttach
Sand i. T.
Mareit
Telfes
Sterzing/ Vipiteno
Sprechenstein
Mühlwald
Mühlen
Pfunders
Grubbach Sp. 2809
Innerratschings
Sterzing Vipiteno
Freienfeld
Kreuz Sp. 2743
Uttenheim
Mauls
Weitental
Vals
Jaufenpass
Walten
Penser J.
Mittewald
Meransen
Niedervintl
Terenten
St. Sigmund
Kiens
Pfalzen
St. Georgen
St. Leonhard i. P.
Schwarz 2746
Asten
Mühlbach
Ehrenburg
Bruneck/ Brunico
Pens
Tagewaldhorn 2708
Franzensfeste
Spinges
Gr. Dolomitenstr.
Rodeneck
St. Martin
Weißenbach
Brixen/ Bressanone
Schabs
Saalen 2190
St. Lorenzen
Reischach
Durnholz
Vahrn
Schalders
Neustift
Lüsen
Zwischenwasser
Kronplatz
Enneberg
Verdins
Sarntal
Brixen/ Bressanone
Plose
Petschied
Reinswald
St. Andrä
Plose 2486
Untermoi
Pikolein
St. Vigil
Brixen Industriezone/ Bressanone Zona Industriale
Milland
Sarntaler Alpen
Latzfons
Albeins
Palmschoß
St. Martin i. Thum
Astfeld
Hafling
2509
Feldthurns
Peitlerkofel 2875
Säben
St. Georg in Afers
Samthein
St. Peter
Klausen-Gröden/Chiusa-Val Gardena
Gufidaun
Villnöß
Campill
Pederü
Fanes-Sennes
Rittner Horn 2259
Barbian
Klausen
Lajen
Geisler Sp. 3025
Naturpark
St. Leonhard
Grödner Tal
Puez-Geisler
Stern
Trostburg
St. Ulrich
St. Christina
Jenesien
Kastelruth
Eisack
3034
Vilpian
Oberinn
Klobenstein
Rifúgio Bellavista
Wolkenstein
Kolfuschg
St. Kassian
Oberbozen
Seis
Corvara in Badia
Grödner J.
Maultasch
Stein
Fischburg
Hauenstein
Bad Ratzes
Sella
Pso. di Campolongo
Runkelstein
Unterinn
Völs a. S.
Schlern 2563
3179
3152
1875
Karneid
Sellajoch (Pso. di Sella)
Langkofel
Bozen S./ Bolzano S.
Bozen N./ Bolzano N.
Naturpark Schlern
Piz Boe
Arabba
Livinallongo
St. Pauls
Eppan
Girlan
Sigmundskron
Tiers
Weißlahnbad
Campitello di F.
Pso. Pordoi
BOZEN/ BOLZANO
3002
Canazei
2239
Pso. di Fedaia
Pieve
Mazzin
Gummer
Penia
Planitzing
St. Nikolaus
Leifers
Welschnofen
1688
Val di Fassa
Rocca Piétore
Rosengarten
3343
Marmolada
Kaltern a. d. W.
Pfatten
Deutschnofen
Vigo di Fassa
Gr. Dolomitenstr.
Petersberg
Branzoll
Laimburg
Eggen
Karer P. (Pso. di Costalunga)
Soraga
Pso. di S. Pellegrino 1918
St. Josef
Moena
2842
Mte. Pradazzo 2276
S. Tomaso Ag.
Aldein
Falcade
Canale d'Agordo
Pso. di Lavaze 1805
Forno
Schwarzhorn 2439
Pso. di Valles
Auer
Montan
Parco Reg.
Truden
S. Lugano
Bellamonte
Panevéggio
Gares
Neumarkt
Varena
Predazzo
Naturpark Trudner Horn
Carano
Cavalese
Tésero
Travignolo
L. di Forte Buso
Cimon d. Pala 3185
Col di Pra
Altrei
Molina
Val di Fiemme
Ziano di F.
Pso. di Rolle
Rifúgio Col Verde
Mte. Agner 2872
Capriana
Salurn
Grauno
Cima di Cece 2754
S. Martino di C.
Pale di S. Martino
Panevéggio
Fore Aurine
Gosaldo
Sover
Valda
Cima della Sute 2615
Pso. Mánghen 2047
Caoria
Siror
Fiera di Primiero
Pso. di Cereda
Sass de Mura 2550
Bedollo
Brusago
Rifúgio Carlettini
Cima d'Asta 2847
Cànal S. Bovo
Ronco Chiesa
Imèr
Mezzano
L. di Val Noana
Baselga di Pinè
Palù d. Fersina
Pso. d. Brocon
Bellunese
S. Orsola
2434
Cimon Rava
Malene
Mte. Pavione 2334
Montagnana
Vette Feltrine
Südtirol
Adige
Trentino

Top-Touren

Weißkugelhütte und Melager Alm
Der Talschluss von Langtaufers bietet eine großartige Szenerie glazialer Formung, in der trotz Gletscherschwunds das Eis noch immer beträchtliche Anteile hält *(Tour 2, 3.50 Std.)*.

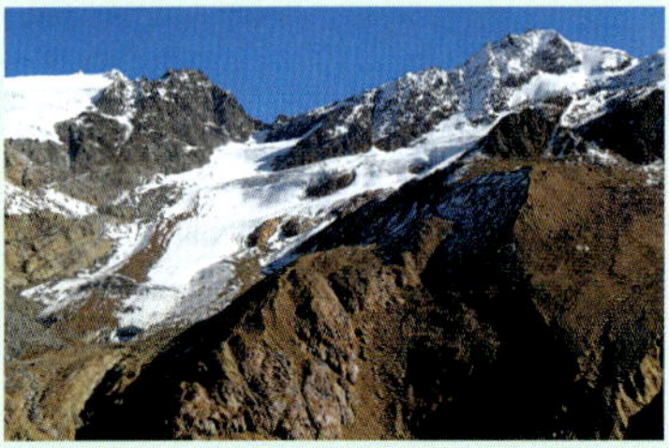

Tabarettahütte und Payerhütte
An der Ortler-Nordseite, dem höchsten Berg ganz Südtirols, liegt oberhalb der 3000-Meter-Marke auch die höchste Hütte unserer Auswahl *(Tour 8, 5.30 Std.)*.

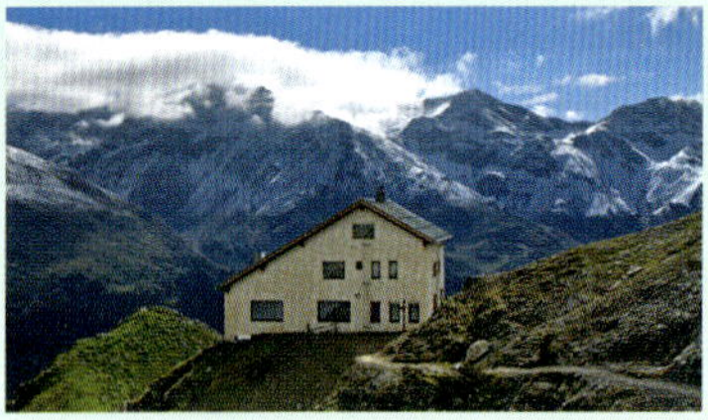

Marteller Hütte und Zufallhütte
Die beiden Alpinstützpunkte in der großartigen Bergarena des innersten Martelltals – ein Tourengebiet der Extraklasse *(Tour 14, 3.40 Std.)*.

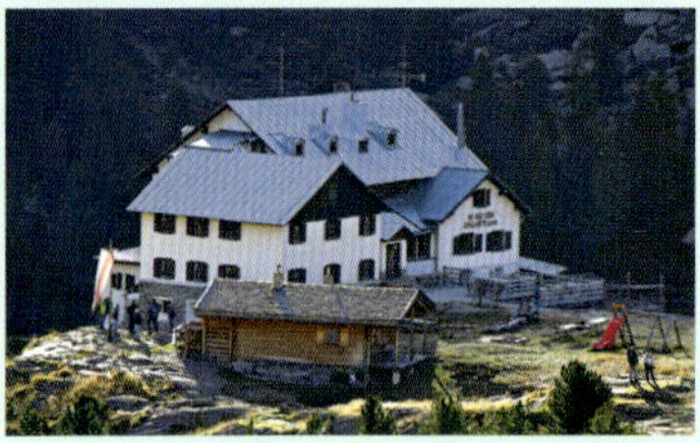

Vom Vorderkaser zum Eishof
Mit seinen malerischen Lärchenwäldern und Almgründen sowie der hochalpinen Umrahmung zählt das Pfossental zu den schönsten Hochtälern überhaupt in Südtirol *(Tour 20, 3.00 Std.)*.

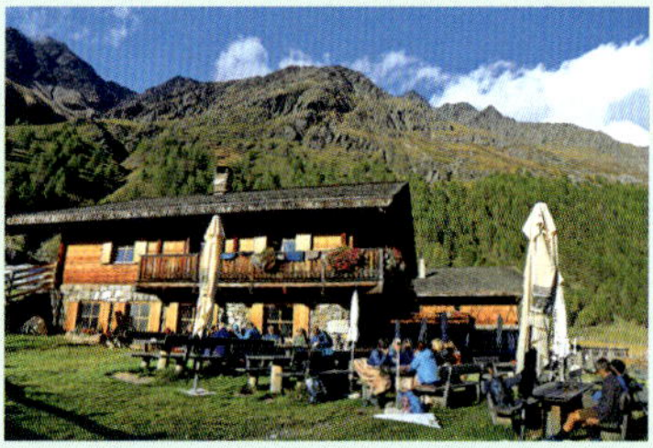

Altalm, Zirmtalalm und Marzoner Alm
Stille Idyllen am waldreichen Vinschger Nörderberg, mit dem überaus reizvollen Zirmtalsee als Höhepunkt *(Tour 26, 4.15 Std.)*.

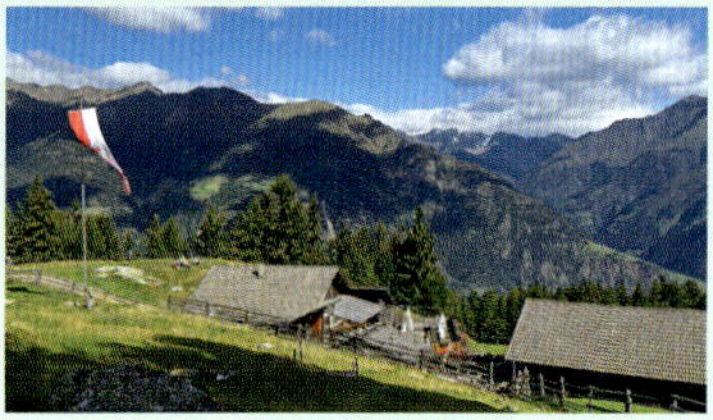

Von Hochmuth zum Hochganghaus
Ein fantastischer Abschnitt des Meraner Höhenwegs, quer durch die himmelhohen Südflanken der Texelgruppe über dem Meraner Becken *(Tour 30, 4.15 Std.)*.

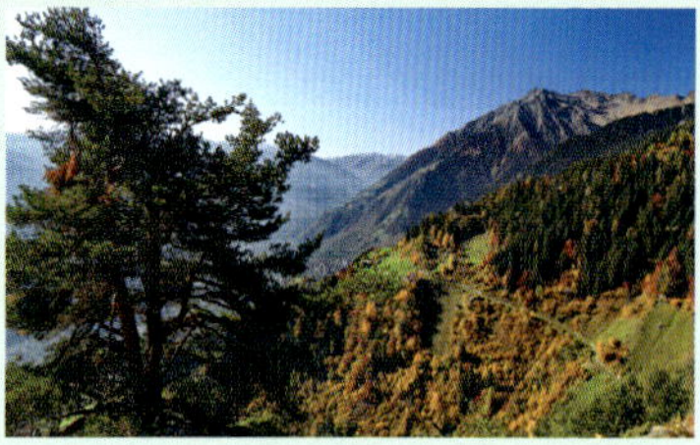

Ulfaser Alm, Schartalm und Waaler Hütte
Urwüchsige Winkel im Hinterpasseier – mit großer Kuhalm, kleiner Hochalm und sogar einem Waalweg *(Tour 34, 3.50 Std.).*

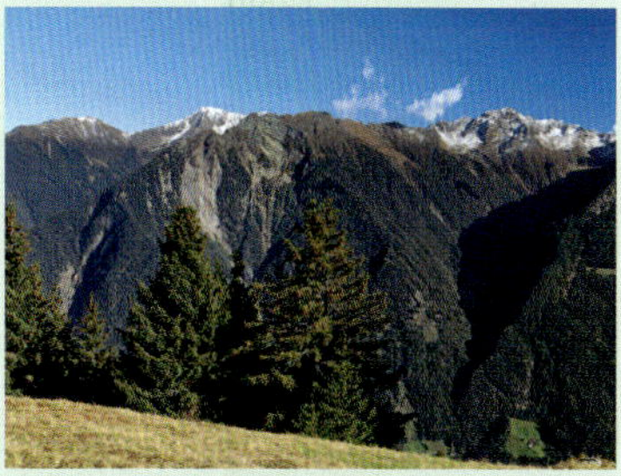

Zwickauer Hütte
Ein »Wolkenhaus« am Hauptkamm der Ötztaler Alpen, Basislager auf der Tour von Pfelders hinauf zum Hinteren Seelenkogel *(Tour 37, 6.45 Std.).*

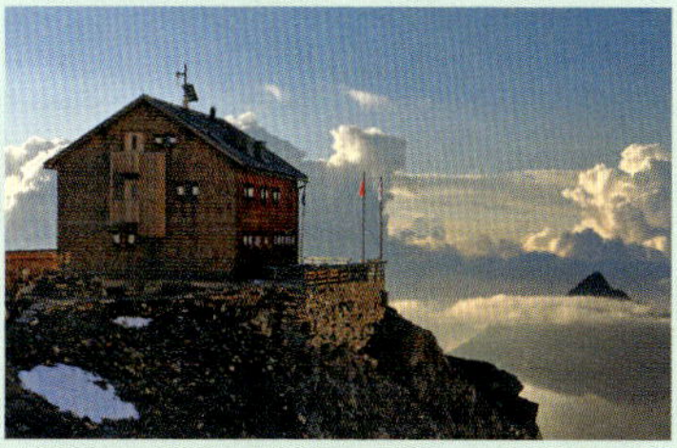

Zwischen Klammeben und Mahdalm
Variabel gestaltbare Genusstour im Hirzergebiet mit Seilbahnanschluss und einem halben Dutzend Jausenstationen auf engem Raum *(Tour 45, 2.00 Std.).*

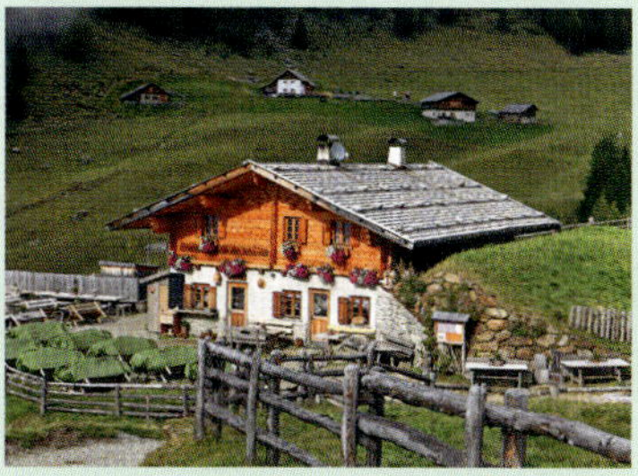

Langfenn und Gschnoferstall
Bequeme Mittelgebirgswanderung inmitten zauberhafter Lärchenhaine am Salten, wo Langfenn als altbekannter Kultplatz heraussticht *(Tour 54, 2.20 Std.).*

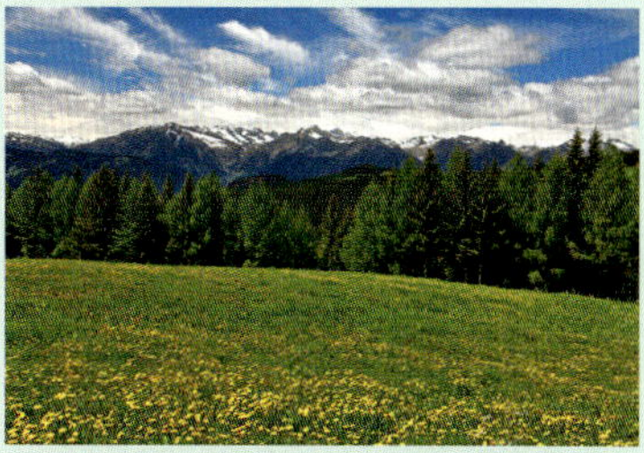

Marschnellalm und Riemerbergl
Aussichtsreiche Almen auf der Sonnseite des Ultentals; vor allem das Riemerbergl ist von erlesener Urtümlichkeit *(Tour 57, 3.00 Std.).*

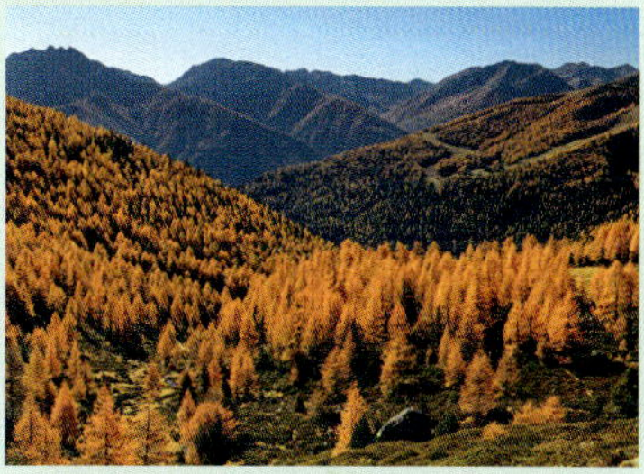

Malga Cloz, Malga Castrin und Laureiner Alm
Heiterkeit bestimmt das Deutschnonsberg-Gebiet an der Grenze zum Trentino, wo sich auch die Almen in kultureller Verschiedenartigkeit zeigen *(Tour 66, 3.00 Std.).*

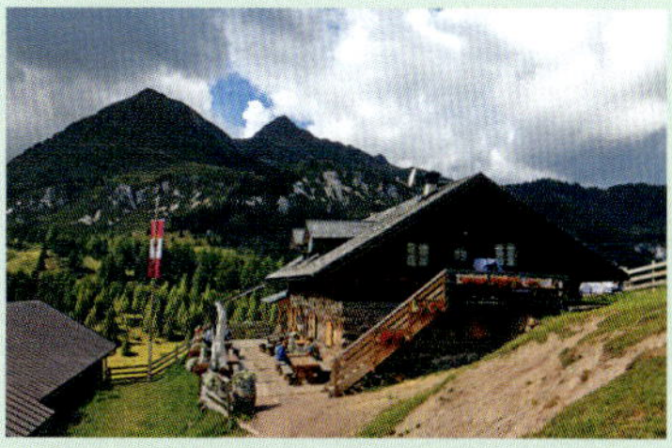

Zum Gebrauch des Buches

Auswahl der Ziele

Dieses Buch versammelt neben allen klassischen Berghütten, die meist vom Alpenverein erbaut wurden und auf alpine Touren ausgerichtet sind, auch eine große Zahl von Almen, die sich mit einem Jausenangebot auf hungrige und durstige Wanderer eingestellt haben. Bei der überwiegenden Zahl der vorgestellten Touren wird mehr als nur eine Einkehrstation berührt – in einigen Fällen sogar bis zu einem halben Dutzend! Dies ermöglicht häufig eine flexible Gestaltung, mehr noch, wenn auch Gipfelzugaben einbezogen werden, die allerdings im Kontext dieses Buches nur angerissen werden können. Dafür gibt es eigene Literatur, aus der Feder des Autors zum Beispiel den Titel »Panoramawege und Aussichtsberge Südtirol«. Stellt man mal einen Vergleich an, so fällt auf, dass sich mit den Almen und Hütten als den maßgeblichen Zielen ein durchschnittlich eher moderates Anforderungsniveau ergibt und somit eine große Gruppe von Wanderern ansprechen lässt, nicht zuletzt alle genussorientierten sowie Familien mit Kindern.

Tourenplanung

In diesem Band werden demnach ausschließlich Bergwanderungen von geringer bis mittlerer Schwierigkeit vorgestellt – keine erreicht die Stufe »schwarz« der dreiteiligen Farbskala oder den Bereich T4 der differenzierten SAC-Skala. Dies wäre erst bei manchen der erwähnten Gipfelbesteigungen der Fall. Die Touren verlaufen stets auf markierten Wegen und Steigen. Gleichwohl ist in Bezug auf Geländebeschaffenheit, Höhenlage und Marschdistanz ein gewisses Maß an Varianz zu verzeichnen, sodass jeder Nutzer mit

Im Westteil der Texelgruppe ist die Lodnerhütte ein wichtiger Stützpunkt.

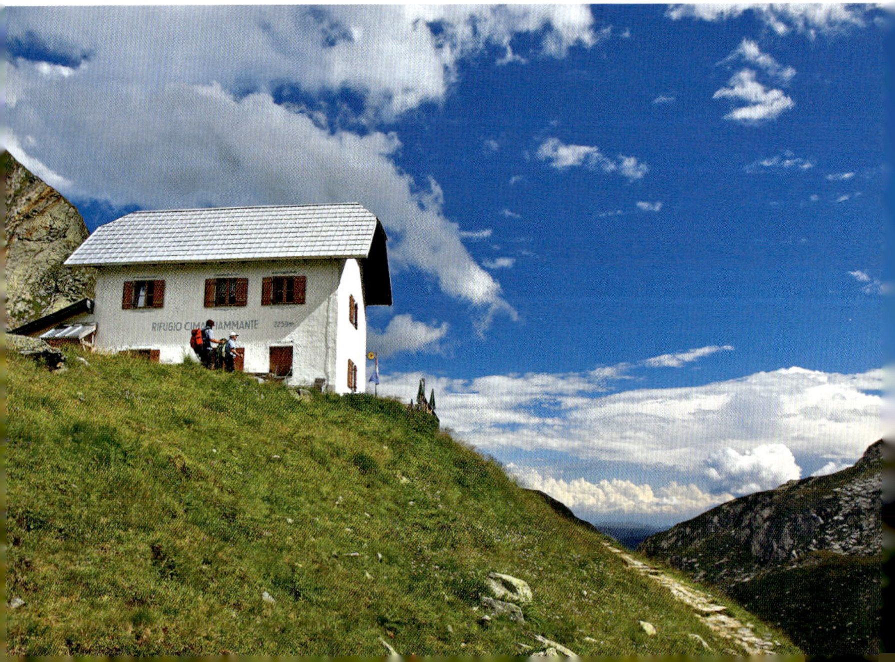

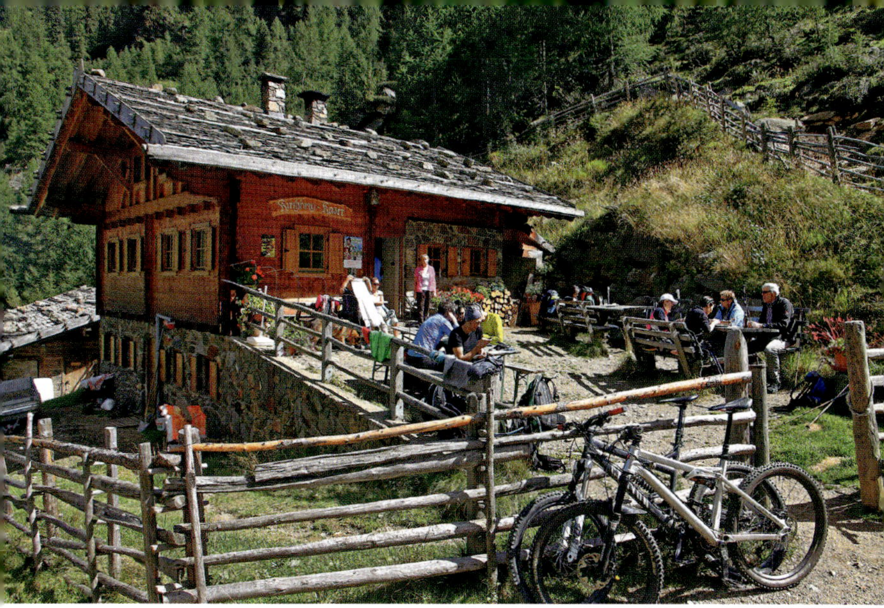

Wanderer und Mountainbiker treffen sich auf der Ultner Kirchbergalm.

Vorteil das persönliche Leistungsvermögen sowie die eigenen Vorlieben mit dem jeweiligen Tourencharakter abstimmen wird, um passende Ziele herauszufiltern. Dies ist der erste Schritt bei der Planung. Die wichtigen »Basics«, also die Parameter und Symbole im Tourenkopf, sowie die in der Kurzinfo zusammengestellten Informationen bilden die Grundlage dafür. Zum allgemeinen Verständnis lesen Sie bitte die folgenden Erläuterungen.

Parameter

Auf den ersten Blick erkennbar sind die Angaben für Gehzeit, Strecke sowie Höhenmeter im Auf- und Abstieg hervorgehoben. Sie beziehen sich jeweils auf die komplette Tour. Möchte jemand nur eine Teilstrecke begehen (etwa bis zu einer bestimmten Jausenstation), können die Daten recht gut aus dem Höhenprofil abgeleitet werden.

Um möglichen Missverständnissen vorzubeugen, eine wichtige Erklärung zur Gehzeit: Diese Angabe ist stets als reine Marschdauer ohne Pausen zu verstehen, gemessen an einem Normalwanderer mit solider Grundkondition, aber ohne übertriebenen sportlichen Anspruch. Als Faustregel werden je nach Gelände im Aufstieg rund 300 bis maximal 400 Höhenmeter pro Stunde zugrunde gelegt, im Abstieg etwa das 1,5-fache. Auch wenn mit der Tourenauswahl vor allem Genusswanderer, deren Gehtempo oft nicht besonders hoch sein mag, angesprochen sind, wird die übliche Systematik der Rother-Wanderbücher dahingehend nicht aufgeweicht. Schließlich soll ja auch eine titelübergreifende Vergleichbarkeit verschiedener Touren gewährleistet bleiben.

In der Praxis kann es – je nach Fitness und Leistungsvermögen – selbstverständlich eine erhebliche Streuung geben, nicht zuletzt durch wetter- oder geländebedingte Erschwernisse (z.B. Hitze, Nässe). Auch Faktoren wie Rucksackgewicht und Gruppengröße

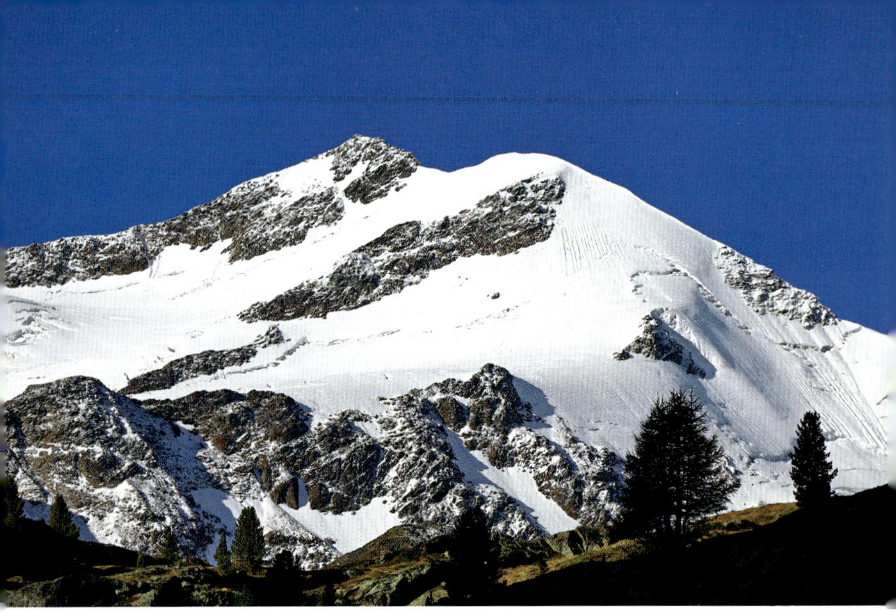

Die Zufallspitze als erhabener Marteller Talschlusswächter.

bzw. -zusammensetzung wirken sich aus. Man sollte daher nach einigen Erfahrungen mit dem Buch seinen persönlichen »Zeitmaßstab« herausfinden und berücksichtigen. Gerade mit Kindern ist es zudem sinnvoll, deutlich längere Verweilzeiten auf der Strecke einzuplanen.

Symbole

Diese werden auf der Umschlagklappe definiert und vermitteln einige grobe Grundkriterien.

■ Ist die Tour mit öffentlichen Verkehrsmitteln durchführbar? Das Symbol taucht auch auf, wenn ein vertretbar kurzer, zusätzlicher Fußmarsch von der nächsten Bushaltestelle bis zum empfohlenen Parkplatz (Ausgangspunkt) notwendig ist.

■ Können Aufstiegshilfen (Seilbahn bzw. Sessellift) genutzt werden? Manchmal ist dies obligatorisch in die Routenbeschreibung integriert, manchmal wird nur die Option angesprochen.

■ Fast immer lassen sich unsere Alm- und Hüttenwanderungen als familientauglich einstufen, sodass dieses Symbol in aller Regel gesetzt ist.

■ Das Einkehrsymbol ist verständlicherweise überall vorhanden, das Übernachtungssymbol, sofern eine entsprechende Möglichkeit besteht (beim Hauptziel oder einem relevanten Nebenziel).

■ Wie häufig wird die Tour begangen? Es kann natürlich nur eine tendenzielle Angabe erfolgen, die bei unserer Thematik zumeist ziemlich hoch angesetzt werden muss. Man bedenke dabei freilich die generelle Diskrepanz zwischen Werk- und arbeitsfreien Tagen respektive zwischen Haupt- und Nebensaison.

■ Das Mountainbike-Symbol erscheint, wenn das Haupt- oder Nebenziel prinzipiell mit dem Bike erreichbar ist (also ohne Singletrails oder dergleichen). Das bedeutet jedoch nicht automatisch, dass dies auch über die beschriebene Route geschieht – mitunter steht dem

Mountainbiker jedoch eine Alternativstrecke (i.d.R. ein befestigter Wirtschaftsweg) zur Verfügung.

- Das Klettersteig-Symbol bezieht sich auf gesicherte Abschnitte, die über vereinzelte kurze Drahtseilstellen hinausgehen. Für Hüttenwege ist dieser Punkt nur äußerst selten relevant.
- Ist die Hütte oder Alm auch im Winter bewirtschaftet? Falls ja, achte man jedoch auf die konkreten Angaben im Kasten »Einkehr«. Bei verschiedenen Zielen kann dies nämlich differenziert sein, außerdem bedeutet es nicht, dass die gesamte Tour im Winter problemlos gangbar ist (sondern u.U. auch nur ein Teilstück).

Ausgangspunkt

Dort startet man zu Fuß (als erster Wegpunkt deklariert und in den Tourenkarten zudem mit einem roten Kreis gekennzeichnet). Falls die Zufahrt nicht offensichtlich ist, wird sie in kompakter Form aufgezeigt. Zudem wird ein Hinweis auf die öffentlichen Verkehrsmittel gegeben. Bei bestimmten Touren können oder sollen Seilbahnen für den Einstieg genutzt werden. Dafür beachte man die Betriebszeiten.

Anforderungen

Dieser sehr wichtige Punkt gibt über Beschaffenheit der Wege bzw. des Geländes, über besonders relevante Schwierigkeiten sowie an Begeher gestellte Voraussetzungen Auskunft. All dies gründet sich allein auf objektive Kriterien und daher immer auf die Annahme günstiger Verhältnisse. Dass beispielsweise schlechtes Wetter die Anforderungen merklich erhöhen kann, muss jeder selbst einkalkulieren.

Die Summe dieser Fakten bestimmt die Gesamteinschätzung, die einerseits durch die Anwendung der differenzierten, vom Schweizer Alpenclub (SAC) etablierten Wanderskala und andererseits durch die Farbe der Tourennummer gekennzeichnet wird. Dabei bezieht sich die Gesamt-

Ausblick vom Almenweg bei Stilfs.

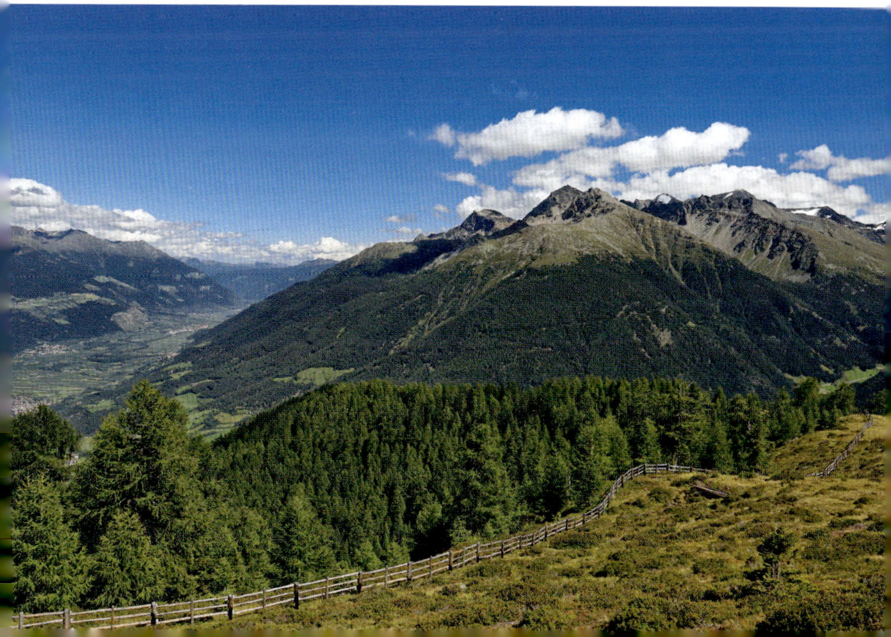

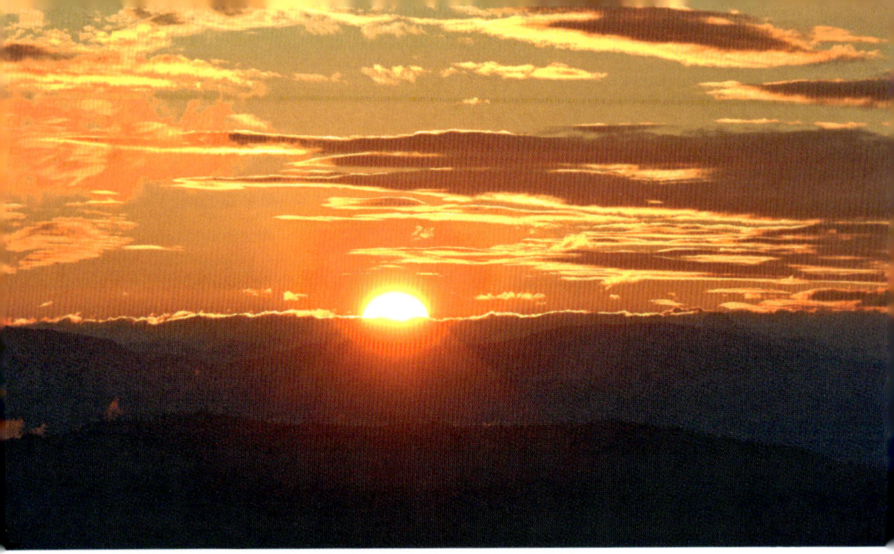

Der neue Bergtag kann kommen ...

bewertung stets auf die vollständige Tour, während Teilstrecken durchaus leichter sein können (interessant wiederum im Hinblick auf eine flexible Tourenplanung). Farblich werden drei Anforderungsniveaus unterschieden:

■ Leicht

Bergwanderung auf gut ausgebauten und markierten Wegen von meist nur mäßiger Steilheit. Passagen in abschüssigem Gelände sind, wenn überhaupt, die Ausnahme. Besondere Bergerfahrung ist nicht notwendig, gelegentlich kann ein Grundmaß an Trittsicherheit vorteilhaft sein. Auch konditionell nicht überdurchschnittlich fordernd.

■ Mittel

Wege und Bergpfade, die solide Trittsicherheit erfordern, in ausgesetztem Terrain auch Schwindelfreiheit. Sie sind in der Regel ausreichend markiert, weisen aber nicht selten schmalen Verlauf auf und können stellenweise gesichert sein. Im alpinen Gelände nimmt die Abhängigkeit von den herrschenden Verhältnissen zu, was alles in allem ein gewisses Maß an Bergerfahrung verlangt. Ist bei technisch leichteren Routen allein der konditionelle Anspruch hoch, wird ebenfalls in diese Kategorie eingestuft.

■ Schwierig

Anspruchsvollere Bergtouren in oft hochalpinem Gelände, die streckenweise weglos bzw. unmarkiert verlaufen können. Mitunter ist Kletterei erforderlich (im unteren Schwierigkeitsgrad I, ausnahmsweise bis II, gegebenenfalls auch klettersteigartige Passagen). Absolute Trittsicherheit und Schwindelfreiheit sind ebenso unerlässlich wie umfassende alpine Erfahrung. Aufgrund von Höhe und Schwierigkeit der Ziele ist hier die Abhängigkeit von Wetter und Verhältnissen besonders zu beachten.

Die Wanderskala des SAC umfasst insgesamt sechs Stufen, wobei sich typische Hüttenwege meist im Bereich zwischen T1 und T3 abspielen. Bis T2 gilt üblicherweise die Einstufung »blau«, spätestens ab T4 »schwarz«. Etwaige Anpassungen können manchmal aufgrund besonderer konditioneller Ansprüche erfolgen.

Die Schwierigkeitsskala nach Muster des SAC

Grad	Weg, Gelände	Anforderungen
T1 Wandern	Weg gut gebahnt, Gelände flach oder leicht geneigt, keine Absturzgefahr.	Keine Anforderungen, auch mit Turnschuhen geeignet, Orientierung problemlos.
T2 Bergwandern	Weg mit durchgehender Trasse, Gelände teilweise steil, Absturzgefahr nicht völlig ausgeschlossen.	Etwas Trittsicherheit, Trekkingschuhe empfehlenswert, elementares Orientierungsvermögen.
T3 Anspruchsvolles Bergwandern	Weg nicht unbedingt durchgehend, ausgesetzte Stellen evtl. gesichert, ggf. etwas Händeunterstützung, Geröllflächen, einfache Schrofen.	Gute Trittsicherheit, Trekkingschuhe, elementare alpine Erfahrung, durchschnittliches Orientierungsvermögen.
T4 Alpinwandern	Weg nicht zwingend vorhanden, stellenweise leichte Kletterei, Gelände recht exponiert, heikle Grashalden, Schrofen, Firnfelder.	Vertrautheit mit exponiertem Gelände, solide alpine Erfahrung, gutes Orientierungsvermögen.
T5 Anspruchsvolles Alpinwandern	Teils weglos mit Kletterpassagen im I. Grad, evtl. nicht markiert. Häufig exponiertes bzw. heikles Gelände.	Gute alpine Erfahrung und sicheres Beurteilungsvermögen auch im hochalpinen Gelände.
T6 Schwieriges Alpinwandern	Meist weglos und in der Regel nicht markiert. Kletterpassagen bis II bei diffizilen Rahmenbedingungen.	Umfassende alpine Erfahrung inkl. grundlegender Kletterkenntnisse.

Im Vinschgau hat der Herbst Einzug gehalten.

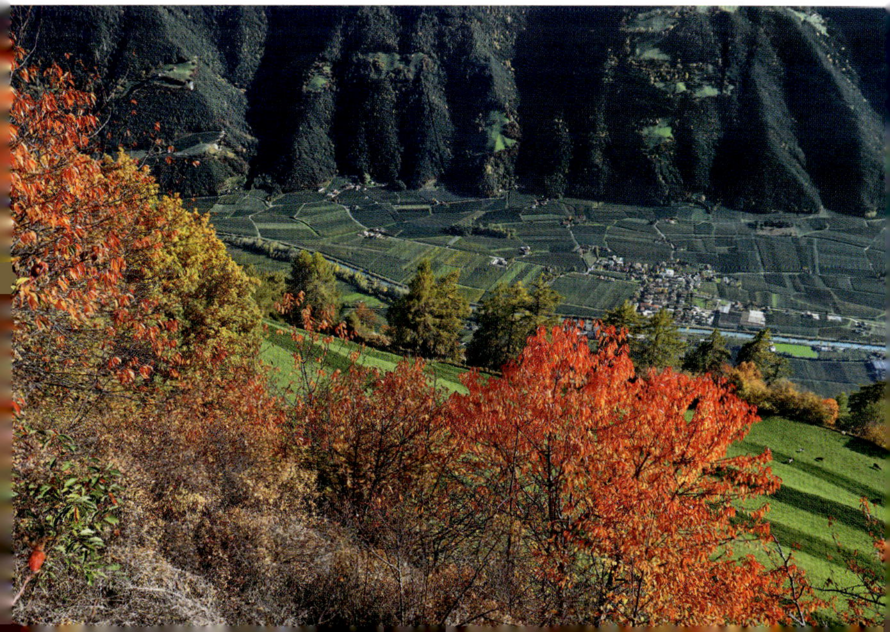

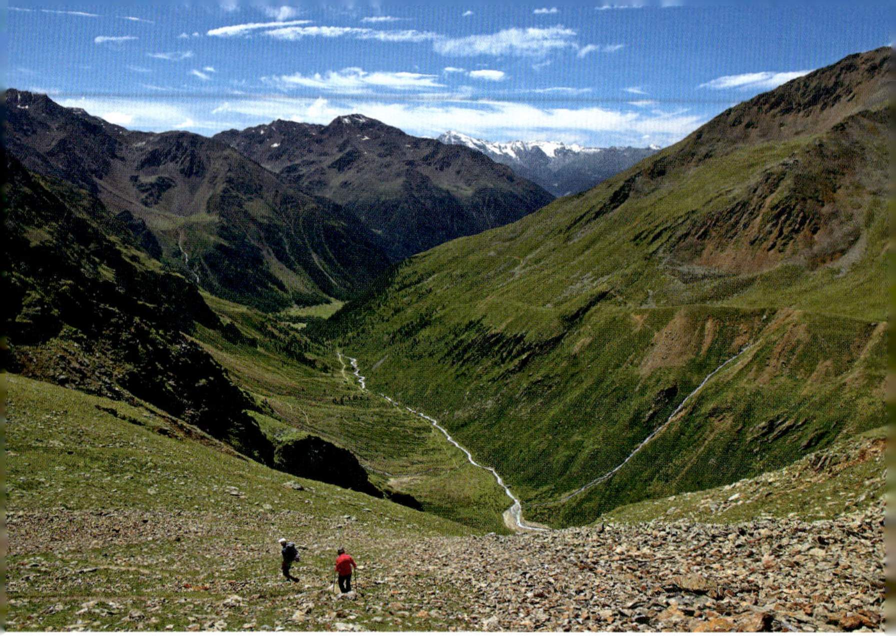

Bei der Oberetteshütte liegt das innere Matscher Tal vor uns ausgebreitet.

Varianten

Auf andere sinnvolle Gestaltungsmöglichkeiten in Zusammenhang mit der betreffenden Tour wird in kompakter Form hingewiesen.

Karten

Die Mitnahme einer Wanderkarte empfiehlt sich grundsätzlich bei jeder Tour. Standardmäßig genannt werden hier die Karten von Tabacco, welche für Südtirol und angrenzende Regionen flächendeckend im Maßstab 1:25.000 vorliegen. Normalerweise sind auch die Höhenangaben daraus entnommen, vorbehaltlich einiger widersprüchlicher Fälle. Integraler Bestandteil dieses Buches sind Ausschnitte aus den Karten von Freytag & Berndt, deren Originalblätter im Handel allerdings nur noch teilweise verfügbar sind.

GPS-Tracks und Koordinaten der Ausgangspunkte

Auf **gps.rother.de** stehen zu diesem Wanderbuch GPS-Tracks und die Koordinaten der Ausgangspunkte zum kostenlosen Download bereit. Dieser QR-Code führt direkt zum Download.

01. Auflage, Passwort: 330901gvt

Die GPS-Tracks können in die **Rother App** importiert werden. In der App kann man unterwegs stets sehen, wo man gerade ist und wo es langgeht.

Anleitungen dazu: rother.de/gps

Trotz sorgfältiger Prüfung können wir Fehler und zwischenzeitliche Veränderungen nicht ausschließen. Verlassen Sie sich für die Orientierung niemals einzig und allein auf die GPS-Daten, sondern beurteilen Sie die Verhältnisse vor Ort.

Einkehr

Zumal die Berg- und Almhütten in diesem Buch absolut im Mittelpunkt stehen, werden die entsprechenden Basis-Informationen dazu aus dem Tourensteckbrief herausgezogen und prominenter in einem eigenen Kasten präsentiert, und zwar in ablaufgerechter Reihenfolge. Man findet Angaben zur Bewirtschaftungszeit (die allerdings von Jahr zu Jahr etwas variieren kann) und zu Übernachtungsmöglichkeiten, außerdem Telefonnummern und Internetadressen. Damit kann man also auch Kontakt aufnehmen, um sich wegen der tatsächlichen Öffnung zu vergewissern, über die aktuellen Verhältnisse zu erkundigen und vor allem auch, um Schlafplätze zu reservieren.

Touren

In einem speziellen Kasten wird stichwortartig auf die erweiterten Tourenmöglichkeiten von einer Hütte aus eingegangen. Die Auswahl muss auf wichtige und bevorzugt auf Normalwanderer zugeschnittene Vorschläge beschränkt bleiben. Inkludiert sind kompakte Hinweise zu den wichtigsten Basics »Schwierigkeit« (T-Skala) und Gehzeit. Dabei gilt für Gipfeltouren die einfache Aufstiegszeit!

Hüttenwege sind normalerweise nicht sonderlich anspruchsvoll, hier in der Gegend um Sulden.

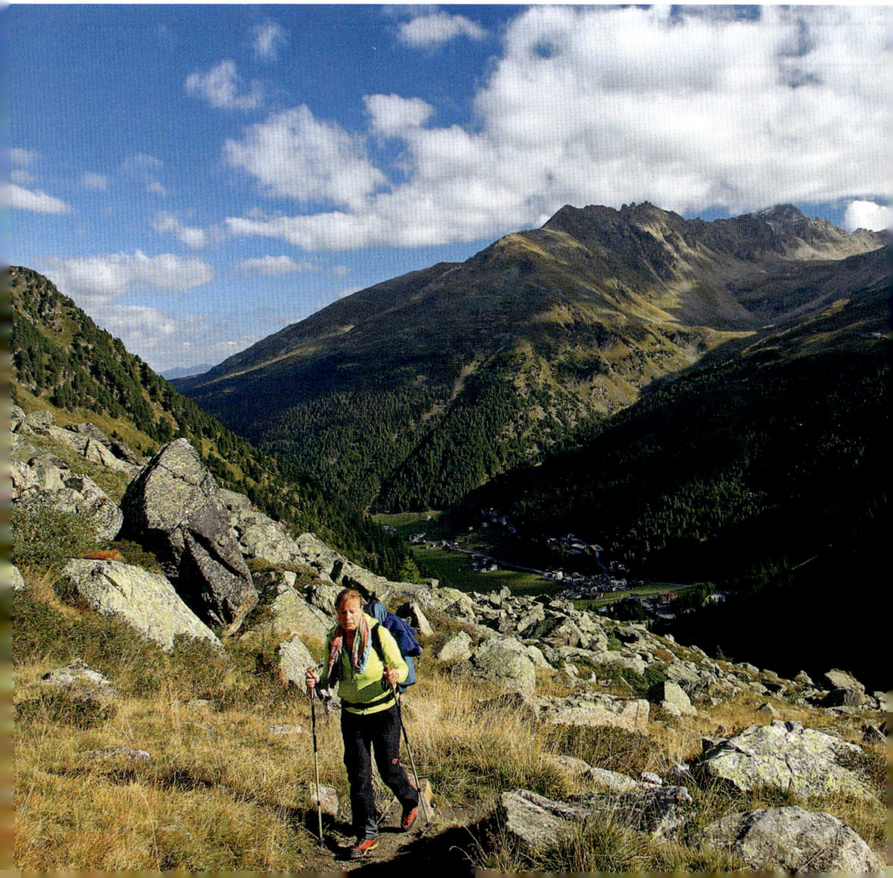

Allgemeine Hinweise

Hüttengeschichte

Mit der Zielsetzung, das Unterwegssein im Gebirge zu fördern und erleichtern, wurde vom in der zweiten Hälfte des 19. Jahrhunderts gegründeten Alpenverein allmählich eine touristische Infrastrukur in Form von Hütten und Wegen aufgebaut. Zu jener Zeit herrschte eine regelrechte Aufbruchstimmung. Verschiedene Sektionen – teils ortsansässig, oft aber aus fernen deutschen Städten – gingen mit Eifer ans Werk und errichteten die meisten alpinen Stützpunkte in der Zeit von etwa 1875 bis zum Ersten Weltkrieg. Als Südtirol danach dem italienischen Staat angegliedert wurde, hatte dies auch für die Hütten einschneidende Konsequenzen, die sich in teilweise turbulenten Chroniken nachvollziehen lassen. Zumeist übernahm der CAI die Führung und bemühte sich um eine Fortführung der bergsteigerischen Traditionen. Bei einer ganzen Anzahl lief die Konzession dafür im Jahr 2010 aus, nachdem diese Häuser bereits 1999 eigentumsrechtlich an die Autonome Provinz Südtirol gefallen waren. Land, AVS und CAI bilden heute eine Körperschaft, die für das Aushandeln von Pachtverträgen oder notwendige Sanierungsmaßnahmen zuständig ist.

Traditionelle Südtiroler Küche

Auf den meisten Alm- und Berghütten kommen landestypische bzw. traditionelle Südtiroler Gerichte auf den Teller – gern wird mit ebendiesen Attributen sogar geworben. Doch was verbirgt sich eigentlich dahinter? Auch wenn der Einfluss aus dem italienischen Süden in den letzten Jahrzehnten sicher zugenommen hat, bestehen in der Südtiroler Küche traditionell mehr Gemeinsamkeiten mit dem alpenländischen Norden sowie die Überlieferung einer bodenständigen Bergbauernküche.

Leckeres Omelett mit Salat.

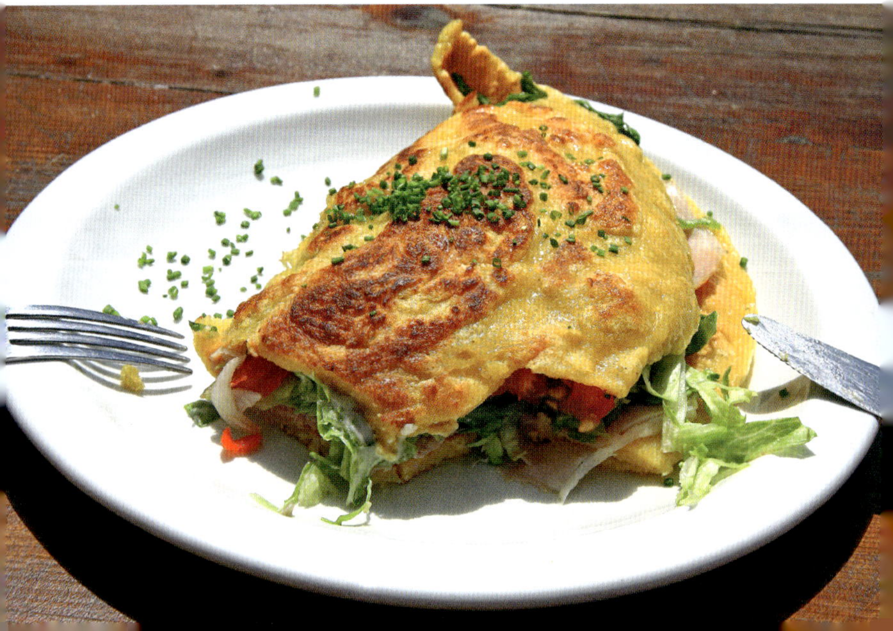

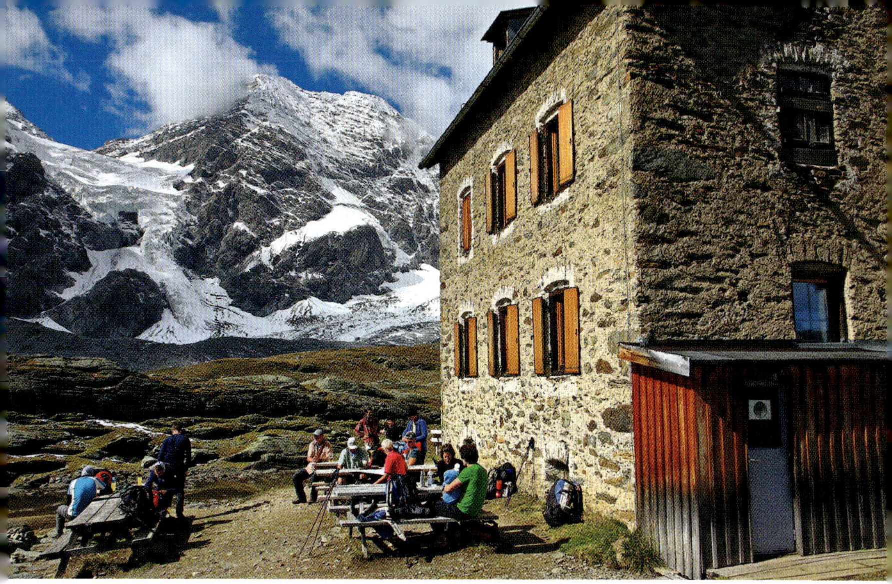

Hüttenleben im Angesicht der Eisriesen (auf der Hintergrathütte).

Ein gängiger Begriff ist die Südtiroler Marende, die meist nachmittags als Zwischenmahlzeit genossen wird, aber zuweilen auch den Gehalt einer Hauptmahlzeit annehmen kann. Wichtigster Bestandteil ist der Speck, daneben werden Kaminwurzen, Almkäse und Aufstriche gereicht, eine Garnitur mit Gurken, eingelegtem Gemüse und Kren (Meerrettich); im Körberl befinden sich meist das knusprige Schüttelbrot und die typischen Vinschgerlen, die als Paar gebacken schon mindestens seit dem 13. Jahrhundert überliefert sind. Eine reduziertere Form findet sich als Speck- oder Kasbrettl häufig auf Almen.

Bleiben wir doch noch kurz beim Käse: Fast 100 Sorten von Kuh, Schaf und Ziege werden in Südtirol hergestellt. Neben dem klassischen Bergkäse ist der Graukäse, der aus der Sauermilch bei der Butterherstellung gewonnen wird, sehr bekannt. Eine geschützte Ursprungsbezeichnung trägt der »Stilfser«, da die Rohmilch garantiert zu 100 Prozent von Südtiroler Bergbauernhöfen stammt.

Nun aber in die warme Küche, angefangen bei den Suppen: Althergebrachte Rezepte sind die Mehl- oder Brennsuppe sowie die gehaltvolle Gerstsuppe, die meist beim Törggelen gegessen wird. Auf Hütten findet man nahezu überall eine Knödelsuppe, womit natürlich ein ganz zentraler Bestandteil der Südtiroler Küche angesprochen ist. Denn Knödel bzw. Nocken in den verschiedensten Formen sind von der Speisekarte einfach nicht wegzudenken. Am geläufigsten sind wohl Speck- und Käseknödel, besonders herzhaft die Kaspressknödel, weiters Leber-, Spinat- oder raffinierte Kräuterknödel. Wer sich schwer entscheiden kann, sollte vielleicht ein Knödeltris bestellen und kann dann gleich drei verschiedene Sorten auf einmal probieren. Falls man noch irgendwo Schwarzplentene Knödel antrifft, hat man Glück – sie sind aus Buchweizen gemacht, der sonst auch bei einigen Süßspeisen Verwendung findet, in Tortenform oder als Schwarzplentener Riebl.

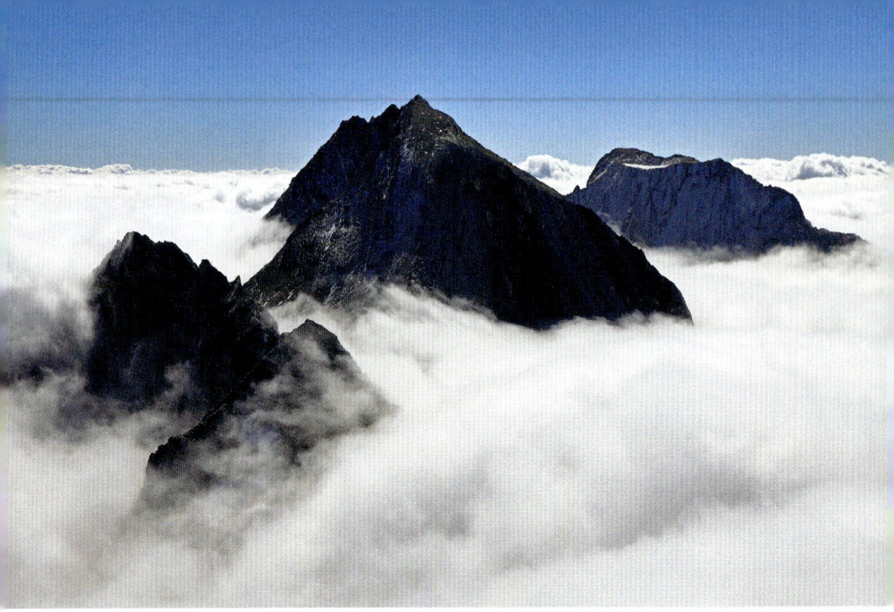

Wie aus einer anderen Welt: Grafspitze, Hohe Weiße und Lodner entragen dem Nebelmeer, das an diesem Tag bis auf 3000 Meter hinaufreicht.

Nudelgerichte sind wahrscheinlich in jeder kulinarischen Angebotspalette mehr oder weniger Selbstläufer, zudem sehr variabel in der kreativen Ausgestaltung. Gleichsam nach »Art des Hauses« bekommt man auf vielen Hütten die schmackhaften Hirtenmakkaroni, gelegentlich auch Schupfnudeln oder die beliebten Schlutzkrapfen, meist mit Spinat und Topfen gefüllte Teigtaschen, die mit brauner Butter und Parmesan serviert werden.

Auch wenn beim Fleisch mit dem Wiener Schnitzel vielerorts längst der »Mainstream« Einzug gehalten hat, bietet Südtirol natürlich auch einige stärker regional geprägte Gerichte: ein Bauernbratl von der Schweinerippe etwa, Schöpsernes, Lammbraten und diverse Wildspezialitäten. Gemüse- und Salatbeilagen orientieren sich ebenfalls wieder vermehrt an regionalen und saisonalen Aspekten. Am wichtigsten sind die Erdäpfel (Kartoffeln), deren heimisches Hauptanbaugebiet im Pustertal liegt, und der Weißkohl, der meist zu Sauerkraut verarbeitet wird. Manche Almbetriebe haben auch Freude daran, ihren eigenen Kräutergarten zu pflegen und damit die Speisen individuell zu verfeinern. Man sollte das durchaus würdigen!

Doch die ganze Schlemmerei findet womöglich kein gutes Ende ohne eine leckere Süßspeise zum Nachtisch, oder? Traditionell südtirolerisch sind Krapfen (welche es übrigens auch in herzhafter Form gibt), Strauben, Strudel, feine »Kiachl« und Buchteln. Bei Gebackenem werden

Das Jungvieh darf den ersten Almsommer genießen.

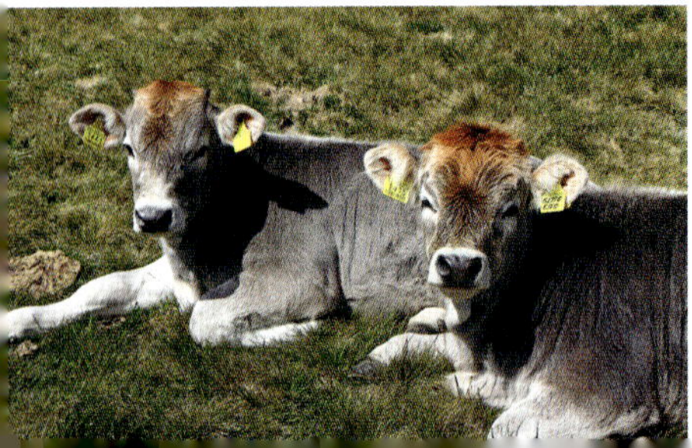

häufig Äpfel verarbeitet, aber auch andere Obstsorten – schließlich ist Südtirol Obstland! Den Kaiserschmarrn verbindet man vielleicht eher mit Österreich, doch die enge kulinarische Verflechtung wurde oben ja schon angedeutet. Wer die beliebte Eierspeise lieber deftig als süß mag, wird sich freilich ein gefülltes Omelett bestellen.
Und für den Durst kommt ein Bier oder Radler auf den Tisch (»Forst« in Algund ist die größte von insgesamt neun Südtiroler Brauereien), eine Saftschorle aus Holunder oder anderen Früchten oder einfach ein »Meraner Mineralwasser«. Manch einer schätzt zum runden Abschluss eines Essens einen Obstbrand oder Grappa respektive zum langen Genießen einen Südtiroler Wein aus dem milden Unterland. Vernatsch und Lagrein sind als autochthone rote Rebsorten hervorzuheben, unter den »Weißen« wird als Hauswein oft ein Weißburgunder kredenzt. Während der Törggelenzeit im Herbst, wenn in den typischen Weinbauregionen »Nuier« und »Suser« verkostet werden, kommt dieses Thema bekanntlich ganz groß zum Tragen ...

Familientouren

Alm- und Hüttenwanderungen können wegen der zumeist gut beherrschbaren Anforderungen im Großen und Ganzen als prädestiniert für Familien gelten. Kinder lieben Spielmöglichkeiten und interessante Dinge am Wegesrand, freuen sich auf besondere Attraktionen am Zielpunkt und sind meist auch lieber auf spannenden, abwechslungsreichen Pfaden unterwegs als auf einer monotonen Forststraße. Ob eine Tour allerdings wirklich ganz konkret für den eigenen Familienausflug geeignet ist, muss letztlich individuell gesehen und von den Eltern im Hinblick auf Alter und Belastbarkeit ihres Nachwuchses verantwortungsbewusst selbst eingeschätzt werden. Einerseits zeigt die Erfahrung, dass Kinder – falls ihr Interesse geweckt

Das Planeiltal, eine Seitenkammer des Obervinschgau, ist eher wenig bekannt.

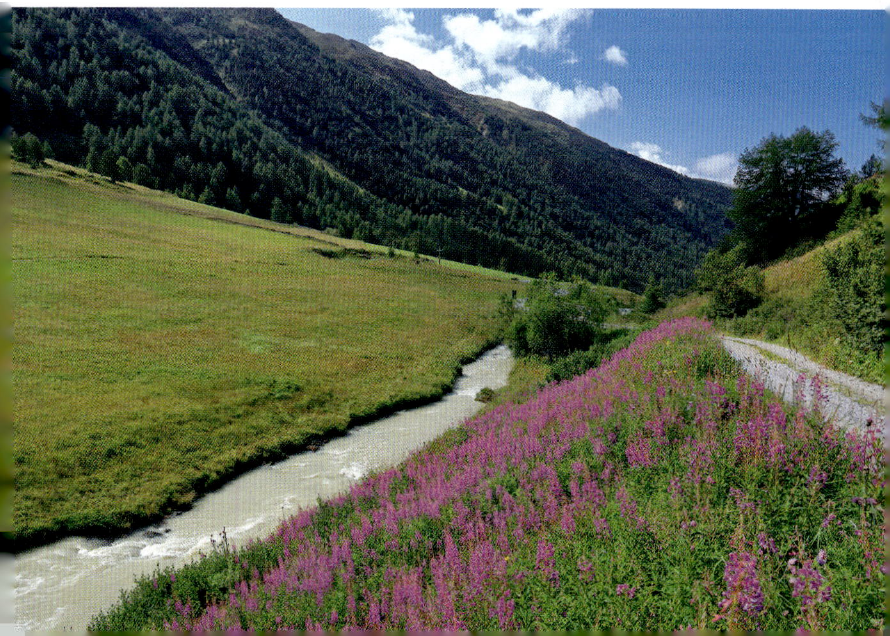

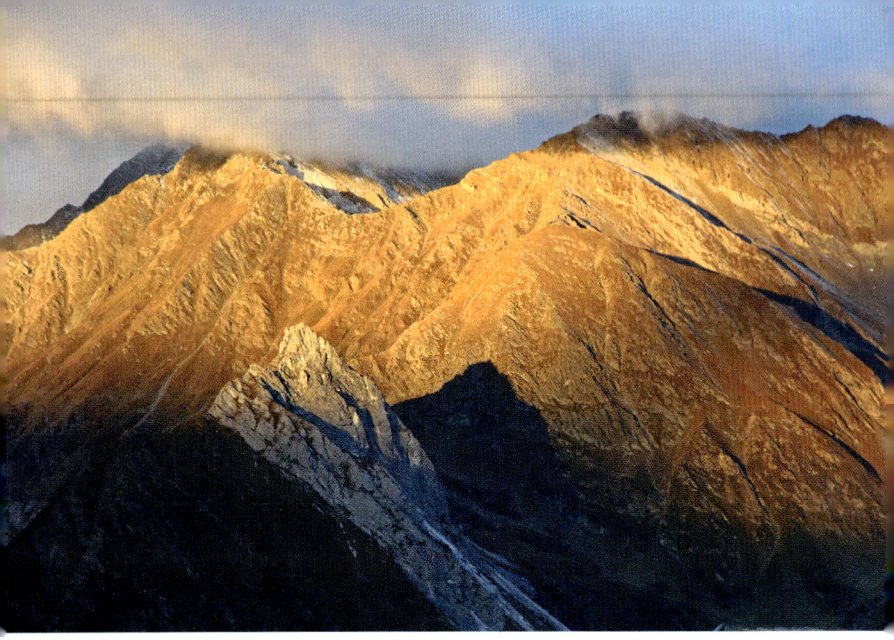

Wer oben übernachtet, kann traumhafte Stimmungen einfangen.

ist – durchaus häufig bereits eine erstaunliche körperliche Leistungsfähigkeit mitbringen. Andererseits wird von einer konkreten Altersempfehlung bei einzelnen Touren geflissentlich abgesehen. Denn eine Achtjährige mit reichlich Bewegungstalent tut sich womöglich leichter als ein Elfjähriger, der Sport hauptsächlich nur aus dem Fernsehen kennt … Nicht anders als bei Erwachsenen spielt natürlich auch Übung eine erhebliche Rolle. Daher ist es sinnvoll, Kinder behutsam an das Bergwandern heranzuführen, ihre Trittsicherheit und Ausdauer maßvoll zu erproben, und sie auch schon an der Tourenauswahl teilhaben zu lassen.

Ausrüstung

Manche rasch und leicht erreichbare Alm kann sicher ohne Weiteres mit Minimalausstattung angelaufen werden, davon abgesehen gilt für unsere Tourenauswahl aber die übliche Bergwanderausrüstung, zumal man sich in vielen Fällen schon spürbar in die Höhe begibt. Neben bergtauglichem, robustem Schuhwerk denke man insbesondere an warme, wetterfeste Kleidung, denn selbst wenn ein warmer Sommertag angekündigt ist, kann es weiter oben empfindlich kühl sein. Auch Regenschutz einschließlich Rucksackhülle ist obligatorisch. Je nach Wetterlage wird man andererseits auch mal um eine kurze Hose froh sein.

Bei allfälligen Hüttenübernachtungen muss der Rucksackinhalt um Wechselwäsche, Hygienezeug sowie Hüttenschlafsack erweitert werden. Kleinkram wie Wanderkarte, Handy, Taschen- bzw. Stirnlampe, Messer, Sonnenschutz (Creme, Brille und Kappe), Mülltüte und eine kleine Notfallapotheke nicht vergessen! Man achte jedoch darauf, sich nicht wie einen Maulesel zu bepacken, denn ein schwerer Rucksack kann den Wandergenuss doch sehr einschränken. »So viel wie nötig, so wenig wie möglich«, lautet gleichsam das Motto. Eine gut gefüllte Trinkflasche ist natürlich wichtig, doch angesichts der Einkehrmöglichkeit(en) kann in puncto Proviant sicher Zurückhaltung geübt werden. Eine Art »Notration« sollte freilich immer dabei sein.

Der in diesem Buch angenommene Normalfall geht von Wanderungen während der Sommersaison aus. Sofern Ziele auch im Winter geöffnet sind, bedeutet dies eine differenzierte Praxis. Richtige Berghütten locken im Wesentlichen Skitourengeher an, leichter erreichbare Almgasthäuser auch Winterwanderer. Zur Ausrüstung gehören dann unbedingt wintertaugliche Schuhe, Stöcke und Grödel.

Öffentliche Verkehrsmittel

Eine überregionale Anreise ohne Auto erfolgt normalerweise per Zug über Bozen und Meran, gegebenenfalls weiter mit der Vinschgerbahn bis Mals. Das öffentliche Busnetz in Südtirol bedient fast alle besiedelten Täler und kann für den Großteil der Touren gut eingesetzt werden. Allerdings gibt es auch ein paar Einschränkungen, denn zuweilen werden vorgeschobene Parkplätze genutzt, die praktisch nur individuell angefahren werden können. Manchmal mag der Versatz von Bushaltestelle und Parkplatz nicht sonderlich ins Gewicht fallen, denn auf ein paar Minuten mehr Zustieg kommt es bestimmt nicht an, doch liegen einige Ausgangspunkte auch ziemlich weit vom Tal entfernt, im Vinschgau beispielsweise manchmal bis zu 1000 Höhenmeter! Lässt sich nicht irgendwie eine Mitfahrgelegenheit organisieren, schaut man bei solchen Touren ohne eigenes Fahrzeug womöglich in die Röhre. Wer mit Öffis unterwegs ist, kümmert sich am besten schon bei der Planung um die entsprechenden Busverbindungen, z.B. unter **www.suedtirolmobil.info**.

Im Pfistradtal, am Passeirer Westabfall der Sarntaler Alpen.

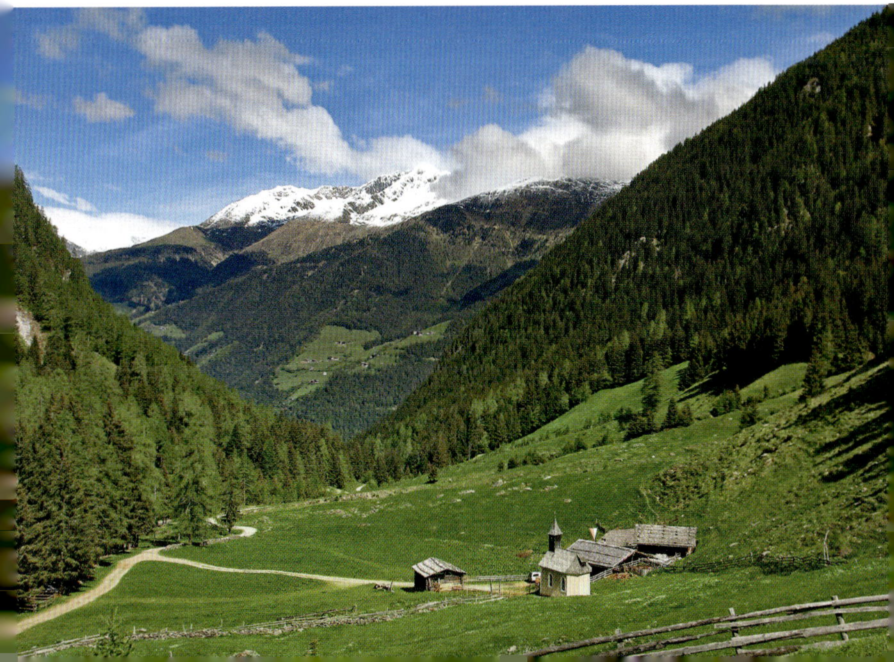

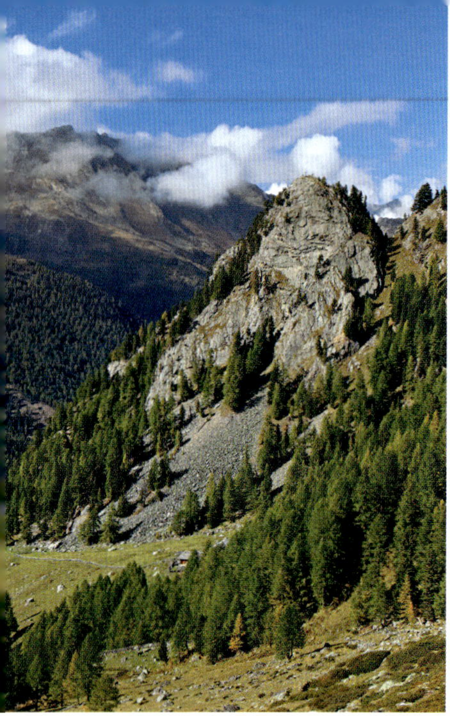

Im Gebiet der Soyalm (Martell).

Hüttenübernachtungen

Wer auf Hütten übernachten möchte, freut sich sicher auf Gemütlichkeit und Geselligkeit. Damit verbunden ist aber auch die Berücksichtigung gewisser Regeln und Gepflogenheiten.

- Da die Privatsphäre naturgemäß Einschränkungen erfährt, sind alle Gäste zur gegenseitigen Rücksichtnahme aufgerufen. Hüttenruhe besteht in der Regel zwischen 22 und 6 oder 7 Uhr.
- Auch wenn nach und nach viele Hütten modernisiert werden und man dabei auch den gestiegenen Ansprüchen der Gäste Rechnung trägt, so können die sanitären Standards nicht überall wie in Talquartieren gewährleistet werden. Das erfordert eine gewisse Akzeptanz. Eine Dusche zum Beispiel darf zwar fallweise als willkommen angenommen, sollte aber nicht in jedem Fall erwartet werden.
- Die Verwendung eines Hüttenschlafsacks ist – zumindest auf typischen Berghütten – obligatorisch.
- Schlafräume dürfen nicht mit Bergschuhen betreten werden.
- In der Hütte besteht Rauchverbot. Eigener Abfall soll nicht zurückgelassen werden.

Dessert-Klassiker: Apfelstrudel.

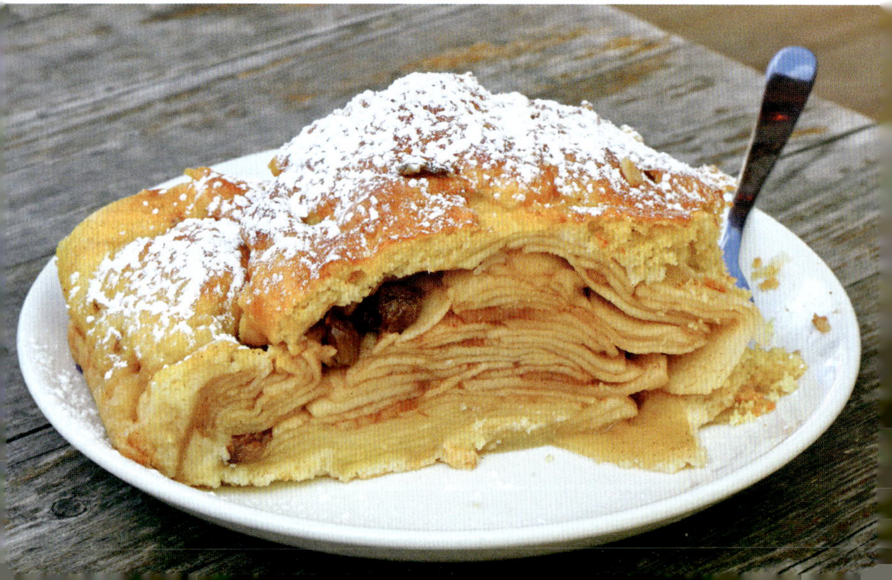

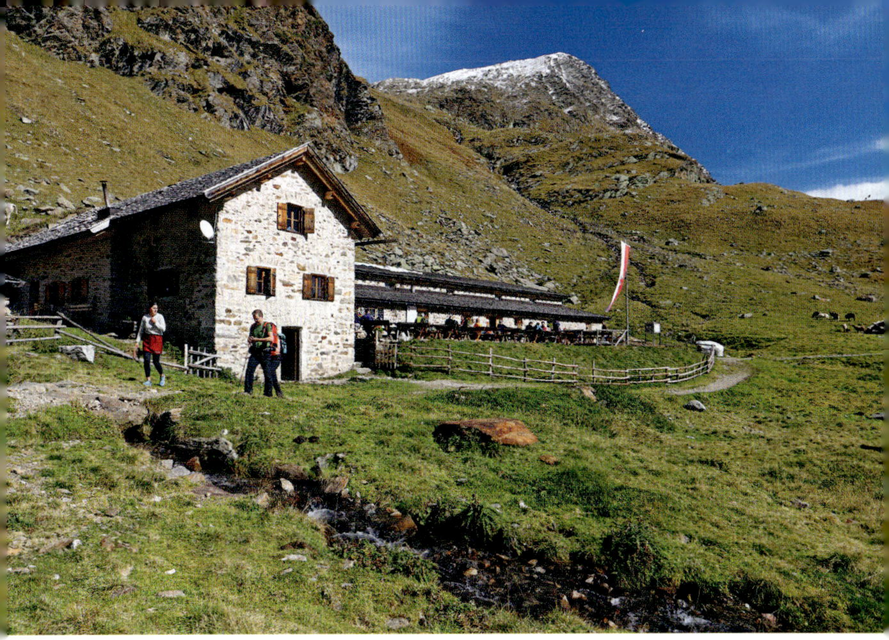

Die Oberkaser unweit der Spronser Seen fungiert als Alm und Hüttenstützpunkt.

- Viele Hüttenwirte wünschen heutzutage eine Reservierung, entweder über die angegebene Telefonnummer oder über die Homepage. Manchmal wird auch eine Anzahlung verlangt, speziell bei Gruppen. Reservierungspraxis und Stornobedingungen werden aber derzeit unterschiedlich gehandhabt.
- In jedem Fall ist rechtzeitig telefonisch abzusagen, falls man verhindert ist, damit die Schlafplätze anderweitig vergeben werden können. Die Vorbestellung auf mehreren Hütten für denselben Termin kommt im Übrigen einer Unverschämtheit gleich – das muss in aller Deutlichkeit gesagt werden!
- Auf Alpenvereinshütten erhalten Mitglieder ermäßigte Nächtigungspreise.
- Auf Hütten kann man sich in der Regel voll verpflegen. Die Angebotspalette hat ihre Tradition in regionaler Hausmannskost, kann aber im Einzelfall sehr unterschiedlich ausfallen. Zunehmend wird auch Halbpension offeriert, allerdings nicht – wie beispielsweise in der Schweiz üblich – als obligatorische Methode. Es gilt wieder die Akzeptanzregel, denn Berghütten sind nicht mit Talhotels zu vergleichen!
- Essenszeiten werden von den Hüttenwirten individuell festgelegt. Meist gibt es Frühstück ab 7 oder 7.30 Uhr (bei hochalpinem Umfeld bzw. nach Absprache eventuell auch früher), Abendessen ab 18 oder 18.30 Uhr.
- Selbstversorgung ist offiziell nur Alpenvereinsmitgliedern gestattet, der Genuss mitgebrachter Alkoholika stets verboten.

Wetter

Bei Unternehmungen im Gebirge sollten wir immer auch der Wetterprognose Rechnung tragen. Nicht nur, dass dieser Punkt entscheidend dazu beiträgt, als wie reizvoll und genussreich man eine Wanderung empfinden wird; es handelt sich

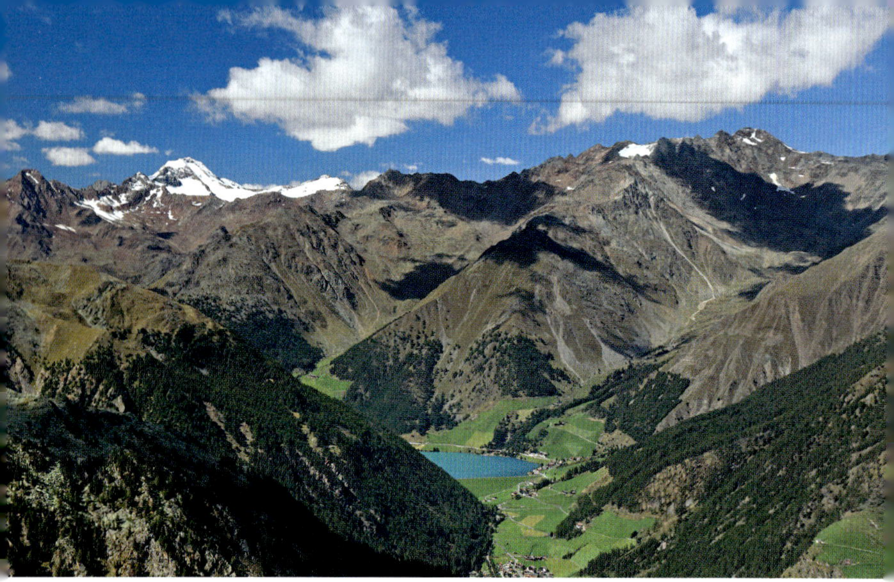

Panorama der Schnalser Bergwelt zwischen Weißkugel und Fineilspitze.

auch um einen sicherheitsrelevanten Aspekt. An dieser Stelle sei weniger die Handy-App, die eher auf pauschale Modellierungen zurückgreift, empfohlen, als vielmehr die offizielle Prognose des Landeswetterdienstes: **wetter.provinz.bz.it**. Nützlich sein kann auch der Alpenvereinswetterbericht: **www.alpenverein.de/DAV-Services/Bergwetter**.

Gefahren

Das Gebirge birgt vielfältige Gefahren, für die man erst mit reifender Fähigkeit zur Selbsteinschätzung und vertiefter Beschäftigung mit den Naturelementen ein Gespür bekommt. Allgemein wird dies mit dem Begriff »Bergerfahrung« umschrieben. Nachfolgend einige der wichtigsten Gefahrenpotenziale, die man im Auge haben muss:

- Am offensichtlichsten ist meist die Ausrutsch- bzw. Absturzgefahr. Ruhige, konzentrierte Fortbewegung ist daher im ausgesetzten Gelände oberstes Gebot. Wer sich nicht schwindelfrei weiß, hat diesem Umstand bereits bei der Tourenauswahl Rechnung zu tragen.
- Leicht zu unterschätzen sind hartgefrorene Schneefelder, die schon bei relativ geringer Neigung zu bösen Unfällen führen können. Kommt es zum Ausgleiten, sofort reagieren und in die bremsende Liegestützhaltung gehen, bevor der Körper Beschleunigung aufnimmt. Am besten begeht man die Routen erst nach vollständiger Ausaperung.
- Bei Nässe werden Schrofen und steile Grashänge besonders tückisch.
- Steinschlaggefährdete Passagen sollten, falls nicht vermeidbar, rasch aber konzentriert begangen werden. Auf Klettersteigen sind Selbstsicherung und Helm üblich.
- Wegmarkierungen bilden normalerweise die sichere Leitlinie durchs Gebirge, auf die wir als Bergwanderer vertrauen. Hat man sie aus Unachtsamkeit oder aufgrund schlechter Sichtbedingungen verloren, sollte man nicht blindlings durchs Gelände tapsen, sondern wieder zum letzten bekannten Punkt zurückgehen.

- Unter den Wettergefahren stehen Gewitter an oberster Stelle, zumal sie sommers im Gebirge ziemlich häufig sind. Neben Blitzschlägen drohen auch die durch Starkregen verursachten mittelbaren Gefahren wie Muren etc. Durch gutes Timing (in der Regel früher Aufbruch!) und aufmerksame Wetterbeobachtung sollte man gewährleisten, vor den meist in der zweiten Tageshälfte auftretenden Gewittern wieder im Tal oder in der Hütte zu sein.
- Die meisten Probleme bei Bergwanderungen treten vermutlich durch konditionelle Selbstüberschätzung auf. Vor allem Hitze macht vielen arg zu schaffen. Man sollte seine Leistungsfähigkeit kritisch hinterfragen und sich nicht überfordern. Wichtig ist, viel zu trinken. Unter Umständen begnüge man sich lieber mit einem kleineren Zwischenziel, anstatt die Tour unter Qualen fortzusetzen.
- Aufgrund einiger tragischer Unfälle, teils sogar mit tödlichem Ausgang, ist in letzter Zeit eine potenzielle Gefahr verstärkt ins Bewusstsein getreten, die man unter Umständen kaum als solche wahrnimmt. Sie geht vom Almvieh aus, auch wenn es in aller Regel bloß friedlich die Weiden abgrast. Insbesondere Mutterkühe können nämlich gereizt darauf reagieren, wenn man sich ihren Kälbern nähert – ganz besonders, wenn ein Hund mit von der Partie ist. Andererseits sollte niemand beim Passieren einer Herde auf offener Weide übertriebene Ängste entwickeln. Es gilt einfach, respektvollen Abstand zu halten und Aufmerksamkeit walten zu lassen.

Notfall/Bergrettung

Falls man trotz aller Vorsicht in eine Notsituation gerät, gilt es nicht in Panik zu verfallen, sondern ruhig und überlegt zu handeln. Verletzten ist zunächst Erste Hilfe zu leisten. Mit einem Mobiltelefon lässt sich am einfachsten direkt die Bergrettung verständigen.

- Allgemeine europäische Notrufnummer: 112
- Bergrettung in Italien: 118

Falls keine Mobilfunkverbindung zur Verfügung steht, dient das internationale alpine Notsignal dazu, auf sich aufmerksam zu machen. Es besteht aus einem optischen oder akustischen Zeichen, das sechsmal in der Minute in regelmäßigen Abständen gegeben und mit jeweils einer Minute Pause dazwischen wiederholt wird, bis eine Antwort kommt. Diese besteht aus dreimaligem Zeichen innerhalb einer Minute.

Dieses Kirchlein befindet sich auf über 2300 Meter Seehöhe in der ehemaligen Knappensiedlung St. Martin am Schneeberg.

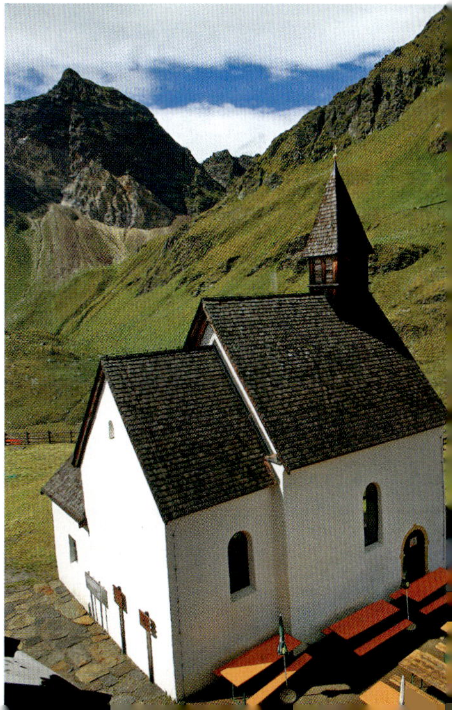

Kurzer Einblick in die Region

Vinschgau

Der Vinschgau ist das obere Tal der Etsch, vom Reschen bis hinunter gegen das Meraner Becken, genauer gesagt bis zur Steilstufe der Töll. Auf dieser Länge von gut 70 Straßenkilometern zeigt es eine erstaunliche Mannigfaltigkeit, einerseits bedingt durch den beachtlichen Höhenunterschied, zum anderen auch durch die umrahmenden Berge, die speziell im Mittel- und Untervinschgau den Gegensatz zwischen trockenem Sonnenberg und stark bewaldetem Nörderberg offenbaren. Die vertikalen Dimensionen dieser Landschaft sind immens, insbesondere wenn wir zusätzlich die verschiedenen Seitentäler mit ins Blickfeld nehmen.

Das nord-südlich verlaufende Vinschger Oberland reicht vom Reschenpass bis an den unteren Rand der Malser Haide, dem alpenweit wohl größten Schwemmkegel. Rechts flankieren die Berge der Sesvennagruppe, linksseitig – wie überhaupt auf der gesamten Distanz bis Meran – die Ötztaler Alpen. Die Seitentäler sind in diesem Bereich meist relativ bescheiden, etwa Rojen, Schlinig oder Planeil. Am weitesten greift das Langtauferer Tal ins Hochgebirge nahe dem Alpenhauptkamm hinein; sein Ursprung liegt an der vergletscherten Weißkugel.

Südlich von Mals zweigt das Tauferer Tal Richtung Schweizer Grenze ab (und setzt sich dahinter als Münstertal fort), während das Matscher Tal wiederum Richtung Weißkugel aufschließt und wundervolle hochalpine Winkel hütet, die noch wenig bekannt sind. Immerhin wurde Matsch jüngst durch die Alpenvereinsinitiative offiziell zu einem der ersten »Bergsteigerdörfer« Südtirols gekürt. Wo unser Haupttal eine west-östliche Richtung einnimmt, gelangen wir von Prad aus südwärts ins Ortlergebiet, beherrscht vom allerhöchsten Berg des Landes. Vom vorgelagerten Fallaschkamm bis

Beschaulicher Start in die Wandersaison am Salten.

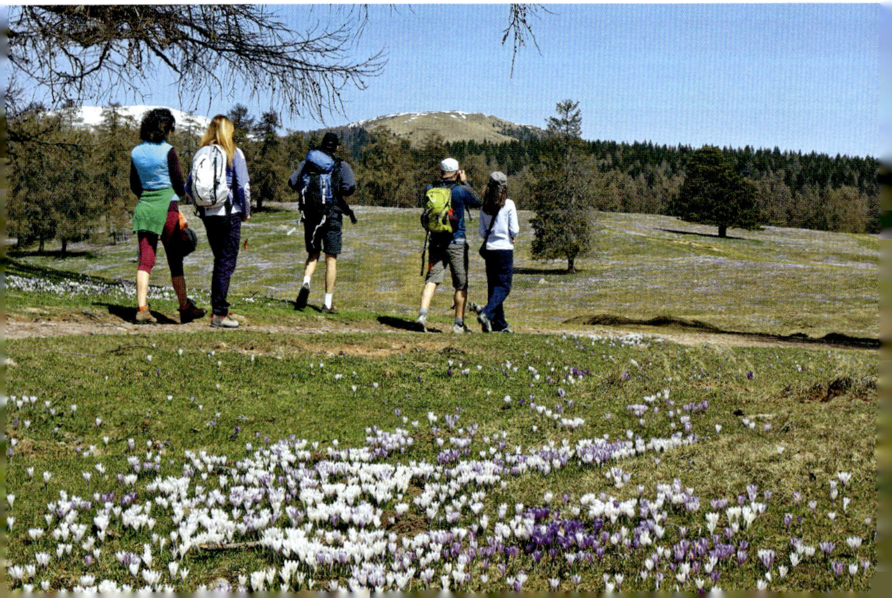

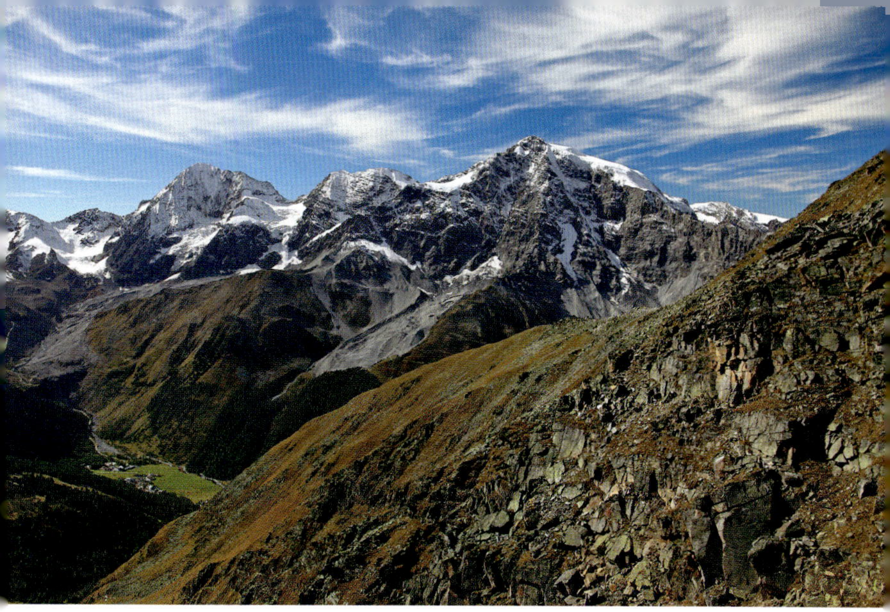

Nirgendwo in Südtirol sind die Berge höher als in der Ortlergruppe.

zu den eisbedeckten Hochgipfeln der engeren Ortlergruppe baut sich das Kulissenbild geradezu dramaturgisch auf. Während Sulden eine Sackgasse am Fuß des Massivs bildet, kann aus dem Trafoier Tal über das Stilfser Joch ins obere Veltlin gefahren werden.

Im Vinschgau selbst bildet sich von nun an der charakteristische Kontrast zwischen Sonn- und Schattseite aus. Während im Bereich der Ortler-Alpen die Felsgipfel über einem hochreichenden, dunkelgrünen Waldsockel in den Himmel spitzen, wirkt das Gelände gegenüber teilweise ausgedörrt und weist eine ganz spezifische steppenartige Vegetation auf. Saftig grüne Bereiche finden sich nur dort, wo der Mensch ausreichend bewässert – und damit dem Sonnenberg das Bild einer fast archaisch anmutenden Kulturlandschaft einhaucht. Einzelne Berghöfe reichen bis über 1700 Meter hinauf.

Bis zum Gadria-Murkegel zwischen Laas und Schlanders spricht man vom Mittleren, anschließend vom Unteren Vinschgau. Als nächstes großes Nebental zweigt auf der Seite der Ortler-Alpen das Martell ab. Eingefasst von zwei mächtigen Kämmen ist es bislang kaum vom harten Tourismus vereinnahmt worden und zeigt noch eine beglückende Ursprünglichkeit und Ungezähmtheit, gekrönt von einer eisverzierten Skyline ganz zuhinterst. Ähnliches gilt in weiten Bereichen auch für das Schnalstal, allerdings nicht ganz uneingeschränkt. Der Talschluss bei Kurzras hat sich leider zur Seelenlosigkeit verwandelt; dabei strahlt das Gebiet auf der Südseite der Ötztaler Alpen mit seinen Lärchenwäldern, Hochweiden und oft einsamen Hochgipfeln ansonsten echte Urwüchsigkeit aus.

Burggrafenamt (Meraner Land)

Über die Schwelle der Töll tritt die Etsch ins Burggrafenamt ein, wie das Gebiet um Meran historisch genannt wird und auch heute noch im Sinne

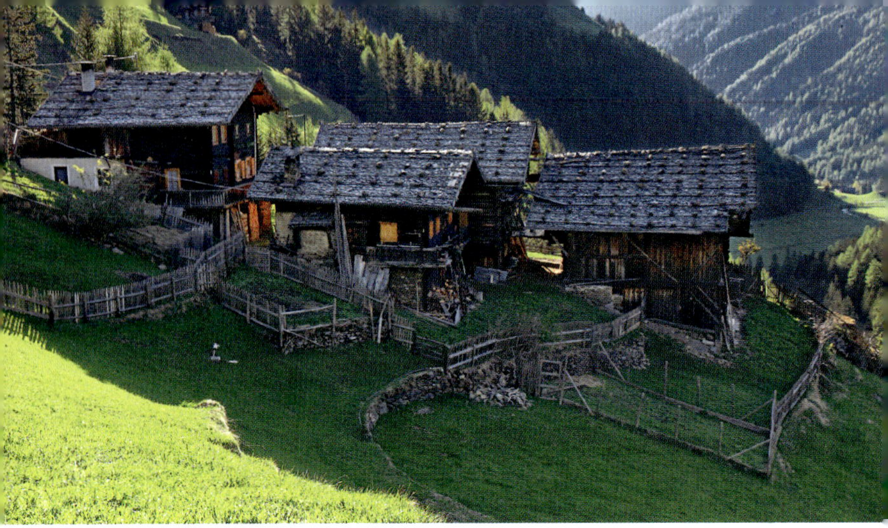

Romantisches Almhüttenensemble im Ultental.

einer Bezirksgemeinschaft Bedeutung besitzt. Dabei sind außer dem milden Etschtal (etwa bis Nals) auch Passeier, Ulten und Deutschnonsberg einbezogen. Diese Geografie führt dazu, dass wir es auch im Meraner Land mit einer beachtlichen Spanne zwischen mediterran angehaucht und hochalpin zu tun haben – Ersteres naturgemäß um die nur gut 300 Meter hoch gelegene Kurstadt selbst. Insofern nimmt sich der Südabfall der Texelgruppe ins Meraner Becken gewaltig aus.

Diese Texelgruppe – die sich als recht eigenständiger Gebirgsteil der Ötztaler Alpen zwischen Schnals und Passeier erstreckt – ist überhaupt hochinteressant und ein Paradies für tüchtige Bergwanderer. Einmal rundherum führt der Meraner Höhenweg, der damit natürlich auch das Passeiertal auf längeren Strecken begleitet. Und welch Wandel einmal mehr zwischen dem Hinterpasseier, um Ortschaften wie Pfelders und Moos – oder sogar am Timmelsjoch und Jaufenpass – und dem vorderen Bereich, der von St. Leonhard über St. Martin und Riffian sachter dem Meraner Becken entgegenläuft. Links und rechts kleben die Bergweiler und Höfe an den Hängen; links gehören sie zum Westkamm der Sarntaler Alpen, der übrigens noch weit südwärts zum sanft gewellten Tschögglberg ausstreicht.

Im Südwesten von Meran, genau gesagt von Lana aus, zieht das Ultental ins Gebiet der Ortler-Alpen. Ulten hatte seinerzeit einen massiven Ausbau der Wasserkraft zu dulden, präsentiert sich davon abgesehen aber mit einer zauberhaften Melange aus Natur- und Kulturlandschaft, die jeden Südtirol-Freund begeistern dürfte. Besonders groß ist hier die Anzahl traditionell geführter Almen, überragt von oft einsamen Gipfeln. Massentourismus ist im Ultental eigentlich ein Fremdwort, mehr noch im angrenzenden Deutschnonsberg, das geografisch schon dem Trentino zugewandt ist, kulturhistorisch jedoch zu Tirol gehört.

Sarntal

Im Sarntal lässt sich geografisch die »goldene Mitte« Südtirols ausmachen, von der Hauptstadt Bozen durch eine enge Schluchtstrecke einigermaßen abgeschirmt und ebenfalls ein treffliches Beispiel für eine weitgehend unverfälschte, bäuerlich geprägte Talschaft. Die Bergwelt trägt vor allem im äußeren Bereich einen kaum sonderlich strengen Charakter, etwa am Tschögglberg, dem waldreichen Mittelgebirgsrücken im Übergang zum Etschtal. Gen Norden nehmen die Gipfelhöhen zu, bleiben aber noch deutlich unter der 3000-Meter-Marke. Das Relief gliedert sich recht übersichtlich in zwei große Kammzüge – nur der kürzere Getersbergkamm tanzt da ein wenig aus der Reihe.

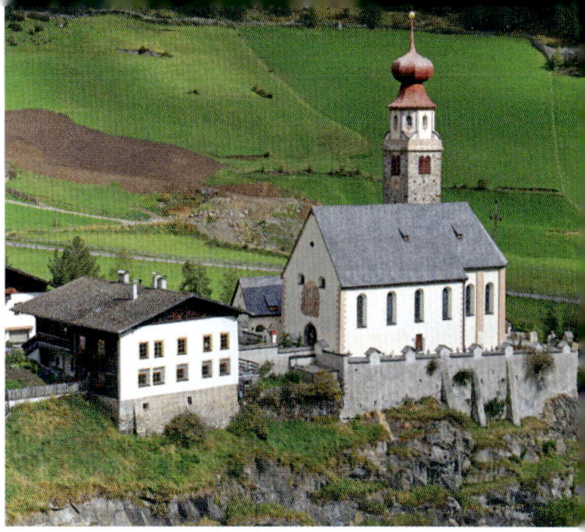

Unser Frau in Schnals.

Überetsch

So beliebt und verlockend die Gegend um den Kalterer See auch sein mag – unter dem Thema dieses Buches ist der südlichste Zipfel Südtirols tatsächlich eher nur ein Anhängsel. Denn die östlichen Flanken des Mendelkamms tragen an ihrem Sockel zwar so manchen Weinstock und in mittleren Höhenlagen dichten, erholsamen Wald, doch um ein Almgebiet handelt es sich dabei im Grunde nicht. Und damit entzieht sich das Überetsch bzw. das ganze Südtiroler Unterland eigentlich einem der wesentlichsten Hochgebirgsmerkmale im großen Rest Südtirols und nimmt bereits einen anderen Charakter an – obschon das »Gebirge« als solches am Mendelkamm allemal erkennbar und erlebbar bleibt …

Wunderbare Perspektive ins Meraner Becken. Auf dem Küchelberg liegt Dorf Tirol.

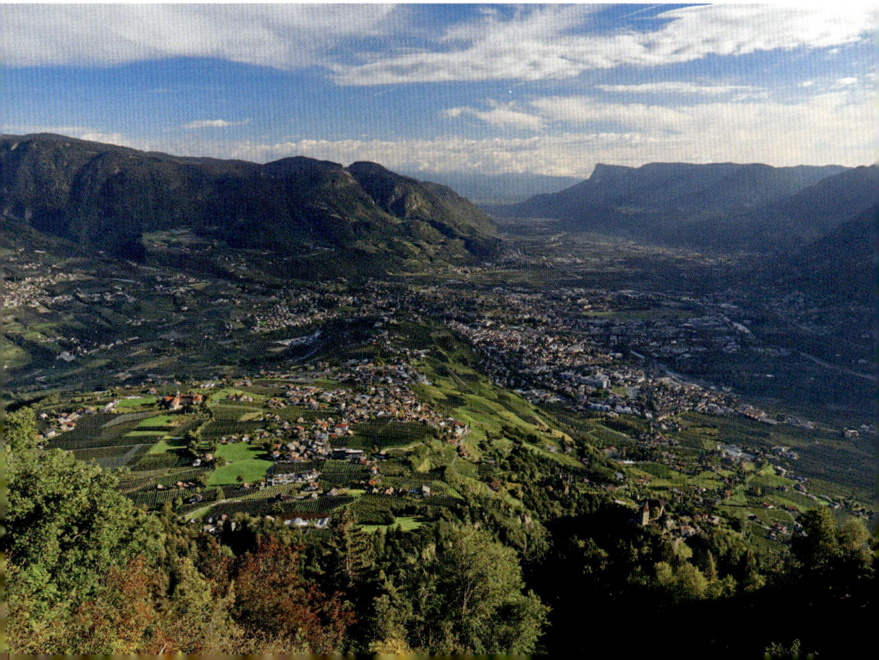

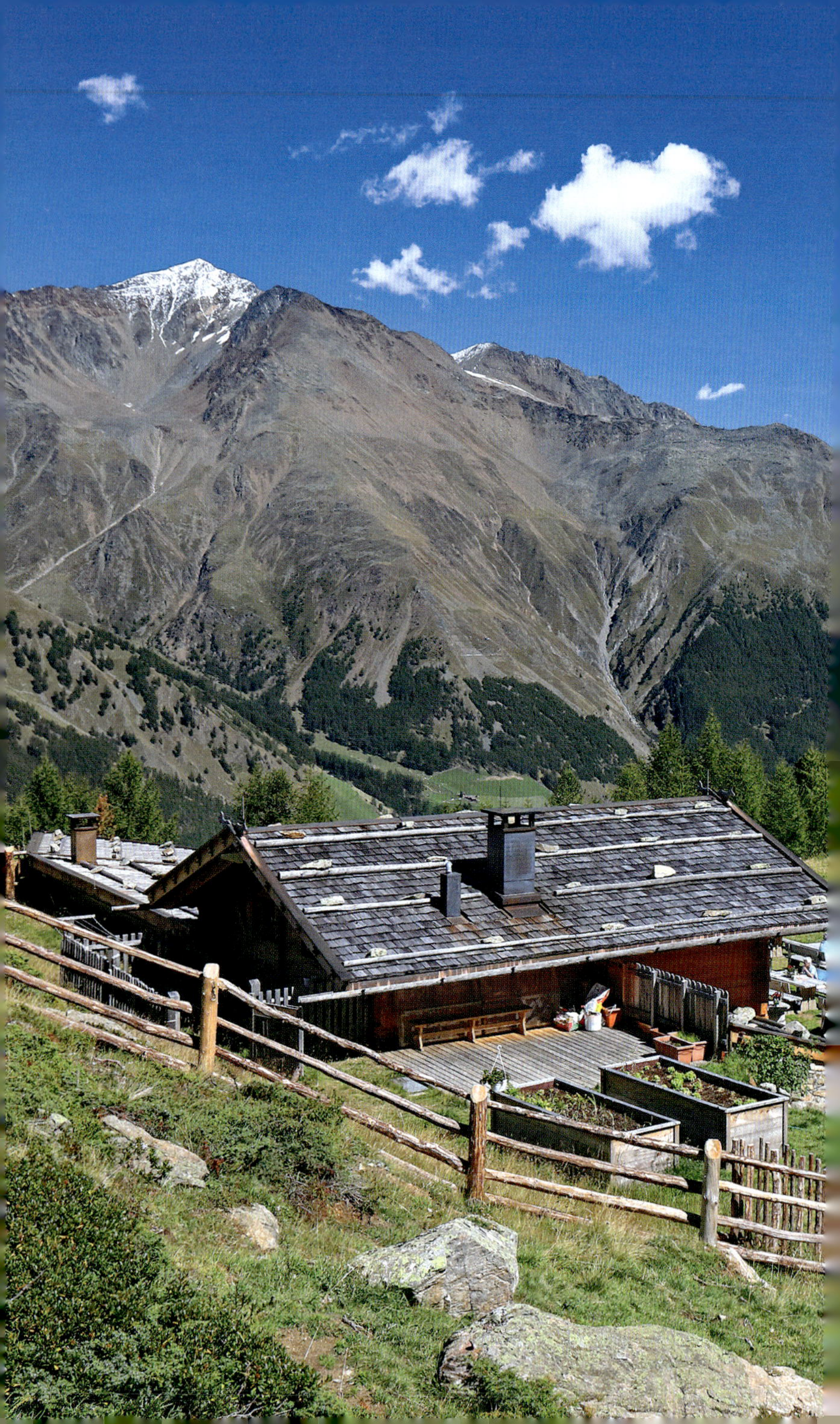

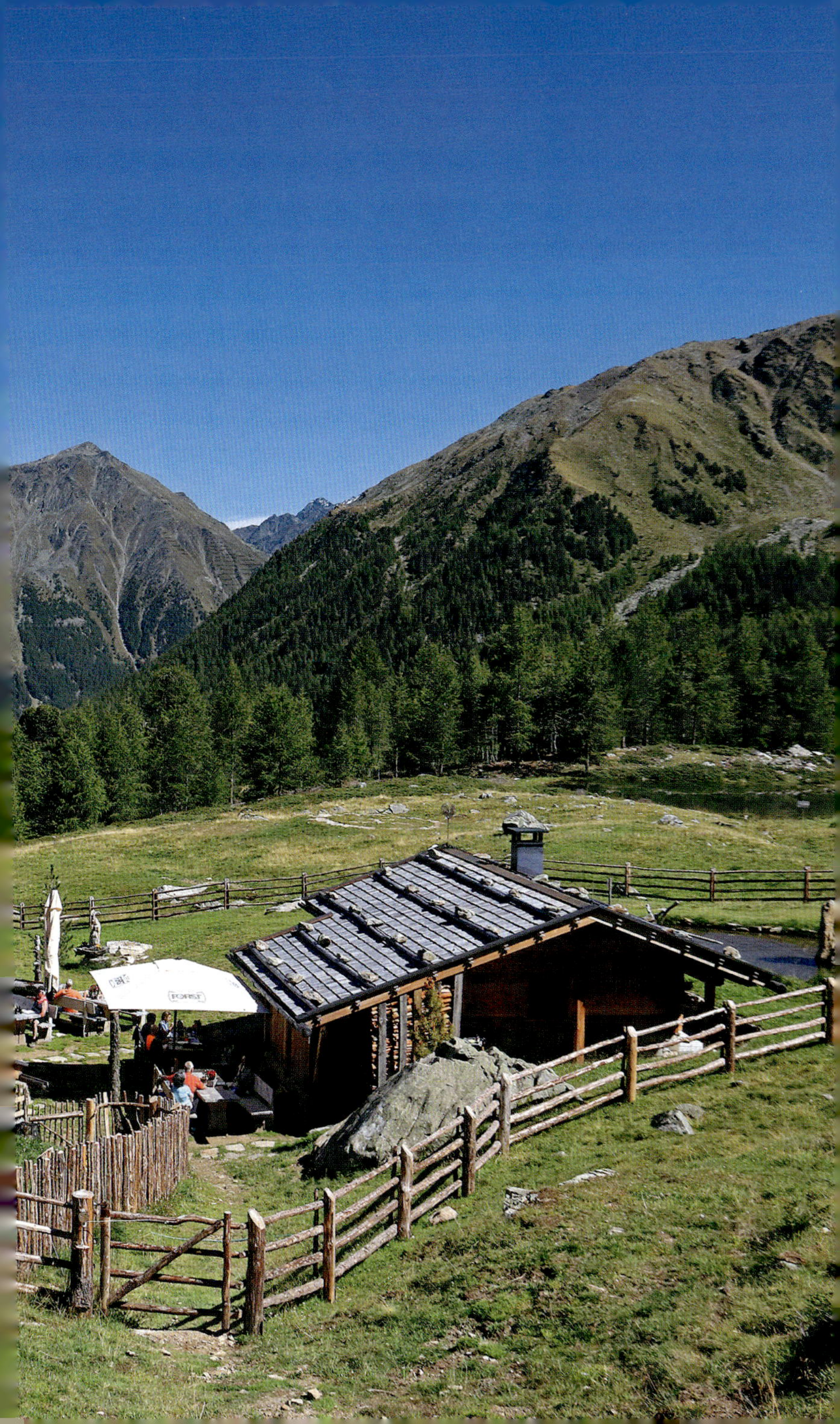

1 Reschner Alm, 2020 m

Von Reschen über die Pofelwiesen

2.30 Std. | 7,1 km | ↗ 520 m | ↘ 520 m

Im äußersten Nordwesteck Südtirols

Von der Reschner Alm – in manchen Schreibweisen wird das »n« weggenommen, in anderen noch ein »e« zugegeben – ergibt sich eine sehr schöne Perspektive in den Obervinschgau mit dem sechs Kilometer langen und gut einen Kilometer breiten Reschensee, an dessen Nordufer wir aufbrechen wollen. Man könnte zwar auch an der Rojenstraße starten und theoretisch sogar bis zur Alm selbst fahren, doch der Aufstieg vom Talort ist sicherlich am schönsten und mit anderthalb Stunden auch kaum zu anstrengend. Schließlich dürfen sich Kas- oder Speckknödel, Almbrettl oder auch ein Kaiserschmarrn zunächst ein wenig verdient werden. Leistungsstärkere Wanderer besteigen vorab freilich noch den Piz Lad (Piz Lat), einen wirklich hervorragenden Aussichtspunkt ganz im Nordwesten Südtirols.

Ausgangspunkt: Reschen, ca. 1500 m; Parkmöglichkeit in der Altdorfstraße. Nächste Bushaltestelle »Reschen Altdorf«.

Anforderungen: T2. Anfangs Hartbelag, danach problemlose Wald- und Wiesenwege. Überschaubares Halbtagesprogramm.

Varianten: Man kann auch über das Marienkirchlein am Vallierteck gehen (Nr. 7) und trifft dann auf die Forststraße, die vom Parkplatz im Rojental kommt. Von dort prinzipiell Zufahrt zur Alm möglich (tagsüber zwischen 9 und 17 Uhr gesperrt).

Karte: Tabacco 1:25.000, Blatt 043.

Sommers wie winters beliebt: die Reschner Alm.

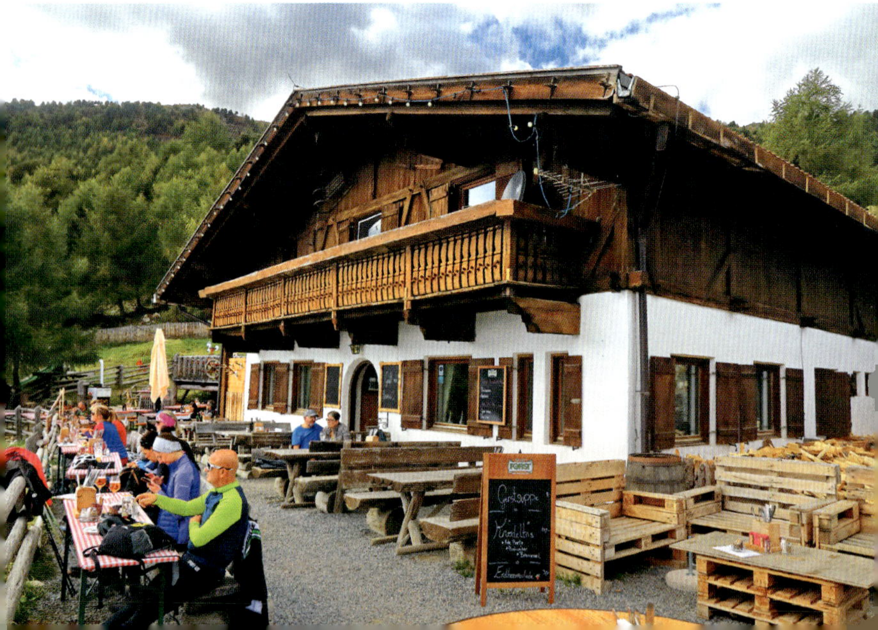

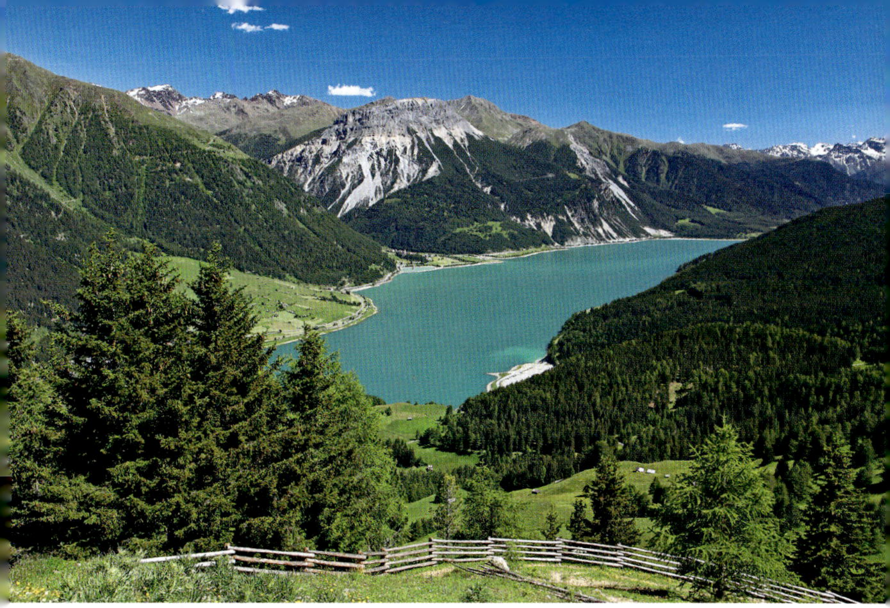

Der große Reschensee ist natürlich ein Blickfang im Obervinschgau.

EINKEHR

Resch(n)er Alm, 2020 m: Ende Mai bis Ende Oktober sowie in der Wintersaison, Tel. +39 351 6494644, www.rescheralm.it.

TOUREN

Piz Lad, 2808 m: großartiger Aussichtsberg nahe dem Dreiländereck Italien-Schweiz-Österreich; gut ausgebauter Normalweg (T2+), 2.00 Std., Variante durchs Klampertal und am Südgrat entlang (T3).

Dreiländer-Grenzstein, 2180 m: der exakte Grenzpunkt liegt auf der Nordseite des Piz Lad, gutmütiger Weg durch die Ostflanke (T2), 1.30 Std.

Reschner Höhenweg: Traverse des Mattenbalkons in südlicher Richtung (T2), bis Rojen gut 2.00 Std.

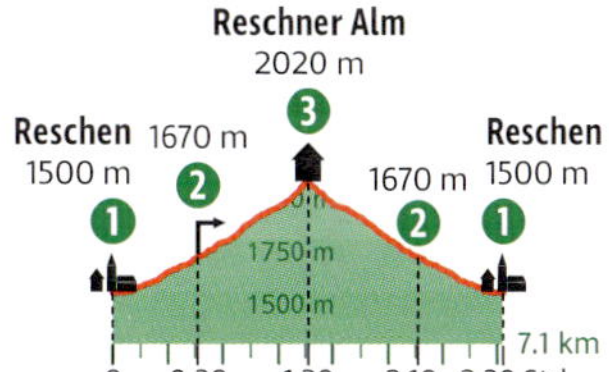

Wir beginnen den Aufstieg im nördlichen Ortsbereich von **Reschen** ❶ und folgen anfangs mit Nr. 3 und Nr. 5 einem Bergsträßchen. Noch vor dem Vallierteck zweigt in einer Linkskurve die abkürzende Fortsetzung ab ❷. Nach einigen Schleifen im Wald bewegt man sich am oberen Rand der Pofelwiesen, die mit verstreuten Stadeln gespickt sind. Insgesamt schräg nach rechts aufsteigend gelangt man direkt zur **Reschner Alm** ❸, 2020 m. Der Abstieg verläuft entweder identisch oder über das Vallierteck.

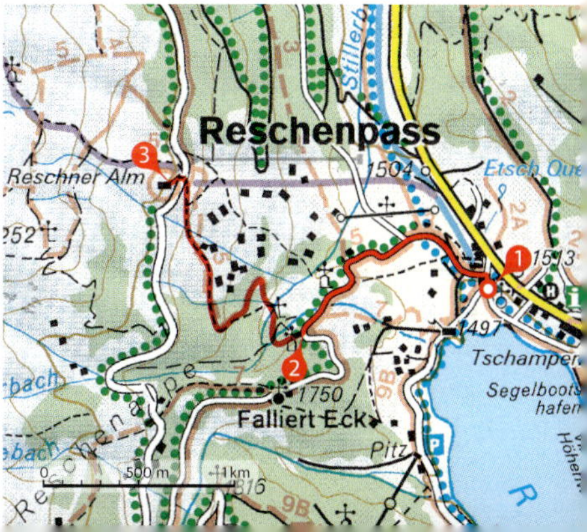

2 Weißkugelhütte, 2542 m, und Melager Alm

In den Langtauferer Talschluss

TOP | 3.50 Std. | 10,6 km | ↗ 650 m | ↘ 650 m

Im Bannkreis der Weißkugel

Obwohl das innere Langtauferer Tal mit einer höchst imposanten hochalpinen Kulisse aufwartet, laufen die großen Touristenströme daran vorbei. Kaum jemand, der auf einer Fahrt über den Reschen am versunkenen Grauner Kirchturm einen obligatorischen Zwischenstopp einlegt, ahnt von den Glanzlichtern im Talschluss – die sich vorderhand freilich auch etwas versteckt halten. Umkränzt von Weißkugel, Langtauferer Spitze, Bärenbartkogeln und Weißseekogel, deren zerrissene Gletscherzungen in den Steilflanken kleben, besitzt die Weißkugelhütte zuhinterst einen Standort von beinahe westalpiner Ausstrahlung. Dieser Eindruck dürfte anno 1893, als die Alpenvereinssektion Frankfurt/Main das Schutzhaus eröffnete, noch erheblich stärker gewesen sein. Und natürlich war die Hochtourensparte hier über lange Zeit das touristische Zugpferd. Mittlerweile ist die Weißkugelhütte etwas in die Jahre gekommen, weshalb derzeit ein Neubau an einem anderen Standort geplant wird. Man darf gespannt sein …

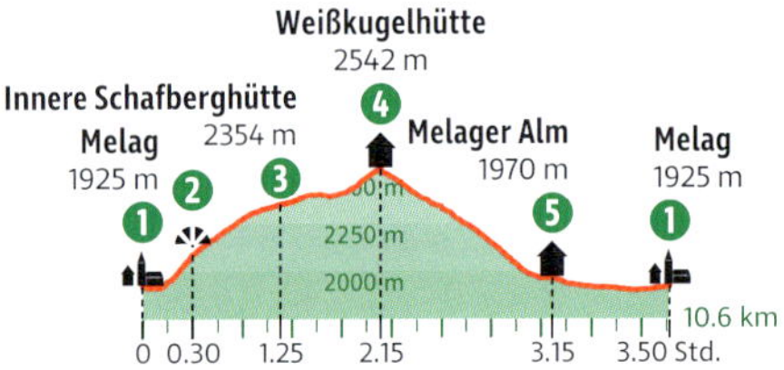

Ausgangspunkt: Melag, 1925 m, im Langtauferer Tal. Parkplatz und Bushaltestelle der Linie von Graun am Ende der öffentlichen Straße.
Anforderungen: T2. Vor allem im Aufstieg teilweise kleinere Bergwege mit mittelsteilen Abschnitten, doch im Mattengelände ohne eigentliche Schwierigkeiten. Bergab folgt man der

Der großartige Talschluss am Weg zur Melager Alm.

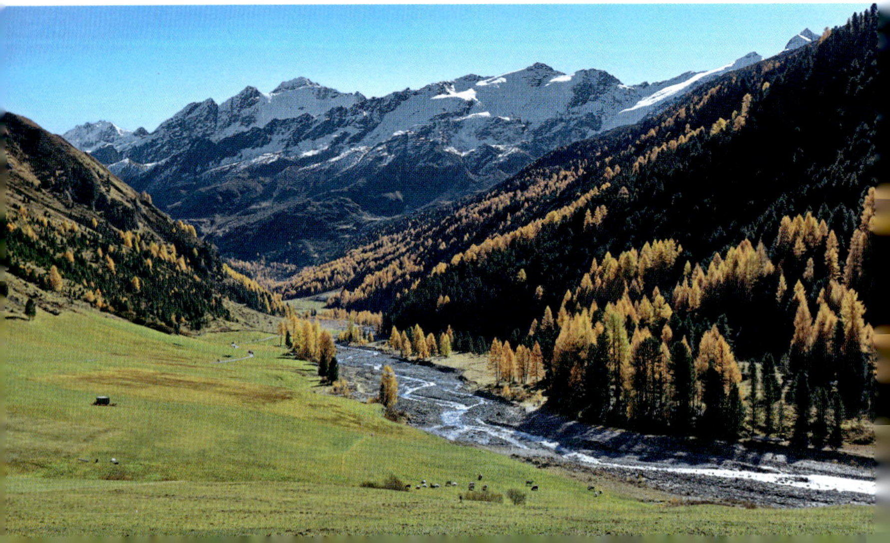

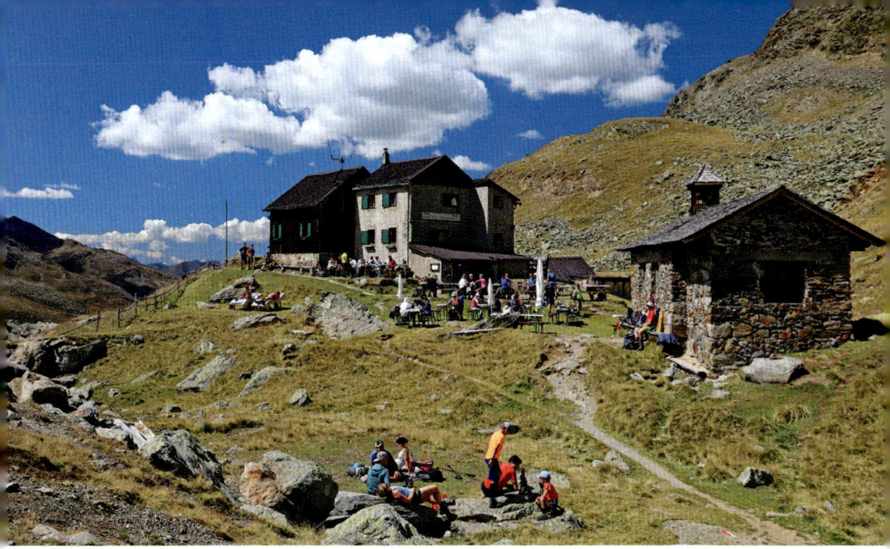

Die Tage der alten Weißkugelhütte sind wohl gezählt – der Standort soll künftig verlegt werden.

breiter ausgebauten Normalroute, die ebenfalls mittelsteile Passagen aufweist. Gemäßigtes Tagespensum, für weniger Marschtüchtige ggf. nur bis zur Melager Alm.

Variante: Der erste Teil des Aufstiegs ist etwas länger über Weg Nr. 1A möglich, der Rückweg auch durch den Gletschertrog (mit Abstecher zum Gletschertor).
Karte: Tabacco 1:25.000, Blatt 043.

Durch die Gassen von **Melag** ❶ anfangs minimal abwärts zum Melagbach und gleich dahinter mit Nr. 3 am Hang aufwärts. Der Steig führt teils recht steil bis zu einem **Bildstock** ❷, 2094 m, wo sich ein schöner Aussichtspunkt befindet, und flacht danach ab. Er zieht am Mattenbalkon schräg aufwärts und trifft bei der ehemaligen **Inneren Schafberghütte** ❸, 2354 m, am Auslauf des Falginkars auf die Route Nr. 1A, die etwas höher die Flanken schneidet. In ähnlicher Manier geht

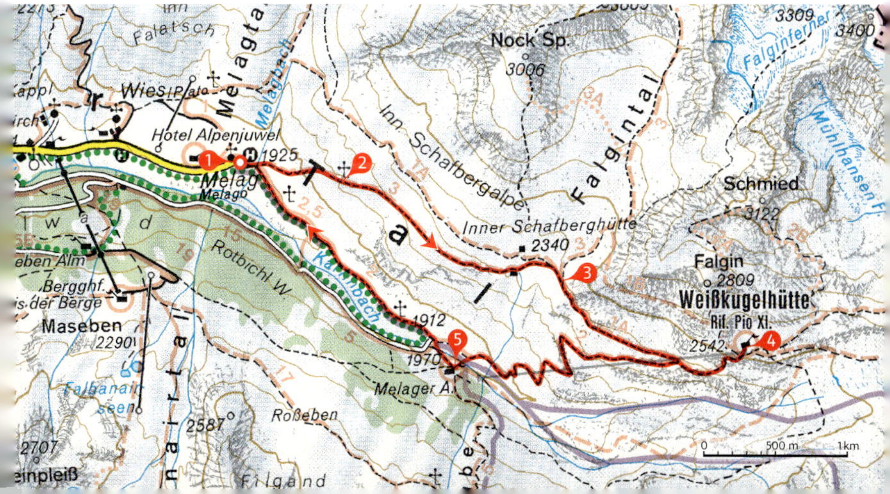

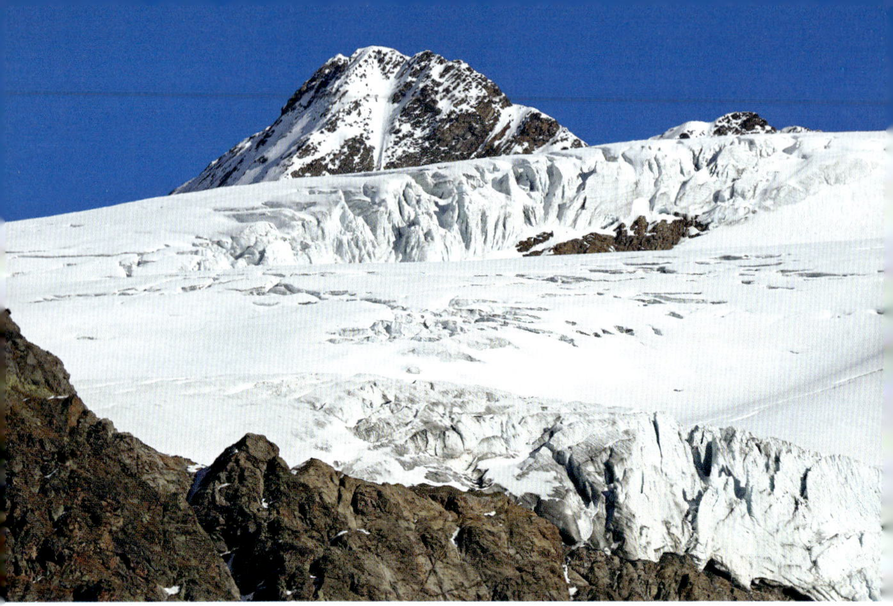

Noch drücken ansehnliche Eisdecken der umliegenden Bergwelt ihren Stempel auf.

EINKEHR

Weißkugelhütte, 2542 m: Auton. Prov. Südtirol, Mitte Juni bis Anfang Oktober, 48 Schlafplätze, Tel. +39 0473 633191 oder +43 664 5338923, www.ferienwohnung-reschenpass.com.

Melager Alm, 1970 m: Mitte Juni bis Mitte Oktober sowie im Winter geöffnet, Tel. +39 328 5383209.

TOUREN

Schmied (Adlerkopf), 3170 m: großartiger Aussichtspunkt direkt oberhalb der Hütte, zwei Routen ergeben quasi eine Überschreitung (T3), im Aufstieg 2.00 Std.

Nockspitze, 3006 m: von der Weißkugelhütte bzw. schon ab Innerer Schäferhütte ins Falginkar und anschließend über die Südostseite (T3).

Weißkugel, 3738 m: klassische Hochtour über den Langtauferer Ferner, anspruchsvoller direkt über den Nordgrat, etwas leichter aber länger via Weißkugeljoch und Hintereisjoch, 4.00 bis 5.00 Std.

Melag heißt die innerste Siedlung im Langtauferer Tal.

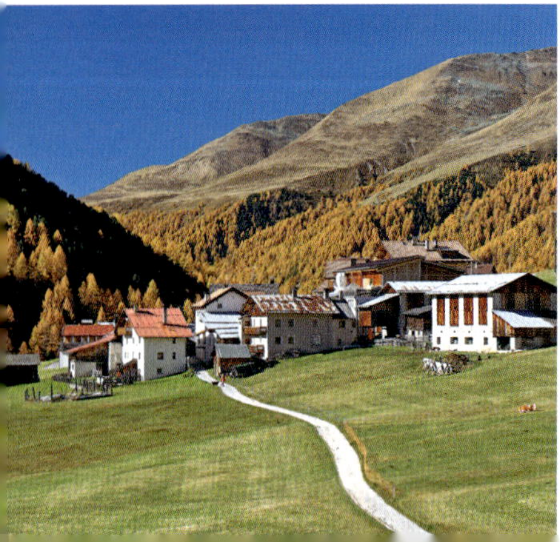

es weiter taleinwärts und schließlich gemeinsam mit dem Weg Nr. 2 an einem kleinen See vorbei bis zur **Weißkugelhütte** ❹, 2542 m.

Für den Abstieg begehen wir vollständig die Route Nr. 2 und gelangen damit merklich schneller in die Talsohle hinab – zuerst diagonal, später mit einer Reihe von Serpentinen. Die **Melager Alm** ❺, 1970 m, kann auf der anderen Bachseite nach Belieben über zwei Brücken eingebunden werden. Das letzte Stück führt flach hinaus nach **Melag** ❶.

Planeiler Alm, 2203 m

Rundtour im Planeiltal

3

3.30 Std. | 11,3 km | ↗ 610 m | ↘ 610 m

Traditionelle Alm in einem stillen Winkel des Obervinschgaus

Am offenen Sonnenhang über dem kleinen Planeiltal, in dem es nur eine einzige dörfliche Siedlung gibt, liegt die Planeiler Alm, weniger geläufig auch unter dem Namen Furglesalm. Wenn ab Mitte Juni das Vieh oben weidet, werden die schmackhaften Milchprodukte wie Käse, Butter und Joghurt direkt vor Ort hergestellt. Und das ziemlich fleißig, denn eine jährliche Produktion von sieben Tonnen Käselaibe ist im Südtiroler Vergleich schon respektabel. Wer morgens früh dran ist, kann sogar einen Blick in die Schaukäserei werfen. 2021 wurde auf der Planeiler Alm ein Umbau vollzogen.

Ausgangspunkt: Planeil, 1596 m. Parkmöglichkeit nur am Ortseingang; Haltestelle des Kleinbusses von Mals kurz davor.
Anforderungen: T1–2. Leichte, wenig anstrengende Wanderung ohne Steilpassagen. Im Bergauf streckenweise Waldsteig, sonst hauptsächlich trassierte Almfahrwege.
Variante: Talauswärts kann auf den Grasweg am linksseitigen Waldrand ausgewichen werden, allerdings nicht ratsam bei feuchtem Untergrund (etwas länger).
Karte: Tabacco 1:25.000, Blatt 043 oder 044.

Im verschachtelten Bergdorf **Planeil** ❶ geht es nach wenigen Schritten mit Nr. 10 links aufwärts, beim Lärchenhof in den lichten Wald und bei einer Gabelung nochmals links. Die Möglichkeit nach rechts war hier jüngst nicht mehr ausgeschildert. Unser Karrenweg führt mit schönen Ausblicken am Hang entlang bis zu einer Rechtskehre, anschließend

Das Bergdorf Planeil liegt in einer Seitenkammer des Obervinschgaus.

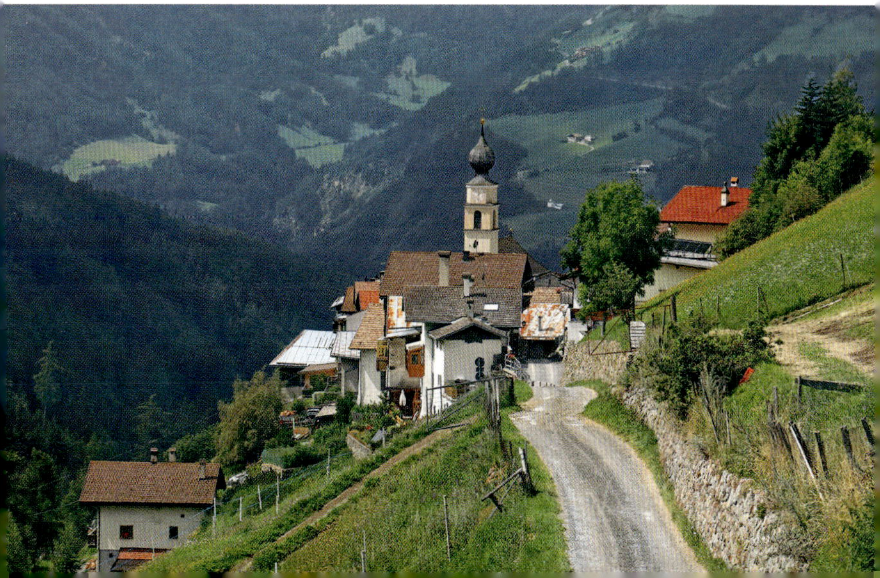

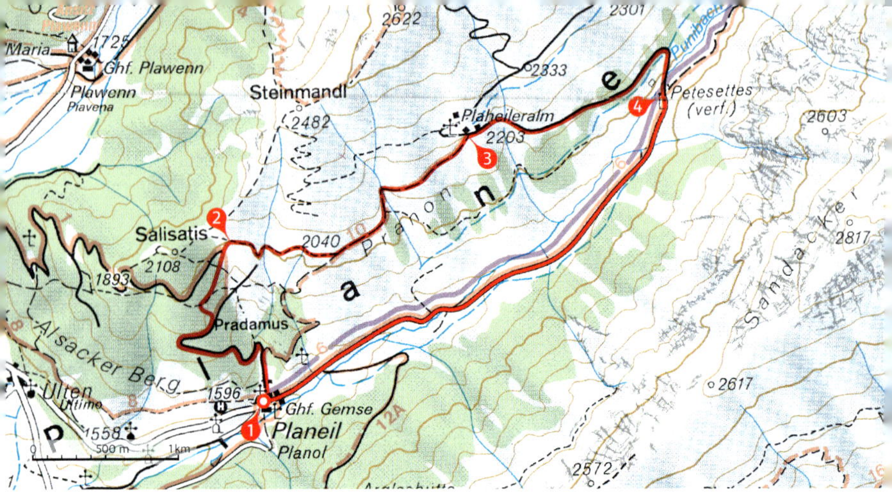

wieder zum Graben hin, den man allerdings vorerst nicht kreuzt. Vielmehr leitet jetzt ein ausgestochener, in Karten noch nicht verzeichneter Waldsteig mit einigen Schleifen höher. Später schmiegt er sich der Geländestruktur an und trifft nach einer Diagonale auf einen breiten Almweg ❷. Dieser ist nun für die zweite Hälfte des Aufstiegs maßgebend – stets leicht ansteigend quer durch die bald gänzlich offenen Hänge. Nach Ausgehen einiger Geländestrukturen laufen wir bei der **Planeiler Alm** ❸, 2203 m, ein.

Auf der anderen Seite nutzen wir die Almzufahrt, die sich gegen den inneren Bereich des Planeiltals absenkt. Nach einer markanten Kehre stößt man in der Talsohle auf die Route Nr. 6 ❹. Kurz darauf wird uns in Kürze der sogenannte »Panoramaweg« auf der linken Seite angeboten, der allerdings nicht sonderlich ausgebaut ist. Bleibt man hingegen am breiten Fahrweg, wandert man die ganze Zeit im Bereich der Talwiesen sachte auswärts. Zwischendurch wird einmal der Punibach gekreuzt, ehe sich der Kreis in **Planeil** ❶ schließt.

EINKEHR

Planeiler Alm (Furglesalm), 2203 m: Anfang Juni bis Ende September, Tel. +39 349 6150896.

TOUREN

Stoanmandlspitze, 2482 m: unmittelbar über die Südosthänge (T2), 0.45 Std.
Mittereck, 2908 m: Wirtschaftsweg (Nr. 6a) bis in den Sattel hinter dem Kofelboden, dann zum Südkamm und via Steinmandlköpfl gipfelwärts (T3), 2.30 Std.

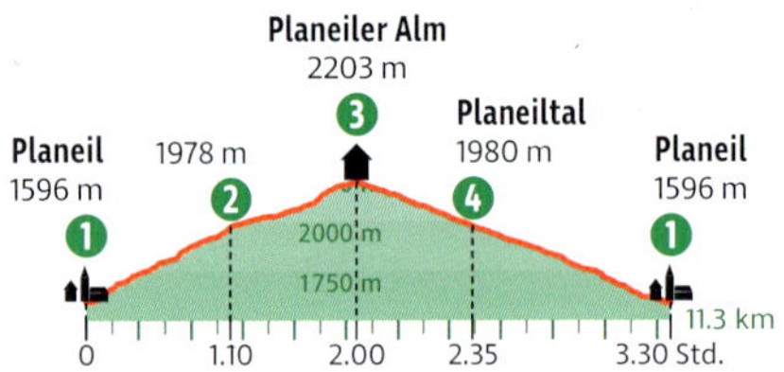

Blick hinaus ins Haupttal, wo bei Burgeis Kloster Marienberg zu erkennen ist.

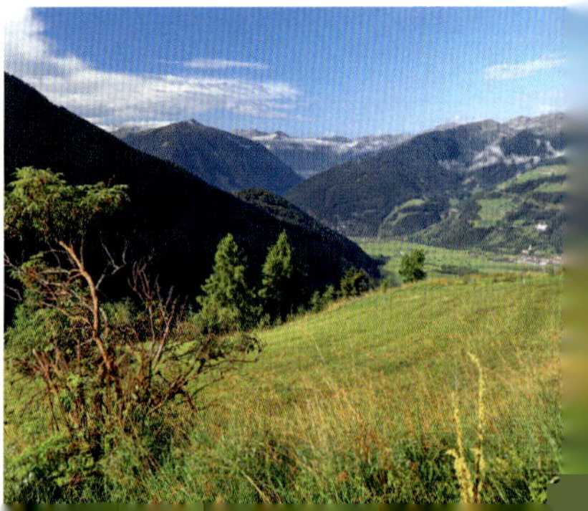

Sesvennahütte, 2258 m, und Schliniger Alm

4

Rundtour im Hochtal von Schlinig

4.15 Std. | 11,7 km | ↗ 660 m | ↘ 660 m

Vielseitige Genusswanderung in zwei Etagen

Beim Namen »Sesvenna« weiß der Kenner umgehend, wo zu verorten: Diese Gruppe befindet sich im äußersten Westen Südtirols, im Grenzbereich zur Schweiz. Anfang des 20. Jahrhunderts hatte hier die Alpenvereinssektion Pforzheim ihre Hütte errichtet. Der schlichte Steinbau steht heute als Zeuge politischer Turbulenzen, die einen regulären Hüttenbetrieb über lange Zeit vereitelten, und wurde kurz vor dem totalen Verfall denkmalgeschützt und in ein kleines Museum umfunktioniert. Seit 1981 ist der Standort mit der wenige Minuten entfernten Sesvennahütte des Südtiroler Alpenvereins für Wanderer und Bergsteiger reaktiviert – in der Wintersaison sogar für Skitourengeher, die in der Umgebung einige sehr lohnende Ziele finden. Abgesehen von der spannenden Uinaschlucht auf Engadiner Seite erfolgt sommers die schönste Annäherung über den sonnseitigen Höhenweg. Wer den Ausflug etwas erweitern möchte, ohne gleich einen Gipfel zu besteigen, findet in der Hüttenumgebung mehrere Seen und Lacken. Am Normalweg durch das Hochtal liegt für Kurzentschlossene noch die Schliniger Alm, rätoromanisch Alp Planbell, was sich mit »Schönboden« übersetzen ließe. Und tatsächlich handelt es sich um ein echtes Weideparadies. Rund 70 Kühe liefern hier jeden Sommer fast 100.000 Liter Milch, die direkt vor Ort verarbeitet wird, »Show-Käsen« inklusive. Und probieren nicht versäumen!

Der Murmentensee wird beim Anstieg zum Piz Rasass berührt.

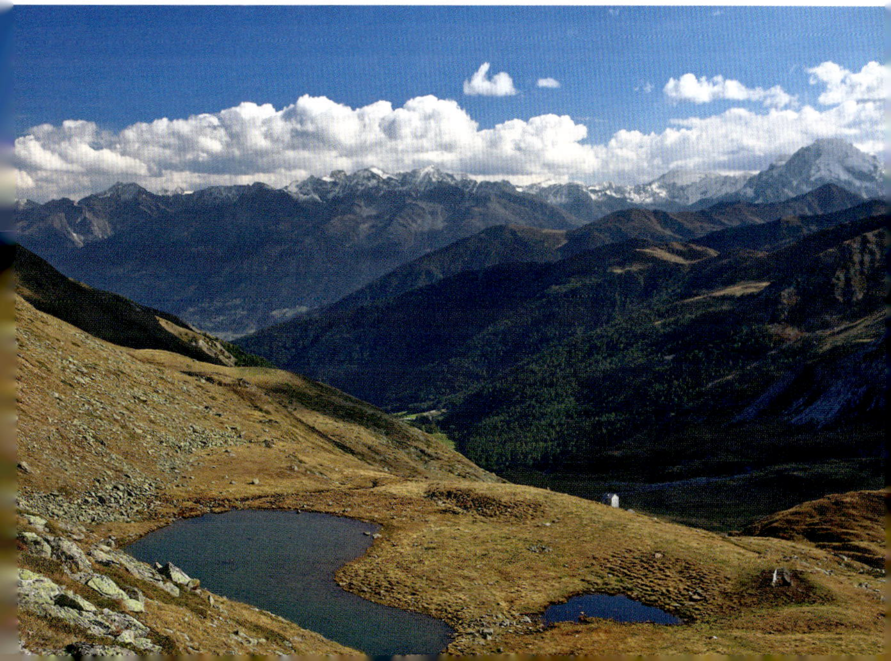

Ausgangspunkt: Schlinig, 1738 m, im gleichnamigen Seitental des Vinschgaus. Am besten den hinteren der gebührenpflichtigen Parkplätze anfahren. Busverbindung von Mals.
Anforderungen: T2. Bis zum Höhenweg relativ steiler Waldsteig, anschließend sehr bequem trassiert quer durch teilweise recht abschüssige Flanken. Der Normalweg durchs Hochtal ist fast zur Gänze sehr leicht. Ein Grundmaß an Ausdauer ist nötig.
Karte: Tabacco 1:25.000, Blatt 043 oder 044.

In **Schlinig** ❶, 1738 m, nehmen wir Weg Nr. 1A am sonnseitigen Talhang auf, gehen ein Stück weit durch offenes Gelände und tauchen dann in den Lärchenwald ein. Die Route windet sich geschickt über den steilen Troghang hinweg. Oberhalb der Waldgrenze passieren wir eine Hirtenhütte und treffen kurze Zeit später auf den von Plantapatsch herführenden Höhenweg ❷, ca. 2200 m. Die Strecke taleinwärts bis zu unserem Hüttenziel ist jetzt noch ziemlich lang, aber als Panoramaweg ein einziger Hochgenuss. Wir kommen an einer weiteren **Schäferhütte** ❸, 2336 m, vorbei und queren anschließend ohne nennenswerte Höhenunterschiede die Hanglagen von Vernung. Gegen Ende zieht der ursprüngliche Verlauf direkt zur einstigen Pforzheimer Hütte hinab, während uns die Markierung auf einen oberhalb ausholenden Bogen lotst. In diesem Fall gelangen wir quasi von hinten zur **Sesvennahütte** ❹, 2258 m.

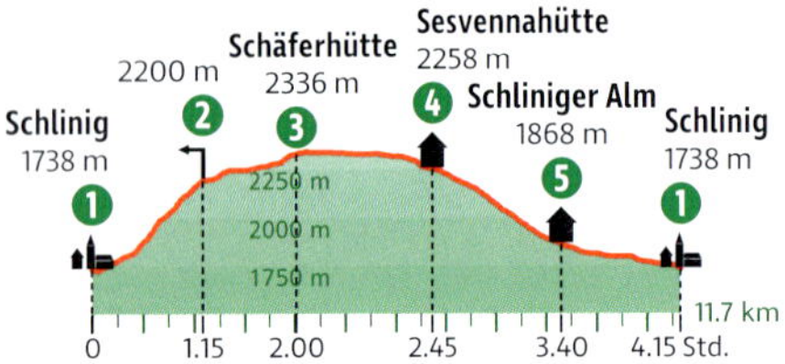

TOUREN

Föllakopf, 2878 m: aus zerklüftetem Kalkgestein aufgebauter Hausberg, über die Nordseite (T3+), 2.00 Std.
Piz Rasass, 2941 m: über die Westflanke und den Südgrat (T3), 2.15 Std.
Piz Sesvenna, 3205 m: Hochtourenziel mit Gletschertraverse, Zustieg mit Nr. 5 über die Sesvennascharte (Furkel), dann über den Sesvennagletscher zum oberen Ostgrat, dort etwas Blockkletterei (T4–5), 3.30 Std.

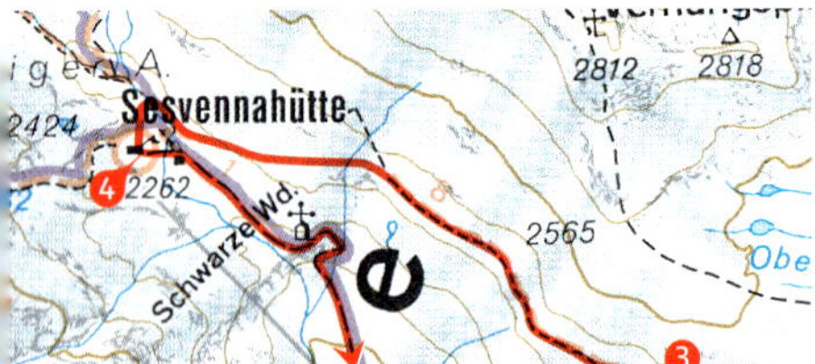
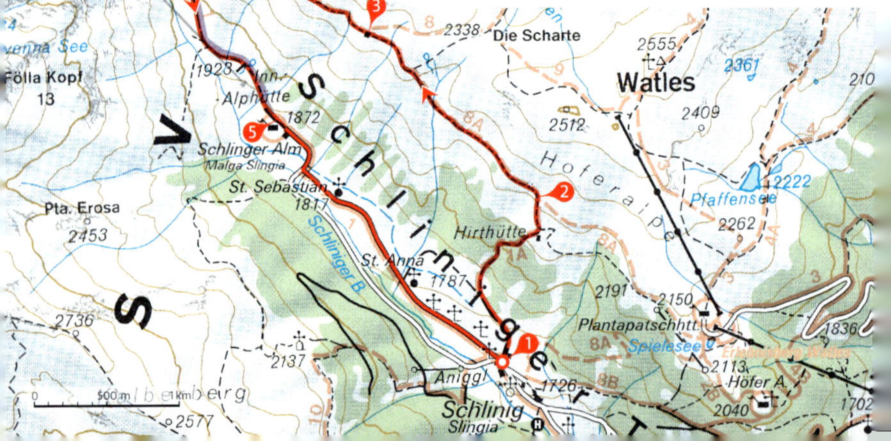

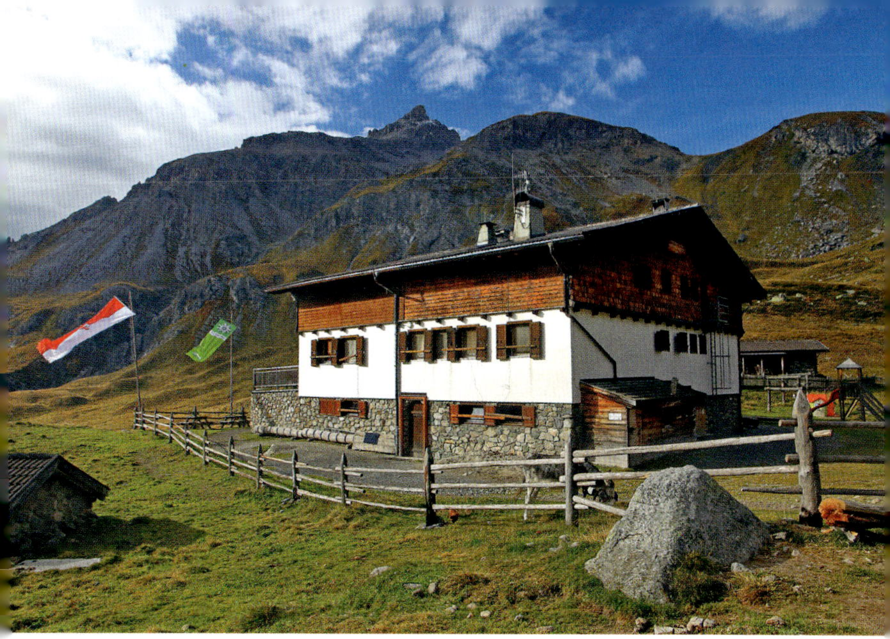

Die Sesvennahütte gibt es seit gut 40 Jahren.

EINKEHR

Sesvennahütte, 2258 m: AVS, Mitte Juni bis Mitte Oktober und Mitte Februar bis Mitte April, 78 Schlafplätze, Tel. +39 0473 830234 oder +39 379 1342237, www.sesvenna.com

Schliniger Alm (Alp Planbell), 1868 m: Mai bis November und Weihnachten bis April, Tel. +39 347 9770667, www.schliniger-alm.com

Retour wählen wir den topografisch vorgegebenen Normalzugang. Nach einem Flachstück wird die Wasserfallstufe bei der Schwarzwand linksseitig umgangen. Für die folgende Abwärtstraverse kann vorteilhaft ein Steig benutzt werden. Ansonsten auch weiter auf dem breiteren Güterweg, der ab der Inneren Alm, 1923 m, ohnehin wieder maßgebend wird. Auf der **Schliniger Alm** ❺, 1868 m, auch als Alp Planbell bezeichnet, lädt eine Jausenstation nochmals zur Rast ein. Von dort durch das schöne Wiesenhochtal flach hinaus nach **Schlinig** ❶.

Markante Wasserfallstufe im Schliniger Tal.

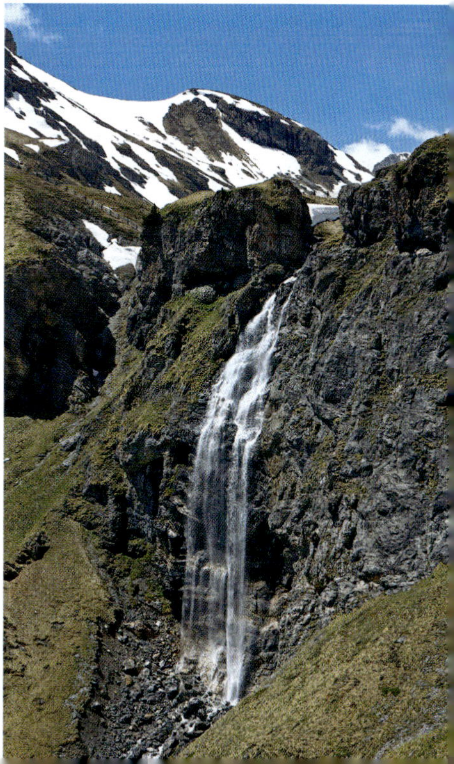

5 Laatscher Alm, 2041 m, und Schleiser Alm

Ins Arundatal oberhalb von Schleis

3.20 Std. | 9,7 km | ↗ 600 m | ↘ 600 m

Ein versteckter Almgrund der Sesvennagruppe

Während im Schlinigtal die Wanderer oft recht zahlreich unterwegs sind, ist das südlich angrenzende Arundatal eher unbekannt geblieben. Es wirkt bescheidener und öffnet sich etwas unvermutet auch erst nach einer Biegung, eingefasst von herben Gipfelhöhen, die schon deutlich »bündnerischen« Charakter tragen. Die Wirtschaftswege, heutzutage speziell von Mountainbikern entdeckt, führen bis zur Laatscher und zur Schleiser Alm. Erstere hat sich als Jausenstation etabliert. Ausdauernde können im Rahmen einer ausgefüllten Tagestour auch noch einen Gipfel draufpacken, vorzugsweise wohl den hindernislosen Tellakopf, wo sich das Panorama enorm weitet. Denn das Arundatal selbst ist schon ein ziemlich abgeschiedener Winkel.

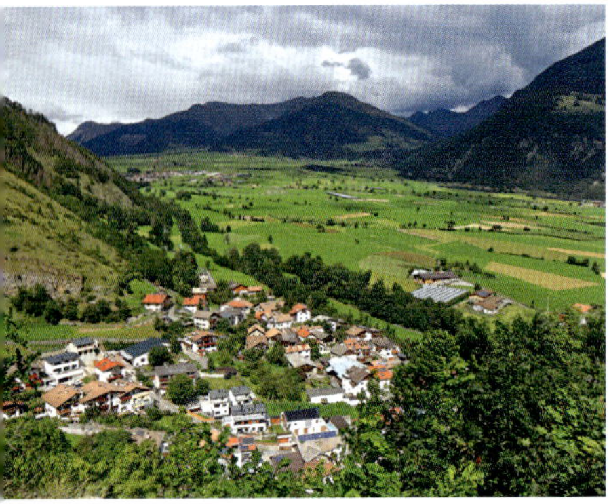

Schleis ist der Talort für diese Tour.

Ausgangspunkt: Von Schleis auf der Zufahrt Richtung Polsterhof, in der Kehre P. 1389 geradeaus weiter (oder bereits hier parken) und auf dem Forstweg bis zum Abzweig von Weg Nr. 11, ca. 1475 m, kurz vor dem Fahrverbot. Sehr begrenzte Parkmöglichkeiten! Mit öffentlichen Verkehrsmitteln muss man von Schleis oder Schlinig aus starten.
Anforderungen: Hauptsächlich Karrenwege und Almfahrwege, zwischenzeitlich mal relativ steil, aber grundsätzlich harmlos. Durchschnittliches Halbtagespensum.
Karte: Tabacco 1:25.000, Blatt 044.

Kurz vor dem Fahrverbot ❶ zweigt Nr. 11 als grasiger Karrenweg links ab – dieser ist dem befestigten Güterweg vorzuziehen. Um einen aussichtsreichen Wiesenhang herum schmiegt sich die Route dem Einschnitt des Alpbachs an und zieht bis zur **Kapajabruck** ❷, 1786 m, vorübergehend mal steil an. Dort wird wiederum der Fahrweg tangiert,

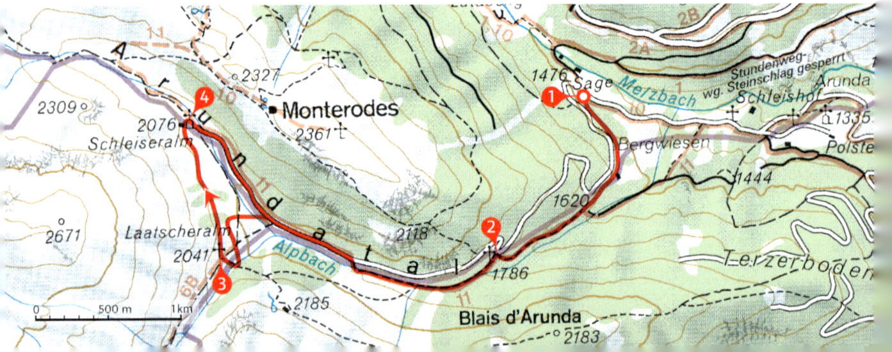

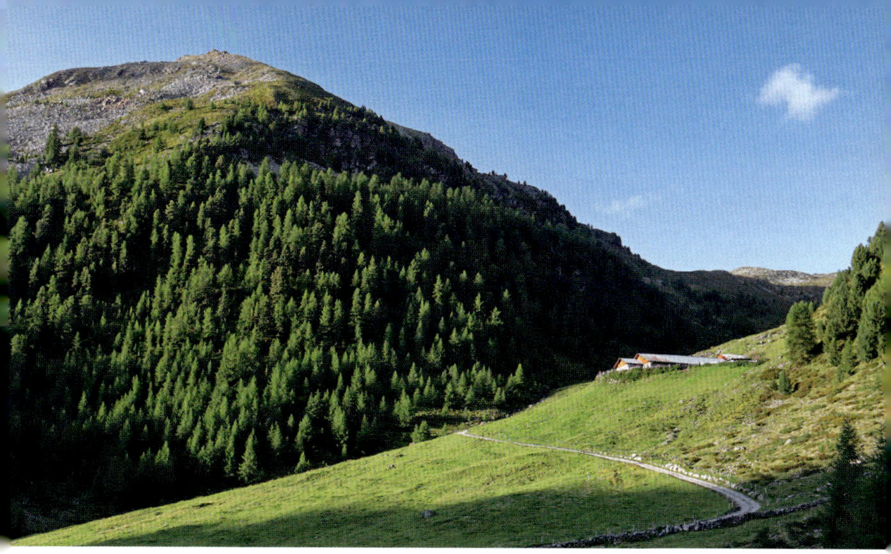

Laatscher Alm mit Tellakopf.

EINKEHR

Laatscher Alm, 2041 m: Mitte Mai bis Ende September, Tel. +39 339 4732617, laatscheralm.com.

Schleiser Alm, 2076 m: Ausschank während der Almzeit.

TOUREN

Tellakopf, 2527 m: von der Laatscher Alm zum Tellajoch und links über den Rücken hinauf (T2), 1.30 Std.

Guardaskopf, 2720 m: ebenfalls zum Tellajoch und dann zur anderen Seite (T3), 2.00 Std.

Montrodes, 2361 m: von der Schliniger Alm ein Stück taleinwärts ausholend (T2), 1.00 Std.

Muntpitschen, 3162 m: bezeichnete, aber nicht überall gut ausgetretene Route zum beherrschenden Berg über dem Talschluss, zuoberst etwas Kletterei (T4+), ab Schleiser Alm 3.30 Std.

doch wählen wir vorerst die Schneise auf der linken Seite. Oberhalb flacht das Gelände auf den Schleiser Alpböden markant ab. Wir wandern über die Wiese und nehmen bei einer Holzbrücke (P. 1902) schließlich das breitere Almsträßchen auf. Bei

Auf der Laatscher Alm geht es meist ruhig zu.

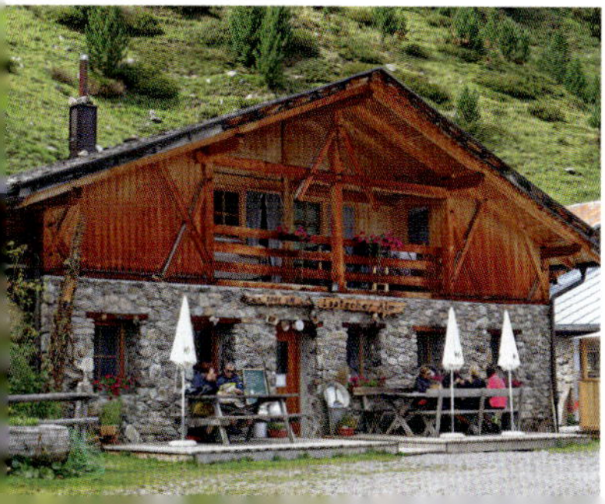

der Gabelung links aufwärts und zur bereits sichtbaren **Laatscher Alm** ❸, 2041 m. Hinüber zur **Schleiser Alm** ❹, 2076 m, gibt es eine direkte Verbindung am Hangsockel entlang. Von dort kehren wir auf der Zufahrt durchs Arundatal zurück, gegebenenfalls wieder auf die bekannte Zustiegsmöglichkeit ausscherend.

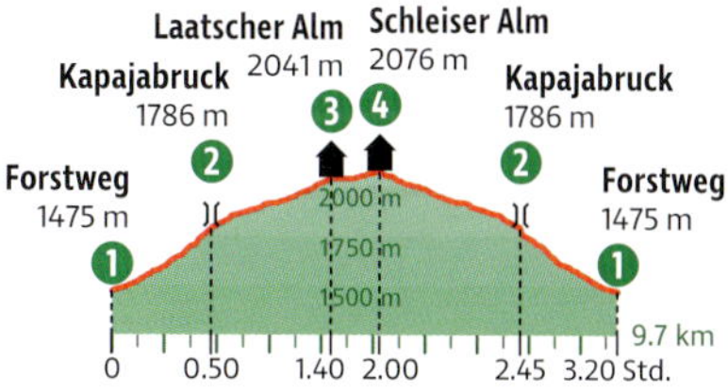

6 Oberetteshütte, 2677 m, und Matscher Alm

Vom Glieshof in den Matscher Talschluss

6.00 Std. | 14,7 km | ↗1050 m | ↘1050 m

Auf Tuchfühlung mit den Dreitausendern

Bereits seit 1883 war auf »Oberettes« ein Schutzhaus von Nutzen, damals von der Sektion Prag als »Carlsbader Hütte« errichtet und etwas später nach einem verdienstvollen Mäzen in »Höllerhütte« umbenannt. Sie fiel 1945 schließlich einem Brand zum Opfer und stand für einige Jahrzehnte als Ruine in der abgelegenen Landschaft des inneren Matscher Tals. 1988 entstand dort mit dem Neubau des Malser Alpenvereins dann endlich wieder ein Bergsteigerstützpunkt – ein sehr gemütlicher obendrein, der sich an den Kampagnen »Mit Kindern auf Hütten« und »Bergferien für Familien« beteiligt. Das alpinistische Hauptinteresse richtet sich auf die Weißkugel, die sich allerdings während der Wanderung selbst lange Zeit hinter Vorbauten versteckt hält. Weitere Dreitausender im einsamen Saldurkamm der Ötztaler Alpen werden nach wie vor meist nur als Kulisse gewürdigt. Die Landschaft strahlt beinahe zentralasiatisches Charisma aus – herbschön und weltentrückt. Yak-Fleisch kommt zwar keines auf den Tisch, dafür aber jenes von Schottischen Hochlandrindern und außerdem viele regionale Produkte. Wer auf typische Almschmankerl steht, kann beim Rückweg in der Matscher Kuhalm einkehren – oder diese wahlweise zum Ziel einer Kurzwanderung erklären …

Ausgangspunkt: Parkplatz knapp unterhalb des Almhotels Glieshof, 1824 m, im inneren Matscher Tal. Kein Linienverkehr, aber in der Sommersaison spezieller Wanderbus (zwei Kurse ab Matsch, einer zusätzlich ab Mals; Infos unter Tel. +39 0473 831190).

Anforderungen: T2–3. Im Allgemeinen

Ein schönes Ziel im Einzugsbereich: die Saldurseen.

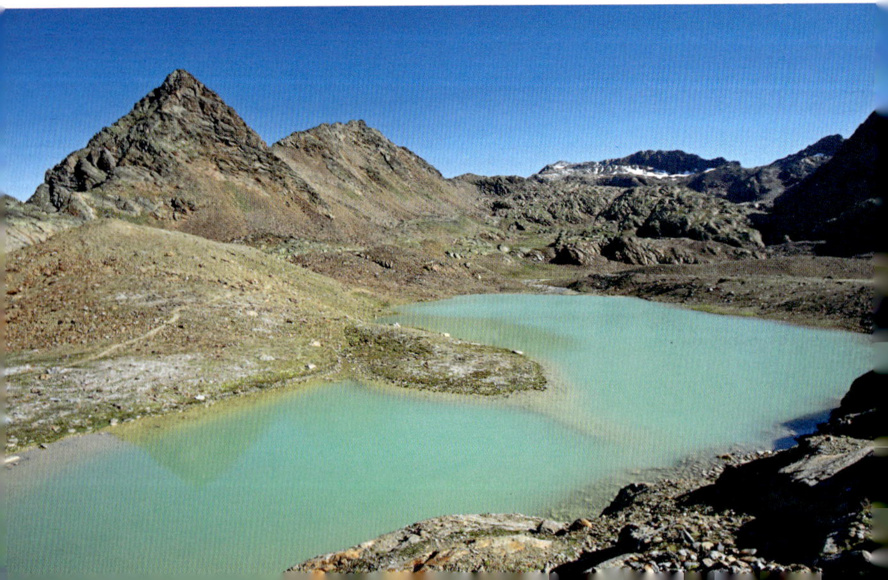

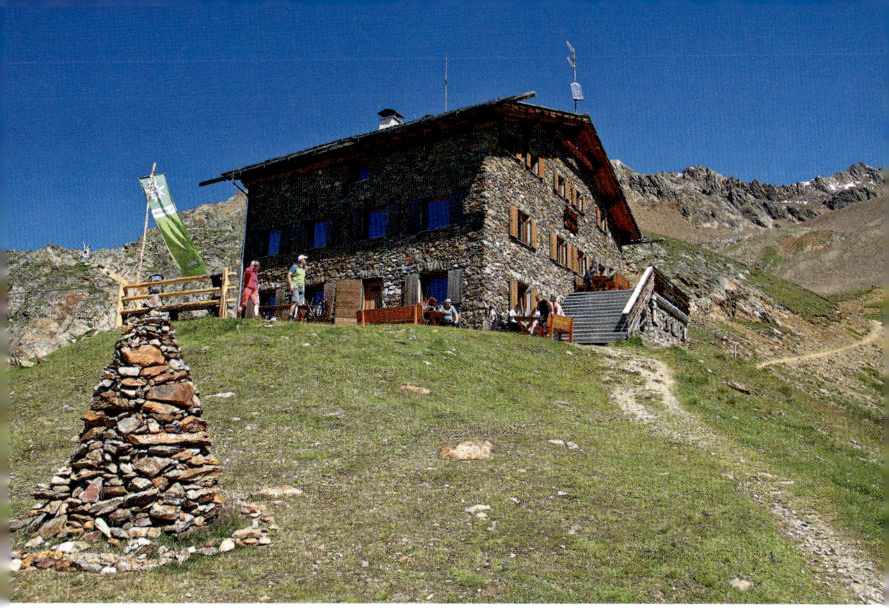

Mit der Oberetteshütte wurde Ersatz für die ehemalige Höllerhütte geschaffen.

gut angelegte Bergwege, abschnittsweise steileres Gelände, elementare Trittsicherheit vorteilhaft. Volles Tagespensum, das entsprechende Ausdauer erfordert.

Varianten: Anfangs kommt man auf dem Fahrweg etwas rascher taleinwärts voran. Vom Wegpunkt 4 auf dem Hauptweg durch den Talgrund hinaus.
Karte: Tabacco 1:25.000, Blatt 043.

EINKEHR

Oberetteshütte, 2677 m: AVS, Mitte Juni bis Ende September/Anfang Oktober, 73 Schlafplätze, Tel. +39 0473 830280 oder +39 340 6119441, www.oberettes.it.
Matscher Kuhalm, 2045 m: Juni bis Oktober, teilweise auch im Winter, Tel. +39 349 6885545.

Vom Parkplatz ❶ gehen wir kurz zum **Glieshof** hinauf und nehmen dort mit der Nr. 1 den sogenannten »Herrensteig« auf. Der manchmal etwas verschlungene Pfad zieht parallel zum Saldurbach auf der rechten Seite taleinwärts und trifft bei der **Inneren Matscher Alm** ❷, 2022 m, wieder auf den breiten Wirtschaftsweg, der von links herüberkommt. In diesem Bereich zweigt auch die spannende Route Nr. 4 Richtung Saldurseen ab. Wir bleiben allerdings noch etwa eine halbe Stunde lang im Talgrund und wenden uns erst

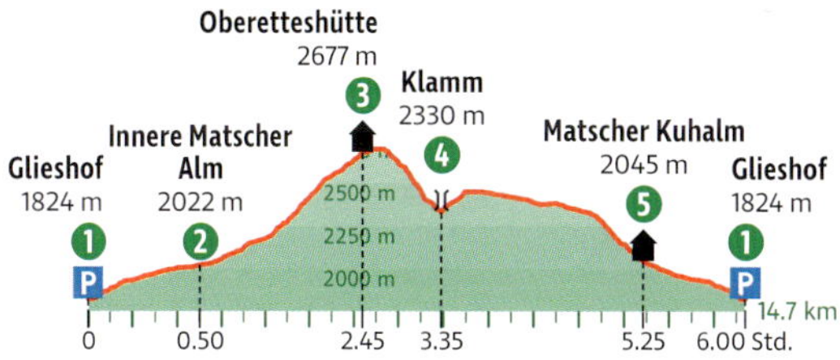

TOUREN

Saldurseen: abgeschiedene Seenplatte, die schon von der Inneren Matscher Alm über Weg Nr. 4 erreicht werden kann oder von der Hütte über »Klein Tibet« (T3).

Bildstöckljoch, 3097 m: gut ausgebauter Bergweg (Nr. 1) im Übergang nach Kurzras im Schnalstal, (T3), 3.30 Std., ggf. auch zur Schöne-Aussicht-Hütte.

Südliche Schwemserspitze, 3296 m: von der Route zum Bildstöckljoch weglos abzweigend (T4), 2.00 Std.

Weißkugel, 3738 m: beliebte Hochtour auf den zweithöchsten Berg der gesamten Ötztaler Alpen, über den Hochgang zum Matscher Ferner, am Hintereisjoch vorbei und von Süden gipfelwärts, 4.00 Std.

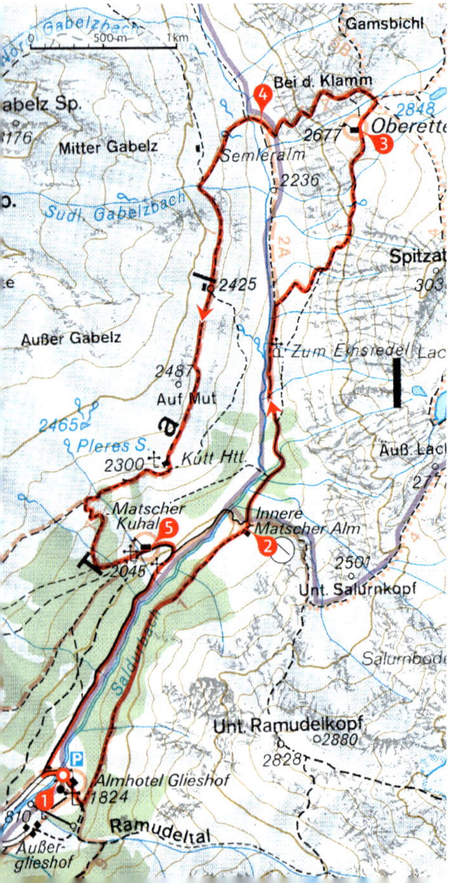

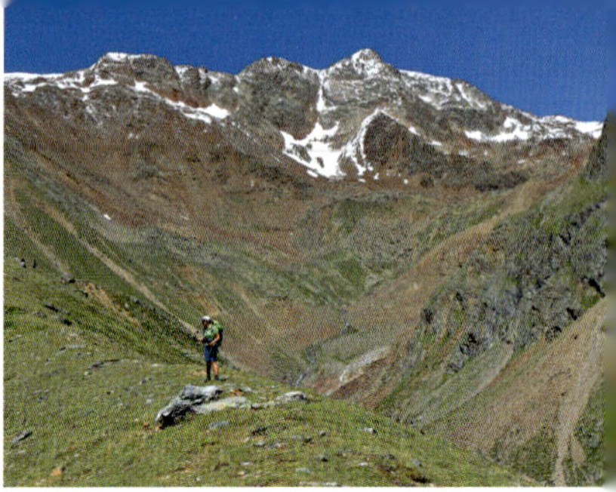

Retour kommen wir noch in den Genuss eines herrlichen Höhenwegs. Im Hintergrund der Äußere Bärenbartkogel.

bei der Materialseilbahn rechts aufwärts. Weiterhin mit Nr. 1 markiert gewinnt man an der steilen Berglehne in Kehren, später mehr diagonal, an Höhe, passiert noch einen rutschgefährdeten Hang und trifft schließlich bei der aus Naturstein gebauten **Oberetteshütte ❸**, 2677 m, ein.

Der Rückweg setzt einige Gehminuten oberhalb mit der Route Nr. 2 Richtung »Klamm« an. Nach Querung eines Wildbachs beginnt bald der Abstieg am steilen Troghang. Zwei schrofige Stellen sind zwischendurch gesichert. Im Bereich der **»Klamm« ❹**, ca. 2330 m, wechseln wir auf die andere Seite des Saldurbachs und vollziehen schräg links einen Gegenanstieg bis auf einen Absatz mit Seeauge und großen Felsblöcken (Nr. 7). Damit sind wir nun auf einem herrlichen Hangweg unterwegs, der mehr Aussicht bietet als die Route durch den Trog. Das etwas blockdurchsetzte Gelände bereitet nicht allzu viel Mühe. Bei der ersten Möglichkeit scheren wir links aus und steigen damit zur bewirtschafteten **Matscher Kuhalm ❺**, 2045 m, ab. Auf der Zufahrt geht es über eine Kehre in den Talgrund und zuletzt noch rund zwei Kilometer hinaus bis zum Ausgangspunkt beim **Glieshof ❶**.

Obere Stilfser Alm, 2077 m

Über den Almweg

7

3.40 Std. | 11,4 km | ↗ 630 m | ↘ 630 m

Feine Aussichtstour am Rande des Ortlergebiets

Die östlichen Abhänge des Fallaschkammes bieten auf weiten Strecken ein prima Wandergelände. Vor allem die Schau auf die teils vergletscherten Gipfel rund um »König Ortler« verheißt stets aufs Neue ungeheure Faszination. Im südlichen Teil zwischen Furkelhütte und Stilfser Joch durchquert der Goldseeweg die Flanken, während nach Norden der Almweg ziemlich weit ausschweift. Die Stilfser und Lichtenberger Almen liegen an seinem Verlauf, ehe er sich von der Glurnser Alm talwärts absenkt. Kulinarisch verköstigt wird man auf der Oberen Stilfser Alm, weshalb dieses Ziel für uns im Mittelpunkt des Interesses steht. Wir wählen einen überschaubaren Rundkurs und besuchen dabei auch die Prader Alm, wo ein Schauraum über die traditionelle Almwirtschaft erzählt.

Ausgangspunkt: Parkplatz Wildgehege, 1742 m. Zufahrt von der Stilfser Straße Richtung Hof Fragges und noch ein kurzes Stück geschottert bis zum Fahrverbot. Mit Öffis muss in Stilfs gestartet werden.

Anforderungen: T2. Teils Wirtschaftswege, teils gutmütige Fußwege, selten besonders steil, im oberen Teil des Almwegs jedoch Traverse abschüssiger Hänge. Wandertechnisch und konditionell moderat.

Varianten: Kürzester Weg zur Oberen Stilfser Alm in ca. 1.00 Std. vom Parkplatz Valatsches (oberhalb von Stilfs). Außerdem kann man den Almweg von der Furkelhütte (Bergstation des Sessellifts von Trafoi), 2153 m, her begehen.

Karte: Tabacco 1:25.000, Blatt 08 oder 044.

König Ortler – wer sonst?

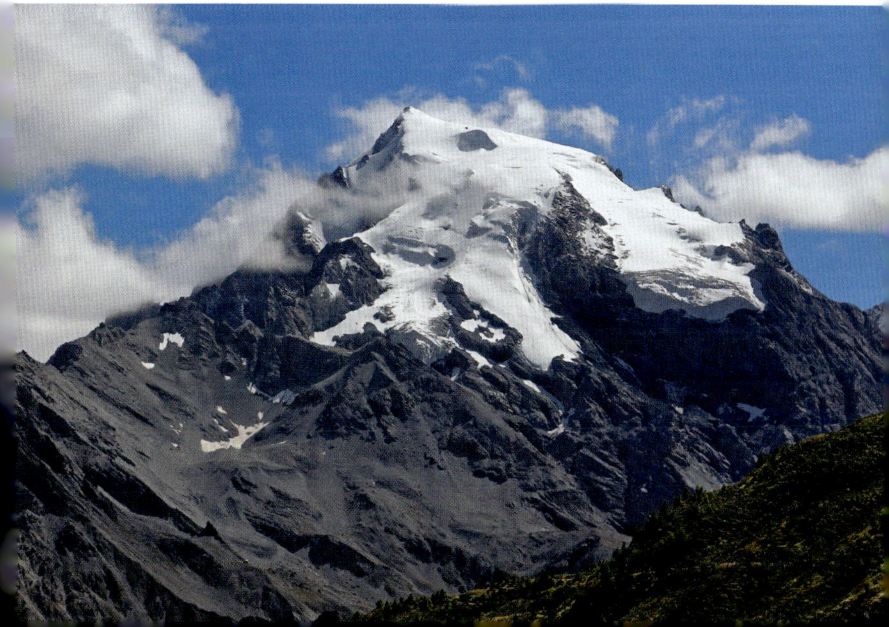

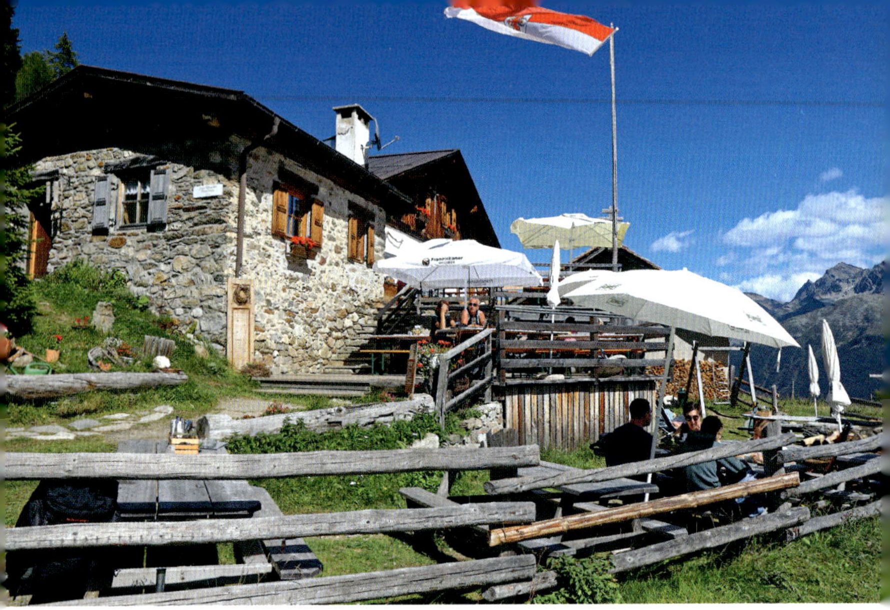

Ein heiteres Ambiente umschmeichelt uns auf der Oberen Stilfser Alm.

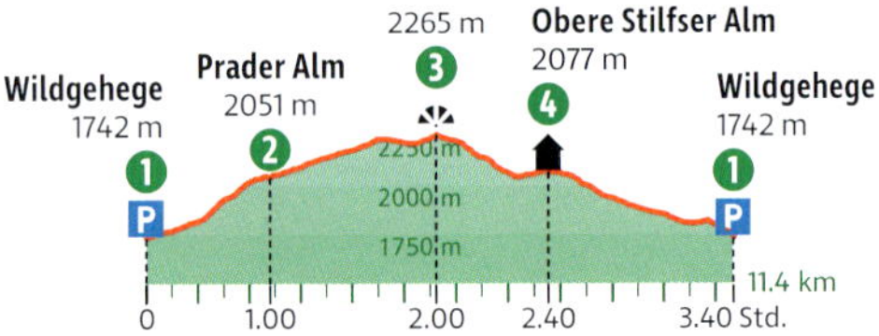

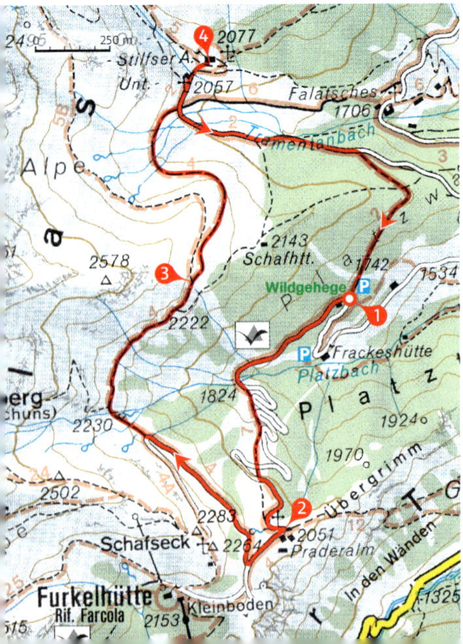

Ab **Wildgehege 1** starten wir zu Fuß zunächst auf der Forststraße. Hinter dem Platzbach kann ein abkürzender Wiesenpfad gewählt werden, dessen Beginn möglicherweise nicht bezeichnet ist. Ohnehin geht es später wieder gemeinsam weiter zur

EINKEHR

Prader Alm, 2051 m: während der Almzeit frei zugänglicher Schauraum (10-17 Uhr), keine Jausenstation.
Obere Stilfser Alm, 2077 m: Anfang Juni bis Mitte Oktober bewirtschaftet, Tel. +39 0473 421575.

TOUREN

Piz Chavalatsch, 2764 m: komfortabler Bergweg von der Oberen Stilfser Alm über die Südostseite (T2–3), 2.00 Std.

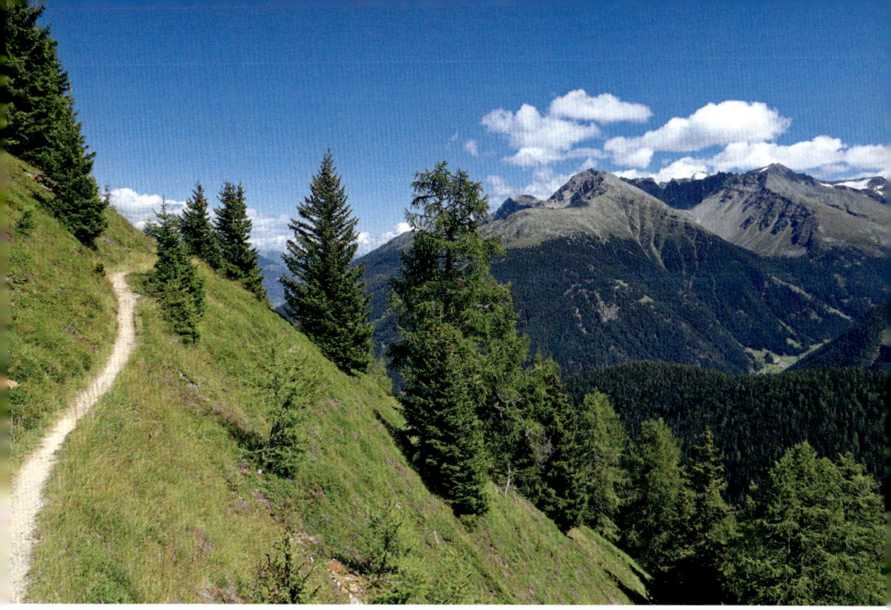

Das Kernstück der Tour verläuft auf einem attraktiven Hangweg.

Prader Alm ❷, 2051 m, wo sich bereits ein Blickfeld ins zentrale Ortler-Massiv öffnet. Knapp oberhalb zweigen wir mit Nr. 4 scharf rechts ab. Ein Karrenweg schneidet nun leicht ansteigend die Hänge, später von einer schmaleren Trasse abgelöst. Bis zu einer aussichtsreichen Schulter bei P. 2265 ❸ folgen die spannendsten Passagen – etwas verwinkelt, da einige Runsen ausgegangen werden. Die anschließende Gefällstrecke führt links eindrehend um ein Eck herum und im Bogen hinunter zur Almzufahrt. Dort noch kurz an den unteren Ställen vorbei zur Jausenstation auf der **Oberen Stilfser Alm** ❹, 2077 m. Im Schlussabstieg folgen wir dem Güterweg so lange, bis man im Wald nach rechts ausscheren kann. Auf einem Wurzelweg gelangen wir quer durch den recht abschüssigen Waldhang und zuletzt direkt hinab zum **Wildgehege** ❶.

Dabei ergeben sich großartige Fernblicke in den Vinschgau.

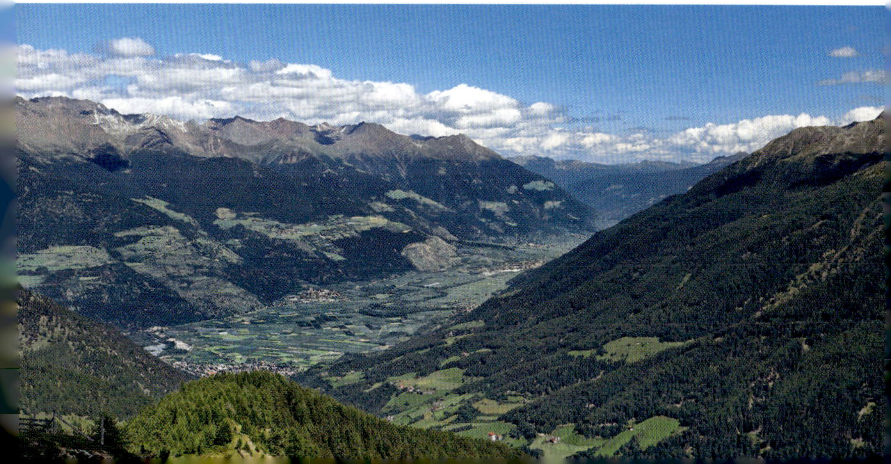

8

Tabarettahütte und Payerhütte, 3029 m

Von Sulden über die Bärenkopfscharte

TOP 5.30 Std. 13,7 km ↗800 m ↘1280 m

Zum altehrwürdigen Basislager am Ortler

Die Lage hoch oben am Tabarettakamm, bereits knapp oberhalb der 3000-Meter-Marke, ist schon spektakulär. Klar, dass am höchsten Berg Südtirols auch die Hütte eine besondere sein muss! Der Urbau der Payerhütte erfolgte 1875, nachdem sich der von Engländern eröffnete Nordanstieg als günstigste Route durchgesetzt hatte (bereits im Jahr 1804 waren die verwegenen Erstbesteiger unter der Führung von Josef Pichler noch durch die wilden »Hinteren Wandlen« auf der Südwestseite des Berges gipfelwärts geklettert). In privaten Initiativen entstanden später entlang der Zugangswege von Trafoi und Sulden weitere Zwischenstationen. Zum einen waren dies die Alpenrose- und Edelweißhütte, beide aufgegeben und verfallen, nachdem die Trafoier Route zugunsten von Sulden immer mehr vernachlässigt worden war. Dagegen erfreut sich die auf Suldener Seite erbaute Tabarettahütte regen Zuspruchs. Viele Wanderer genießen den prickelnden Schauder eines Blickes in die Ortler-Nordwand aus nicht allzu großer, aber doch sicherer Distanz – ein Hochgebirgsbild, das einer gewissen Dramatik nicht entbehrt. Wer etwas tüchtiger ist, wird sich von diesem herrlichen Balkon aber nochmals loseisen und auch den Anstieg via Bärenkopfscharte bis zur Payerhütte absolvieren. Da wird die Luft schon ein bisschen dünn ...

Ausgangspunkt: Bergstation des Langenstein-Sessellifts von Sulden bei der K2-Hütte, 2330 m. Betriebszeiten zwischen Mitte Juni und Anfang Oktober, 8.30 bis 17 Uhr.

Anforderungen: T3. Bis Taberattahütte noch relativ leichter Bergweg (T2), zur Payerhütte ebenfalls gut ausgebaut,

Ganz oben auf der Schneide thront die Payerhütte.

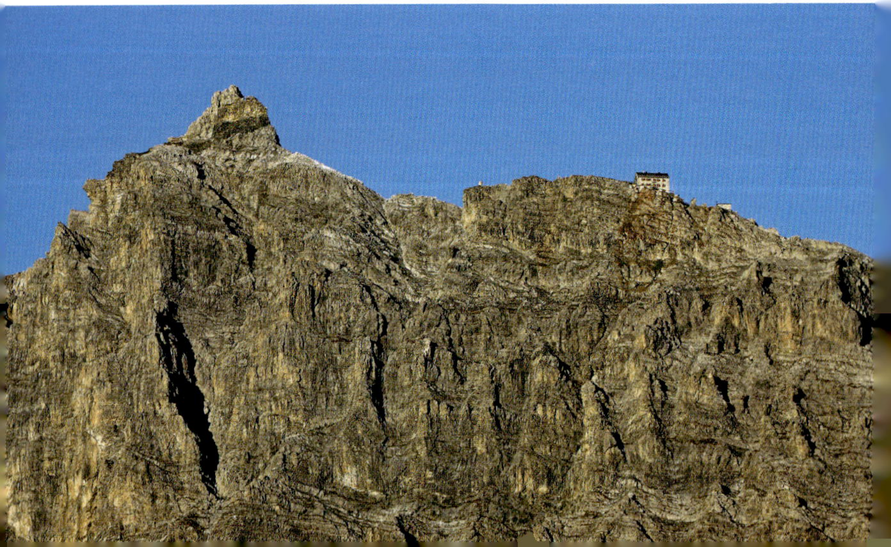

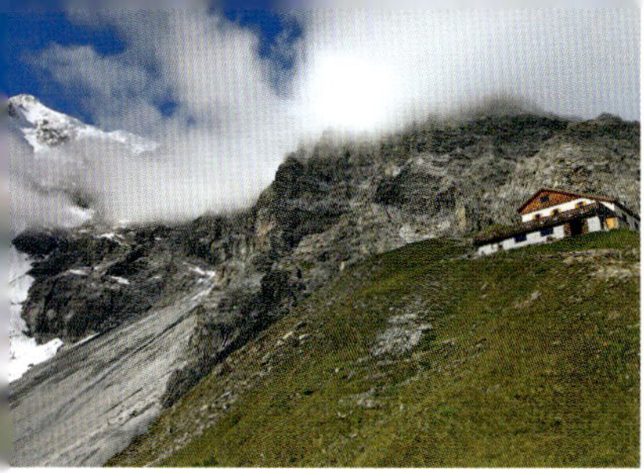

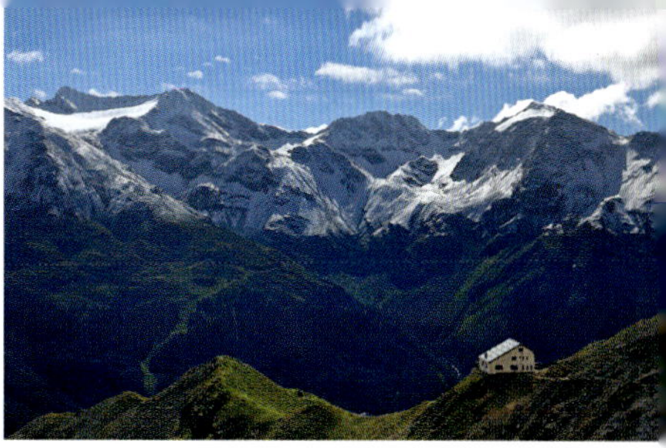

Die Tabarettahütte gegen Tabarettaspitze und Ortler (links) sowie mit dem Panorama der Berge im Suldener Talschluss (rechts).

jedoch bröseliges und teils felsdurchsetztes Drumherum, unterhalb der Bärenkopfscharte Steinschlaggefahr, dahinter ein paar gesicherte Stellen. Elementare Trittsicherheit und Ausdauer für eine normale Tagestour nötig.

Variante: Von der Tabarettascharte führt Weg Nr. 19 westwärts hinab, über die ehemaligen Standorte von Edelweißbiwak und Alpenrosehütte bis in den Talort Trafoi.
Karte: Tabacco 1:25.000, Blatt 08.

EINKEHR

Bergrestaurant K2, 2330 m: während der Betriebszeiten des Sessellifts, Tel. +39 0473 613047.
Tabarettahütte, 2556 m: privat, Mitte Juni bis Mitte Oktober, 40 Schlafplätze, Tel. +39 347 2614872, www.tabaretta.com.
Julius-Payer-Hütte, 3029 m: Auton. Prov. Südtirol, Mitte Juni bis Ende September, Tel. +39 0473 613010, www.payerhuette.com.

TOUREN

Tabaretta-Klettersteig: extrem schwieriger, sehr sportlich angelegter Klettersteig (Grad E) durch die Ostwand der Tabarettaspitze, selbst für sehr erfahrene Bergwanderer absolut keine Option!
Ortler, 3905 m: Normalroute auf den höchsten Berg Südtirols, kombinierte Hochtour mit Kletterstellen im unteren und Gletscherbegehung im oberen Teil, 4.00 Std. ab Payerhütte, für reine Wanderer ebenfalls ausgeschlossen!

Nach dem Auftakt mit dem Sessellift, starten wir bei der Bergstation **Langenstein** ❶ in nördlicher Richtung und achten darauf, nicht talwärts abzuschweifen, sondern mit Nr. 4A fast höhengleich die weite Hangbucht unterhalb der Ortler-Nordwand auszugehen. Im Bereich der Marltmoräne stoßen wir auf den Zugang (Nr. 4) von Sulden ❷, der ohne Weiteres machbar ist, wenn man morgens nicht auf den Betriebsbeginn des Liftes warten möchte. An einem grasigen Steilhang schraubt sich die Route nun zur **Tabarettahütte** ❸, 2556 m, hi-

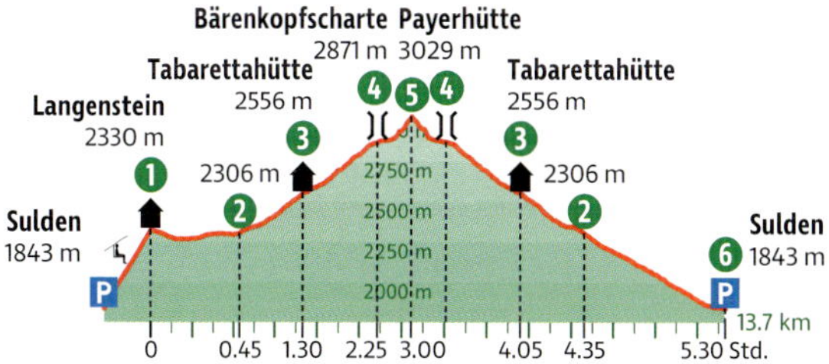

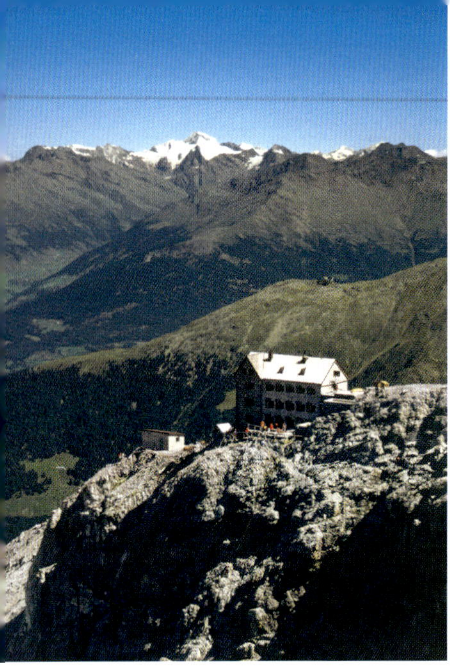

Die Payerhütte gewährt einen Ausblick bis zur Weißkugel am Horizont.

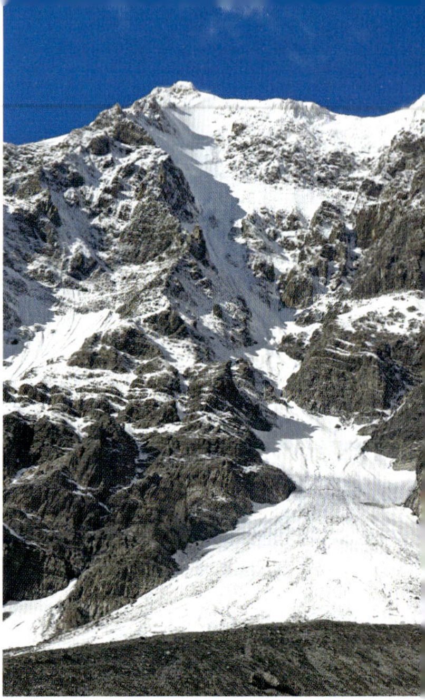

Schaurig-schöner Blick in die Ortler-Nordwand mit ihrer Eisrinne.

nauf. Mittels Aufwärtstraverse geht es weiter in mürbe Schutt- und Felshänge, doch ist die Trasse selbst normalerweise gut in Schuss gehalten. Nach einer Spitzkehre und weiteren Serpentinen erreichen wir die **Bärenkopfscharte** ❹, 2871 m. Die Traverse zur wenig höheren **Tabarettascharte** verläuft nun westseitig entlang teilweise schmaler Felsbänder, ehe der Schlussaufstieg bis zur **Payerhütte** ❺, 3029 m, nur noch eine Fleißaufgabe von 20 Minuten darstellt.

Für den Abstieg gilt weithin dieselbe Routenführung, ab der Marltmoräne dann am besten mit Nr. 4 direkt talwärts. Der Weg taucht in den würzigen Bergwald ein, vollzieht einige Schleifen und kommt unweit der Kirche von **Sulden** ❻ heraus.

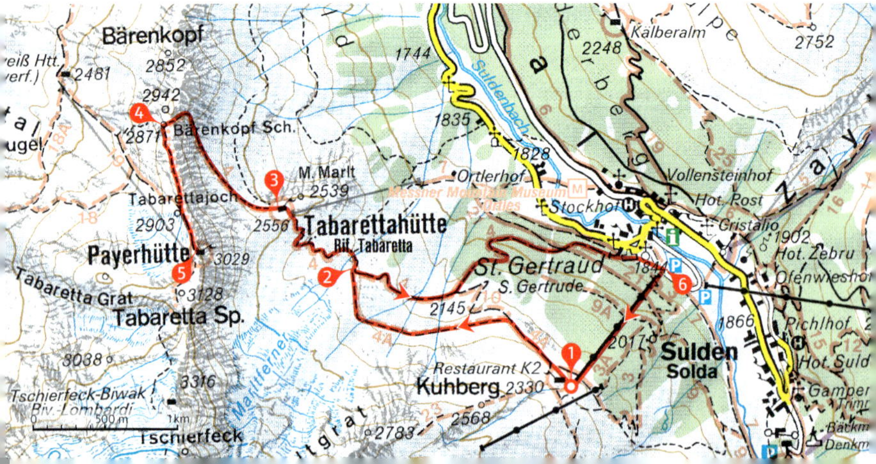

Hintergrathütte, 2661 m

Über den Morosiniweg und hinab nach Sulden

3.30 Std. | 8,7 km | ↗ 370 m | ↘ 860 m

Zu Füßen der Königsspitze-Nordwand

Im Moränenvorfeld des schuttgepanzerten Suldenferners gelegen, schon auf Tuchfühlung zur eisigen Nordwand der Königsspitze und den langen Gratarmen des Ortler, kommt der Hintergrathütte ein besonderer Stellenwert zu. Natürlich ist sie ein beliebtes, zumal leicht erreichbares Wanderziel vom Langenstein-Lift sowie der Mittelstation der Suldener Bergbahn aus, doch ihre eigentliche Bestimmung ist eine andere: Bergsteiger mit höchsten Ansprüchen quartieren sich hier ein, um noch zu nachtschlafender Zeit in die Dunkelheit hinauszustolpern und einen der Giganten ringsum fest ins Visier zu nehmen. Für den langen, anspruchsvollen Ortler-Hintergrat sowie die noch grimmigeren Anstiege auf die Königsspitze ist die Hütte ein unverzichtbares Basislager. Bereits 1892 wurde in der Nähe eine kleine, unbewirtschaftete Unterkunft errichtet, benannt nach dem Initiator und Mäzen Karl Bäckmann, selbst ein guter Bergsteiger und häufiger Gast der Region, der sie dem Suldener Bergführerverein übereignete. Eine italienische Granate im Kriegsjahr 1915 besiegelte ihr jähes Ende. Doch schon wenige Jahre nach dem Krieg schufen die Bergführer mit der Hintergrathütte einen größeren Ersatzbau, der für den normalen Wanderer von heute ein ideales Ziel ist, um sich von den gewaltigsten Bergen Südtirols einmal unmittelbar gefangen nehmen zu lassen.

Ausgangspunkt: Bergstation des Langenstein-Sessellifts von Sulden bei der K2-Hütte, 2330 m. Betriebszeiten zwischen Mitte Juni und Anfang Oktober, 8.30 bis 17 Uhr.

Anforderungen: T2–3. Zwischenzeit-

Die Hintergrathütte feierte 2022 ihr 100-jähriges Bestehen.

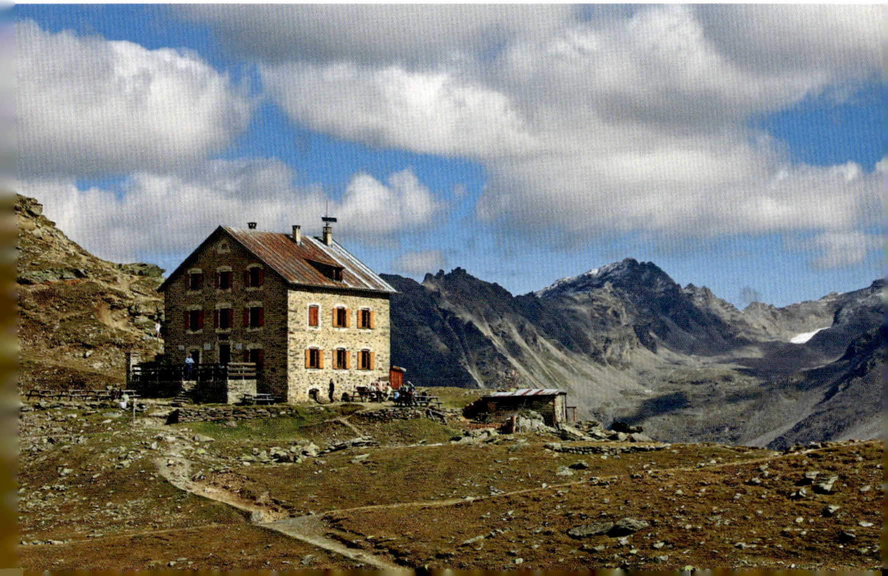

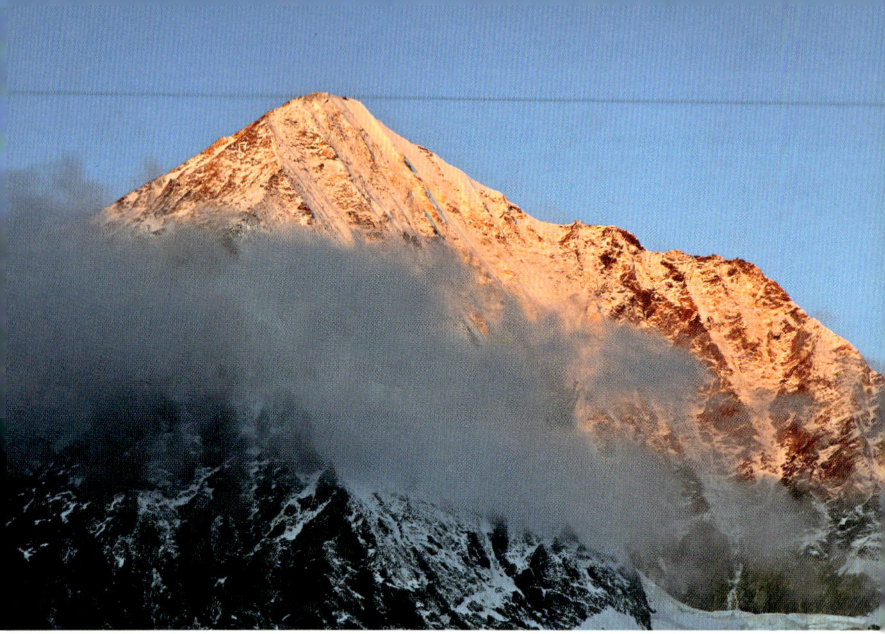

Die majestätische Königsspitze empfängt die ersten Sonnenstrahlen.

lich einige ausgesetzte Querungen am Morosiniweg, vereinzelt Fixseile, sonst wenig problematische Bergwege. Insgesamt mehrheitlich bergab, damit auch konditionell moderat.

Varianten: Zugang Richtung Langenstein von Sulden über Weg Nr. 3, oder bei der Talstation der Suldener Bergbahn beginnen und zunächst mit Nr. 9 zur Einmündung in Nr. 3. Insgesamt am leichtesten ist der Zustieg von der Mittelstation.

Karte: Tabacco 1:25.000, Blatt 08.

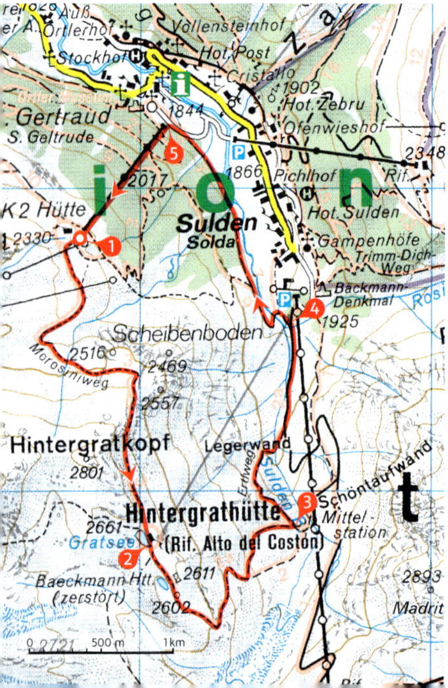

Nach der Liftfahrt zum **Langenstein 1** wenden wir uns südwärts zur Traverse unterhalb des End-der-Welt-Ferners, dessen Name angesichts der Pistenerschließung heute ad absurdum geführt wird. Mit Nr. 3 geht es über mehrere Moränenrücken hinweg und aus der Karmulde links haltend hinauf zum Plateau am Scheibenkofel, wo sich eine tolle Perspektive auf Sulden ergibt. Die folgenden Passagen unterhalb des Hintergratkopfes verlaufen manchmal etwas abschüssig, die Trasse des Morosiniweges ist aber gut hergerichtet und stellenweise auch mal gesichert. Nach rund anderthalb Stunden tref-

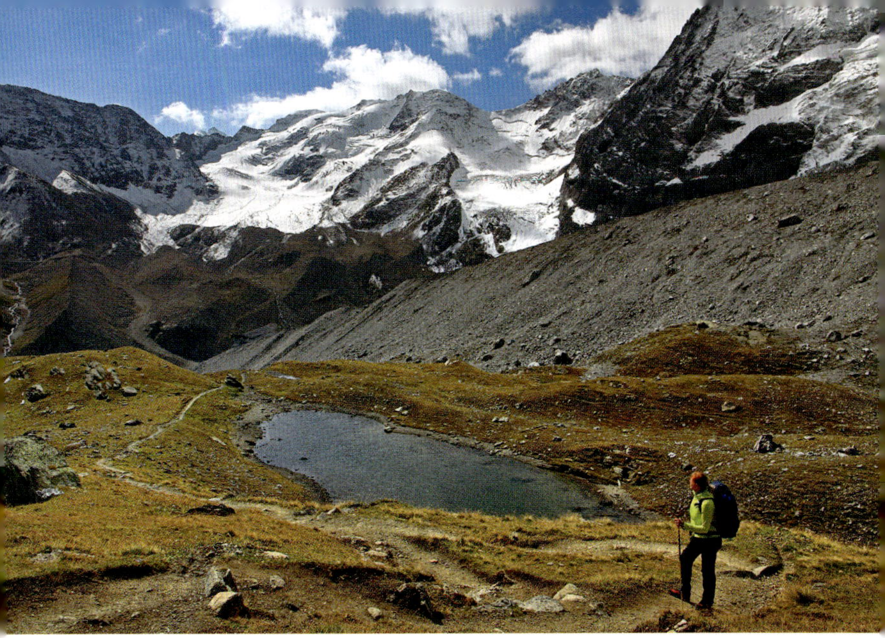

Bei der Hintergrathütte wähnen wir uns in einer tollen, hochalpinen Umgebung.

fen wir hinter einer Geländekante bei der **Hintergrathütte** ❷, 2661 m, ein. In unmittelbarer Nähe befindet sich der Obere Gratsee.

Über die Geländeterrasse, die zu Pionierzeiten noch nahe am Eisrand des Suldenferners lag, orientieren wir uns mit Nr. 2 (Ertlweg) ein Stück weit südwärts, passieren den Unteren Gratsee und drehen bei einem markanten Geländeeck scharf nach links in die steilere Flanke ab. Weiter unten könnte man zur Mittelstation der Suldener Bergbahn hinüberqueren ❸, ansonsten bleiben wir mit Nr. 2A diesseits (also links) des Suldenbachs, absolvieren eine weitere steilere Partie mit Eiseninstallationen und lassen die Route talwärts auslaufen ❹. Um zurück zum Lift-Parkplatz in **Sulden** ❺ zu kommen, nutzt man einen schönen Spazierweg links am Waldrand entlang.

EINKEHR

Bergrestaurant K2, 2330 m: während der Betriebszeiten des Sessellifts, Tel. +39 0473 613047.

Hintergrathütte, 2661 m: privat, Mitte Juni bis Anfang Oktober, 70 Schlafplätze, Tel. +39 0473 613188, www.hintergrathuette.com.

TOUREN

Tabarettahütte, 2556 m: über den Suldener Höhenweg (T2–3), 2.45 Std.

Schaubachhütte, 2581 m: knifflige und ziemlich unwegsame Traverse der Suldenmoränen (T4), leichter hingegen mit Zwischenabstieg über die Mittelstation (T2), 2.00–2.30 Std.

Ortler, 3905 m: über den anspruchsvollen Hintergrat, kombinierte Hochtour mit Kletterstellen bis IV-, ca. 5.00 Std.

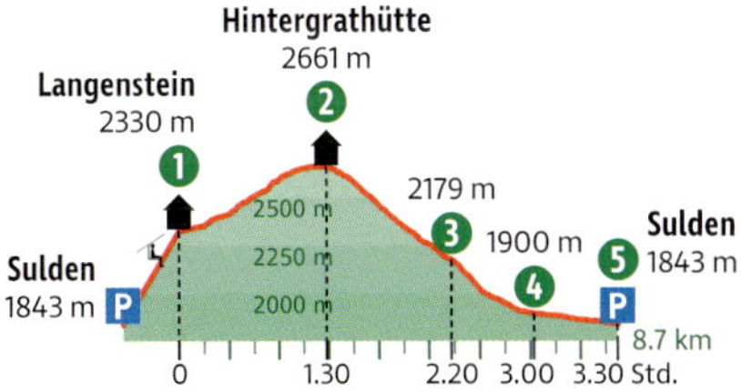

10 Kälberalm, 2248 m
Verbindung von der Stieralm

2.45 Std. | 6,7 km | ↗ 450 m | ↘ 450 m

Auf stillen Wegen über Außersulden

Suldens Bergwelt ist an Ausstrahlung kaum zu überbieten – vor allem das mächtige »Dreigestirn«, bestehend aus Ortler, Zebrù und Königsspitze, wird einfach jeden Bergfreund emotional fesseln. Eine besonders vorteilhafte Perspektive nimmt man naturgemäß auf der gegenüberliegenden Talseite ein. Dort liegt im Bereich der Waldgrenze eine nette kleine Einkehrstation: die Kälberalm (in Karten oft als Kälberhütte eingetragen). Eine stille Alternative zum üblichen Aufstieg von Sulden bietet die Runde über den Stieralmkessel im Razoital. Vor allem der Verbindungsweg durch aufgelockerte Zirbenbestände – das Ortlereis wunderbar im Blick – ist von malerischer Schönheit …

Ausgangspunkt: Gasthaus Waldruhe, 1858 m; Zufahrt von der Suldener »Nebenstraße« (Provinzstraße 107), Parkmöglichkeit in Nischen davor. Der Bus vom Bahnhof Spondinig hält in Sulden.
Anforderungen: T2. Mittelsteile Waldsteige im Auf- und Abstieg; Verbindung zwischen Stier- und Kälberalm größtenteils sehr bequemer Hangweg auf Grasnarbe. Nur ein Halbtagespensum.
Variante: Direkt von Sulden aus führen die Wege Nr. 18 und 25 zur Kälberalm; bei Nutzung öffentlicher Verkehrsmittel empfehlenswert.
Karte: Tabacco 1:25.000, Blatt 08.

EINKEHR

Hotel Restaurant Waldruhe, 1858 m: fast ganzjährig geöffnet, Tel. +39 327 6607876, www.waldruhesulden.com.
Kälberalm, 2248 m: Juni bis September, Tel. +39 340 0940594.

TOUREN

Hinteres Schöneck, 3128 m: markierte Route über die südwestseitigen Hanglagen, später gratnah zum Gipfel (T3), ca. 2.30 Std.; Überschreitung zur Düsseldorfer Hütte möglich, 3.30 Std.

Von der Waldgrenze aus gesehen, kommen Ortler und Co. so richtig zur Geltung.

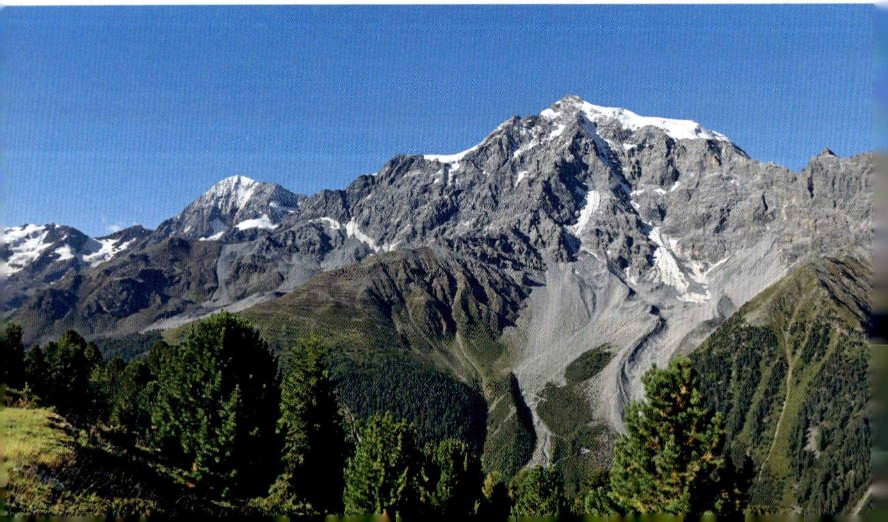

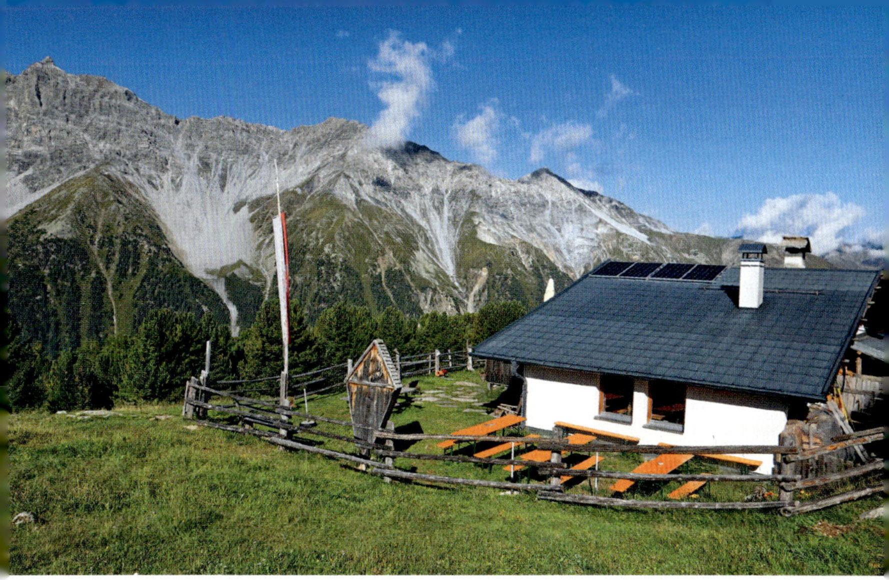

Die kleine Kälberhütte besitzt einen feinen Logenplatz.

Von der **»Waldruhe«** ❶ geht es mit Nr. 6 zunächst ein Stück weit quer durch den Waldhang Richtung Valnairalm, bis Nr. 17 bergwärts abzweigt. Nun teils recht kräftig steigend, immer durch urwüchsigen Bergwald, der sich zwischen 2100 und 2200 Metern allmählich lichtet. Wir kommen ins Weidegelände der **Stieralm** ❷ voran und treffen dort auf einen Wegweiser, der uns mit Nr. 18 nach rechts lotst. Die nicht touristisch ausgerichtete Almhütte liegt fünf Gehminuten entfernt nach links auf einer kleinen Anhöhe. Uns erwartet jetzt der wunderschöne Flankenweg, zunächst ein Weilchen schräg aufwärts bis zu einem markanten Geländeeck. Hier wird aus dem eher schmalen Steig eine breite, komfortable Trasse. Mit Traumblicken auf Ortler und Co. wandert man quer durch den Hang gen Süden – allmählich leicht abwärts Richtung **Kälberalm** ❸, 2248 m. Der Rundenschluss lässt sich auf Weg Nr. 24 vollziehen – ähnlich wie zuvor beim Aufstieg, tendenziell eine Nuance besser ausgebaut. Der Wald wird derweil wieder dicht, und wir kommen direkt bei der **»Waldruhe«** ❶ heraus.

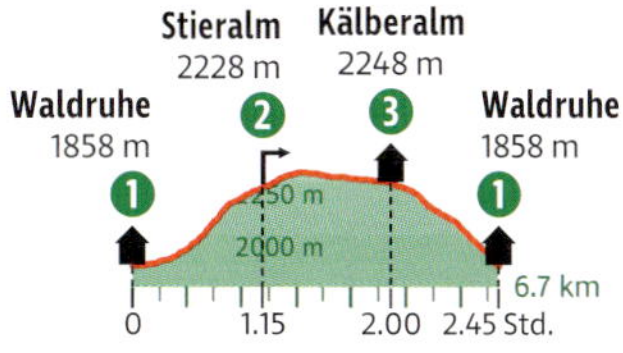

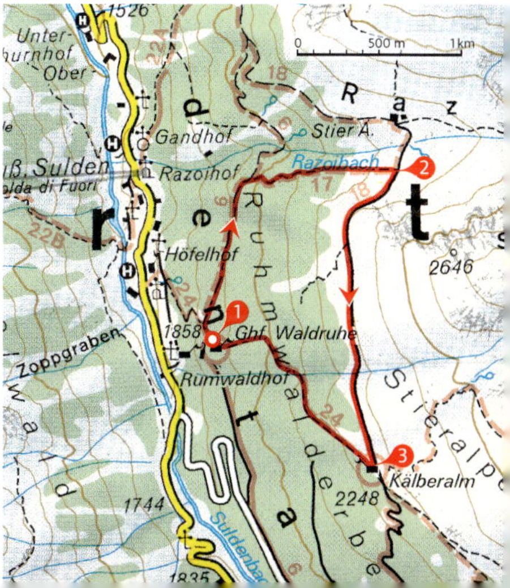

11 Düsseldorfer Hütte, 2721 m

Von Sulden ins Zaytal

3.15 Std. | 8,4 km | ↗ 400 m | ↘ 900 m

Umkränzt von einem halben Dutzend Dreitausendern

Seit Anbeginn – und das sind mittlerweile schon 130 Jahre! – ist die alteingesessene Suldener Familie Reinstadler mit der Führung der Düsseldorfer Hütte betraut. Hier haben sich Generationen von Bergsteigern stets gut aufgehoben gefühlt. Es sind ausnahmslos Dreitausender, die das obere Zaytal einrahmen – ein Tourenparadies für alle, die sich gern im Grenzbereich zwischen hochalpinen Wanderungen und moderaten Hochtouren tummeln. Für Familien lohnt es sich zumindest, wegen der interessanten glazial geprägten Landschaft ein bisschen im oberen Zaytal herumzustromern: ein spielerischer Erkundungsstreifzug … Und wie auf einer Bühnenloge präsentiert sich vis-à-vis das berühmte Suldener Dreigestirn mit Königsspitze, Zebrù und Ortler – vor allem im Licht des frühen Morgens ein absoluter Traumblick!

Ausgangspunkt: Bergstation der neuen Kabinenbahn von Sulden zur Kanzel, 2348 m. Betriebszeiten zwischen Mitte Juni und Anfang Oktober, 8.30 bis 17 Uhr.
Anforderungen: T2. Problemlose Bergwanderwege, meist nur mäßig steil, da und dort ein wenig holprig. Konditionell ebenfalls moderat.
Variante: Verzichtet man auf die Seilbahn, verlängert sich der Aufstieg um 0.45 Std. (Direktweg) bzw. 1.30 Std. (über die Kanzel).
Karte: Tabacco 1:25.000, Blatt 08.

EINKEHR

Kanzelhütte, 2348 m: Bergrestaurant geöffnet, wenn Seilbahn in Betrieb, Tel. +39 0473 613097.
Düsseldorfer Hütte, 2721 m: Auton. Prov. Südtirol, Anfang/Mitte Juni bis Anfang Oktober und im März/April, 50 Schlafplätze, Tel. +39 333 2859740, www.duesseldorferhuette.com.

TOUREN

Hinteres Schöneck, 3128 m: bezeichneter Steig durch die Ostflanke, trotz des brüchigen Geländes nirgends wirklich schwierig (T3–4), 1.20 Std.
Tschenglser Hochwand, 3375 m: wahlweise über den geröllreichen Normalweg (T4) oder über den Südwand-Klettersteig (Grad C, Selbstsicherung!), ca. 2.30 Std.
Großer Angelus, 3521 m: auf der sogenannten »Reinstadler-Route« über den stellenweise gesicherten Nordwestgrat, je nach Verhältnissen kombinierte Hochtour (T5, Stellen I–II), 3.00 Std.

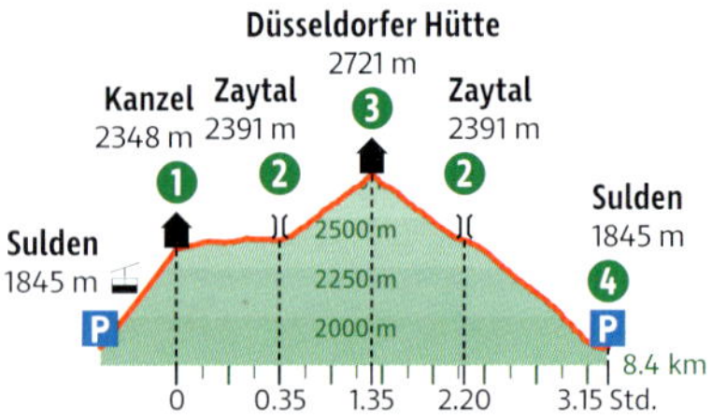

Nachdem wir von Sulden aus zur **Kanzel** ❶ hinaufgeschwebt sind, beginnen wir die Wanderung mit einer Traverse am Westhang der Vertainspitze – trotz einiger Schotterhalden ein recht gemütlicher Auftakt. Bei der Bachbrücke im **Zaytal** ❷, 2391 m, wird unsere Nr. 12 vom Zu-

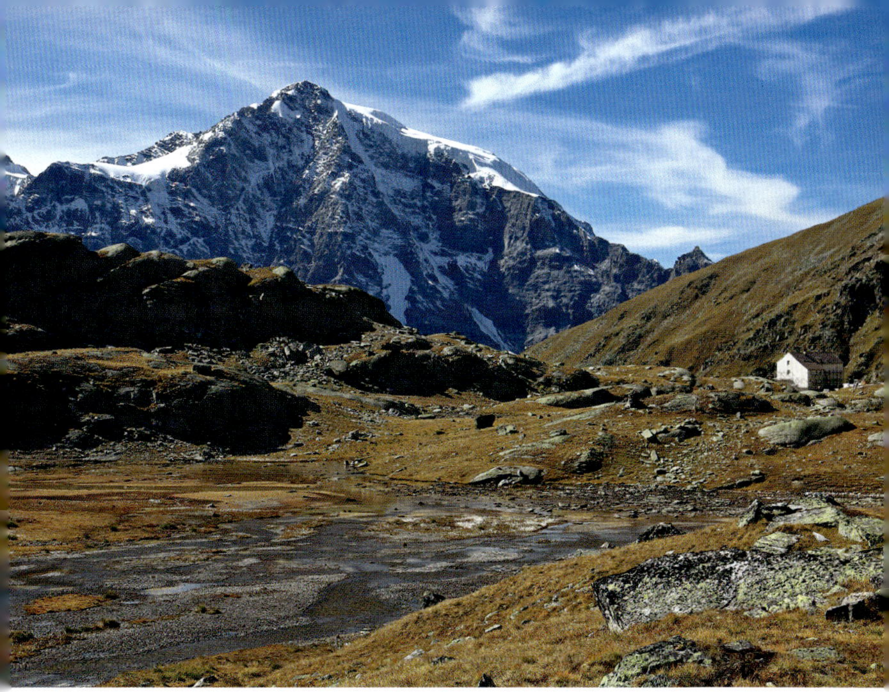

Der kapitale Ortler, wie man ihn aus dem oberen Zaytal sieht. Rechts an der Geländeschwelle die Düsseldorfer Hütte.

stieg Nr. 5 aus dem Tal aufgenommen. Jetzt auf der linken Seite weiter und mit einigen Schleifen hinauf zur Geländeschwelle, wo die **Düsseldorfer Hütte** ❸, 2721 m, bereits lange sichtbar ist.

Beim Rückweg geht es zunächst wieder zum P. 2391 ❷, dann aber nicht Richtung Kanzel, sondern durch die breite Eintalung geradeaus abwärts. Weiter unten schneidet sich der Zaybach zunehmend markanter ein, das Gefälle nimmt zu. Auf ziemlich direktem Kurs gelangen wir hinunter zum Hotel Paradies in **Sulden** und zum Parkplatz bei der Seilbahn in der Talsohle ❹.

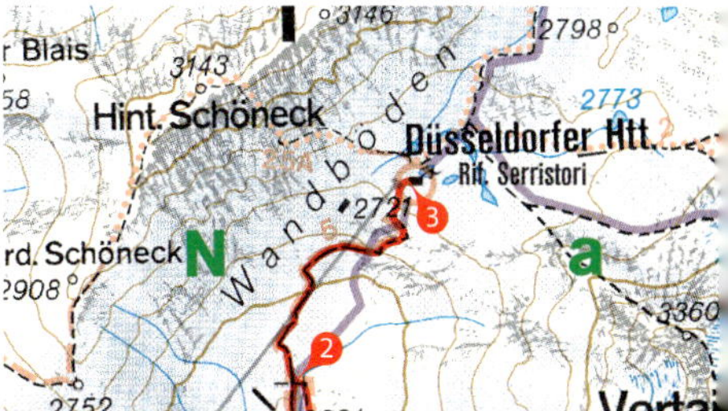
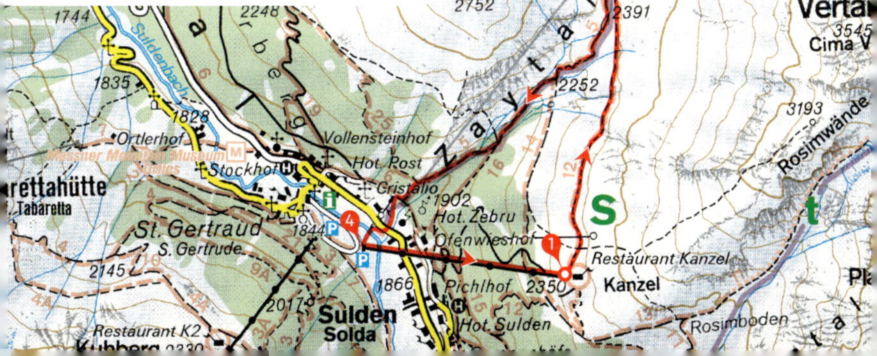

12 Obere Laaser Alm, 2047 m

An den Flanken des Laaser Tals

3.00 Std. | 8,5 km | ↗ 530 m | ↘ 530 m

Urige Almhütte des Südtiroler Alpenvereins

Der Laaser Marmor ist durchaus berühmt, als Tourengebiet steht das Laaser Tal jedoch hinter anderen Winkeln der Vinschger Bergwelt zurück. Vielleicht hat es auch damit zu tun, dass den historischen Tourenstützpunkten dort keine dauerhafte Präsenz beschieden war. Zwei Standorte der ehemaligen Troppauer Hütte erwiesen sich als nicht lawinensicher. Um das Gebiet infrastrukturell nicht ganz verwaist zu lassen, engagierte sich nach dem Zweiten Weltkrieg der örtliche Alpenverein, unterstützte die Alminteressenschaft beim Bau der Oberen Laaser Alm und erhielt dafür auch Nutzungsrechte. So steht heute eine überschaubare Zahl an Schlafplätzen für Bergsteiger mit hochalpinen Vorhaben zur Verfügung. Kenner der Szenerie kommen freilich auch gern einfach auf eine Marende vorbei und genießen die urige und herzliche Atmosphäre auf der Oberen Laaser Alm, wo Authentizität noch großgeschrieben wird. Gegenüber begeistert die formgewaltige Jennwand als Schaustück.

Ausgangspunkt: Parkplatz Kaltboden, ca. 1540 m. Zufahrt von Laas über Parnetz und eine Forststraße, ohne Busanschluss in der Nähe.
Anforderungen: Maximal T2. Abschnittsweise Steig und Fahrweg, nur am Anfang vorübergehend mal etwas steller, danach recht bequem am Hang entlang. Lockeres Marschpensum für einen halben Tag.
Karte: Tabacco 1:25.000, Blatt 045.

EINKEHR

Obere Laaser Alm, 2047 m: AVS, Mitte Juni bis Mitte September, danach evtl. noch an Wochenenden, 14 Schlafplätze, Tel. +39 349 8347605, www.laas.alpenverein.it.

TOUREN

Saurüssel, 2727 m: Weg Nr. 14 durch die Südostflanke (T3), 2.00 Std.

Taitschroi, 3139 m: Weg Nr. 13 taleinwärts, dann mit Nr. 5 über die Schäferhütte Richtung Ötzstatt und zuletzt aus der Tschenglser Scharte über Blockschutt gipfelwärts (T3–4), 3.30 Std.

Düsseldorfer Hütte, 2721 m: wie beim Taitschroi bis kurz vor die Tschenglser Scharte, dann über das Zayjoch und den schwindenden Angelusferner (T4), 5.00 Std.

Der Einschnitt des Laaser Tals; links am Hang die Freifläche der Oberen Laaser Alm.

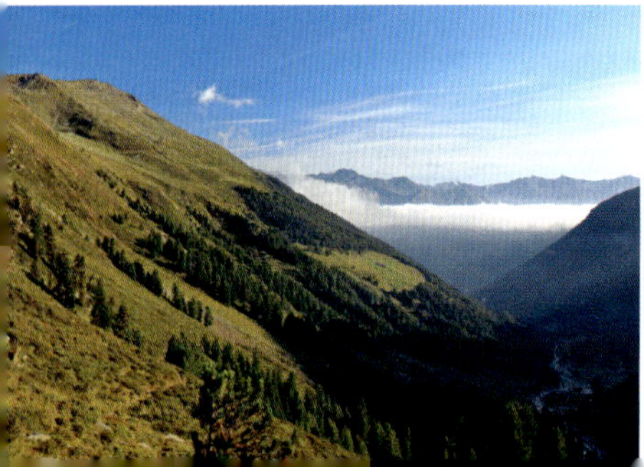

Mit ihrem hellen Marmorgestein bildet die Jennwand einen Blickfang jenseits des Laaser Tals.

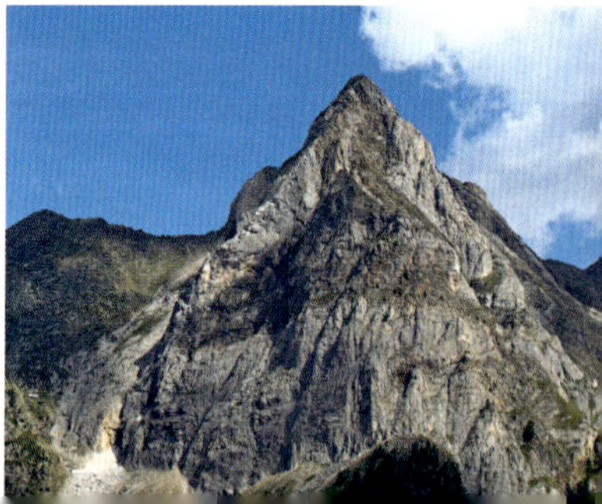

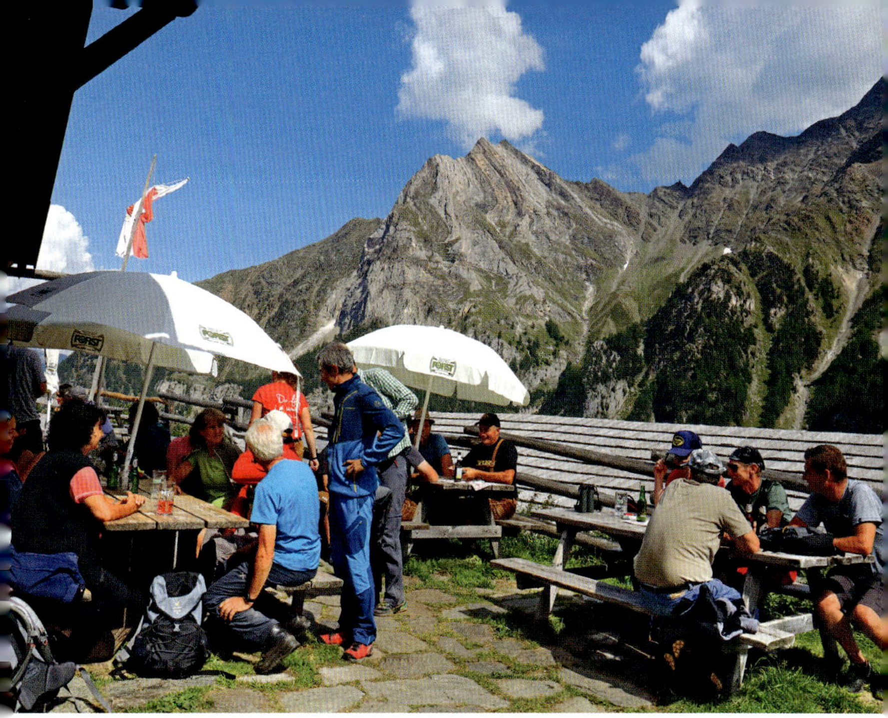

Ein Sommertag auf der Oberen Laaser Alm.

Vom Parkplatz **Kaltboden ❶** geht es mit Nr. 14 auf breitem Waldweg aufwärts, bei einer Gabelung unweit der Jägerhütte links, kurzfristig aufsteilend und zur Einmündung in die Forststraße **❷**, die an der Flanke des Laaser Tals einwärts zieht. Allerdings wird sie noch deutlich vor unserem Ziel wieder von einem Steig abgelöst. Insgesamt leicht aufwärts querend erreichen wir die große Freifläche mit der **Oberen Laaser Alm ❸**, 2047 m. Für den Rückweg ist nur dieselbe Route praktikabel.

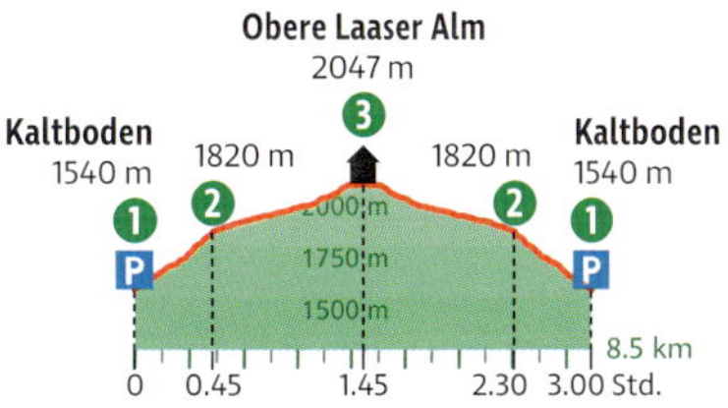

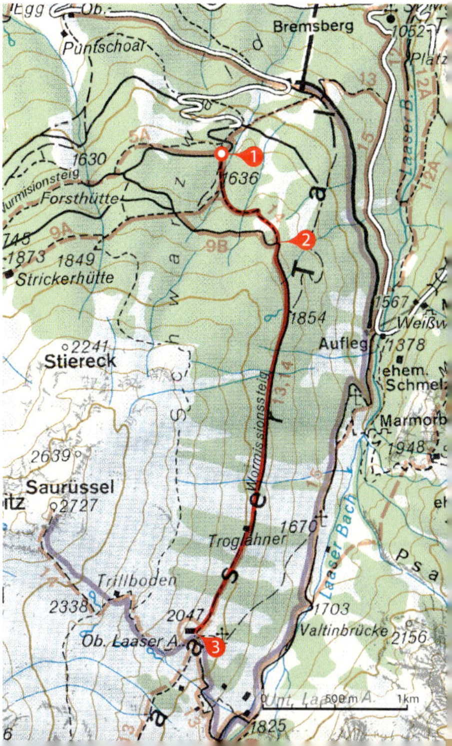

13 Göflaner Alm, 1826 m

Traverse vom Haslhof

3.00 Std. | 9,8 km | ↗350 m | ↘350 m

»Ausgezeichnete« Alm am Vinschger Nörderberg

Am waldreichen Nörderberg über dem mittleren Vinschgau liegt die Göflaner Alm unterhalb eines Marmorbruchs am Fuße der Weißwand. Auszeichnungen von Gault & Millau sowie der Initiative »Qualität am Berg« versprechen dort ein kulinarisches Genusserlebnis, das sich auf typische Südtiroler Spezialitäten stützt. Wer hätte in solch einer Umgebung und dem natürlichen Lebensraum von Kühen, Pferden, Schweinen und Hühnern nicht Appetit auf ein authentisches Almbrettl? Dabei muss man sich vorher gar nicht so sehr verausgaben, denn ein Aufstieg über 1000 Höhenmeter aus dem Tal erübrigt sich, wenn man beim aussichtsreich gelegenen Haslhof loslegt. Dessen Jausenstation ist übrigens auch nicht zu verachten …

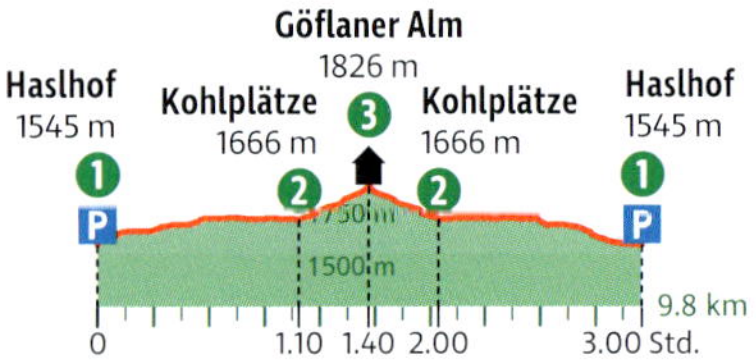

Ausgangspunkt: Parkplatz beim Haslhof, ca. 1545 m. Zufahrt auf guter Bergstraße von Göflan bei Schlanders. Mit Öffis müsste man in Göflan oder Laas starten (wesentlich länger).

Anforderungen: T2. Waldsteig, mehr querend als aufwärts, und im weiteren Verlauf Forststraße. Dank des hoch gelegenen Ausgangspunktes nicht sonderlich anstrengend.

Variante: Start beim Parkplatz oberhalb des Bergweilers Tarnell (Zufahrt von Laas) und auf Route Nr. 10 Richtung Göflaner Alm (ungefähr gleicher Zeitbedarf).

Karten: Tabacco 1:25.000, Blatt 045.

Kurz vor dem **Haslhof** ❶, dessen Höhe mit 1574 Metern allgemein womöglich etwas zu hoch angegeben wird, lassen wir das Auto stehen und können wahlweise direkt am Gasthof vorbeigehen oder oberhalb queren. Wir kommen zur Wiesenlichtung bei der Weißkaser Alm, gewinnen etwas an Höhe und traversieren anschließend auf längere Zeit die Hänge im Mitterwald. Hin und wieder wird dabei ein Graben gekreuzt. Bei den **Kohlplätzen** ❷, 1666 m,

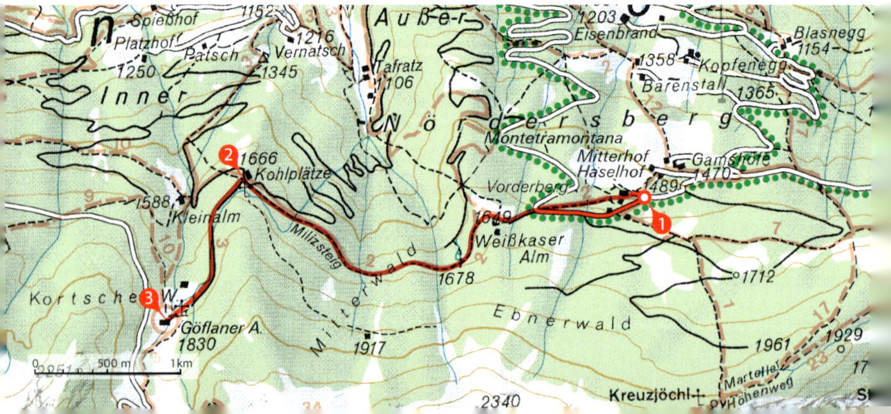

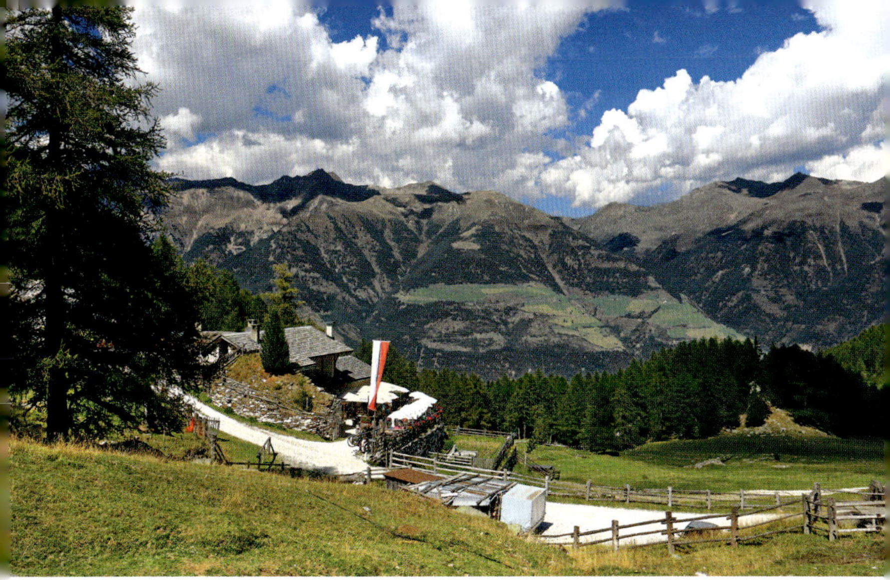

Die Göflaner Alm liegt am waldreichen Nörderberg.

EINKEHR

Haslhof, 1574 m: Anfang Mai bis Ende Oktober, Tel. +39 0473 730434 oder +39 0473 1910651.

Göflaner Alm, 1826 m: Anfang Juni bis Mitte Oktober, Tel. +39 335 7669967, www.goeflaneralm.jimdofree.com.

TOUREN

Göflaner See, 2534 m: Route Nr. 3 durchs steile Seeloch (einzelne Sicherungen) bis ins Hochkar (T3), 2.00 Std.

Jennwand, 2962 m: schwach bezeichnete Fortsetzung vom Göflaner See Richtung Südgrat und steil gipfelwärts (T4), nur für Erfahrene, 3.30 Std.

Göflaner Scharte, 2396 m: Übergang ins Martelltal oder auch sehr reizvolle Rundtour ab Haslhof, am besten zuerst mit Aufstieg Richtung Kreuzjöchl und über den Marteller Höhenweg zur Scharte (T2–3), insgesamt 5.30 Std.

stößt der sogenannte Milizsteig auf die Forststraße (Nr. 3), mit der das letzte Stück hinauf zur **Göflaner Alm** ❸, 1826 m, zurückgelegt wird. Wer keine größer angelegte Tour vorhat, nimmt den gleichen Weg zurück.

Fertig zum Abtransport: ein gebrochener Marmorblock. So lief es früher.

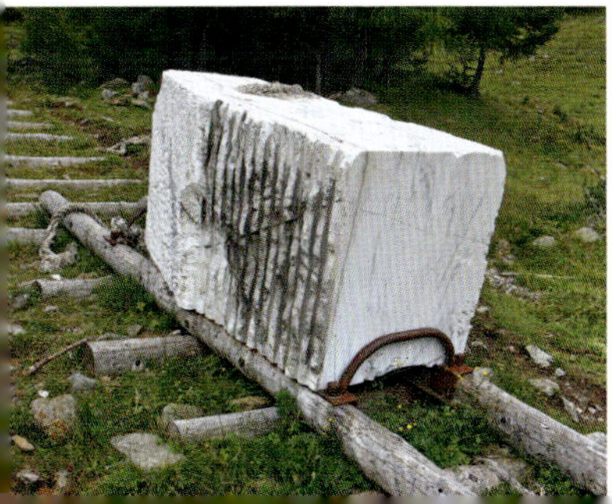

Blick gegen das sogenannte Seeloch, wohin sich die Tour fortsetzen ließe.

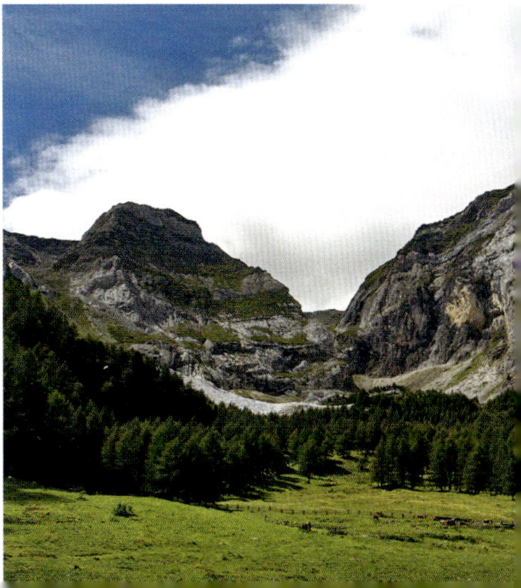

14 Marteller Hütte, 2585 m, und Zufallhütte

Rundkurs von der Enzianhütte

TOP | 3.40 Std. | 8,9 km | ↗ 630 m | ↘ 630 m

Zu den Stützpunkten im Marteller Talschluss

Das innerste Martelltal ist eine wahre Augenweide und eine großartige alpine Fußgängerzone obendrein. Immerhin stolze 3757 Meter misst der majestätische Firngiebel der Zufallspitze als zentrales Schaustück, obgleich bei der Marteller Hütte sogar die noch höhere Königsspitze ein klein wenig herüberlugt. Das Schutzhaus des Südtiroler Alpenvereins wurde 1981 am Nordabfall des Veneziakammes errichtet – fast 100 Jahre nach der altehrwürdigen Zufallhütte, die eine Gehstunde unterhalb liegt und auf eine Initiative des Dresdner Alpenvereins während der klassischen Erschließungszeit zurückgeht. Da man im Talschluss bereits auf gut 2000 Meter Seehöhe startet, sind die Hüttenziele relativ bzw. sogar sehr rasch zu erreichen und erfreuen sich großen Zuspruchs, zumal sich ringsum ein sehr ergiebiges, allerdings hochalpines Tourenrevier erstreckt. Für Skitourengeher wird auch im Spätwinter bzw. Frühjahr aufgesperrt – dann dürfte die Sauna in der Zufallhütte besonders begehrt sein. Als interessantes Bauwerk lernen wir auf unserer Runde auch die bereits 1893 aus Naturstein gefügte Plimamauer, im Volksmund »Kachl« genannt, kennen. Sie dient im Vorfeld der Gletscher als Damm gegen einen allfälligen plötzlichen Wasserschwall, der das Martelltal bedrohen könnte.

Ausgangspunkt: Gebührenpflichtiger Parkplatz beim Alpengasthof Enzian (in manchen Karten: Enzianhütte), 2051 m, im Marteller Talschluss. Dort auch Endpunkt der Buslinie ab Bahnhof Goldrain.

Gletscher spielen im Tourenumfeld noch eine wesentliche Rolle.

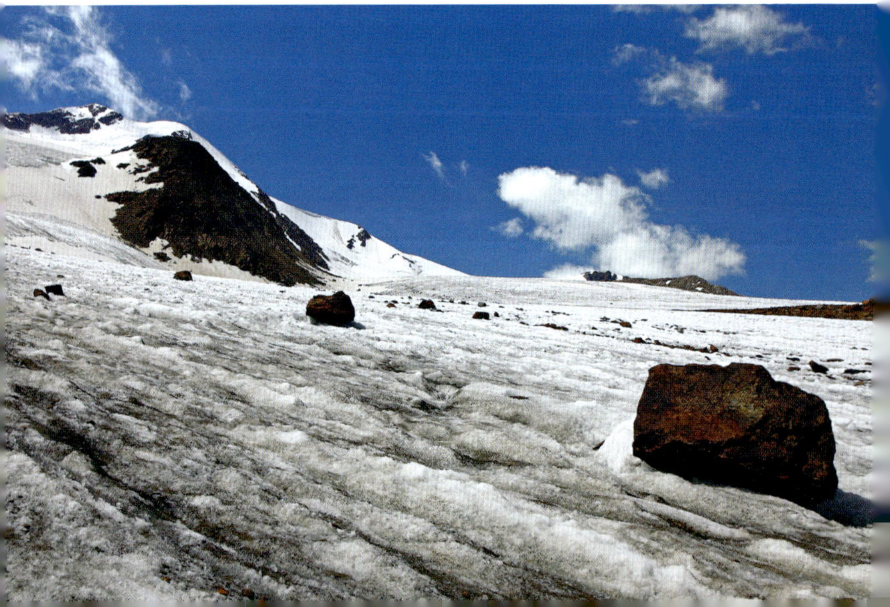

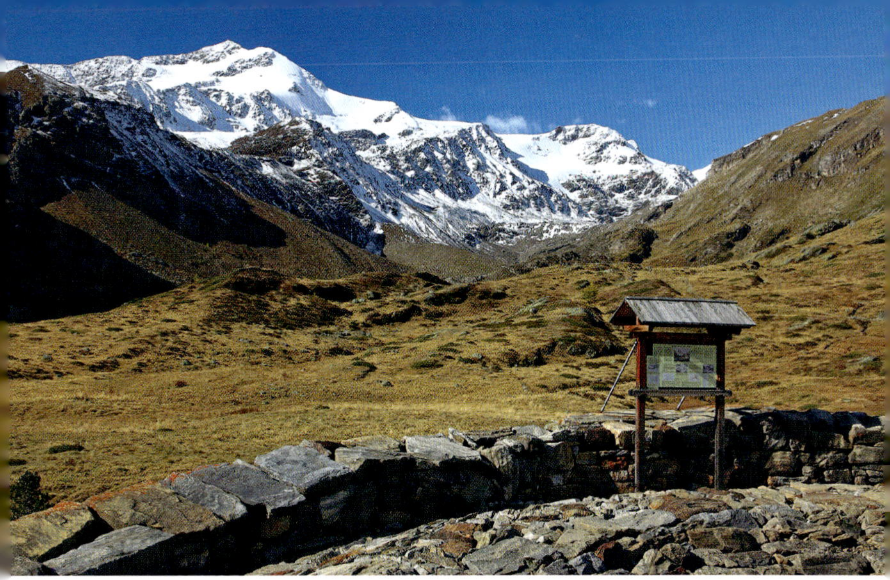

Blick von der Plimamauer zur erhabenen Zufallspitze im Talhintergrund.

Anforderungen: T2–3. Teils recht steinige und phasenweise steilere Abschnitte, besonders am Weg Nr. 37. Etwas Trittsicherheit angezeigt, zumal das Gelände schon alpin geprägt ist. Konditionell moderate Tagestour.

Variante: Das Wegenetz im Marteller Talschluss erlaubt einige kleinere Varianten, für Spaziergänger sind z.B. der Plima-Rundweg oder der Gletscher-Lehrweg interessant.

Karte: Tabacco 1:25.000, Blatt 045 oder 08.

Hinweis: In den meisten Karten ist die Marteller Hütte mit 2610 m angegeben. Man findet allerdings auch die Höhe 2585 m, die laut eigenen GPS-Daten plausibler erscheint.

EINKEHR

Alpengasthof Enzian, 2051 m: in der Sommer- und Wintersaison geöffnet, 25 Schlafplätze, Tel. +39 333 7955610 oder +39 0473 744755, gasthof-enzian.it.

Alpengasthof Schönblick, 2055 m: in der Sommer- und Wintersaison geöffnet, 24 Schlafplätze, Tel. +39 0473 744776, www.gasthof-schoenblick.it.

Marteller Hütte, 2585 m: AVS, Mitte/Ende Juni bis Mitte Oktober und Februar bis Anfang Mai, 67 Schlafplätze, Tel. +39 335 5687235 oder +39 0473 744790, www.martellerhuette.com.

Zufallhütte, 2265 m: Auton. Prov. Südtirol, Mitte Juni bis 20. Oktober und Mitte Februar bis Mitte Mai, 80 Schlafplätze, Tel. +39 +39 335 6306603 oder 0473 744785, www.zufallhuette.com.

Die Gegend am »Ultner Markt« verströmt schon gewisse alpine Strenge.

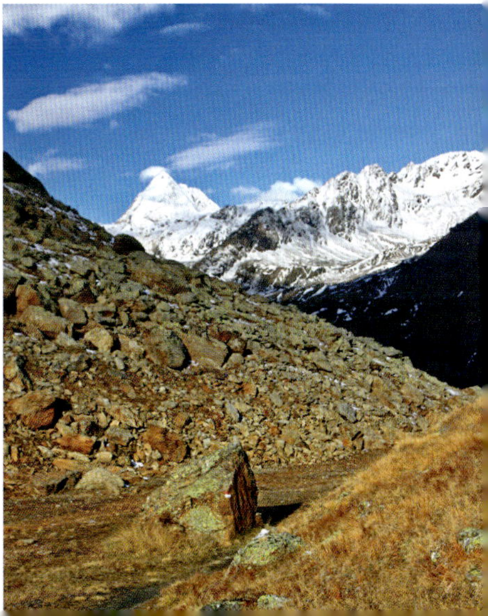

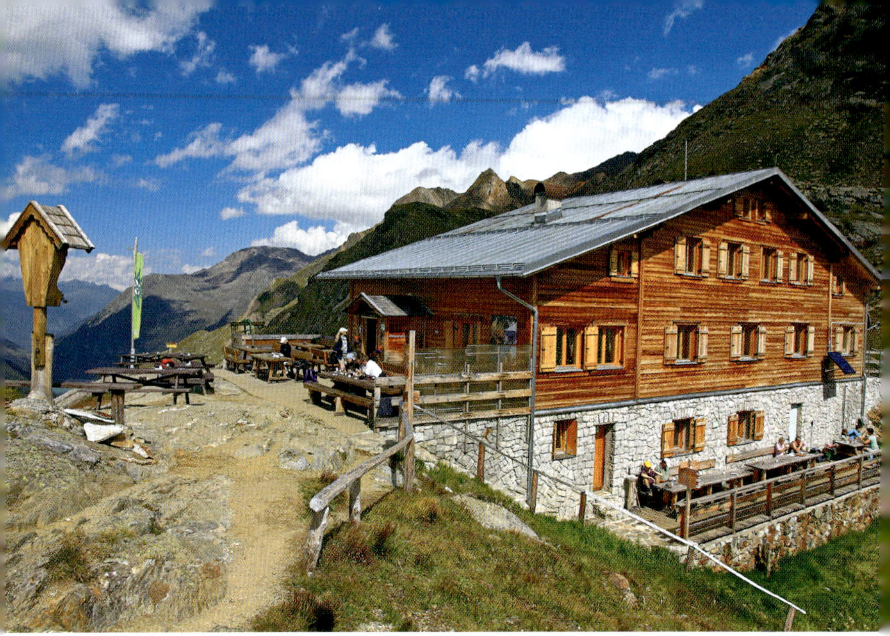

Auf rund 2600 Metern ist die Marteller Hütte des Südtiroler Alpenvereins auf das Dreitausender-Angebot ringsum ausgerichtet.

Von den großen Parkplätzen unweit des **Gasthofs Enzian ❶**, 2051 m, am Gasthof Schönblick vorbei und alsbald über die Plima hinweg ins sogenannte »Paradies«. Bei etlichen Richtungswechseln und Verzweigungen orientieren wir uns an der Bezeichnung Nr. 37. Der »Plima-Rundweg« läuft teils identisch, teils auch etwas abweichend an seinen Stationen vorbei. Auf 2270 Metern ❷ lassen wir Nr. 31 nach links zur Vorderen Rotspitze abziehen und halten uns rechts; kurz darauf zweigt auch Nr. 40 ab. Über eine kleine Drahtseilstelle erreichen wir einen Hochboden und holen nach rechts über die Bachbrücke nahe dem Wasserfall aus (hier auch Abzweig Richtung Plimamauer). Nun muss der etwas anstrengende Aufstieg über die steile Geländestufe bis auf die nächsthöhere Terrasse absolviert werden: gut 200 Höhenmeter in felsdurchsetztem Zickzack. Oben bei einem Seeauge nach rechts und leicht auf und ab am Abzweig Nr. 37A (wiederum zur Vorderen Rotspitze) vorbei. Die Gegend wird auf Wegweisern als **Ultner Markt ❸** bezeichnet. Man bewegt sich in für diese Höhenlage typischen Schuttfluren und quert hinter P. 2633 noch einen Blockhang Richtung **Marteller Hütte ❹**, 2585 m. Direkt nebenan füllt die

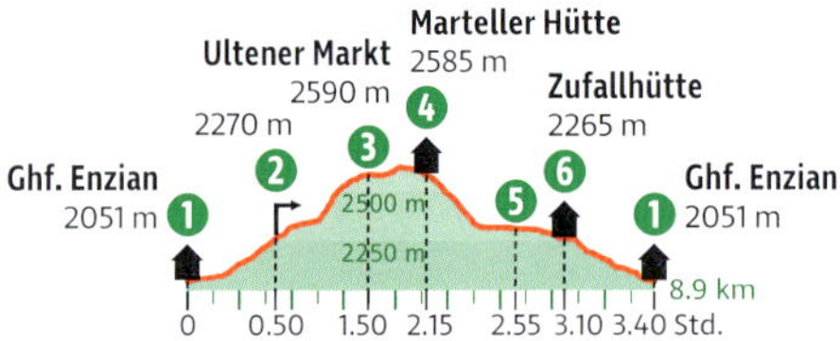

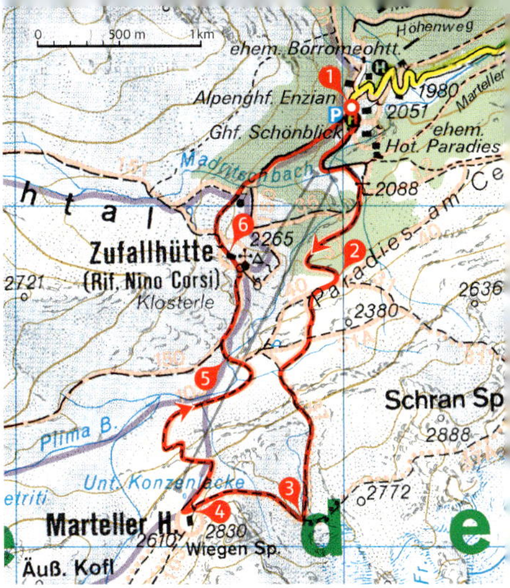

TOUREN

Vordere Rotspitze, 3037 m: zwei markierte Routen direkt aus dem Talschluss bzw. von der Marteller Hütte herüber, gut zu kombinieren (T3), 3.00 bzw. 2.00 Std.

Köllkuppe, 3330 m/Veneziaspitze, 3386 m: über Weg Nr. 27 und den Hohenferner (Gletscherausrüstung), ca. 2.30 Std.

Rifugio Larcher, 2608 m: über die nordseitig noch leicht vergletscherte Fürkelescharte, 2.30 Std.

Zufallspitze, 3757 m: Route Nr. 103 zur Fürkelescharte und über den Südostgrat (Hochtour in kombiniertem Gelände), 4.00 Std. Gratübergang zum Cevedale, 3769 m, möglich.

Rifugio Casati, 3254 m: Gletscherzustiege über Zufall- oder Langerferner, 3.00 bis 4.00 Std.

Hintere Schöntaufspitze, 3325 m: von der Zufallhütte durchs Madritschtal und über den Südrücken (T3), 3.30 Std.

Schaubachhütte, 2581 m: ebenfalls über das Madritschjoch (T3), 4.00 Std.

Konzenlacke eine kleine Mulde aus. Im Abstieg begehen wir den gut angelegten Normalweg (Nr. 103), der sich über die steile Geländepartie hinabschraubt. Unten am Boden zunächst rechts bleiben, dann zur **Plimamauer ❺**, 2318 m, um sie zu überschreiten. Auf der anderen Seite folgen wir Nr. 150 zur **Zufallhütte ❻**, 2265 m. Von dort entweder links haltend in die Hangmulde oder auf breiter Trasse im Bogen um den Knott herum, schließlich gemeinsam weiter und durch lichte Lärchenwälder zurück zum Ausgangspunkt ❶.

Attraktiver Hüttenstandort über der Konzenlacke.

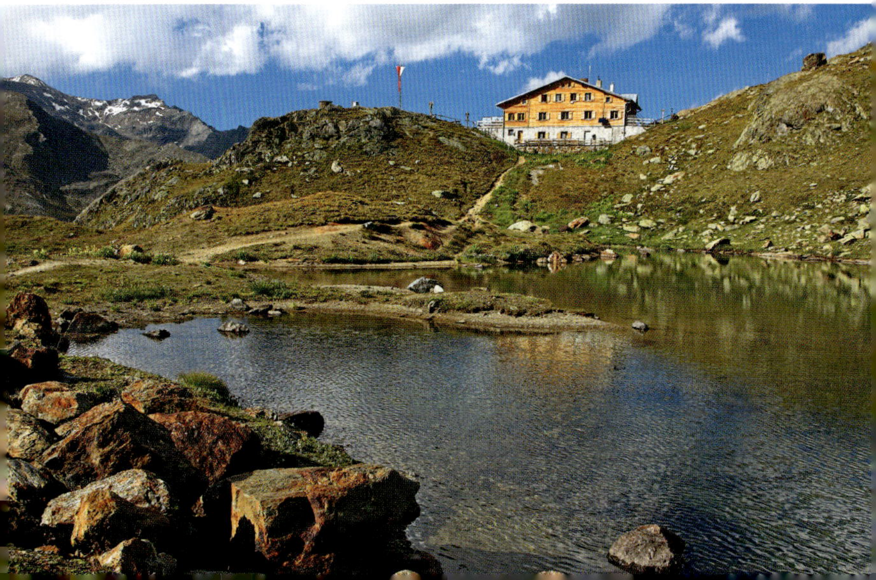

15 Soyalm, 2072 m

Von Unterhölderle hinauf ins Soytal

2.45 Std. | 4,9 km | ↗ 620 m | ↘ 620 m

Verstecktes Kleinod im Martell

Manche wundervollen Fleckchen verschließen sich dem allzu eiligen Besucher. Drunten an der Straße durchs tief eingeschnittene Martelltal wird man kaum erahnen, was sich hinter steilen Waldlehnen ein Stockwerk höher verbirgt. Man muss sich einfach voller Neugier auf den Weg machen, um in dem vorderhand wenig ausgeprägten Einschnitt des Soytals auf der Marteller Schattseite nach rund anderthalb Stunden die Öffnung eines herrlichen, friedvollen Almkessels mit weidenden Haflingern zu entdecken. Dort empfängt uns die Soyalm, eine sogenannte Fraktionsalm der Goldrainer Bauern, mit landestypischem Flair und ebensolcher Kost. Der hauseigene Käse ist bereits erfolgreich bei der bekannten Galtürer Almkäse-Olympiade angetreten! Mmmh, mit frischen Vinschgerlen ein purer Genuss …

Ausgangspunkt: Café Hölderle, 1457 m, an der Marteller Talstraße ca. 2 km hinter Gand (auch Bushaltestelle der Linie von Goldrain).
Anforderungen: T2–3. Ziemlich steiler Waldsteig, der durch Forstwegebau zuletzt etwas in Mitleidenschaft geraten ist. Vom Pensum her eine Halbtagestour.
Karte: Tabacco 1:25.000, Blatt 045.

Der Einstieg befindet sich wenige Schritte hinter dem Café **Hölderle** ❶. Mit Nr. 4 gewinnen wir im Wald rasch an Höhe, finden bei einer Forststraße links vom Graben den Anschluss und achten auch im wei-

Streuhöfe am gegenüberliegenden Marteller Sonnenhang.

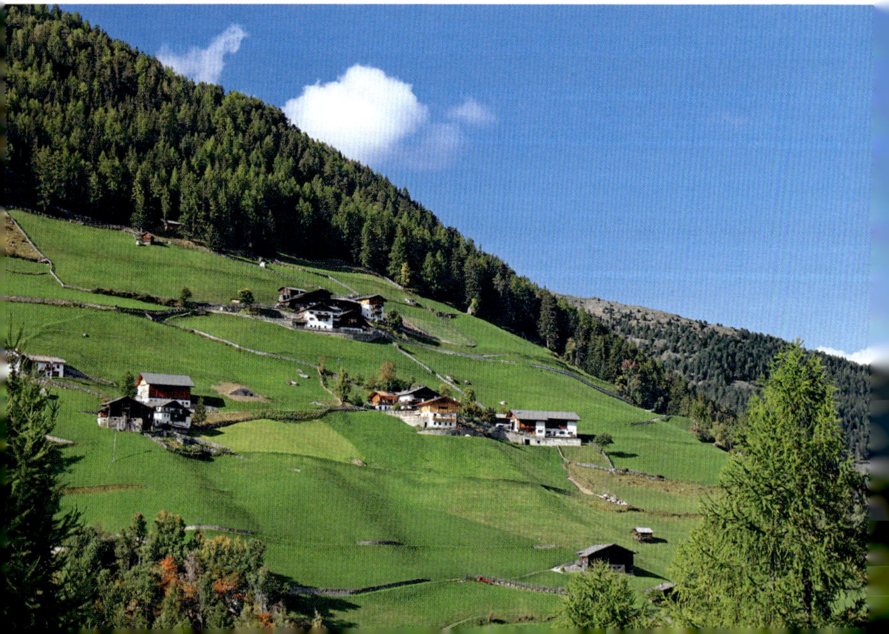

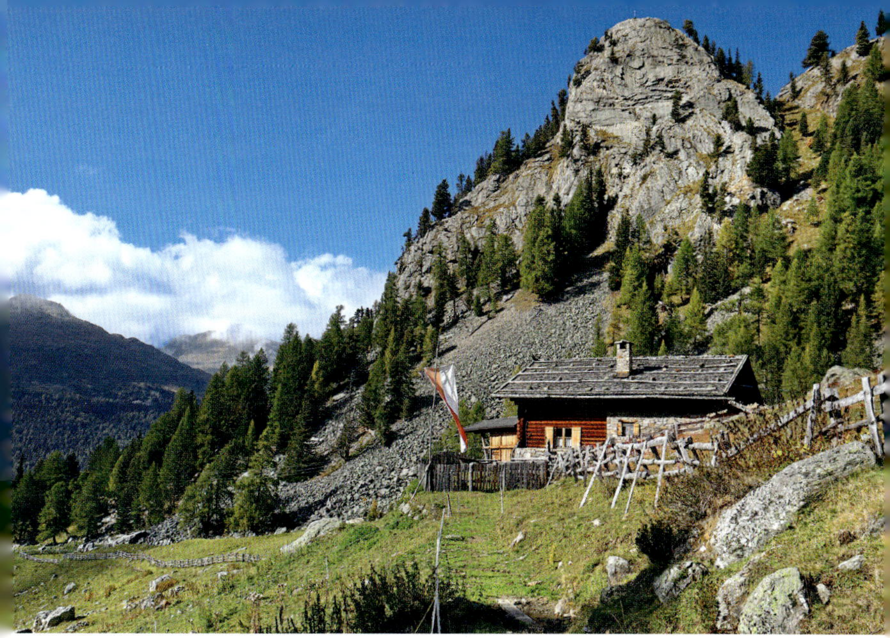

Die Soyalm unterhalb der markanten Elferspitze.

EINKEHR

Café Hölderle, 1457 m: Jausenstation am Ausgangspunkt, Tel. +39 0473 744642.

Soyalm, 2072 m: Anfang Juni bis Ende September, Tel. +39 333 7485605.

TOUREN

Zwölferspitz, 2710 m: Route Nr. 4A über die ehemalige Kälberalm (T3), ab Soyalm 2.00 Std.

Soyscharte, 2888 m: Übergang ins innere Ultental, bis zur Scharte ca. 2.30 Std.

Kleineben, 2816 m, und Flimseen: Verbindung zwischen Soytal und Flimalmkessel über Route Nr. 18, als komplette Rundtour ca. 7.00 Std. (dafür am besten knapp südlich von Gand starten und umgekehrt gehen).

teren Verlauf gut auf die richtigen Fortsetzungen. Denn der originale Steig wurde durch den Bau einer neuen Fahrtrasse, die immer wieder kreuzt, teilweise etwas malträtiert. Weiter oben wird es aber wieder angenehmer. Wir wechseln auf die linke Seite des Wildbachs (Holzbrücke), kommen in Wiesengelände voran und schließen zur **Soyalm ②**, 2072 m, am Fuße der markanten Elferspitze auf. Der Abstieg ist identisch.

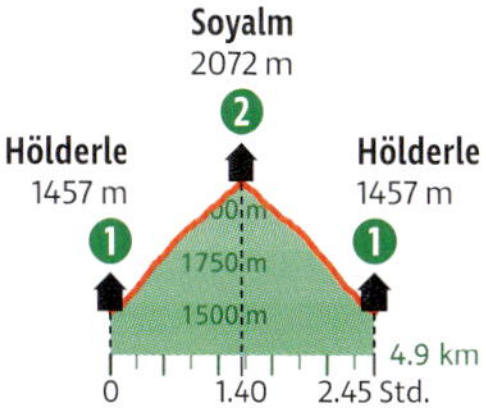

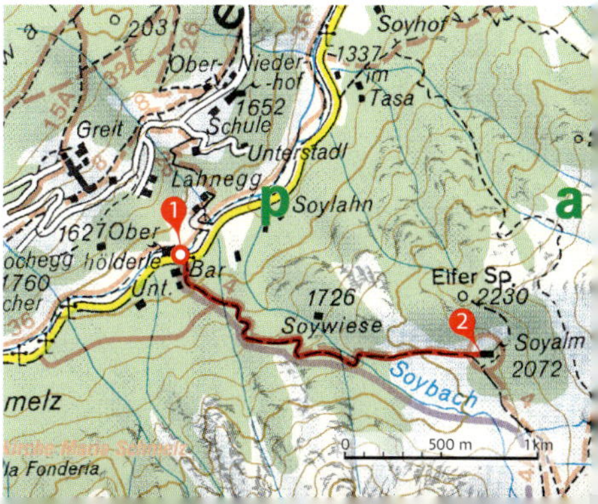

16 Schlanderser Alm und Kortscher Alm, 1987 m

Über den Neuwaal

4.15 Std. | 13,2 km | ↗ 650 m | ↘ 650 m

Almgründe im Schlandrauner Tal

Die markante bei Schlanders ausmündende Bergkerbe hat ihren Ursprung weit drinnen am Saldurkamm der Ötztaler Alpen. Angesichts des fast schluchtartigen Eindrucks zwischen den Flanken des Sonnenbergs darf man überrascht sein, welche Almgründe sich zuhinterst im Schlandrauner Tal öffnen. Dort locken zwei Jausenstationen Wanderer und Mountainbiker an. Die biozertifizierte Kortscher Alm im Talschluss bringt typische Almprodukte sowie selbstgebackene Kuchen auf den Teller; ähnlich die Schlanderser Alm, die sonntags zuweilen auch Grillaktionen veranstaltet. Die schönste Annäherung erfolgt übrigens über den kühn trassierten Neuwaal, der Einblick in eine archaische Lebens- und Wirtschaftsweise der Region vermittelt.

Ausgangspunkt: Talatsch, 1454 m, Höfeweiler am Sonnenberg oberhalb von Schlanders. Zufahrt von Kortsch auf teils enger Bergstraße (ohne Busanbindung).
Hinweis: Ab Platzohl ist die Zufahrt ins Schlandrauner Tal »halblegal« möglich, d.h. sie wird geduldet, bei jeglichen Schäden oder Unfällen besteht aber Selbsthaftung. Das Sträßchen ist streckenweise sehr steil und für normale PKW eine Herausforderung.
Anforderungen: T2–3. Anfangs steiler Wiesenpfad (bei Nässe ungut!), am Neuwaal fast eben am abschüssigen Hang entlang; elementare Trittsicherheit und mit Kindern besondere Vorsicht angezeigt. Ansonsten breiter Wirtschaftsweg im Schlandrauner Tal,

Der Weiler Talatsch vor der mächtigen Kulisse der Ortler-Alpen.

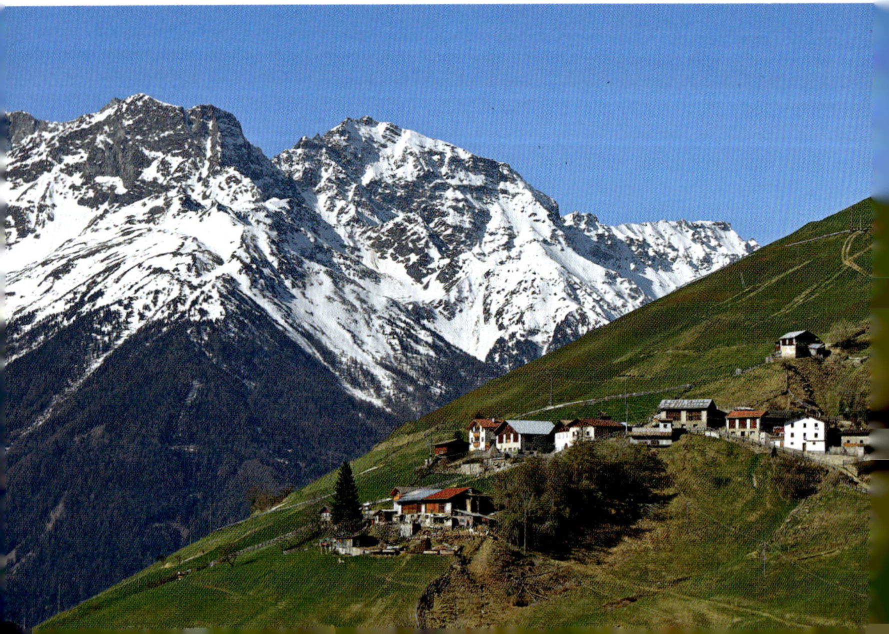

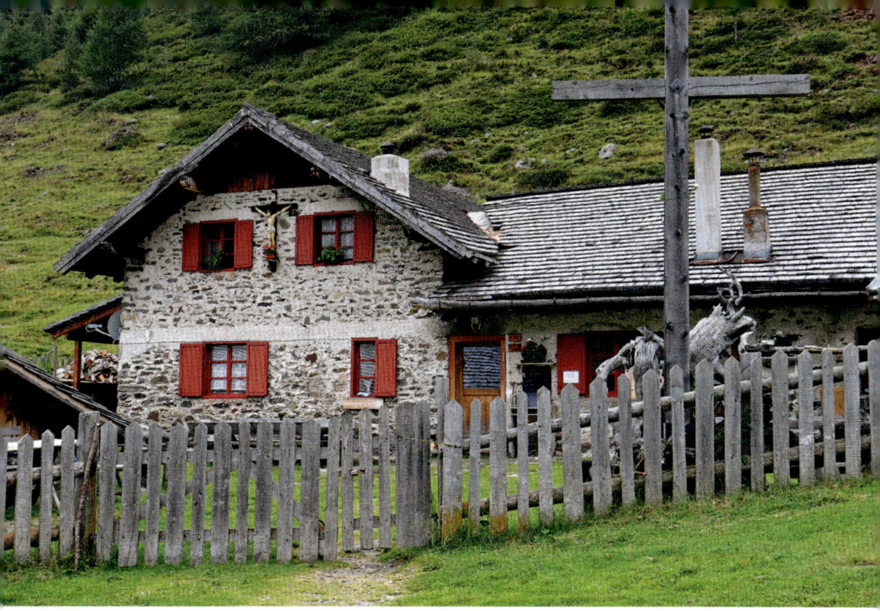

Ziel der Wanderung ist die Kortscher Alm.

der unterhalb des Waalweges oft ziemlich steil verläuft.
Variante: Parallel zum Neuwaal führt etwas höher der Forrawaal durch die Hänge. Möchte man diesen kombinieren, startet man besser in Außereggen, 1632 m.
Karte: Tabacco 1:25.000, Blatt 04.

Von **Talatsch** ❶ führt ein steiler Wiesenpfad direkt aufwärts zum Hof Stadl, 1552 m. Schräg rechts weiter schließen wir zum **Neuwaal** ❷ auf, der mit einem Zaunüberstieg beginnt (Hinweis »Schlanderser Alm«).

EINKEHR

Schlanderser Alm, 1891 m: Mitte Juni bis Anfang Oktober, Tel. +39 0473 730799.
Kortscher Alm, 1987 m: Mitte Juni bis Anfang Oktober, Tel. +39 320 5711682.

TOUREN

Kortscher See, 2510 m: Abzweig des Weges Nr. 4 zwischen beiden Almen, anschließend noch ca. 1.45 Std.; Fortsetzung zum Tascheljoch und Übergang ins Schnalstal möglich.
Zerminiger, 3109 m: von der Schlanderser Alm über die Stierhütte und den Westgrat (T3–4), 3.30 Std.

Etwas abenteuerlich geht es am Neuwaal entlang.

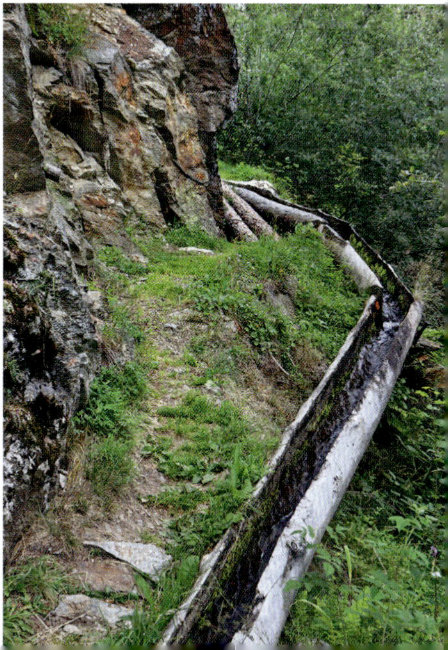

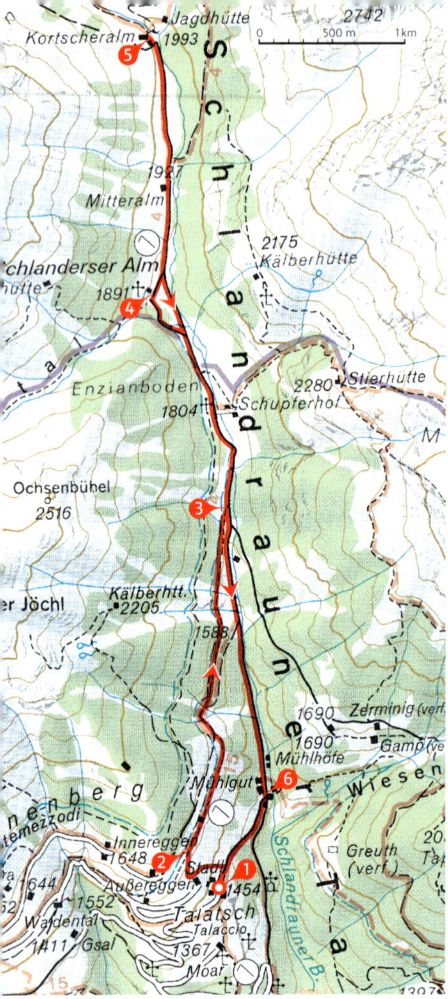

Sehr spannend und abwechslungsreich schlängelt sich der Waalweg quer durch die steilen Flanken, mal recht frei, mal in bewaldeter Umgebung. Der zwischenzeitliche Abzweig von Nr. 15 kann getrost ignoriert

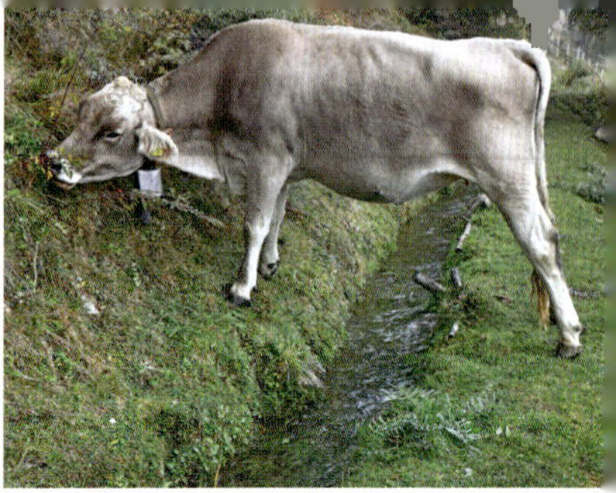

werden – man käme damit etwas tiefer auf den Fahrweg im Hochtal. Unser Neuwaal geht noch einige Geländestrukturen aus und trifft auf gut 1700 Metern ebenfalls auf die breite Almzufahrt ❸. Damit weiter taleinwärts. Der Schupfer bleibt rechts liegen, ehe wir links haltend die **Schlanderser Alm** ❹, 1891 m, ansteuern. Wer direkt zur Kortscher Alm möchte, geht natürlich gleich geradeaus; ansonsten nimmt man den Hauptweg etwas weiter hinten wieder auf. Wir passieren Abzweige zur Stieralm und zum Kortscher See, wandern links am großen Wiesenboden entlang und erreichen den Umkehrpunkt bei der **Kortscher Alm** ❺, 1987 m, die hinter einem Eck auftaucht.

Retour können wir fast vollständig den Fahrweg nehmen, eine Dreiviertelstunde in moderatem Gefälle, dann deutlich steiler abwärts. Beim **Mühlgut** ❻, ca. 1360 m, scheren wir schließlich rechts aus und absolvieren anhand der Bezeichnung »Vinschger Höhenweg« noch eine kräftige, aber nicht allzu lange Gegensteigung nach **Talatsch** ❶.

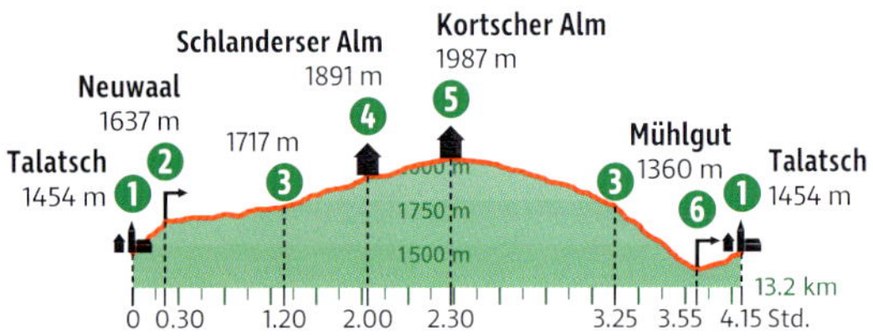

Berglalm, 2214 m

Von den Koflhöfen zum Vernagt-Stausee

3.00 Std. | 9,2 km | ↗ 380 m | ↘ 620 m

Herrliche Balkonloge im Schnalstal

Schon mal eine Schnalser Schneemilch probiert? Das traditionelle Dessert kann man sich auf der Berglalm schmecken lassen, vielleicht als i-Tüpferl nach einem Teller Knödel oder Schlutzkrapfen, einer Portion Hirtenmaccheroni oder einem deftigem Almbrettl … Die Berglalm, am Nordabhang von Bergl- und Gerstgraserspitze in herrlicher Perspektive auf Similaun und Co. gelegen, hat sich fein herausgeputzt. Auch die neueren Blockhütten fügen sich wunderbar in die Landschaft ein. Am intensivsten ist die Stimmung wohl im Herbst, wenn die Lärchenwälder ringsum goldgelb leuchten, aber auch der Sommer besitzt natürlich seine Reize. Und die Wanderer goutieren die ungewöhnlich lange Saison dieser Jausenstation mit regem Besuch – sogar im Winter wird aufgesperrt, denn Schneeschuhgehen liegt ja durchaus im Trend. Unser Vorschlag kombiniert zwei verschiedene Zugänge zu einer längeren Streckenwanderung – eine der schönsten im Schnalstal notabene …

Ausgangspunkt: Koflhöfe, ca. 1940 m, im inneren Schnalstal ca. 1 km vor Kurzras. Kleiner Parkplatz und Bushaltestelle der Linie von Naturns.
Endpunkt: Vernagt, 1698 m. Am besten vorab hier parken und mit dem Bus taleinwärts zum Ausgangspunkt fahren.
Anforderungen: T2. Gutmütige Bergwanderwege ohne ausgesetzte Stellen, dabei gemäßigte Steigungen und Gefällstrecken. Gutes Halbtagespensum.
Variante: Kürzester, aber etwas steilerer Zustieg zur Berglalm vom Hotel Gerstgras, 1767 m, über Weg Nr. 13; Aufstiegszeit ca. 1.15 Std.
Karte: Tabacco 1:25.000, Blatt 04.

Tische und Bänke auf der Berglalm sind meist gut besetzt.

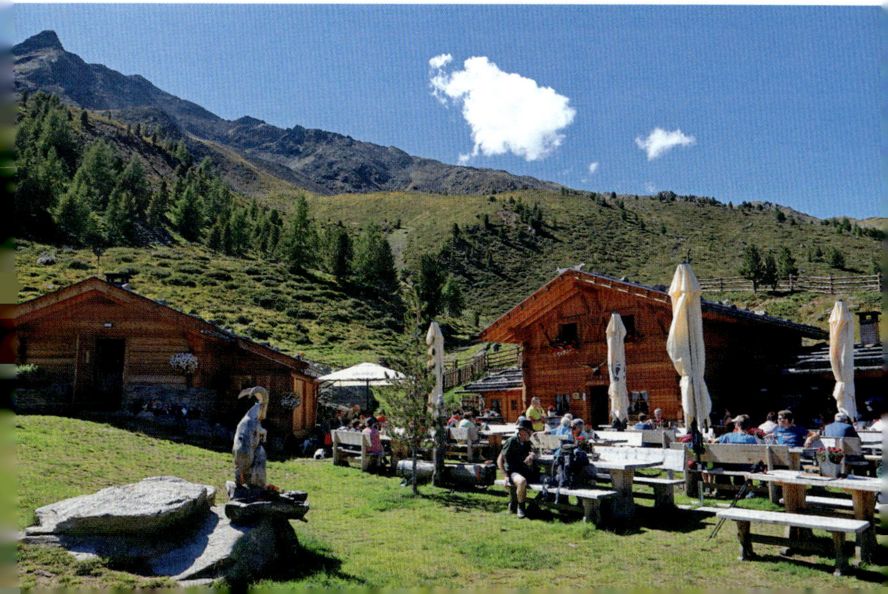

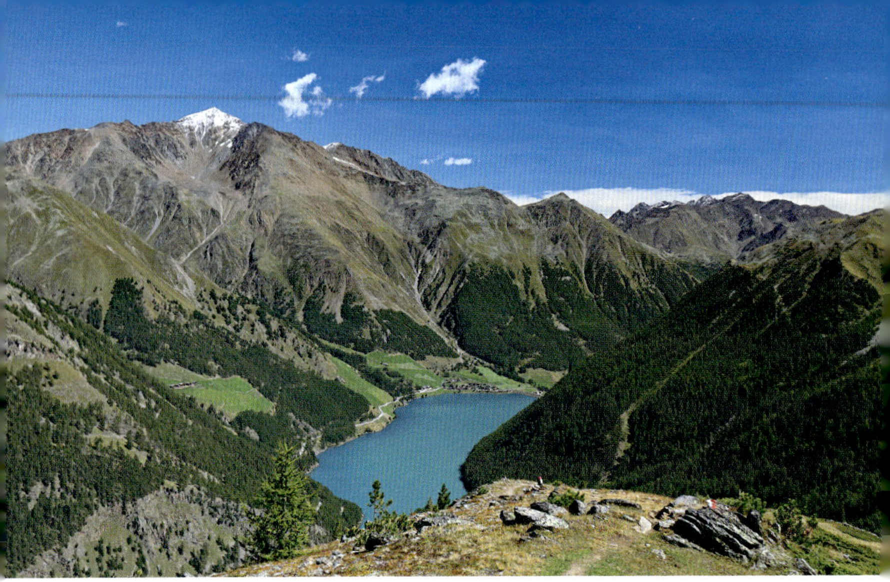

Inmitten der Schnalser Bergwelt setzt der blaue Vernagtsee einen reizvollen Akzent.

Bei den **Koflhöfen** ❶ beginnt ein Weg (Nr. 5) zwischen Wiesen hindurch Richtung Wald, wo wir schräg links an Höhe gewinnen. Man nähert sich dem idyllischen Lagauntal und zweigt unmittelbar hinter der Bachbrücke ❷, 2170 m, nach links ab. Damit befinden wir uns auf dem Hangweg Nr. 14 am Gerstgraserberg, der durch urwüchsigen Lärchen-

Nach einer knappen Gehstunde öffnet sich das abgeschiedene Lagauntal.

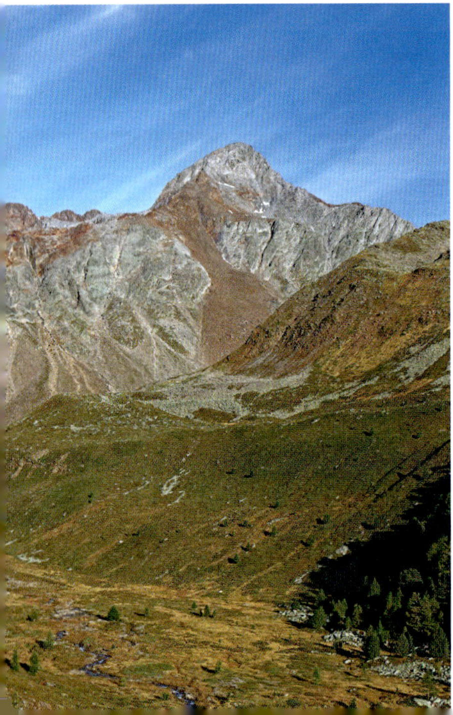

EINKEHR

Berglalm, 2214 m: Anfang Juni bis Anfang November und Ende Dezember bis Anfang April, Tel. +39 339 3816482, www.bergl-alm.com.

TOUREN

Tascheljoch, 2768 m: Standort der einstigen Heilbronner Hütte, lohnende Überschreitung auf den Wegen Nr. 4 und 6 (T2–3), insgesamt 4.45 Std. ab Koflhöfe, von der Berglalm zum Joch 1.30 Std.

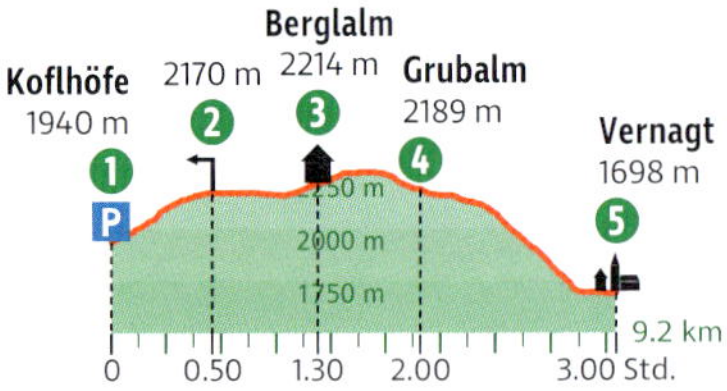

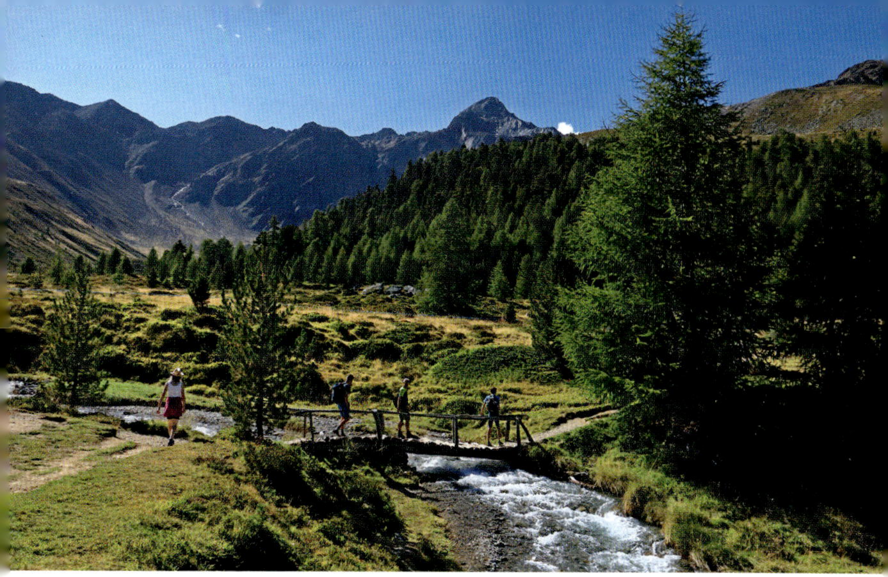

Es erwartet uns eine der schönsten gemäßigten Touren im Bereich des Schnalstals.

Zirben-Wald noch ein wenig auf und ab führt. Gemeinsam mit Nr. 13 vom Tal her erreicht man schließlich das offene Gelände der **Berglalm ❸**, 2214 m.

Natürlich ließe sich auf derselben Strecke wieder zurückwandern – man kann aber auch Richtung Osten fortsetzen, zunächst die Hangbucht des Gerstgraserbodens ausgehend. Allmählich beginnt das Gefälle. Wir passieren die **Grubalm ❹**, 2189 m, und tauchen in den Wald ein. Route Nr. 13 zieht stets diagonal abwärts, zuletzt mit zwei Kehren zum Ufer des Vernagt-Stausees. Nun noch über die Dammkrone hinweg bis in die Ortschaft **Vernagt ❺**, 1698 m.

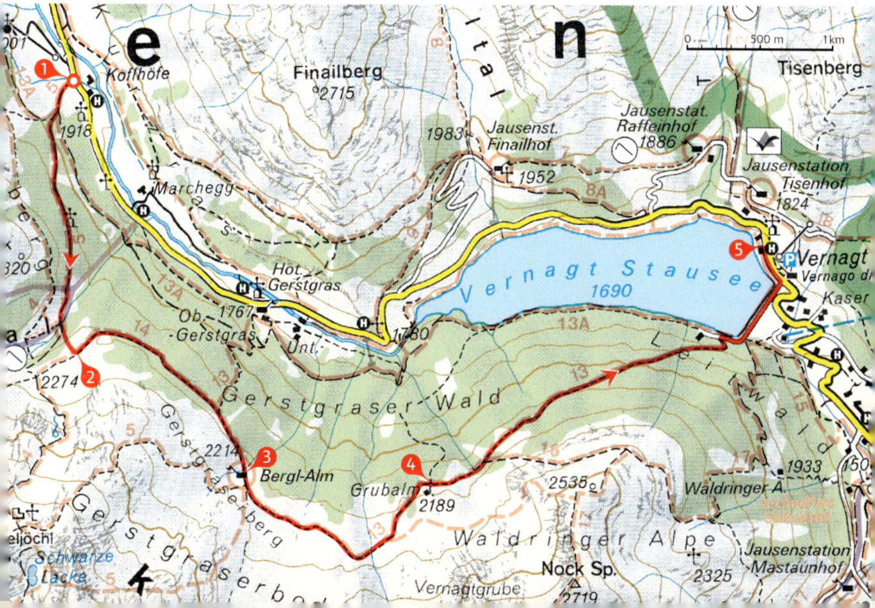

18 Schutzhaus Schöne Aussicht, 2842 m

Von Kurzras Richtung Hochjoch

4.00 Std. | 9,4 km | ↗830 m | ↘830 m

Tradition und Moderne am Ende des Schnalstals
Die touristische Entwicklung des Schnalstals ist untrennbar mit dem Namen Gurschler verknüpft. Bereits Ende des 19. Jahrhunderts erkannte der Kurzhofbauer Serafin Gurschler die Zeichen der Zeit, sprich des aufkeimenden Bergtourismus, und errichtete an den beiden wichtigen hochalpinen Übergängen, die das Schnalstal mit dem inneren Ötztal verbinden, zwei nützliche Schutzhütten: die Schöne Aussicht am Hochjoch sowie die Similaunhütte am (höheren!) Niederjoch. Bis heute stellen sich diese Häuser in den Dienst der Bergsteiger. Größere Projekte hatte später Serafins Urenkel Leo Gurschler im Sinn: Es entstand das Schnalser Gletscherskigebiet und Kurzras mutierte zum touristischen Rummelplatz, der inmitten der Tiroler Hochalpen schon etwas deplatziert wirkt. Das tut der Qualität einer Wanderung zur »Schönen Aussicht« aber kaum Abbruch. Mit dem Gipfelpunkt »Im Hintern Eis« können wir sogar einen unschwierigen Dreitausender drauflegen! Die Hütte lockt mit Outdoor-Sauna und im Winter gar mit Nächten im Iglu. Als kulinarische »Top 4« werden gepriesen: Pasta Speciale (eine raffinierte Kombi aus mediterran und regionstypisch), saftig-würzige Rippchen, Lammbraten aus der Schnalser Schafzucht und für die »Süßen« ein verführerisches Tiramisu.

Die Umgebung des Hochjochs mit dem Schutzhaus Schöne Aussicht.

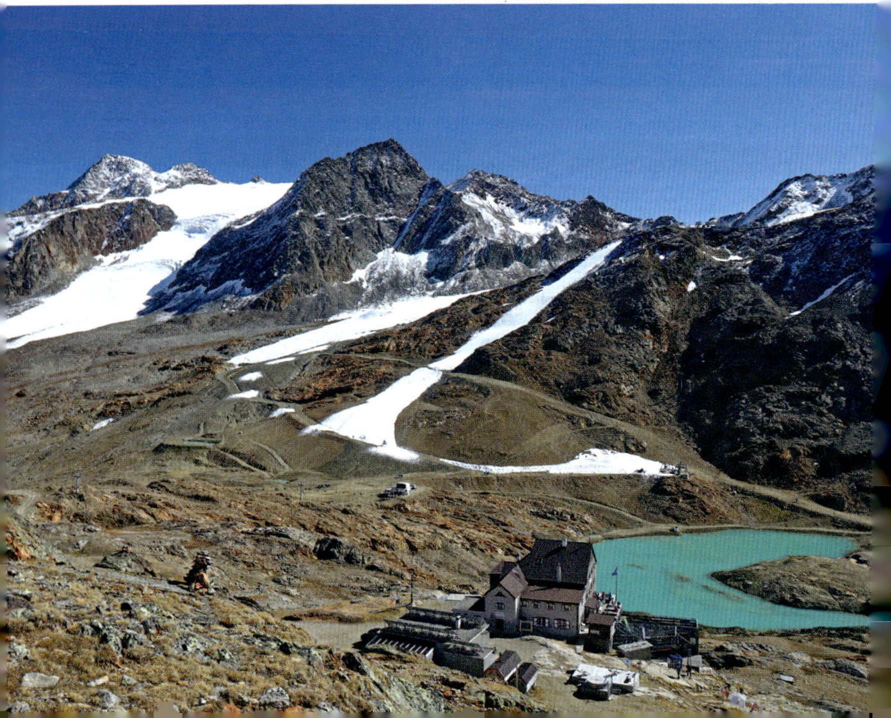

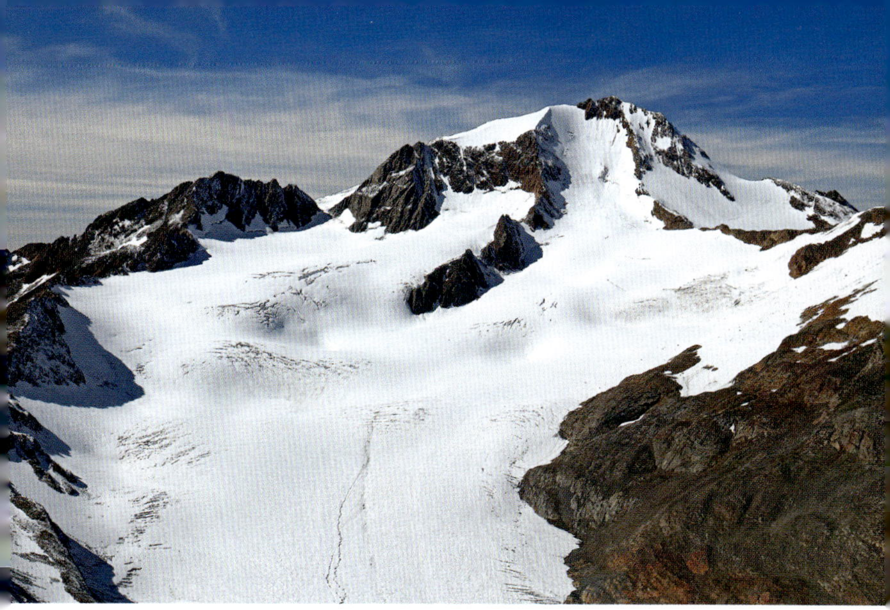

Wer zum Hintern Eis aufsteigt, erlebt diesen Galablick zur vergletscherten Weißkugel. Deren Normalroute führt durch die Lücke des Hintereisjochs.

Ausgangspunkt: Kurzras, 2011 m, im Schnalser Talschluss. Gebührenpflichtiger Parkplatz und Bushaltestelle unmittelbar vor der Hotelsiedlung.

Anforderungen: T2–3. Sehr gut trassierter Hüttenweg, der freilich schon in große Höhe führt, damit naturgemäß etwas steinig (vor allem im oberen Teil). Etwas Trittsicherheit schadet nicht, aber fast noch »blau«. Auch konditionell ein angenehmes Tagespensum.

Variante: Theoretisch ließe sich auch die Piste nutzen, was aber allgemein nicht empfohlen wird und zudem wenig reizvoll erscheint.

Karte: Tabacco 1:25.000, Blatt 04.

EINKEHR

Schutzhaus Schöne Aussicht, 2842 m: privat, Mitte Juni bis Anfang Oktober und Ende November bis Mitte Mai, 60 Schlafplätze, Tel. +39 0473 679130, www.schoeneaussicht.it.

TOUREN

Im Hintern Eis, 3270 m: aussichtsreiche Grathöhe über dem Hintereisferner, quasi mit Gipfelstatus; markierte Route über Blockschuttgelände (T3), ab Hütte 1.20 Std.

Weißkugel, 3738 m: Hochtour mit bezeichnetem Zustieg zum Steinschlagjoch, vergletschert zum Hintereisjoch und von Süden gipfelwärts, 4.30 Std.

Hochjochhospiz, 2412 m: über das Hochjoch und später die Rofenache kreuzend (T2–3), 2.30 Std.

Umgeben von Felstrümmern: die Steinschlagspitze.

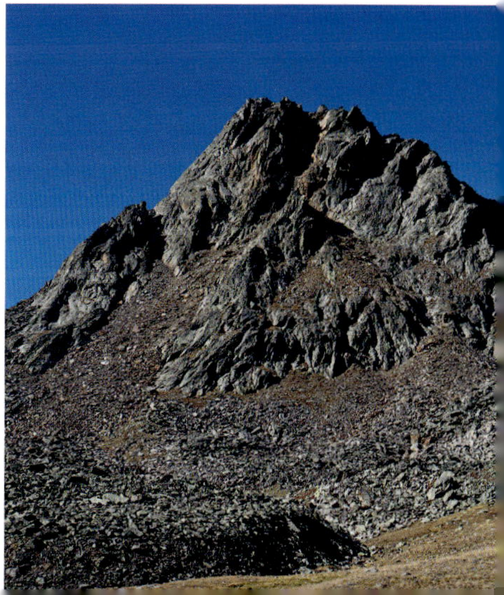

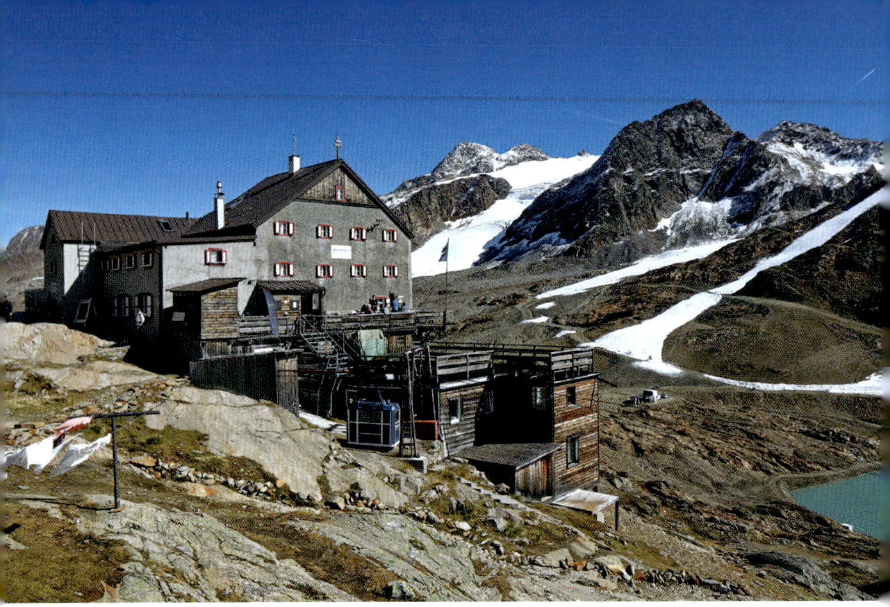

Unsere Hütte entstand schon 1896 in Privatinitiative.

Von **Kurzras** ❶ folgen wir der Route Nr. 3, orientieren uns auf die linke Seite eines Kessels und steigen zunächst im Baumbestand höher. Dieser lichtet sich jedoch bald. Unser Weg schmiegt sich gut den Geländestrukturen an, führt im Bogen nach rechts und unterhalb des Rotkofels an einigen Felsblöcken vorbei. Auf dem ausgedehnten Boden kreuzen wir einen Skilift weiter nach rechts. Sachte ansteigend geht es um ein Eck herum, vorerst noch sehr komfortabel ausgebaut durch den Hang. Etwa ab dem Punkt, wo der Zugang zur Weißkugel abzweigt, wird das Terrain etwas rauer und steiler. Der Weg bleibt aber bis zum Schutzhaus **Schöne Aussicht** ❷, 2842 m, gut trassiert und wirft keine wirklichen Hindernisse auf. Der Abstieg verläuft identisch.

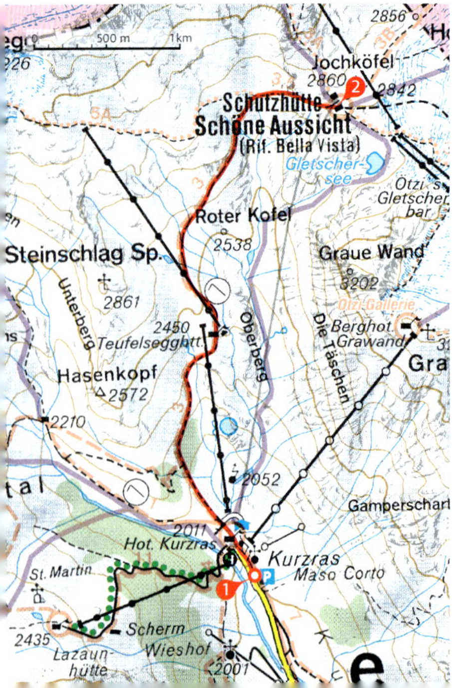

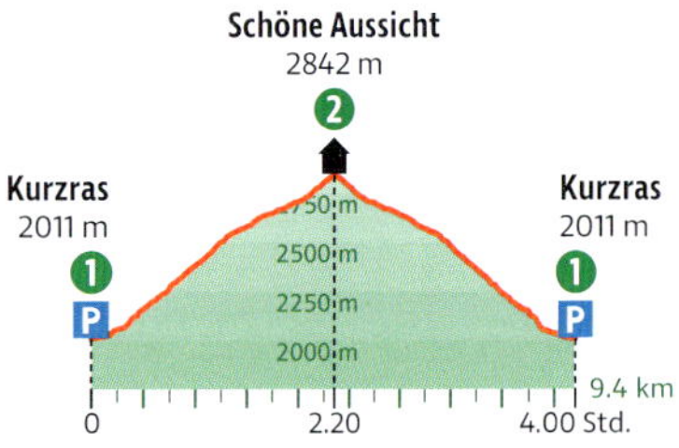

Similaunhütte, 3019 m

Durchs Tisental zum Niederjoch

6.00 Std. | 12,2 km | ↗ 1320 m | ↘ 1320 m

Auf den Spuren »Ötzis«

Im Jahr 1991 wurde am Tisenjoch, hoch oben auf 3200 Metern, eine Gletscherleiche gefunden, die sich als archäologische Weltsensation herausstellte: »Ötzi« war dort vor mehr als 5300 Jahren unterwegs und kam höchstwahrscheinlich gewaltsam durch einen Pfeilschuss ums Leben. Auch der archaisch wirkende Schaftrieb, der noch heute alljährlich über das Niederjoch auf die saftigen Weidegründe des inneren Ötztals stattfindet, unterstreicht die lange menschliche Geschichte in den Herzkammern des Gebirges. Viel später traten Alpinismus und Tourismus auf den Plan: Ende des 19. Jahrhunderts ließ der bereits erwähnte Serafin Gurschler mitten in Tirol, auf der Schwelle des Alpenhauptkammes, die Similaunhütte errichten. Wenig später kam sie fast genau auf der Grenze zwischen zwei Staaten zu liegen. Wie bei vielen Hütten in Südtirol haben ihr die politischen Ereignisse stark mitgespielt, doch ist die Similaunhütte letztlich in Privathand geblieben, trotz vorübergehender Beschlagnahmung und Entfremdung für militärische Zwecke. Heute führen sogar Nordtiroler aus Vent die Geschicke am Niederjoch, und die politischen Grenzen seitens freiheitsliebender Bergsteiger sind längst zur Marginalie abgestempelt. Wo die Hütte selbst schon oberhalb der 3000-Meter-Marke liegt, stehen Hochtouren logischerweise besonders im Fokus, vor allem der namengebende Similaun. Für Normalwanderer ist freilich auch die Ötzi-Fundstelle am Tisenjoch zu einer Art Pilgerziel avanciert. Und seit einiger Zeit ist das Niederjoch, und damit die Similaunhütte, als letzter Übergang am ultrapopulären E5 – genau genommen an der nicht originalen »Meraner Variante« – bekannt geworden.

Auf den Bergwiesen tummeln sich die Murmeltiere.

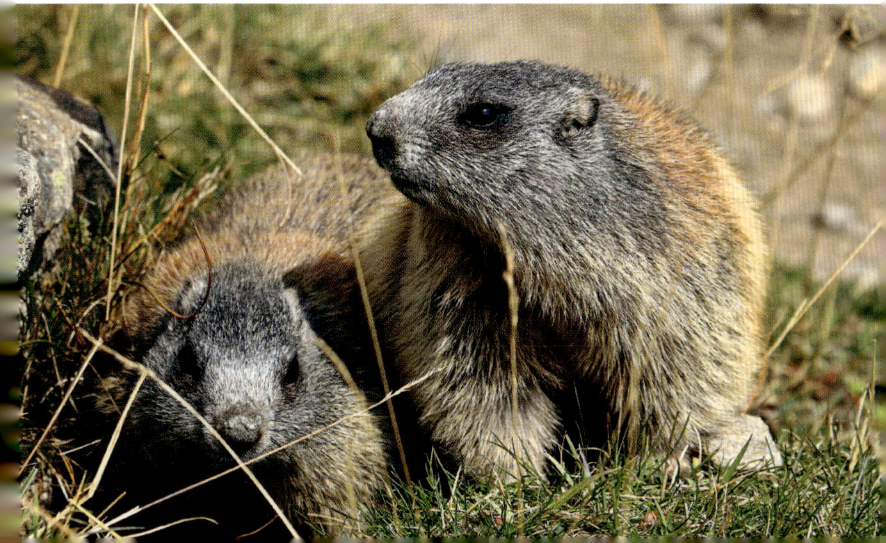

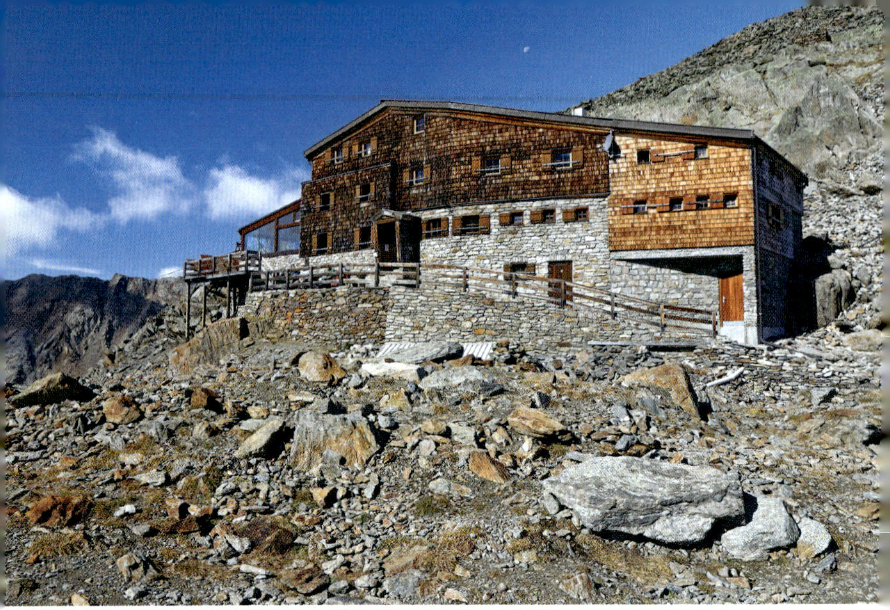

Platz zwei im Höhenranking unserer Auswahl hält die Similaunhütte.

Ausgangspunkt: Vernagt, 1698 m, im Schnalstal. Parkplatz nahe der Staumauer, Bushaltestelle der Linie von Naturns in der Nähe. Bitte nicht zum Tisenhof hinauffahren!
Anforderungen: T3, meist leichter. Über weite Strecken völlig hindernisloser Bergweg, nur im oberen, abschüssigeren Teil ist elementare Trittsicherheit nötig, aber auch hier sehr gut trassiert. Vom grasigen allmählich in erdiges und schließlich felsdurchsetztes Gelände. Wichtigste Voraussetzung ist eine gute Kondition.
Karte: Tabacco 1:25.000, Blatt 04.

Gegenüber der Staumauer in **Vernagt** ❶ nehmen wir die Route Nr. 2 auf und folgen zunächst dem asphaltierten Sträßchen hinauf zum **Tisenhof** ❷, 1814 m. Hier setzt der eigentliche Bergweg ein. Es geht quasi schnurstracks ins Tisental einwärts, wobei der lockere Wald oberhalb der 2000-Meter-Marke allmählich zurückbleibt. Wir steigen weiter über Bergweiden auf, begleiten einen Bachgraben zunächst auf der rechten Seite und kreuzen einen der beiden Äste bald nach links. Vorbei an einem Wegweiser ❸, ca. 2290 m, über mehrere Hochböden bis in den Hintergrund des recht einförmigen Hochtals, wo der grasige Untergrund

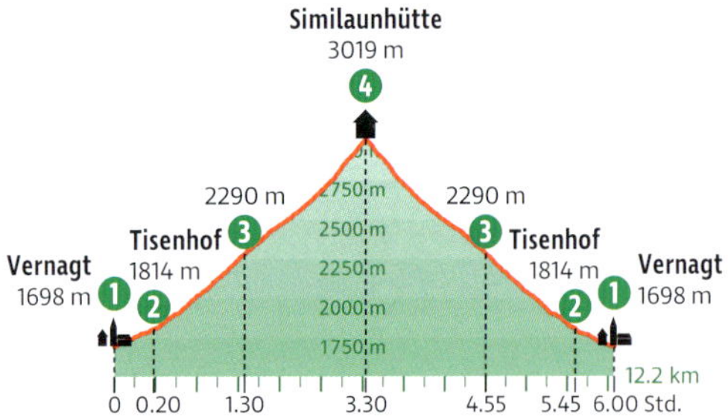

EINKEHR

Similaunhütte, 3019 m: privat, Mitte Juni bis Ende September sowie im März/April, 70 Schlafplätze, Tel. +39 0473 669711 oder +43 720 920439, www.similaunhuette.com.
Tisenhof, 1814 m: Bergbauernhof mit Ausschank, Tel. +39 0473 669790.

TOUREN

Similaun, 3606 m: Hochtour über den Niederjochferner und den oberen Westgrat, gut 2.00 Std.
Fineilspitze, 3514 m: in gut 1 Std. zur Ötzi-Fundstelle am Tisenjoch (bis hierher auch für Wanderer), anschließend via Hauslabjoch und Nordostgrat (Hochtourencharakter und Kletterei bis I+), 2.30 Std.
Martin-Busch-Hütte, 2501 m: Abstieg ins Niedertal auf Nordtiroler Seite (T3), 1.30 Std.

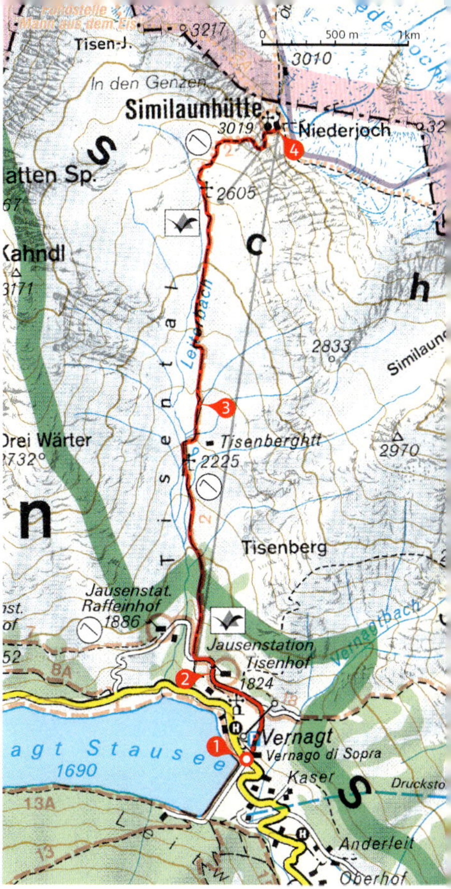

vermehrt von Blockschutt abgelöst wird. Unterhalb des steilen Geländeriegels in Kehren empor, dann deutlich nach rechts und über schrofige Bänder, teils mit weiteren Kehren sowie um ein letztes Eck herum zur **Similaunhütte** ❹, 3019 m, am Niederjoch. Der Abstieg verläuft gleich.

Nebenan erhebt sich der Similaun, wo sich die Normalroute verfolgen lässt.

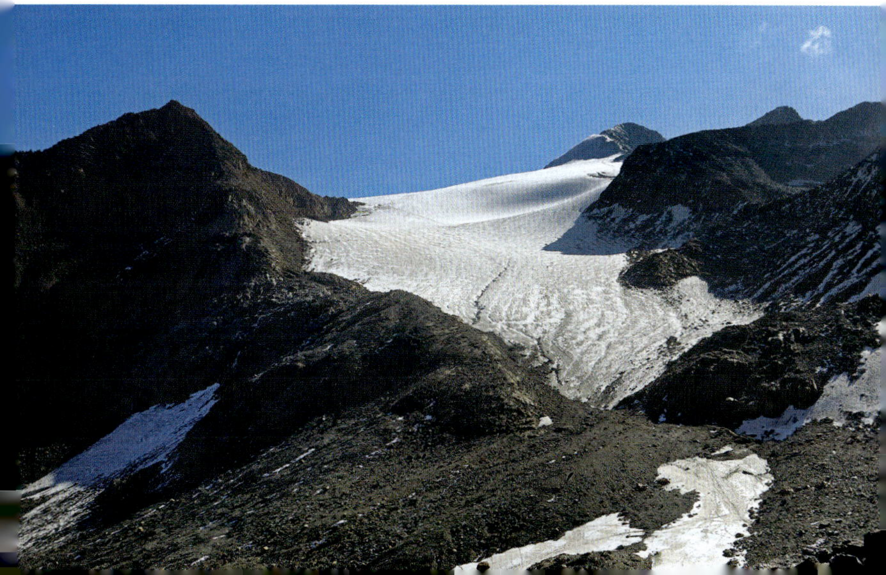

20 Vom Vorderkaser zum Eishof, 2071 m

Der Almerlebnisweg im Pfossental

TOP | 3.00 Std. | 9,7 km | ↗400 m | ↘400 m

Zum einstmals höchstgelegenen Hof der Ostalpen

Bis gegen Ende des 19. Jahrhunderts war der Eishof – heute ein Berggasthaus mit angeschlossener Almwirtschaft – ständig bewohnt und damit die höchste alpine Dauersiedlung östlich der Schweiz. Wenn wir das Pfossental am unmittelbaren Südabfall des Ötztaler Alpenhauptkamms sommers als Hort der Lieblichkeit entdecken, lässt sich allenfalls erahnen, wie hart die Lebensbedingungen während schneereicher Winter damals gewesen sein müssen. Wer sich für historische, kulturelle und naturkundliche Themen begeistern kann, wird am gut aufbereiteten Almerlebnisweg im Pfossental seinen Wissensdurst stillen. Auf dieser Wanderung gibt es nur ein Problem, ein echtes »Luxusproblem«: Vier Einkehrstationen stehen bereit und alle sind mit eigenen Erzeugnissen (zum Beispiel Käse und Speck) überaus empfehlenswert! Und alle bieten auch Übernachtungsmöglichkeit, schließlich verläuft hier der beliebte Meraner Höhenweg.

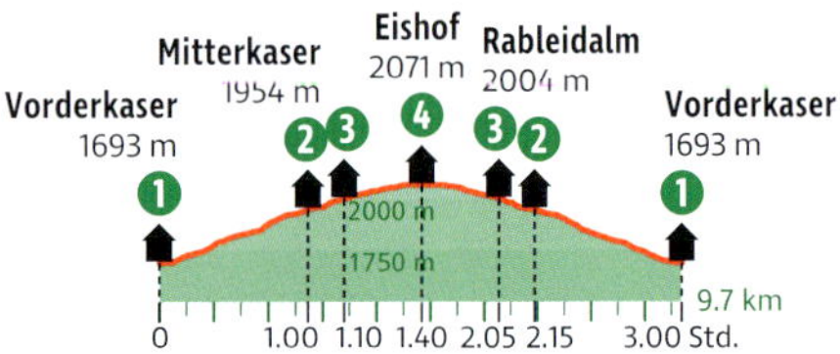

Ausgangspunkt: Vorderkaser (Gasthof Jägerrast), 1693 m, gebührenpflichtiger Parkplatz am Ende der öffentlichen Straße ins Pfossental (Schnals). Kein Linienverkehr, im Sommer mittwochs Wanderbus von Naturns (Anmeldung am Vortag unter Tel. +39 0473 666077).

Anforderungen: T1. Breiter Wanderweg, der von Anrainern auch als Wirtschaftsweg genutzt wird. Einige spürbare Steigungen, aber ohne jegliche Schwierigkeit. Wenig anstrengende Halbtagestour.

Karte: Tabacco 1:25.000, Blatt 04.

Einladend urig: die Mitterkaseralm.

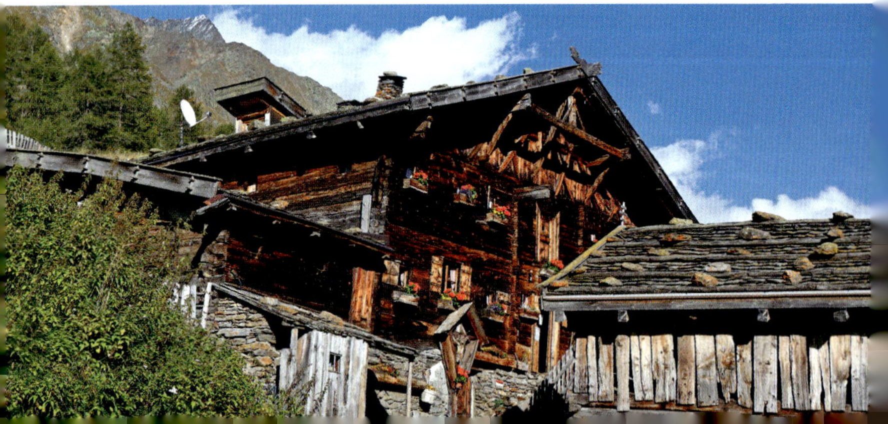

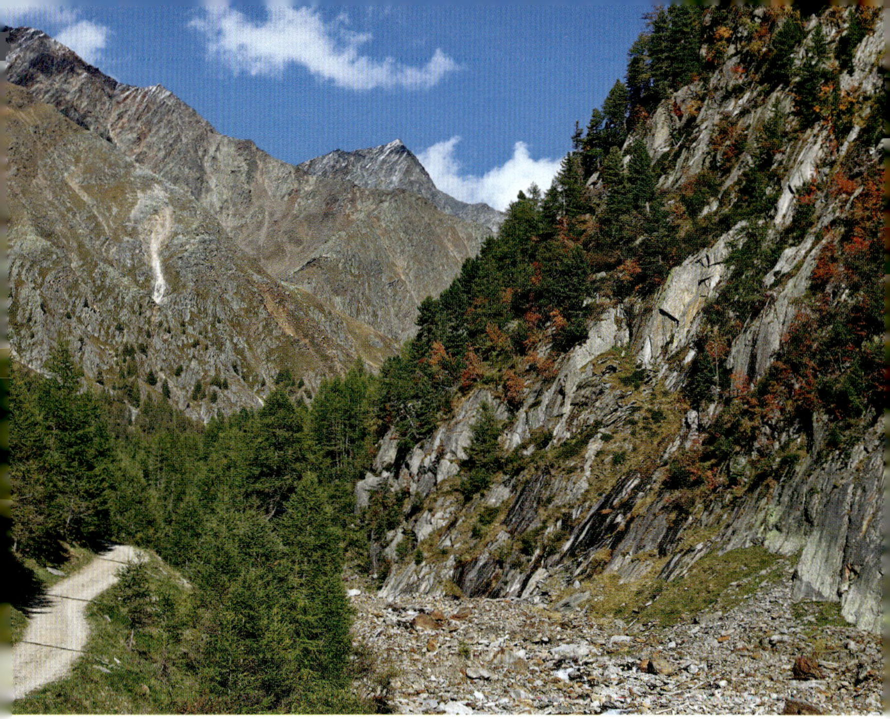

Oben: Der Pfossentalweg scheint in eine strenge Gebirgswelt zu führen.
Unten: Tatsächlich offenbart sich aber eine durchaus heitere Szenerie.

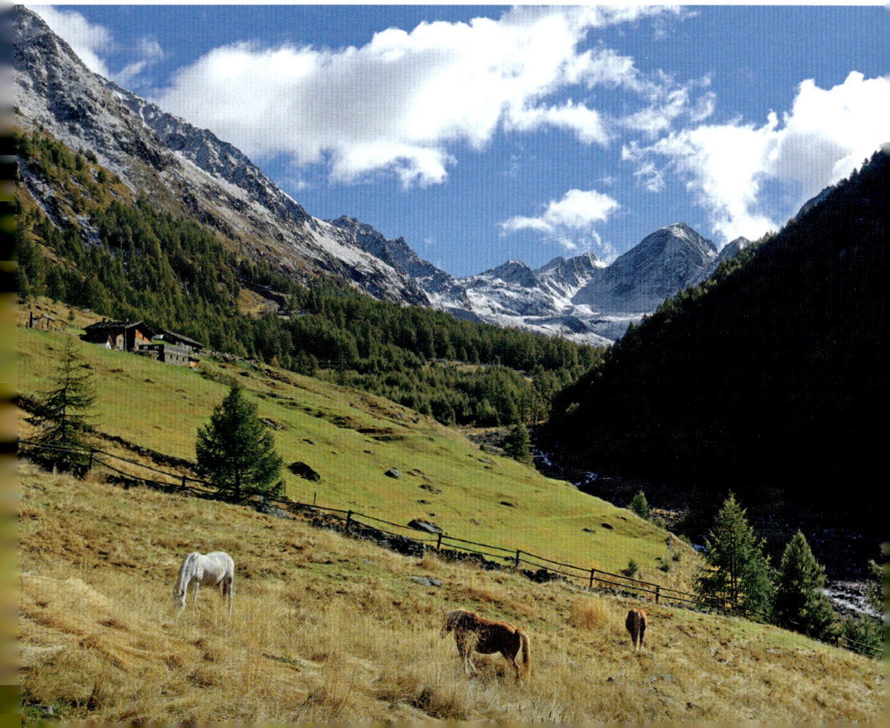

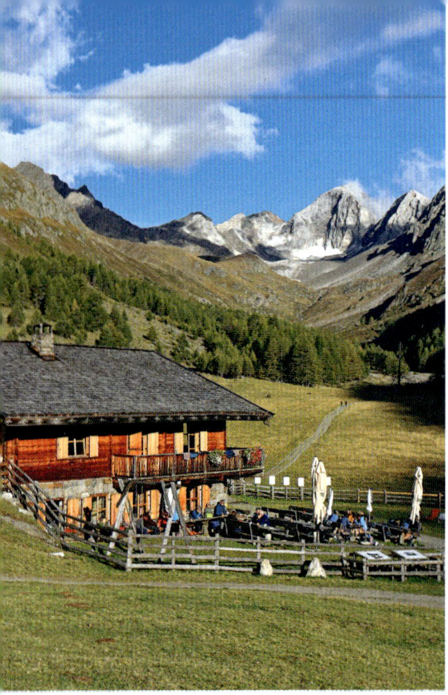

Beim Eishof hat sich der Talschluss mit der Hohen Weiße vollends geöffnet.

EINKEHR

Gasthof Jägerrast, 1693 m: Anfang April bis Anfang November, Tel. +39 0473 679230, www.jaegerrast.com.
Mitterkaseralm, 1954 m: Anfang Mai bis Ende Oktober, Tel. +39 0473 420473, www.mitterkaseralm.it.
Rableidalm, 2004 m: Anfang Mai bis Ende Oktober, Tel. +39 0473 420631 oder +39 335 366766, www.rableidalm.com.
Eishof, 2071 m: Mitte Mai bis Ende Oktober, Tel. +39 0473 420524, www.eishof.com.

TOUREN

Stettiner Hütte, 2875 m: Fortsetzung des Weges Nr. 24 Richtung Eisjöchl (T2+), ab Eishof ca. 2.45 Std.
Lodnerhütte, 2259 m: aus dem inneren Hochtal über das gesicherte Johannesschartl (T4), 4.00 Std.

Ab **Vorderkaser** ❶ geht es auf breitem Weg taleinwärts, im engeren vorderen Abschnitt durchaus spürbar ansteigend. Nach einer Weile setzen die Info-Tafeln des Almerlebnisweges als lehrreiche Begleitung ein. Im Bereich der großen Biegung wird das innere Pfossental offener, der Weg flacht öfters ab und führt Richtung **Mitterkaser** ❷, 1954 m. Schon kurze Zeit später kommen wir an der ebenfalls bewirtschafteten **Rableidalm** ❸, 2004 m, vorbei. Man setzt die Wanderung durch eine letzte Waldparzelle fort und überschreitet eine ganz seichte Schwelle zu jenem Hochtalboden, wo der **Eishof** ❹, 2071 m, im Angesicht von Hoher Weiße und Co. liegt. Während die mögliche Fortsetzung Richtung Eisjöchl führt (noch sehr weit), geht es für uns auf derselben Strecke zurück.

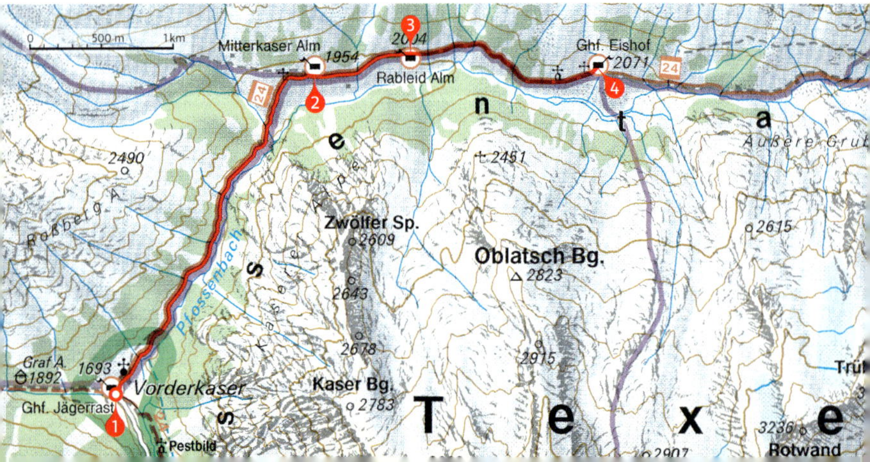

Lafetzalm, 2015 m, und Mastaunalm, 1810 m

Über den Mastaunpichl (Lafetzberg)

3.45 Std. | 8,1 km | ↗ 820 m | ↘ 820 m

Kompakter Rundkurs oberhalb von Unser Frau in Schnals

Neben der alteingesessenen Mastaunalm, die im gleichnamigen Hochtal früher vermutlich mal ein ganzjährig bewohnter Hof war, ist auch die unweit gelegene Lafetzalm vor ein paar Jahren zu einer Jausenstation ausgebaut worden. Von Unser Frau in Schnals aus kann man beide zu einer hübschen Runde zusammenlegen, die ein wenig über das Almniveau hinausgeht, allerdings noch keine wirklich stramme Bergtour bedeutet. Höhepunkt ist – abgesehen von der leckeren Marende natürlich – die Aussicht vom Mastaunpichl, der in manchen Karten als Lafetzberg eingetragen ist: ein Logenplatz vor den Gipfeln rund ums Schnalstal!

Ausgangspunkt: Unser Frau in Schnals, 1517 m. Parkplatz und Bushaltestelle beim ArcheoParc.
Anforderungen: Zumindest T2–3. Normale Bergsteige bis in den Bereich der Waldgrenze, im Aufstieg höchstens mittelsteil, beim Abstieg vom Mastaunpichl sogar ziemlich steil (elementare Trittsicherheit; ggf. auch umgekehrt begehen). Nicht ganz mühelos, aber kein volles Tagesprogramm.
Variante: Einzeln begangen sind die beiden Almwege jeweils leicht.
Karte: Tabacco 1:25.000, Blatt 04.

In der Ortschaft **Unser Frau** ❶ orientieren wir uns zum Tonzhaus, einem gehobenen Hotelbetrieb, und nehmen beim Durchgang den Weg Nr. 19 auf. Dieser quert zunächst eine Weile am Hangsockel, trennt sich dann von der Talwanderroute nach Karthaus und zieht deutlich bergauf. Nur kurzzeitig wird mal eine Forststraße genutzt. Auf dem

Die Lafetzalm wurde 2019 in rustikalem Erscheinungsbild eröffnet.

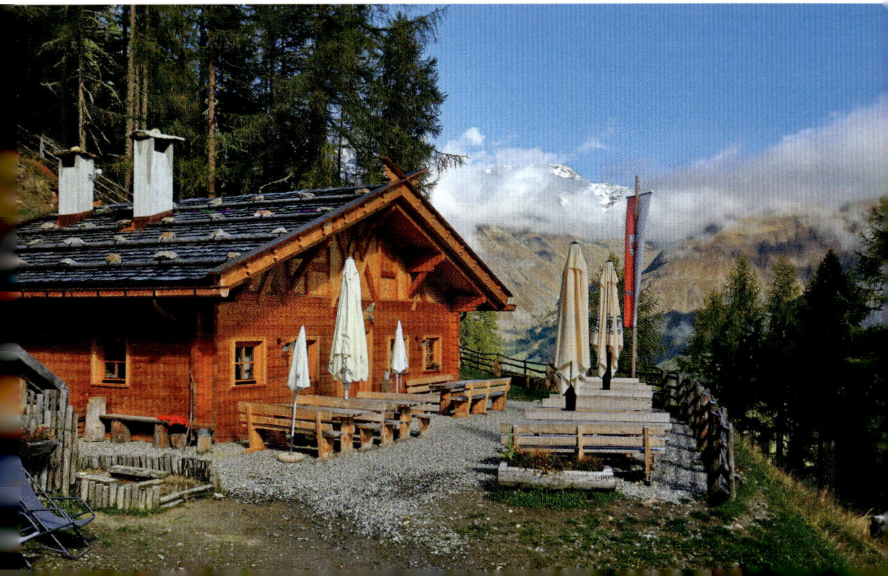

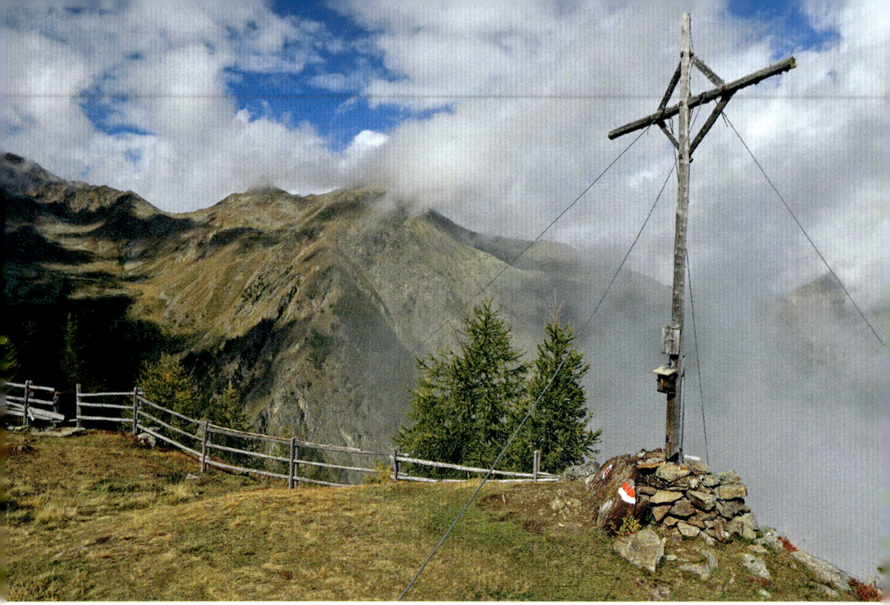

Am Mastaunpichl erreicht man den wohl schönsten Rastplatz der Tour.

Steig schräg empor bis gegen den Einschnitt des Lafetzbachs und zum Geländeabsatz mit der **Lafetzalm** ❷, 2015 m. Wir bleiben der Nr. 19 treu und folgen etwas oberhalb dem scharfen Rechtsschwenk (während der Penauder Höhenweg links weiterführt). Durch lichten Lärchenwald gewinnt man am Gamseck eine Höhe von rund 2300 Metern und quert noch ein Stück bis zum Kreuz am **Mastaunpichl (Lafetzberg)** ❸, 2285 m: ein herrlicher Rastplatz! In den schattseitigen Hängen über dem Mastauntal wird es sofort recht steil. Unser Steig ist jedoch in Kehren gut angelegt und läuft schließlich durch eine Schneise in den wunderschönen Talanger aus. Weiter vorn empfängt uns auf der linken Bachseite

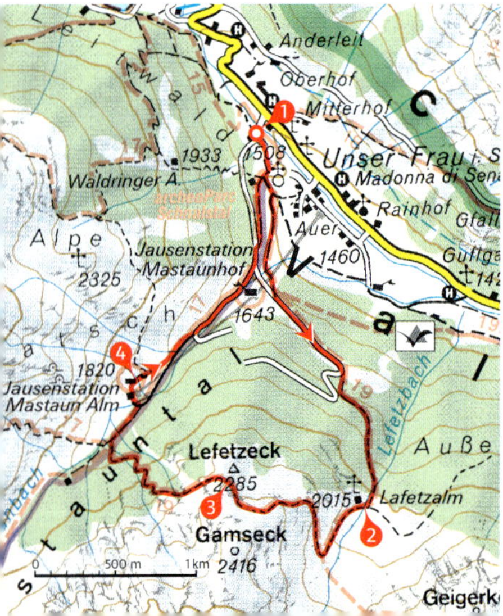

EINKEHR

Lafetzalm, 2015 m: Juni bis Mitte Oktober, Tel. +39 333 6973512, lafetz-alm.com.

Mastaunalm, 1810 m: Anfang Mai bis Ende Oktober, im Winter evtl. am Wochenende, Tel. +39 339 7180319.

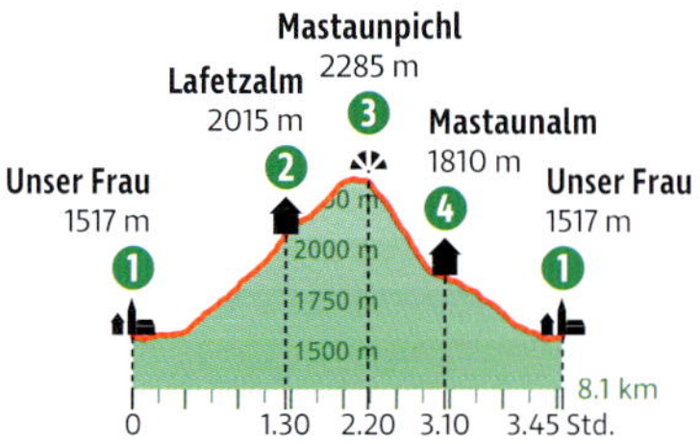

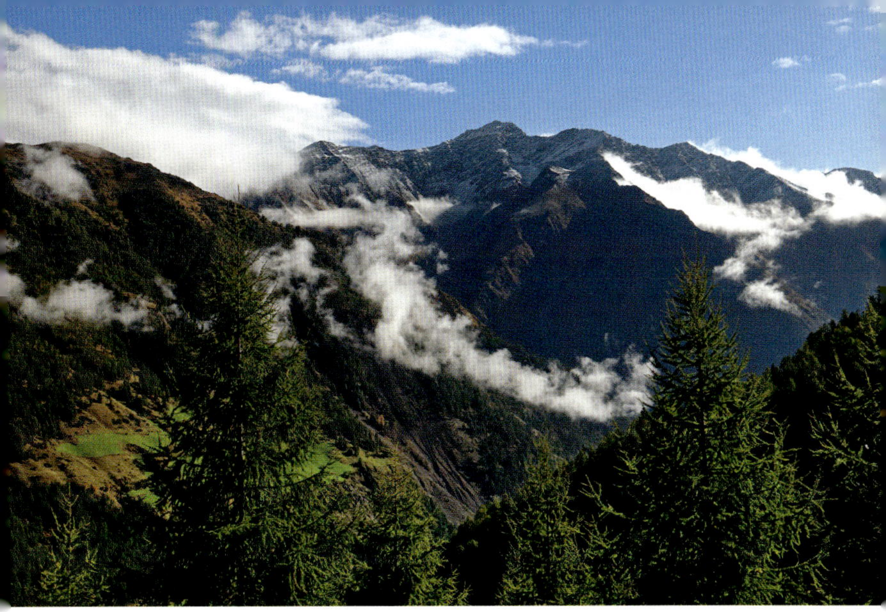

Nach einer Kaltfront schälen sich die angezuckerten Gipfel der Texelgruppe aus den Wolken.

die bewirtschaftete **Mastaunalm** ❹, 1810 m. Der letzte Abschnitt führt durchs Hochtal hinaus, am Mastaunhof vorbei und mit Nr. 17A rasch hinunter nach **Unser Frau** ❶.

TOUREN

Penaudalm, 2323 m: von der Lafetzalm über den Penauder Höhenweg (T3), 3.00 Std.
Nockspitze, 2719 m: großartiger Schnalser Aussichtsberg, Weg Nr. 17 durch die steile Südostflanke (T3), von der Mastaunalm 2.30 Std., Überschreitung auf die Nordseite (Vernagt) möglich.

Die Mastaunalm war früher einmal ganzjährig bewohnt.

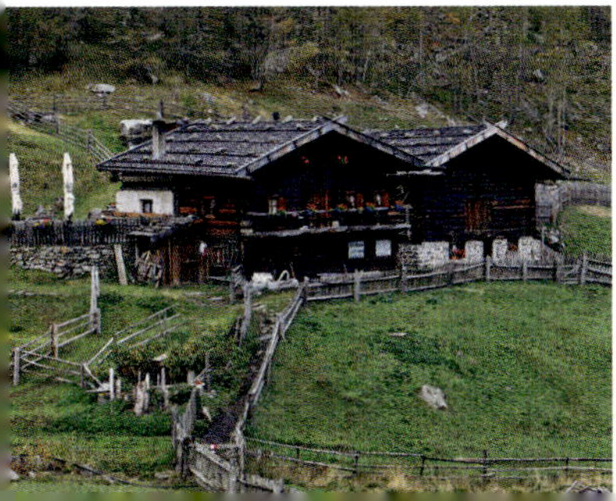

Kaskaden des Wildbachs aus dem Mastauntal.

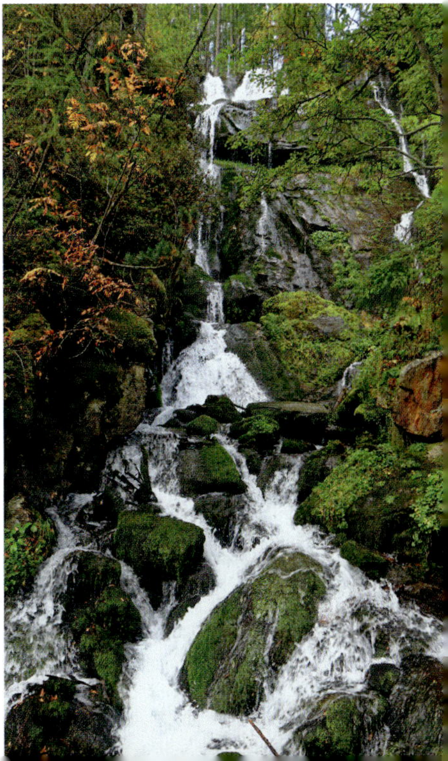

22 Penaudalm, 2323 m

Von Karthaus ins Penaudtal

4.40 Std. | 14,7 km | ↗1000 m | ↘1000 m

Zur höchsten Sennalm Südtirols

Auch das Penaudtal zählt zu den Schnalser Seitenfurchen. Wo sich das Gelände zu einem ausgedehnten Bergkessel weitet, liegt eine der höchsten Sennalmen ganz Südtirols, die Penaudalm. Die Käseherstellung wird dort engagiert betrieben, was einerseits bereits zu internationalen Prämierungen geführt hat und andererseits der Gast in kreativer Form auf Teller bzw. Jausenbrettl serviert bekommt. Omelette und Kasspatzeln werden mit Wildkräutern verfeinert, ein Klassiker ist das »Dochbrettl«. Im Übrigen lohnen sich auch weitere Erkundungen im Penaudrevier: eine Handvoll Gipfel um die Dreitausender-Marke oder einfach die seegeschmückten Mulden mit dem vielsagenden Flurnamen »Bei den Augengläsern« …

Ausgangspunkt: Karthaus, 1327 m, im Schnalstal. Parkplatz und Bushaltestelle der Linie von Naturns im Ort. Wer möchte, kann auch noch bis zu einem Waldparkplatz, ca. 1520 m, hinauffahren (damit Reduktion auf 3.50 Std., 12 km und 800 Hm).

Anforderungen: T1. Bis zur Alm fast durchgängig auf breitem Wirtschaftsweg, damit sogar bei Schlechtwetter unproblematisch. Allerdings gewisse Marschfreude vonnöten, denn die Strecke zieht sich.

Karte: Tabacco 1:25.000, Blatt 04.

Im Klosterort **Karthaus** ❶ nehmen wir die Wege Nr. 20 und 23 auf, die sich oberhalb im Wald gabeln. Wir halten uns rechts, kommen auf die Forststraße und zu einem vorgeschobenen **Parkplatz** ❷, ca. 1520 m. Nun um den Hang herum ins Penaudtal und dort mitunter recht

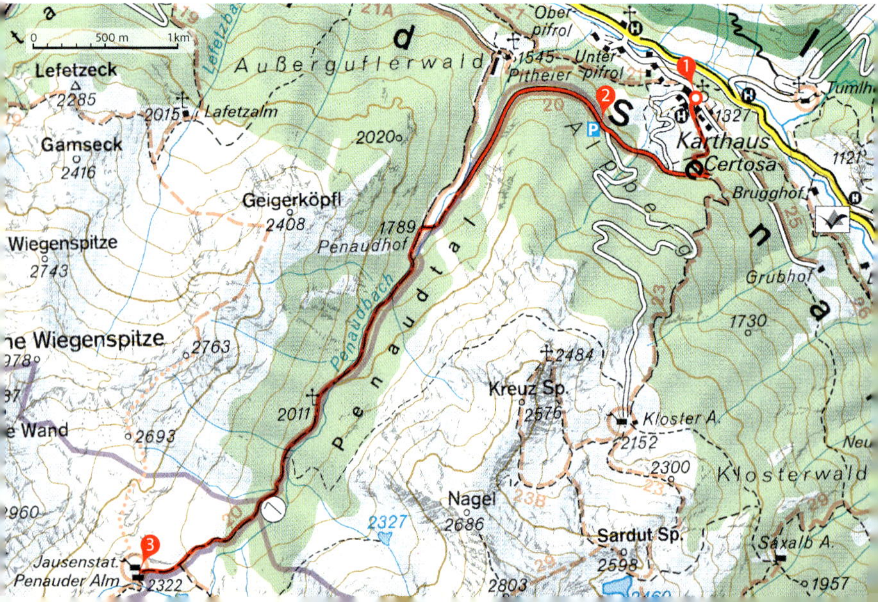

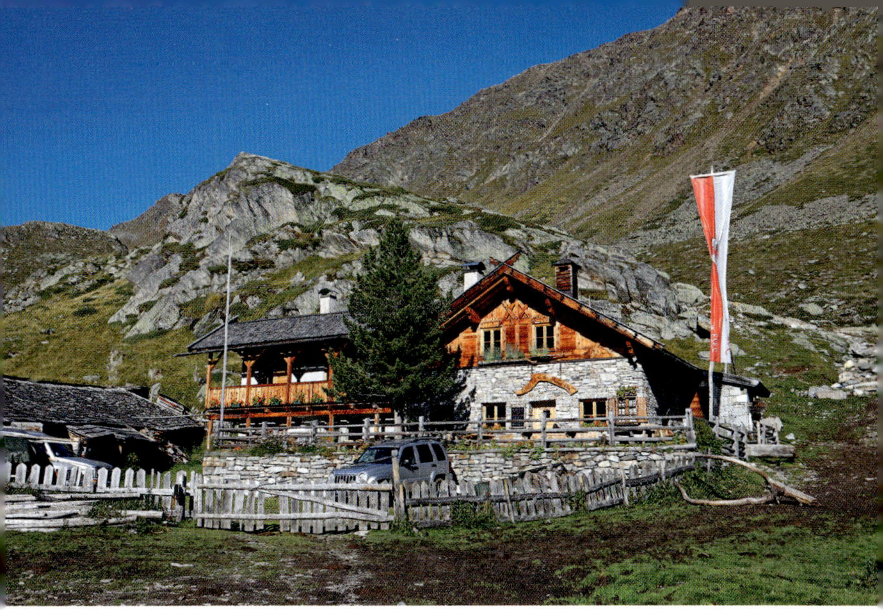

Abgeschieden in einem idyllischen Hochtal empfängt uns die Penaudalm.

kräftig ansteigend. Auf rund 2000 Metern öffnet sich ein Boden, anschließend mit einer Reihe von Kehren höher. Mit Erreichen der nächsten Geländeschwelle haben wir es fast geschafft – hinter einer Biegung taucht die **Penaudalm** ❸, 2323 m, auf. Wer keine größere Überschreitung plant, kehrt auf demselben Weg zurück.

EINKEHR

Penaudalm, 2323 m: Ende Mai bis Anfang Oktober, Übernachtung auf Anfrage, Tel. 39 329 1410567, www.penaudalm.com.

TOUREN

Penauder Höhenweg: Übergang zur Lafetzalm und nach Unser Frau in Schnals (T3), ca. 4.00 Std.
St. Martin im Kofel, 1736 m: mit Nr. 20B taleinwärts Richtung Niederjöchl, südseitig mit Nr. 6 durch steilere Flanken (T3), 3.30 Std.
Zerminiger, 3109 m: zunächst ebenfalls zum Niederjöchl, dort gen Westen und zuletzt über den Südwestgrat (T3), ab Alm 2.30 Std.
Vermoispitze, 2929 m: Route Nr. 20 durch eine nordwestseitige Karbucht, zuletzt mit Nr. 8 (T3), 2.00 Std.
Trumser Spitze (Gamseck), 2912 m: Route Nr. 14 über die Westseite und den Südwestgrat (T3), 2.15 Std.

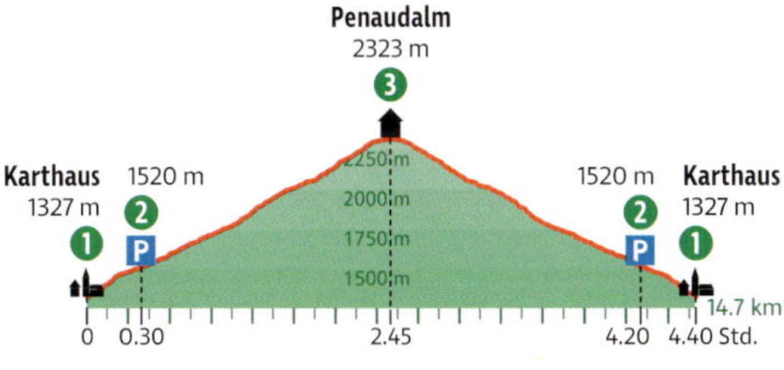

23 Klosteralm, 2152 m

Von Karthaus an den Fuß der Kreuzspitze

3.45 Std. | 7,4 km | ↗ 830 m | ↘ 830 m

Schnalser Traditionsalm mit neuem Konzept

Wie der Name schon andeutet, geht die Klosteralm auf das Kartäuserkloster Allerengelberg zurück, das heute noch den Talort architektonisch dominiert. Eine »Privatisierung« fand allerdings schon vor über 200 Jahren statt. Seit dem Sommer 2022 sind dort die jungen Bewirtschafter Ossi und Magda eingezogen, um dem Platz künftig neues Leben einzuhauchen. Besonderheiten wie Erlebniswanderungen, Yogakurse oder Bergbrunch sind bereits angekündigt. Wie vielerorts bilden regionale Spezialitäten die kulinarische Grundlage, allerdings mit individueller Note und Zutaten, die die Natur so hergibt. Unsere Neugierde ist jedenfalls geweckt ... Die Umgebung überzeugt ohnehin seit eh und je, blickt man doch wunderbar über das Schnalstal hinweg auf die hohen Gipfel der Texelgruppe. Mit Kreuzspitze und Saxalbsee locken auch zwei tolle Ziele für eine erweiterte Wanderung. Was ist euch lieber – Gipfel oder Bergsee?

Ausgangspunkt: Karthaus, 1327 m, im Schnalstal. Parkplatz und Bushaltestelle der Linie von Naturns im Ort.
Anforderungen: T2. Normaler Waldsteig, abschnittsweise relativ steil, für halbwegs Berggewohnte problemlos. Notfalls kann auch die Forststraße gewählt werden.
Variante: Anfahrt bis zu einem Waldparkplatz, ca. 1520 m, und von dort zunächst der Forststraße folgen; Gesamtgehzeit etwa 3.00 Std.
Karte: Tabacco 1:25.000, Blatt 04.

Ab **Karthaus** ❶ gilt für uns Markierung Nr. 23. Man taucht alsbald in die steile Waldlehne ein und gewinnt zügig an Höhe. Auf knapp 1600 Metern ist die Originalroute wegen Windbruch gesperrt; man wird nach

Karthaus geht auf die Gründung des Klosters Allerengelberg zurück.

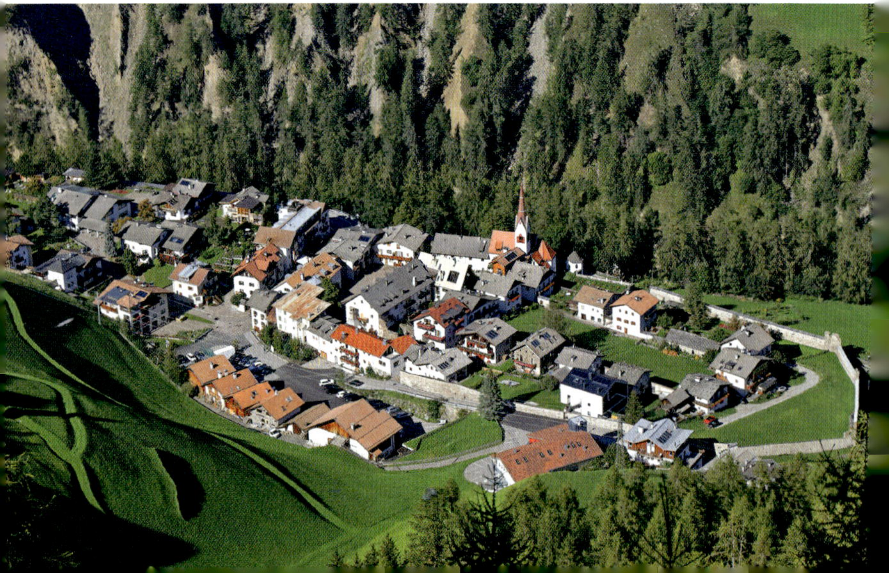

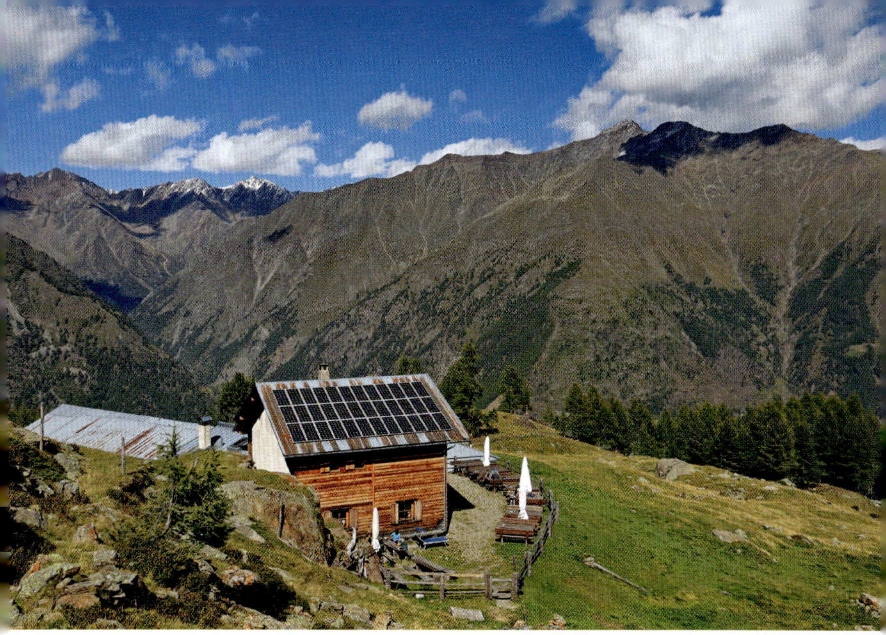

Wie von einem Balkon aus schaut die Klosteralm auf die Schnalser Bergwelt.

EINKEHR

Klosteralm, 2152 m: Anfang Juni bis Mitte/Ende Oktober, 15 Schlafplätze, Tel. +39 329 5647323, www.ossiundmagda.com.

TOUREN

Kreuzspitze, 2576 m: zwei markierte Routen erlauben einen Rundkurs (T3), von der Klosteralm zum höchsten Punkt 1.20 Std.
Trumser Spitze (Gamseck), 2912 m: Route Nr. 29 über den Sattel am Saututt und die Nordseite (T3), 2.30 Std.
Saxalbsee, 2460 m: über Weg Nr. 23 in knapp 1.00 Std. erreichbar, spannende Rundtour um den Saututt insgesamt gut 2.00 Std.

rechts umgeleitet und schließt gut 100 Höhenmeter weiter oben zur Forststraße auf, die vom Waldparkplatz kommt **2**. Dieser folgen wir nun eine Weile, scheren im Bereich einer Rechtsschleife aber wieder aus. Später geht es um ein Eck herum und allmählich ins freie Weidegelände, wo uns die holzgetäfelte **Klosteralm 3**, 2152 m, empfängt. Zurück auf derselben Route.

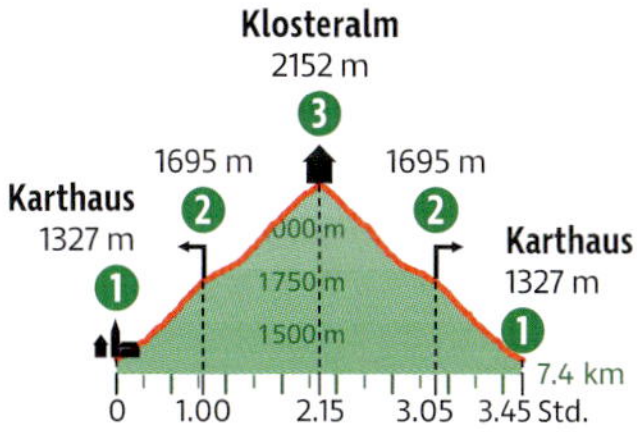

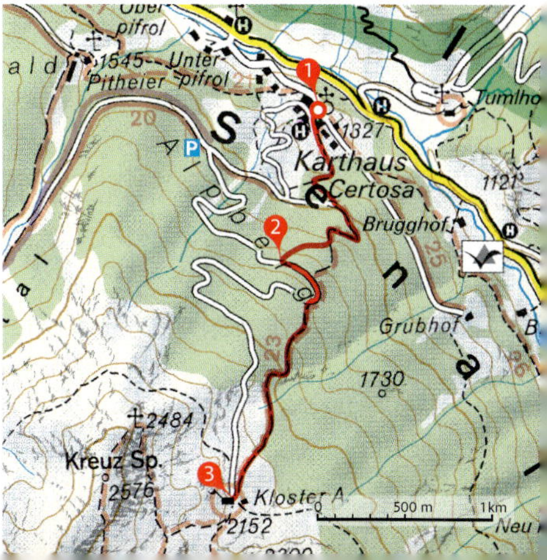

24 Stierbergalm, 2106 m, und Trumser Albl

Am Trumsberg oberhalb von Kastelbell

4.15 Std. | 9,7 km | ↗ 850 m | ↘ 850 m

Streifzug am urtümlichen Sonnenberg

Wanderungen auf der Sonnseite des Vinschgau vermitteln stets ein besonderes Flair, das alpenweit fast einzigartig ist. Charakteristische Merkmale sind die Vegetation mit Trockenrasen und Lärchenwäldern, himmelhohe Bergflanken und ein gigantisches Panorama über das plantagengrüne Tal tief unten. Der Bereich oberhalb von Kastelbell nennt sich Trumsberg, und hier verläuft diese eher wenig bekannte Tour. Wer es gemächlich mag, begnügt sich mit dem Besuch der Unteren Stierbergalm, noch spannender wird's mit der Aufwärtstraverse bis an den Rand der Großgrube und dem Abstieg über die Trumsalm, wo jüngst eine ganz neue Blockhütte entstanden ist. Sie soll zukünftig Wanderern als Jausenstation dienen. Auch für Familien mit bereits etwas bergerfahrenen Kindern ist diese Unternehmung empfehlenswert, nicht zuletzt wegen der ursprünglichen Eindrücke, die mehr vom Berg »erzählen« als so manch touristisch aufgepeppte Umgebung.

Ausgangspunkt: Ortlhof, ca. 1585 m. Zufahrt von Kastelbell über die gut ausgebaute Trumsbergstraße. Parkmöglichkeit bei der Jausenstation, ohne Busanbindung in der Nähe.

Anforderungen: T3. Bis zur Stierbergalm anfangs Hartbelag, dann meist recht bequemer Bergweg (T2, »blau«). Im weiteren Verlauf streckenweise abschüssiges Gelände, das grundlegende Trittsicherheit erfordert, bei Nässe abzuraten. Konditionell allenfalls durchschnittliche Tagestour.

Karte: Tabacco 1:25.000, Blatt 04.

Die sonnenverwöhnte Stierbergalm.

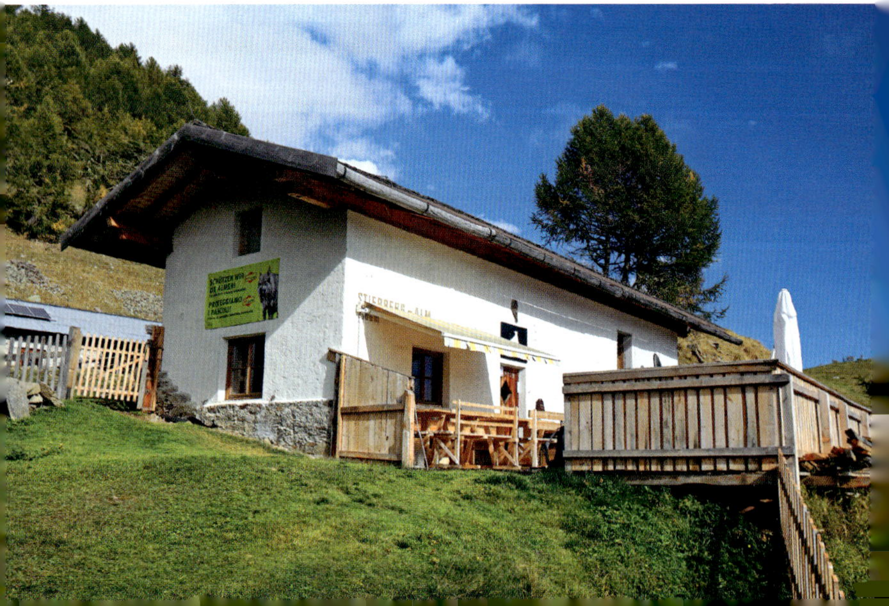

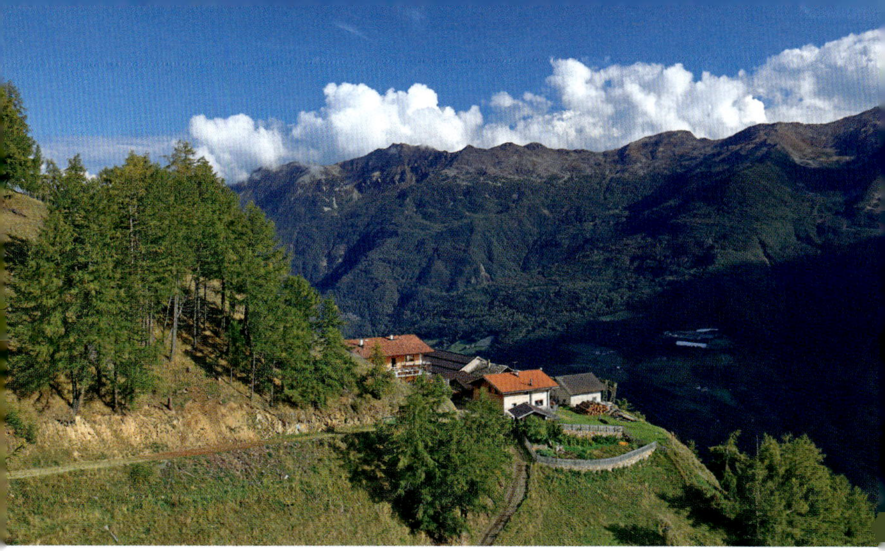

Platatsch, eine gebietstypische Hofsiedlung hoch oben am Südhang.

Die Wanderung beginnt schon auf aussichtsreicher Höhe beim **Ortl ①**, der auch als Hofschank betrieben wird, mit Markierung Nr. 4A. Wir folgen dem bis zum Galsauner Graben vorübergehend nicht asphaltierten Sträßchen, nehmen die Route Nr. 4 von Trumsberg auf und beachten kurz darauf den Hinweis links hinauf. Dies ist eine deutliche Abkürzung Richtung **Platatsch ②**, 1780 m. Hier links haltend durch ein Gatter und bald wieder auf einen Steig, der nach rechts schwenkt und im Schräganstieg durch Waldweiden zur **Stierbergalm ③**, 2106 m, leitet. Wer sich ein paar Meter Richtung Bergkante begibt, erhascht einen noch besseren Panoramablick über den Vinschgau. Links am Stall vorbei nehmen wir Route Nr. 8B auf, die jetzt über die Waldgrenze hinausführt und einen geländebedingt leicht verschlungenen Kurs durch die steile Südflanke der Trumser Spitze vollzieht. Sukzessive gewinnen wir dabei noch einiges an Höhe bis zum Scheitelpunkt bei der **Schäferhütte ④**, 2383 m. Hier nun mittels Traverse zu einem Bergrücken, der die tiefe Runse des Vermoitals begrenzt (Nr. 8) und unsere

EINKEHR

Stierbergalm, 2106 m: Juni bis Anfang September täglich, im Mai, September und Oktober am Wochenende, Tel. +39 346 0493446.
Trumser Albl, 1952 m: ganz neue Almwirtschaft, Anfang Juni bis Ende Oktober Do–So geöffnet. Tel. +39 340 7193398.
Hofschank Ortl, 1567 m: üblicherweise Do–So geöffnet, Tel. +39 348 7480049.

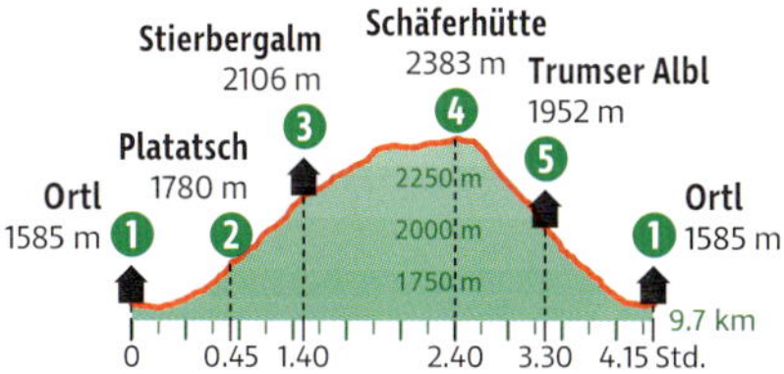

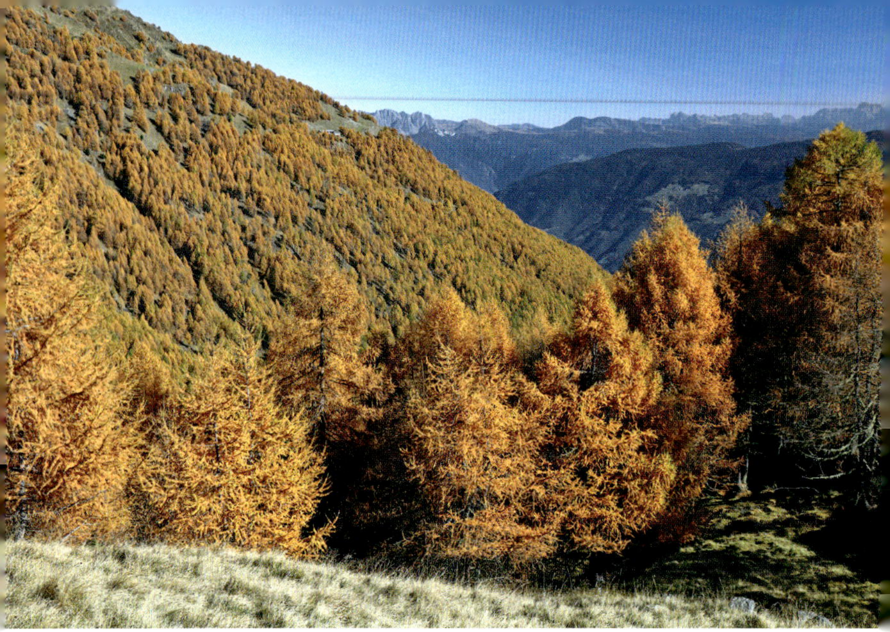

Im Herbst sind die Bergflanken vom goldenen Glanz der Lärchen erfüllt. Die Stierbergalm ist hinten klein erkennbar.

TOUREN

Trumser Spitze (Gamseck), 2912 m: von der Unteren Stierbergalm mit Nr. 14 über Trumsboden und Südostrücken (T3), 2.30 Std.
Vermoispitze, 2929 m: von der Schäferhütte mit Nr. 8 durchs Großgrubental (T3), ab Stierbergalm bzw. Trumsalm 2.30–2.45 Std.

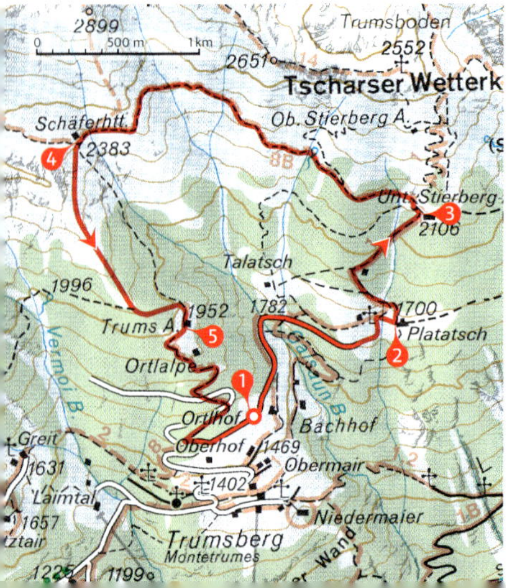

Leitlinie talwärts bildet. Dabei tauchen wir allmählich wieder in lichte Lärchenbestände ein und steuern über den Geländeabsatz bei P. 2095 das neu errichtete **Trumser Albl ❺**, 1952 m, an. Mit einigen Schleifen gelangt man tiefer, berührt zuweilen einen breiteren Forstweg und dreht schließlich links zum **Ortlhof ❶** ab.

Blick vom Trumsberg hinab in den Vinschgau und in die Furche des Martelltals.

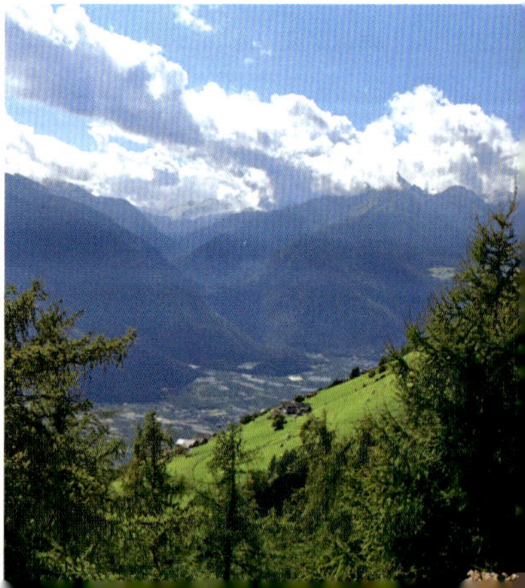

Latschiniger Alm, 1936 m, und Freiberger Mahd

Von der »Alten Säge« im Freiberger Wald

2.45 Std. | 5,0 km | ↗ 500 m | ↘ 500 m

Idyllische Lichtungen in der Waldeinsamkeit am Nörderberg

Rustikale Almhütten wie die Latschiniger oder die Freiberger sind bei Einheimischen beliebt – der allgemeine Fremdenverkehr nimmt davon jedoch allenfalls am Rande Notiz. So geht es am Kastelbeller Nörderberg wirklich noch sehr urig zu. Im Gegensatz zur gegenüberliegenden Talseite des Vinschgau stehen am Nörderberg oft ausgedehnte, dichte Fichtenwälder. Da freut man sich jedesmal, wenn man eine Almlichtung erreicht und die Blicke etwas schweifen können. Natürlich wird hier eine lokaltypische Marende aufgetischt – einfach, herzhaft und gut!

Ausgangspunkt: Parkplatz »Freiberger Säge«, 1480 m. Zufahrt von Latsch/Tarsch oder von Kastelbell über den Höfeweiler Freiberg, zuletzt auf geschotterter Forststraße. Busverbindung nur im Tal.

Anforderungen: T2. Überwiegend gewöhnliche Waldsteige, durchaus mal recht steil, jedoch ohne besondere Schwierigkeiten; auch konditionell moderates Halbtagespensum.

Variante: Zweigt man bei P. 1706 mit dem Almweg in die andere Richtung ab, kommt man zur ebenfalls bewirtschafteten Marzoner Alm (siehe Tour 26).

Karte: Tabacco 1:25.000, Blatt 04 oder 042.

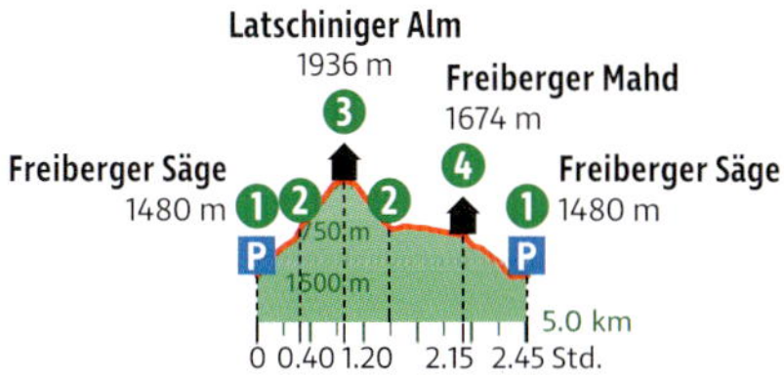

Kleinod am Nörderberg: die Latschiniger Alm.

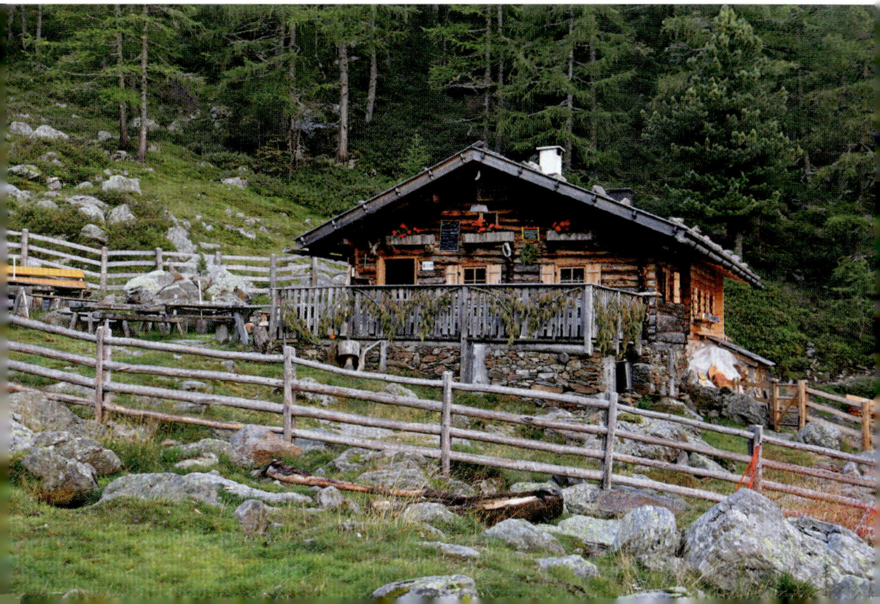

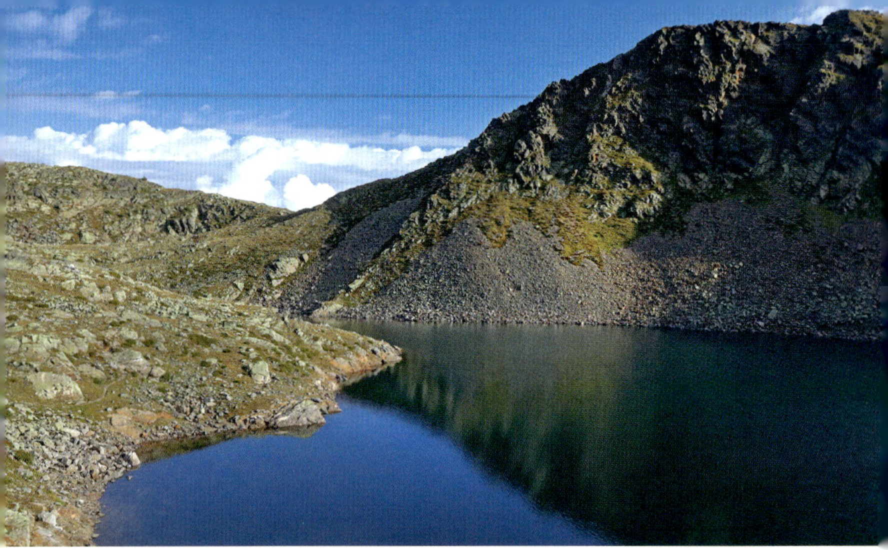

Wer die Unternehmung zu einer richtigen Bergtour ausbauen möchte, kann zu den Kofelrastseen aufsteigen.

Vom Parkplatz **»Freiberger Säge«** (auch: »Alte Säge«) **1** gehen wir kurz zur Kurve beim Schlumsbach und zweigen dort mit Nr. 3 bergwärts ab. Unser Waldsteig zieht kräftig an, mit einigen Kehren nicht weit vom Graben entfernt. Nach Kreuzen des **Almweges** **2**, 1706 m, über eine Lichtung etwas nach links ausholend und im Zickzack bis in das Gebiet der urigen **Latschiniger Alm** **3**, 1936 m. Beim Rückweg können wir dem Almweg nach links folgen, passieren in Kürze die Jagerhütte und kommen mit geringem Höhenverlust zur großen Lichtung der **Freiberger Mahd** **4**, 1674 m, voran. Von der Alm führt schließlich Weg Nr. 3A abwärts – dieser kommt etwa 200 Meter vor dem Ausgangspunkt an der Forststraße heraus.

EINKEHR

Latschiniger Alm, 1936 m: im Sommer bewirtschaftet, Tel. +39 0333 9013729.
Freiberger Mahd, 1674 m: Mitte Mai bis Ende Oktober, Tel. +39 338 2106899.

TOUREN

Kofelrastseen, 2407 m: Fortsetzung der Route Nr. 3 Richtung Rontscher Joch, direkt dahinter liegt der nördliche der beiden Seen (T2–3), 1.30 Std. Als zusätzliches Gipfelziel evtl. auf den Hohen Dieb, 2730 m, 1.00 Std.

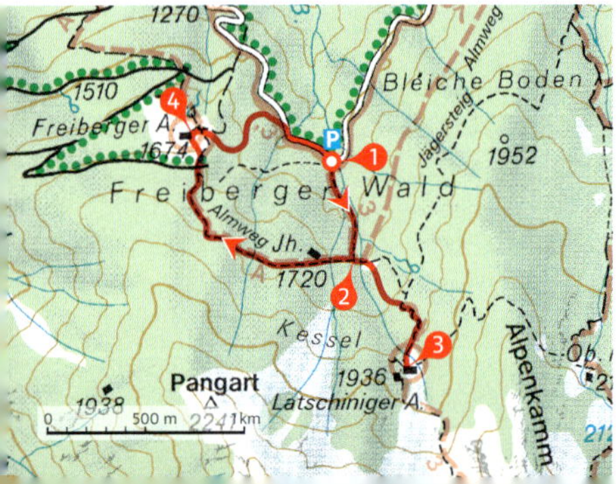

Weiter oben öffnet sich das große Vinschgau-Panorama.

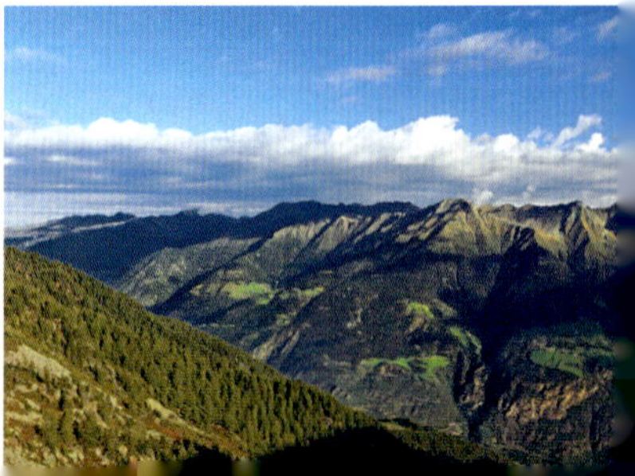

Altalm, Zirmtalalm, 2114 m, und Marzoner Alm

Rundwanderung vom Schartegg

26

4.15 Std. | 10,0 km | ↗ 820 m | ↘ 820 m

TOP

Hinauf zum malerischen Zirmtalsee

Was allgemein bei Tour 25 erwähnt wird, gilt prinzipiell auch für die hier vorgestellte Unternehmung ein Stück weiter östlich am Nörderberg. Nur ist sie etwas ausschweifender, bringt uns über die 2000-Meter-Marke hinaus und kombiniert sogar drei nette Almwirtschaften miteinander. Den Anfang macht die noch fast ganz von Wald eingeschlossene Altalm (Tomberger Alm). Mit dem Übergang ins Zirmtal entdecken wir einen zauberhaften, von Lärchen umkränzten Bergsee. Nicht zuletzt diese Lage ist es wohl, die der Zirmtalalm vor einigen Jahren das Prädikat »schönste Alm Südtirols« eingetragen hat. Fast möchte man gar nicht mehr fort aus dieser Idylle, aber eine Gehstunde weiter unten lockt auch noch die beliebte Marzoner Alm. Traditionelle Knödelgerichte, Gulasch und Schöpsernes, Speck und Käse, natürlich auch Kuchen und Kaiserschmarrn – hier gibt es praktisch alles, was das Herz des hungrigen Wanderers begehrt …

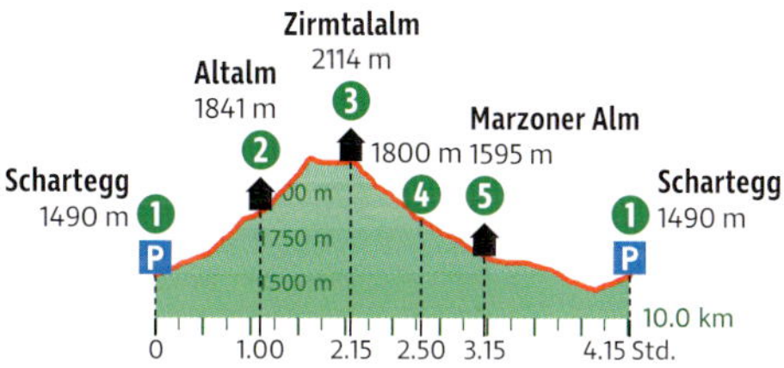

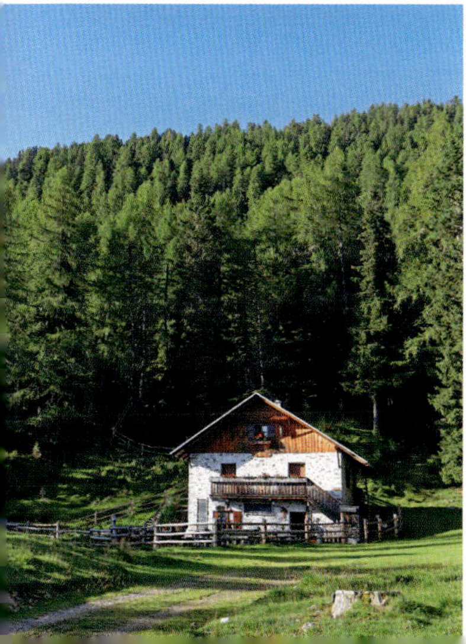

Die Altalm wird auch Tomberger Alm genannt.

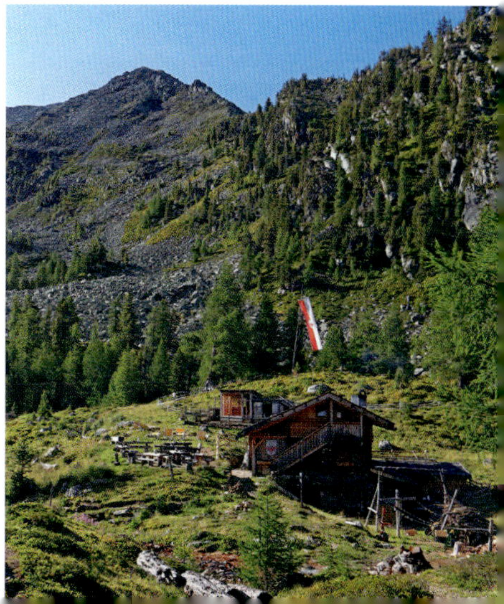

Weiter oben empfängt uns die Zirmtalalm.

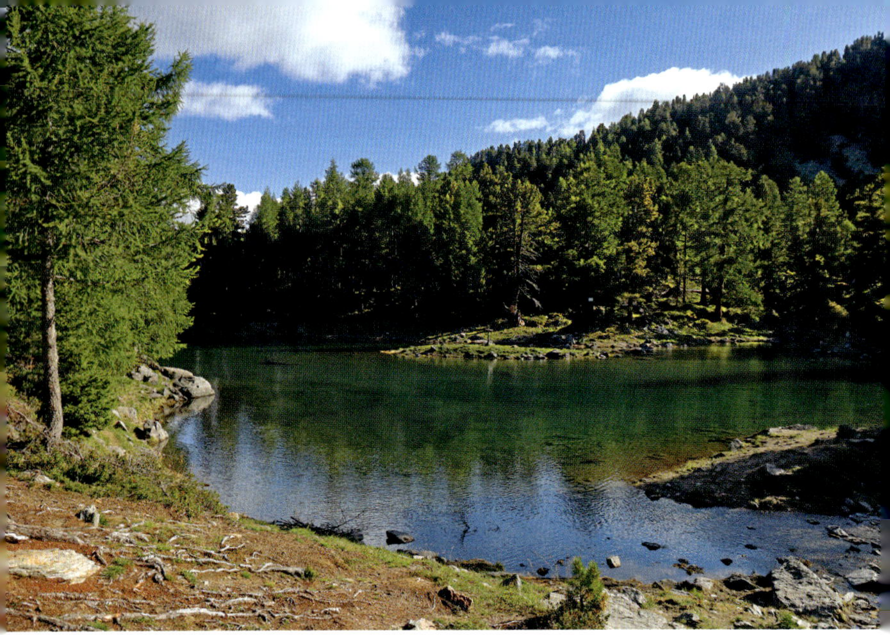

Richtig romantisch präsentiert sich der Zirmtalsee.

Ausgangspunkt: Parkplatz »Schartegg«, 1490 m. Zufahrt von Tschars im Vinschgau Richtung Tomberg und weiter auf der Forststraße bis zum Fahrverbot. Keine öffentlichen Verkehrsmittel.
Anforderungen: T2–3. Meistens mittelsteile Bergwege, die mitunter elementare Trittsicherheit erfordern, relativ wenige Forststraßenabschnitte. Mehrheitlich bewaldetes Gelände. Solide Grundausdauer vorteilhaft.
Variante: Von Schweinstall nach rechts auf kürzerem Rundkurs zurück zum Schartegg (ohne Marzoner Alm).
Hinweis: Die unweit gelegene Tablander Alm, 1758 m, war zuletzt geschlossen.
Karte: Tabacco 1:25.000, Blatt 04 oder 042.

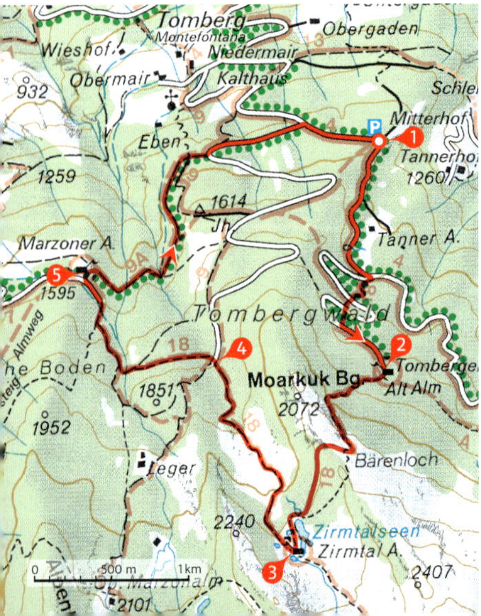

EINKEHR

Altalm (Tomberger Alm), 1841 m: im Sommer einfach bewirtschaftet, Tel. +39 0473 624193.
Zirmtalalm, 2114 m: Anfang Juni bis Mitte Oktober, Tel. +39 338 9898660 oder +39 0473 426105.
Marzoner Alm, 1595 m: Anfang Mai bis Ende Oktober, Tel. +39 335 5605862, www.marzoneralm.it.

TOUREN

Plombodensee, 2488 m: von der Zirmtalalm auf Route Nr. 18A zur Kammhöhe bei P. 2566 und kurzer Abstieg zu den Drei Seen (T2), 1.30 Std.; damit auch Übergang auf Ultner Seite und Gipfelmöglichkeiten ringsum (z.B. über Rontscher und Muttegrubspitze).

Vom **Schartegg** ❶ beginnen wir die Tour auf dem Fahrweg (Nr. 4) Richtung Tablander Alm und zweigen nach rund einem Kilometer mit Nr. 18A rechts aufwärts ab. Der Waldsteig kreuzt ein paarmal die Zufahrt und erreicht mit dieser bald die **Altalm** ❷, 1841 m. Von der Lichtung führen einige Schleifen gegen den Bergrücken hinan, wobei das lichtbewaldete Gelände nun schon eine etwas alpinere Note bekommt. Eine Stunde lang geht es relativ steil bergauf, ehe wir den Gratausläufer des Moarkuck überschreiten und mit einem Bogen ins Zirmtal hineinlaufen. Dort am lauschigen See vorbei zur **Zirmtalalm** ❸, 2114 m, die über dem Westufer liegt.

Ein gut angelegter Bergweg (Nr. 18) führt durch den nordseitigen Waldhang tiefer – manchmal an kleinen Bachläufen vorbei –, bei der Örtlichkeit **Schweinstall** ❹, ca. 1800 m, eine Forststraße kreuzend und noch weiter absteigend. Nach einer Bachquerung trifft man auf Route Nr. 9A und gelangt via Kohlstatt zur großen Weide der **Marzoner Alm** ❺, 1595 m. Auf dem »Almenweg« wird der Zirmtalbach etwas tiefer nochmals überschritten. Dann stets an der Waldlehne entlang (das »A« wendet sich indes bald scharf rechts hinauf) und um den Hangrücken am Ebenkofel herum zu einer Forststraße. Jetzt also nicht den Steig nach Tschars einschlagen! Bald darauf trifft man auf jene Forststraße, die uns bereits als Zufahrt zum Parkplatz gedient hat und am Ende noch eine Gegensteigung von rund 70 Höhenmetern bis zum **Schartegg** ❶ aufbürdet.

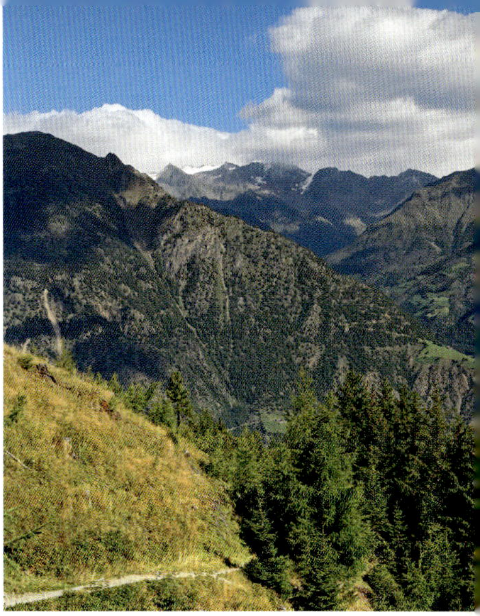

Immer wieder schweifen die Blicke auf die andere Seite des Vinschgau.

Beachtliche Dimension: der Untervinschgau mit dem Südabfall der Texelgruppe.

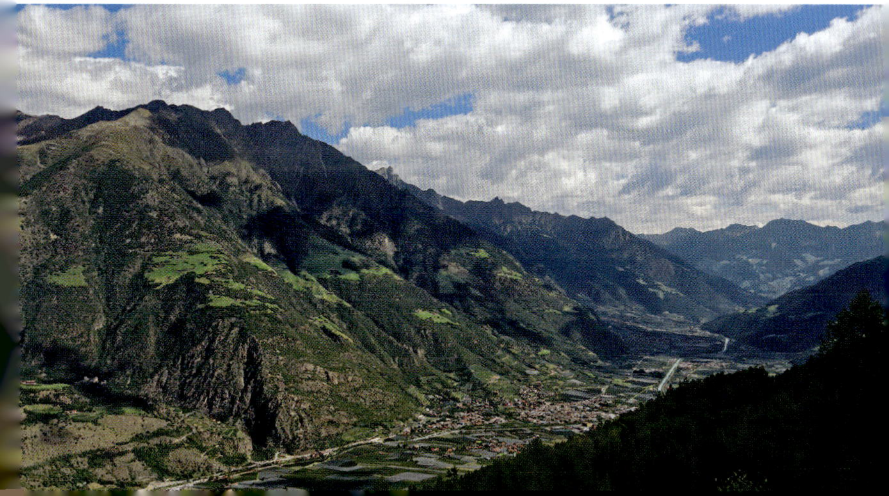

27 Naturnser Alm, Zetnalm und Mauslochalm

Vom Kreuzbründl hoch über Naturns

3.30 Std. | 10,9 km | ↗550 m | ↘550 m

Trilogie am Almenweg

Auf weiter Front durchzieht der »Almenweg« die Hänge am Vinschger Nörderberg und verbindet – wie der Name schon sagt – etliche Almrodungen miteinander. Meist picken sich die Wanderer bestimmte Abschnitte heraus und steuern entweder ein ausgewähltes Ziel an oder absolvieren eine kleine Runde. Dies gelingt in vorzüglicher Weise vom bereits fast 1600 Meter hoch gelegenen Parkplatz beim Kreuzbründl mit der Kombination von Naturnser-, Zetn- und Mauslochalm. Auf den beiden Erstgenannten sind unlängst neue Pächter eingezogen; alle drei bieten bewährte Südtiroler Spezialitäten wie Knödel- und Nudelgerichte, Speck & Ei und natürlich auch selbstgebackene süße Leckereien. Bleibt nur die Qual der Wahl, wo einkehren – vielleicht eine Sache von »sowohl als auch« …

Ausgangspunkt: Parkplatz »Kreuzbründl«, ca. 1580 m. Zufahrt von Naturns über die Nörderbergstraße (zuletzt Forstweg), ohne Busanschluss in der Nähe.
Anforderungen: T2. Zu Beginn und gegen Ende Forststraßen, dazwischen kleinere, zuweilen wurzlige Waldsteige, im Prinzip leicht und konditionell nicht sehr fordernd.

Varianten: Kaum 30 Min. beansprucht der direkte Weg vom Parkplatz zur Zetnalm. Damit sind auch verkürzte Runden mit zwei Almen machbar. Die Naturnser Alm kann man zudem gut vom Vigiljoch (Seilbahn und Sessellift von Lana) oder vom Weiler Aschbach (Seilbahn von Rabland) anlaufen.
Karte: Tabacco 1:25.000, Blatt 011.

Drei Einkehrstationen liegen am Weg: Naturnser Alm …

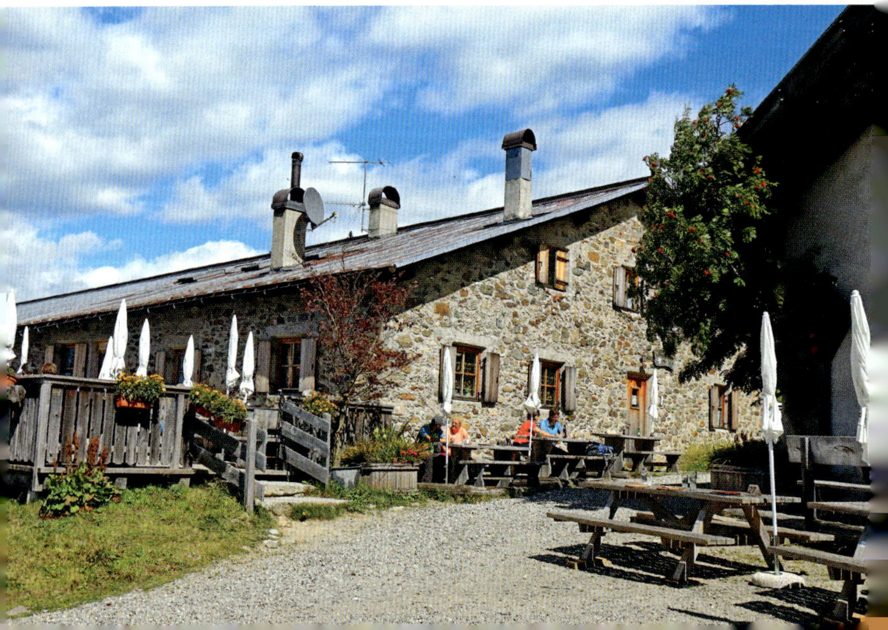

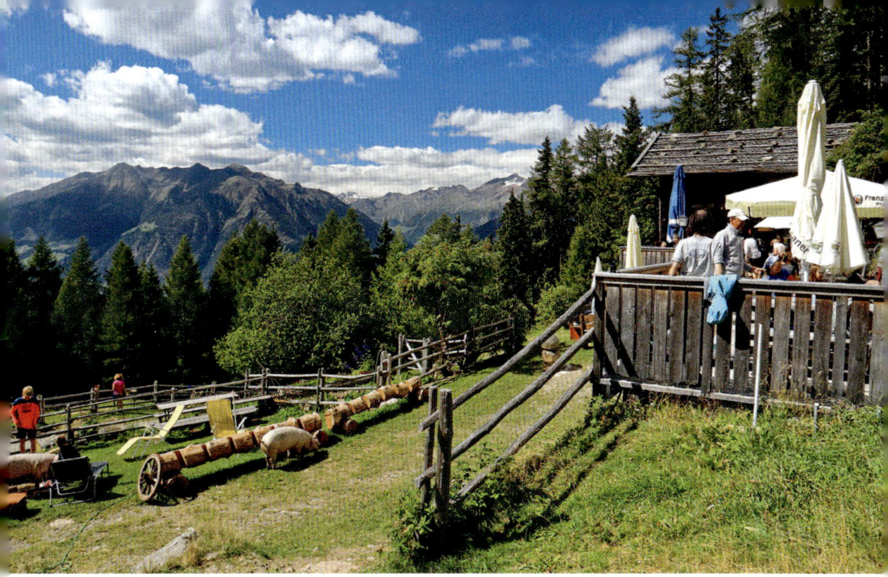

... Zetnalm ...

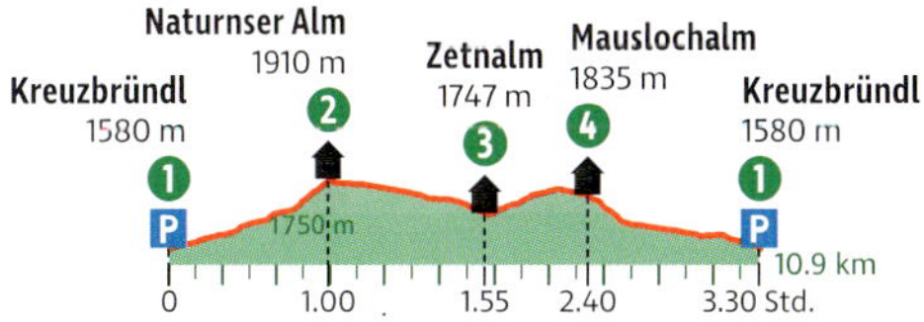

Vom Parkplatz **»Kreuzbründl« ❶** folgen wir der Forststraße (Nr. 30) ostwärts, gehen derweil eine Hangbucht aus und zweigen dann auf den Wiesensteig zur **Naturnser Alm ❷**, 1910 m, ab. Die Verbindung (Almenweg) Richtung Zetnalm beginnt beim kleinen Teich und durchzieht mit geringem Höhenunterschied die urwüchsigen Hänge des Naturnser Waldes, zeitweilig auf etwas holpriger Trasse. Um einen vorspringenden Hangrücken herum erreicht man leicht absteigend die **Zetnalm ❸**, 1747 m, im Geländeeinschnitt des Kellenbachs und wundert sich vielleicht

Am Vinschger Nörderberg zieht sich auf weiten Strecken der Almenweg durchs Gelände. Meist werden davon Teilstücke begangen.

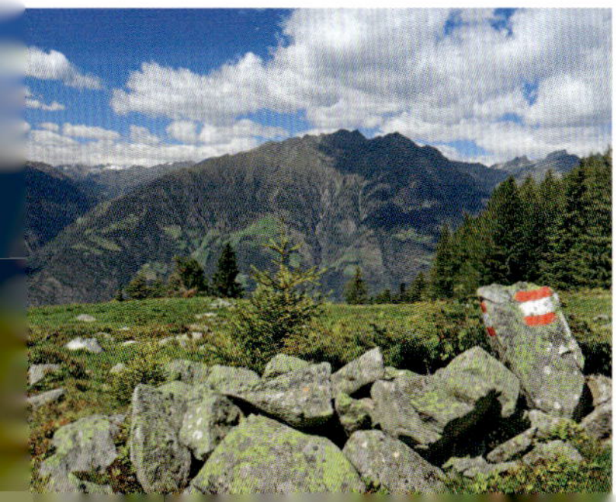

Weit unten im Tal der Etsch liegt Naturns, direkt dahinter das Massiv der Kirchbachspitze samt Trabanten und links der Einschnitt des Schnalstals.

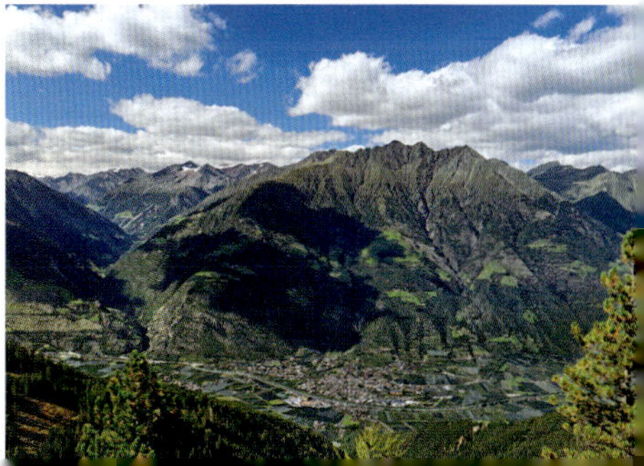

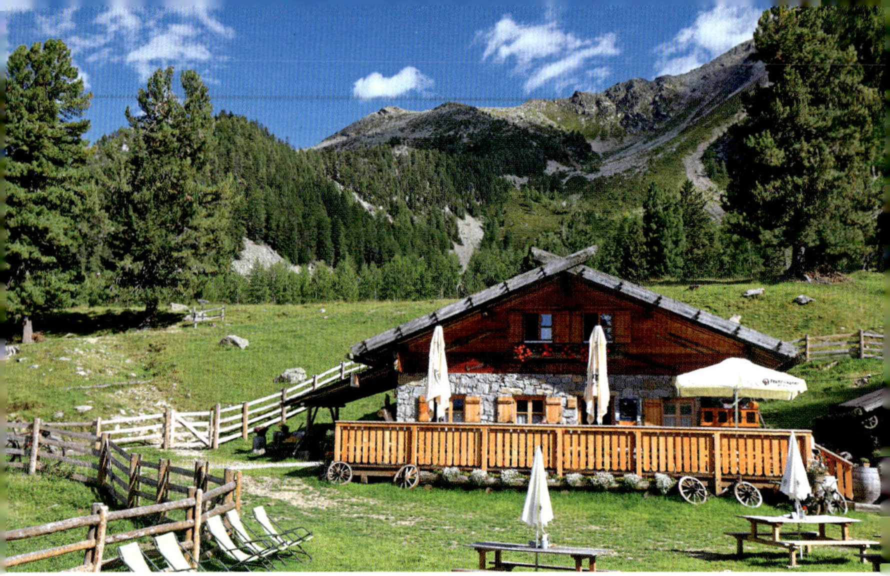

... und Mauslochalm.

EINKEHR

Naturnser Alm, 1910 m: Mitte Mai bis Anfang November, Tel. +39 348 6434690.
Zetnalm, 1747 m: Mitte Mai bis Ende Oktober, Tel. +39 334 9712828.
Mauslochalm (Frantschalm), 1835 m: Anfang Mai bis Anfang Oktober, Tel. +39 349 6102188.

TOUREN

Naturnser Hochwart, 2608 m: von der Zetnalm oder der Mauslochalm zur Nörderscharte und schließlich über den Nordostgrat (T3), 2.15 Std.

über die zutraulichen Schweinchen. Von hier könnte man die Runde im Bergab rasch schließen. Ansonsten geht es auf dem Almenweg in ähnlicher Manier weiter – eine Weile merklich ansteigend, an einer Felswand vorbei und schließlich wieder etwas abwärts ins Weidegelände der **Mauslochalm** ④, 1835 m. Beim Rückweg können die Schleifen der Zufahrt zunächst abgekürzt werden. Man muss jedoch aufpassen, nicht mit Nr. 5 weiter talwärts Richtung Naturns abzusteigen, sondern dem Fahrweg nach rechts folgen. Im großen Geländetrichter steht noch ein kleiner Gegenanstieg an, bevor die Tour zum Parkplatz **»Kreuzbründl«** ① hin ausläuft.

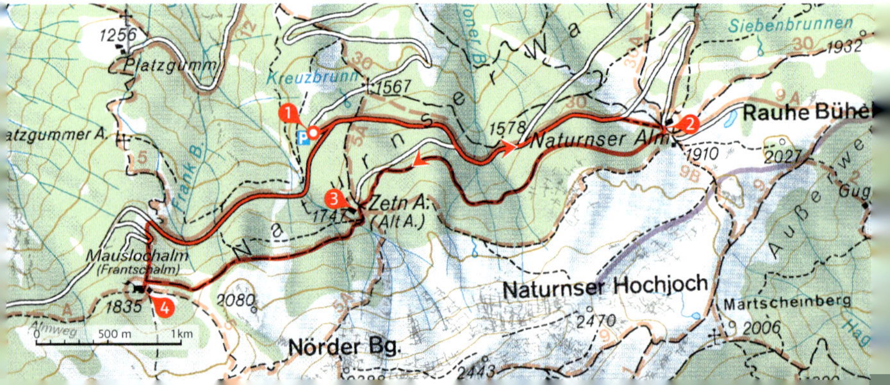

Berghöfe am Naturnser Sonnenberg

Von Giggelberg nach Unterstell

3.20 Std. | 8,4 km | ↗ 440 m | ↘ 690 m

Am Meraner Höhenweg durch die »Schlucht der 1000 Stufen«

Diese Unternehmung am Sonnenberg hoch über Naturns fällt streng genommen nicht in die Kategorie »Almwanderung«, da man sich ja im Bereich ganzjährig bewohnter Berghöfe bewegt. Doch das Flair ist auf jeden Fall vergleichbar, zumal wir hier schon fast 1000 Meter über der Vinschgauer Talsohle unterwegs sind und einen veritablen Panoramaweg genießen können. Als kleine Herausforderung wartet die Traverse der urwüchsigen Lahnbachschlucht, die eines der markantesten geländebedingten Hindernisse am gesamten Meraner Höhenweg darstellt und aufwendig ausgebaut worden ist – daher auch der Beiname »Schlucht der 1000 Stufen«. Eine Handvoll Einkehrstationen sorgt für ausgiebigen kulinarischen Genuss, etwa am herrlich gelegenen Pirchhof, der seit dem 13. Jahrhundert nachweisbar ist und schmackhafte Produkte aus der eigenen Landwirtschaft kredenzt.

Ausgangspunkt: Bergstation der Texelbahn, ca. 1540 m, knapp unterhalb von Giggelberg. Die Talstation (mit Bushaltestelle) befindet sich zwischen Partschins und Rabland. Betriebszeiten von Anfang Mai bis Anfang November, täglich zwischen 8 und 19 Uhr (Do und So schon ab 7 Uhr).
Endpunkt: Unterstell, 1282 m, Bergstation der Seilbahn von Naturns. Sommerfahrplan 8 bis 19 Uhr, im Winter bis 17 Uhr. Für die Seilbahnen gibt es spezielle Kombi-Tickets. Von der Talstation am westlichen Ortseingang, Haltestelle »Kompatsch«, einige direkte Buskurse zurück zur Texelbahn.
Anforderungen: T3-, meist leichter. Gut angelegte Bergwege, die mitunter

Schon seit Jahrhunderten klammert sich Hochforch an die Steilwiesen.

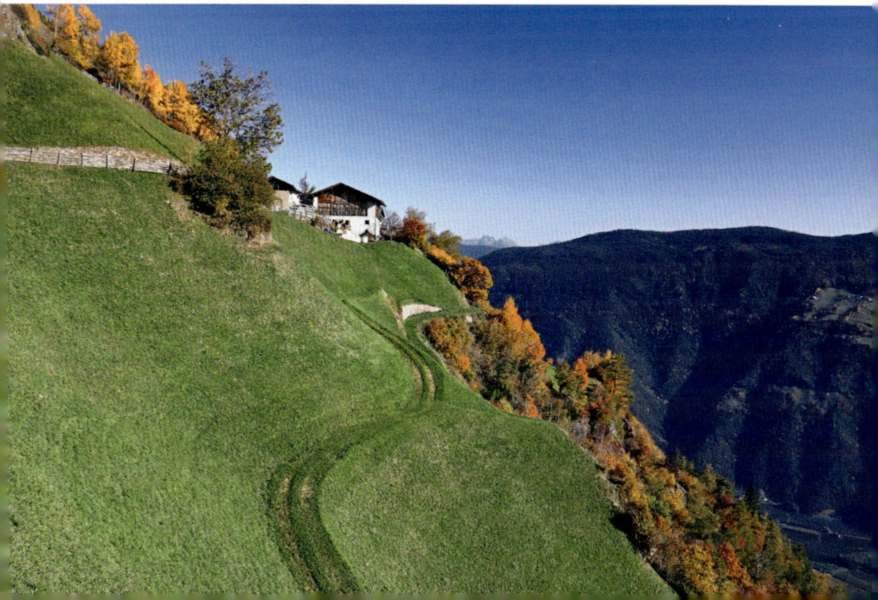

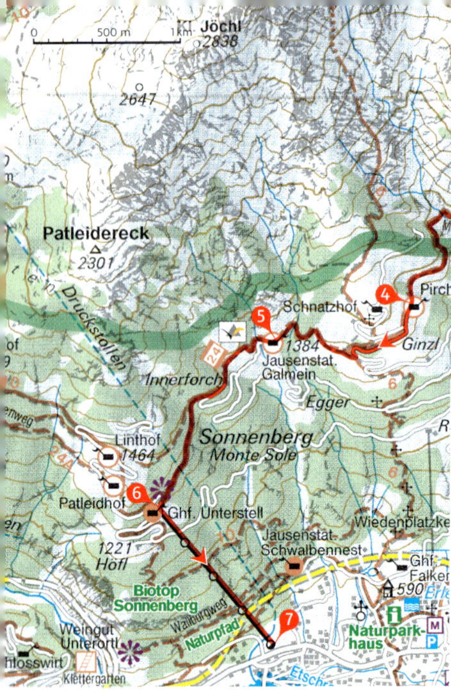
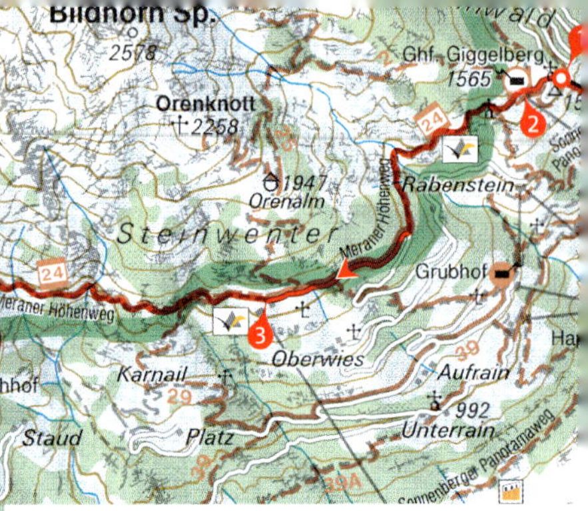

recht steile Hänge queren, zwischendurch auch Abschnitte auf Höfestraßen. Am anspruchsvollsten ist die Durchquerung der Lahnbachschlucht (stellenweise Sicherungen); hier gilt elementare Trittsicherheit und bei Schlechtwetter erhöhte Steinschlag- bzw. Murengefahr. Abgesehen von diesem Abschnitt konditionell eher moderat.

Variante: Bleibt man vor Unterstell noch ein wenig am Meraner Höhenweg, kann man über Innerforch, Lint und Patleid – die beiden letztgenannten mit Einkehrmöglichkeit – verlängern.

Karte: Tabacco 1:25.000, Blatt 011.

Von der Bergstation der **Texelbahn** ❶ sind wir mit wenigen Schritten am Gasthaus **Giggelberg** ❷, 1565 m, wo wir den Meraner Höhenweg (Nr. 24) aufnehmen. Dieser zieht quer durch die lichtbewaldeten Hänge, muss beim Ausgehen des Schindelbachgrabens etwas Höhenverlust in Kauf nehmen, ehe man wieder leicht ansteigend auf die Zufahrt nach **Hochforch** ❸, 1555 m, trifft. Dahinter setzt sich erneut ein Naturweg fort, hält vorerst noch die Höhe und nähert sich dann der Lahnbachschlucht, einem doppelten Steilgraben in Falllinie der mächtigen Zielspitze. Mit Seilgeländer gesichert windet sich unser Steig hinab, kreuzt die erste Rinne und kommt nach einer kurzen Treppe zur zweiten, die stärker eingeschnitten ist und mittels neuer Hängebrücke überwun-

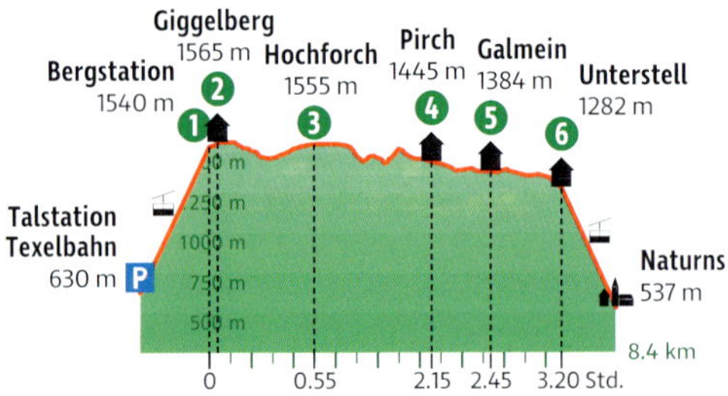

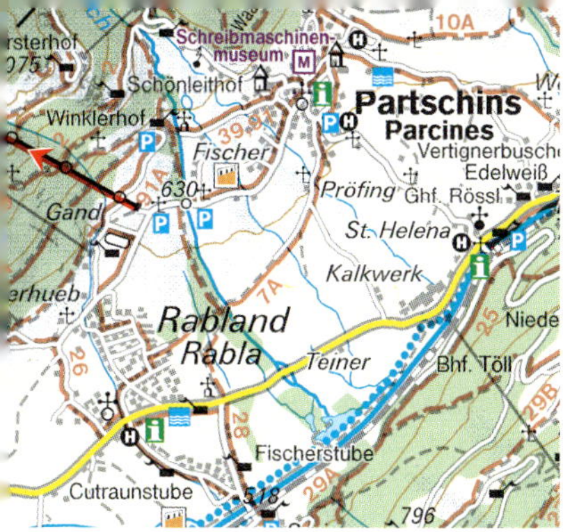

TOUREN

Meraner Höhenweg: diese mehrtägige Wanderung kann von Giggelberg in östlicher Richtung über Nasereit, Tablander Alm, Hochganghaus und Hochmuth fortgesetzt werden, in westlicher Richtung über Lint, Innerunterstell, Kopfron usw.
Ohrnknott, 2258 m: zwei Aufstiegsmöglichkeiten von Giggelberg bzw. Hochforch (T3), jeweils ca. 2.00 Std.
Zielspitze, 3009 m: große Bergtour auf einen der beherrschenden Gipfel im Untervinschgau (T4), ab Giggelberg 4.30 Std.

EINKEHR

Gasthaus Giggelberg, 1565 m: März bis November, Übernachtungsmöglichkeit, Tel. +39 0473 967566 oder +39 338 5998953, www.giggelberg.com.
Pirchhof, 1445 m: Anfang März bis Anfang November, Übernachtungsmöglichkeit, Tel. +39 0473 667812 oder +39 348 8501414, www.pirchhof.com.
Jausenstation Galmein, 1384 m: März bis Dezember, Tel. +39 0473 668117.
Gasthaus Unterstell, 1282 m: fast ganzjährig, Fr Ruhetag, Tel. +39 0473 667747 oder +39 349 1587982, www.unterstellhof.com.

den wird. Ein kräftiger Gegenanstieg (nochmals stellenweise gesichert) bringt uns aus der Schlucht heraus, die nachfolgende Querung hinaus ins offene Gelände und mit einem weiteren Bogen zum **Pirchhof** ❹, 1445 m. Nun auf der Straße abwärts Richtung Grub und mit einer Wiesenhangtraverse nach **Galmein** ❺, 1384 m, wo sich ebenfalls eine Jausenstation befindet. Kurz darauf achten wir auf die Markierung Nr. 24B, die vorübergehend eine Höfestraße nutzt und kurz vor Ende noch an einer Aussichtsplattform Station macht. Wenige Minuten später endet der Schrägabstieg bei **Unterstell** ❻, 1282 m, wo wir in die Gondel talwärts steigen.

Nach Querung der Lahnbachschlucht empfängt uns der hübsche Pirchhof.

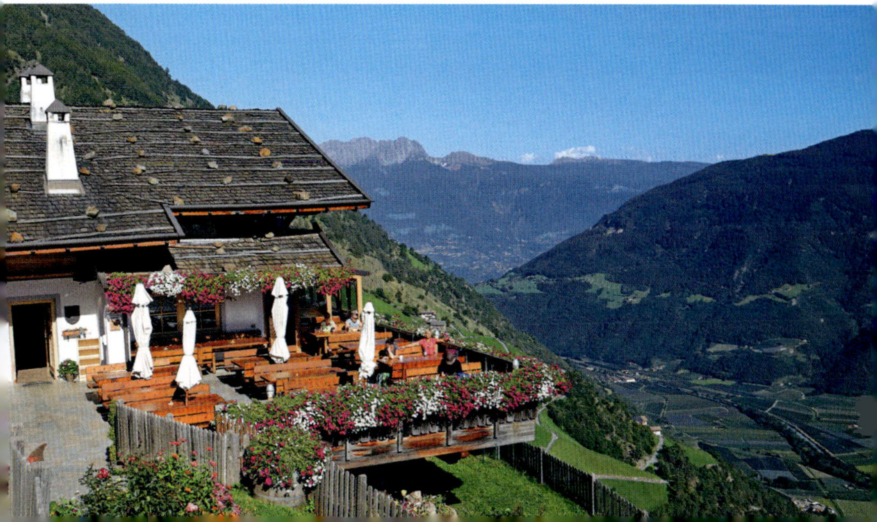

29 Schutzhütte Nasereit und Lodnerhütte, 2259 m

Von Birkenwald ins Zieltal

6.45 Std. | 16,0 km | ↗1350 m | ↘1350 m

Langer Aufstieg ins Bergsteigerparadies der Texelgruppe

Die Texelgruppe wird gern als »hochalpine Schatzkammer Merans« geadelt. Ein besonders attraktiver und bergsteigerisch ergiebiger Winkel ist das Zieltal, das von Partschins aus mit mehreren Geländestufen in den Westteil der Gruppe aufschließt und dort von einer ganzen Anzahl Dreitausender umrahmt wird. Schon 1891 errichtete die Alpenvereinssektion Meran einen Stützpunkt inmitten dieses Bergkessels und benannte ihn nach dem auffälligsten Gipfel, dem wie eine Torte geschichteten, marmorhellen Lodner. Man könnte sich dort glatt für mehrere Tage einquartieren, um das großartige Tourenangebot »abzugrasen«. Für durchschnittliche Bergwanderer erscheint allein der Anstieg zur Hütte ob der Höhenmeter einigermaßen herausfordernd. Bald nach Start beeindruckt schon die über eine Felswand schießende Gischt des Partschinser Wasserfalls. Die gemütliche Wanderfraktion lässt es vielleicht bei der schmucken neuen Nasereithütte – die auf einen uralten Schwaighof zurückgeht – bewenden, denn erst jetzt nimmt der Zieltalweg so richtig Anlauf in eine hochalpine Umgebung, stets nicht weit entfernt vom mal lieblich gurgelnden, mal wild schäumenden Bergbach. Und oben beschleicht einen tatsächlich das Gefühl, in einer Schatzkammer der Natur zu weilen …

Ausgangspunkt: Gasthaus Birkenwald, ca. 960 m. Zufahrt von Partschins bis zu den Parkplätzen. Mit dem Wanderbus gelangt man noch etwas höher, nämlich bis zum Gasthaus Wasserfall, ca. 1070 m.

Auf halber Höhe kommen wir an der Nasereithütte vorbei.

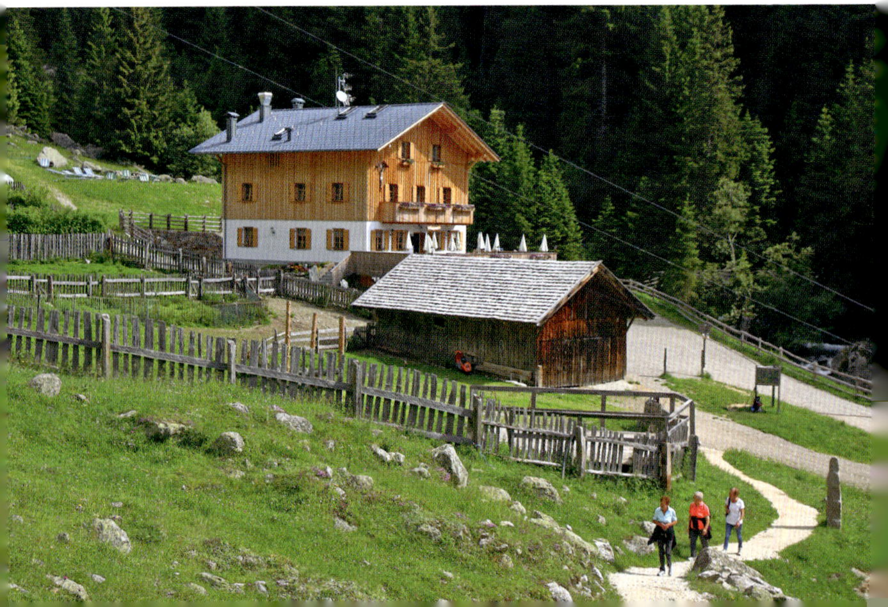

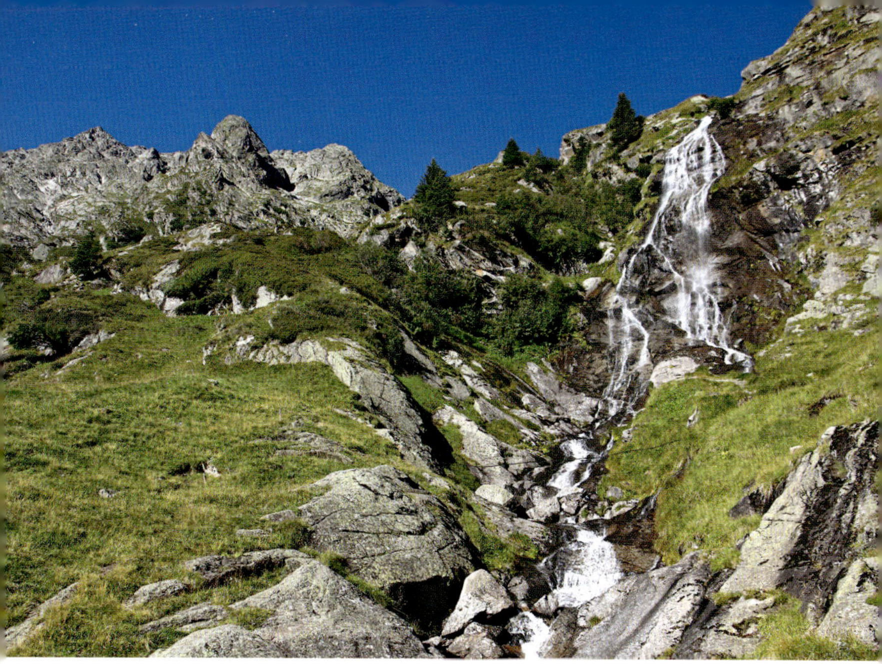

Herzerfrischend: stiebender Wasserfall beim Aufstieg durchs Zieltal.

Anforderungen: T2+. Bis hinauf ins alpine Gelände stets gut ausgebauter Bergweg, selten besonders steil, aber über einen beträchtlichen Höhenunterschied (deshalb »rot« eingestuft). Am wichtigsten ist also eine gute Kondition.

Variante: Man kann die Texelbahn nutzen (siehe Tour 28) und von Giggelberg auf dem Meraner Höhenweg zur Schutzhütte Nasereit hinüberqueren. Die Gesamtgehzeit reduziert sich um ca. 45 Min.

Karte: Tabacco 1:25.000, Blatt 011.

EINKEHR

Gasthaus Birkenwald, 960 m: Mitte April bis Mitte Oktober, Tel. +39 0473 968356.

Gasthaus Wasserfall, 1070 m: Ostern bis Allerheiligen, Sa Ruhetag, Tel. +39 338 3462333, www.partschins-wasserfall.com.

Schutzhütte Nasereit, 1523 m: Anfang April bis Anfang November, Übernachtungsmöglichkeit, Tel. +39 0473 425152, www.nasereit.com.

Zielalm, 2196 m: im Sommer bewirtschaftet, Übernachtungsmöglichkeit, Tel. +39 0473 968222.

Lodnerhütte, 2259 m: Auton. Prov. Südtirol, Ende Juni bis Ende September, 56 Schlafplätze, Tel. +39 0473 967367, www.lodnerhuette.com.

TOUREN

Blasiuszeiger, 2837 m: leichtester Gipfel im Hüttenumfeld, zuerst ein Stück Richtung Zielspitze, zuletzt über die Ostseite (T2–3), 1.45 Std.

Roteck, 3337 m: höchster Gipfel der Texelgruppe, markierter Steig über den felsigen Ostgrat (Stellen I, T4), 3.30 Std.

Lazinser Rötelspitze, 3037 m, und Tschigat, 2998 m: beidseits des Halsljochs mit markierten Anstiegen (T3–4 bzw. T4–5), jeweils ca. 2.30 Std.

Stettiner Hütte, 2875 m: über das gesicherte Johannesschartl und das Eisjöchl (T4), 3.30 Std.

Hochganghaus, 1839 m: über den stellenweise gesicherten Franz-Huber-Steig (T4), 3.30 Std.

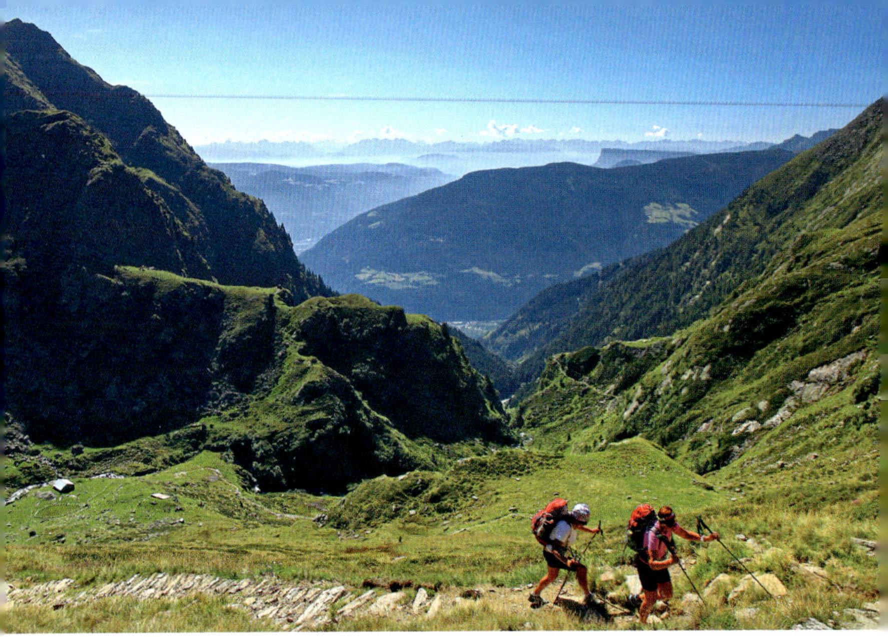

Der Großteil der Höhenmeter ist inzwischen bewältigt; der Blick schweift bis in die Dolomiten am Horizont.

Beim Gasthaus **Birkenwald** ❶ gleich über die erste Brücke nach links und dann zwischen Hofer- und Zielbach gegen den imposanten, knapp 100 Meter hohen **Partschinser Wasserfall** aufwärts. Vom gleichnamigen Gasthaus (wo der Wanderbus seine Fahrgäste entlässt), sollte man einen kurzen Abstecher zur Schaukanzel ❷ nicht verpassen – ein tolles Naturschauspiel, ganz besonders zur Zeit der Schneeschmelze! Der mit zahlreichen Stufen ausgebaute Weiterweg führt durch die Kesselflanken am Fletscherhof vorbei und nach Kreuzen der Forststraße wieder links zum Zielbach hin. Jenseits der Brücke gelangen wir nochmals auf eine Fahrbahn und damit zur modernisierten **Schutzhütte Nasereit** ❸, 1523 m. Hier kreuzt der Meraner Höhenweg, während wir unserer Markierung Nr. 8 treu bleiben. Die oft aufwendig gepflasterte Route holt mit einigen Kehren weiter am Hang aus und gewinnt das aussichtsreiche

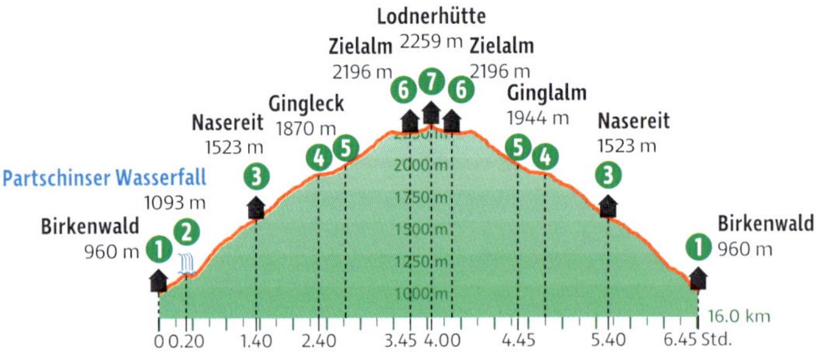

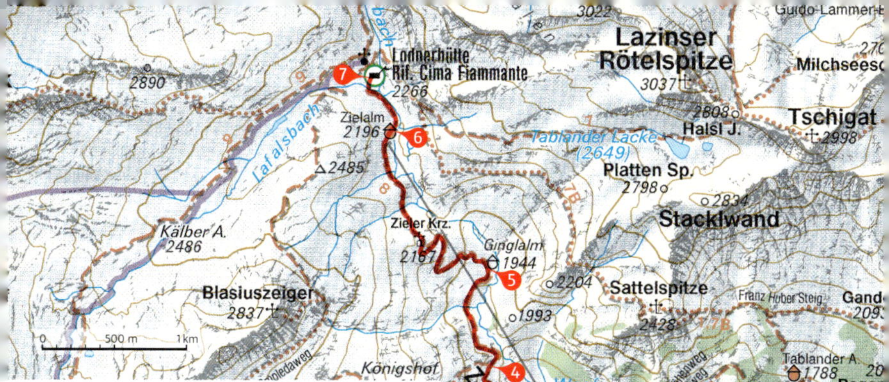
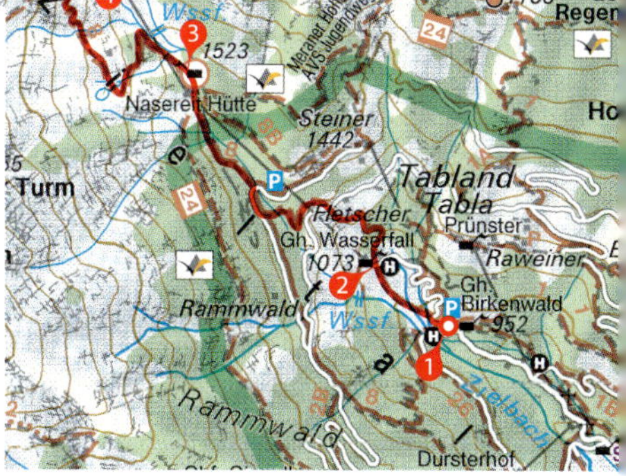

Gingleck ❹, ca. 1870 m, wo der Zielbach durch eine Engstelle tost und ein Zugang zur mächtigen Zielspitze abzweigt. Nach geringfügigem Höhenverlust geht es in den nächsten Kessel des Hochtals und mit einem Rechtsschwenk zur **Ginglalm** ❺, 1944 m. Erneut folgt ein Abschnitt mit Schleifen, danach eine Querung zum Zieler Kreuz, wo wir die seichte Schwelle ins Gebiet der **Zielalm** ❻, 2196 m, überschreiten. An der Jausenstation vorbei um ein Eck beim Zielbach und schließlich über einen kurzen Steilhang zur **Lodnerhütte** ❼, 2259 m, auf der anderen Seite des Lafaisbaches. Der Rückweg verläuft identisch.

Die Lodnerhütte ist von einem besonders attraktiven Tourengebiet umgeben.

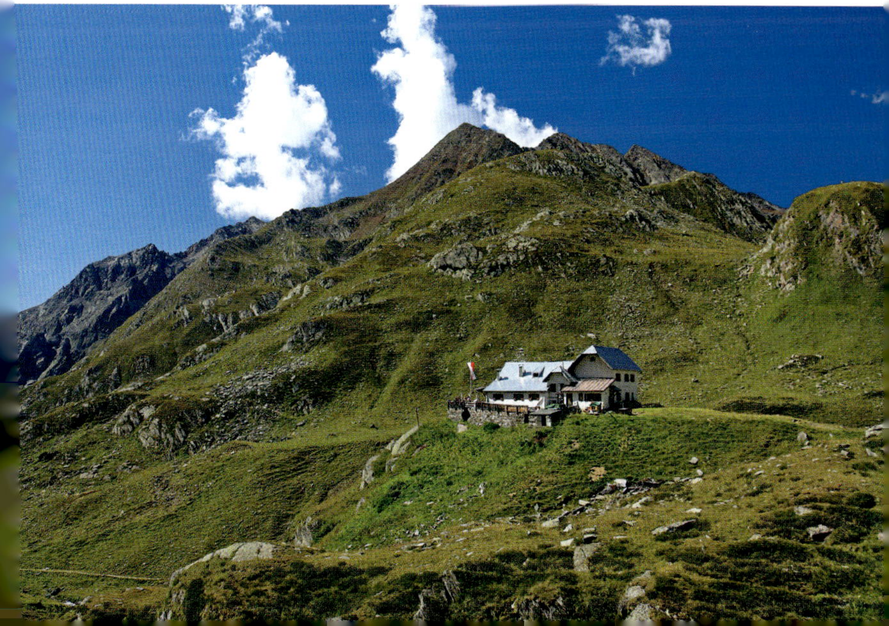

30 Von Hochmuth zum Hochganghaus, 1839 m

Am Meraner Höhenweg über die Leiteralm

TOP | 4.15 Std. | 10,5 km | ↗500 m | ↘500 m

Panoramaroute am Südhang der Texelgruppe

Diese Wanderung gehört zum klassischen Repertoire im Meraner Land, im Übrigen auch einbezogen in die große, fünf- bis sechstägige Umrundung der gesamten Texelgruppe. Die Gasthäuser an der Südflanke sind natürlich vor allem aufgrund der herrlichen Etschtalblicke beliebt. Dazu zählen die Hochmuth (mit Seilbahnanschluss), die wenige Meter höher gelegene Jausenstation Steinegg, die liebreizende Leiteralm und auch das Schutzhaus Hochgang, das bereits seit über 100 Jahren seine Funktion im Wanderverkehr erfüllt. Wenn wir dort ankommen, gewahren wir neben der modernen, holzverkleideten Hütte, die 2010 eröffnet wurde, noch den rustikalen Urbau. Ein feines Platzerl nach dem streckenweise spektakulären Zugang über den Hans-Frieden-Felsenweg ...

Ausgangspunkt: Gasthof Hochmuth, 1361 m, erreichbar mit der Seilbahn von Dorf Tirol. Betriebszeiten zwischen 7.30 und 18 Uhr (in der Hauptsaison bis 19 Uhr, im Winter hingegen etwas verkürzt).

Anforderungen: T2+. Der Abschnitt Hans-Frieden-Weg quert eindrückliche Steilhänge, ist sehr gut ausgebaut und stellenweise mit Seillauf versehen, demnach wandertechnisch leicht, jedoch mit gewisser Ausgesetztheit (Schwindelfreiheit erforderlich). Im weiteren Verlauf zum Hochganghaus mehrheitlich bewaldetes Gelände. Hin und zurück moderate Tagestour.

Varianten: Die Leiteralm kann per Lift erreicht werden (Talstation in Mitterplars, Mittelstation in Vellau, dorthin auch mit dem Auto). Eventuell Einbeziehung des Vellauer Felsenweges Richtung Hochmuth. Zum Hochganghaus führt auch der Gampelweg vom Bergweiler Tabland.

Karte: Tabacco 1:25.000, Blatt 011.

Ziel der Wanderung ist das Hochganghaus.

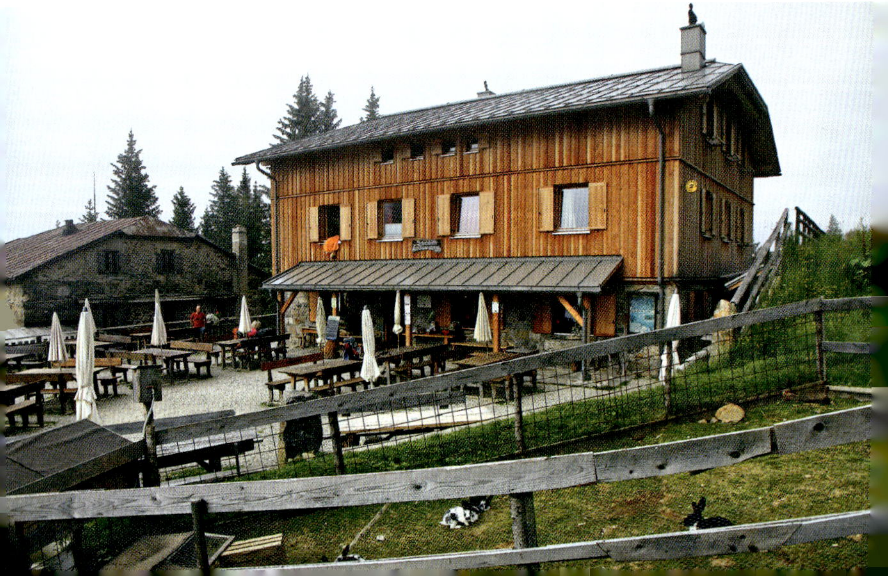

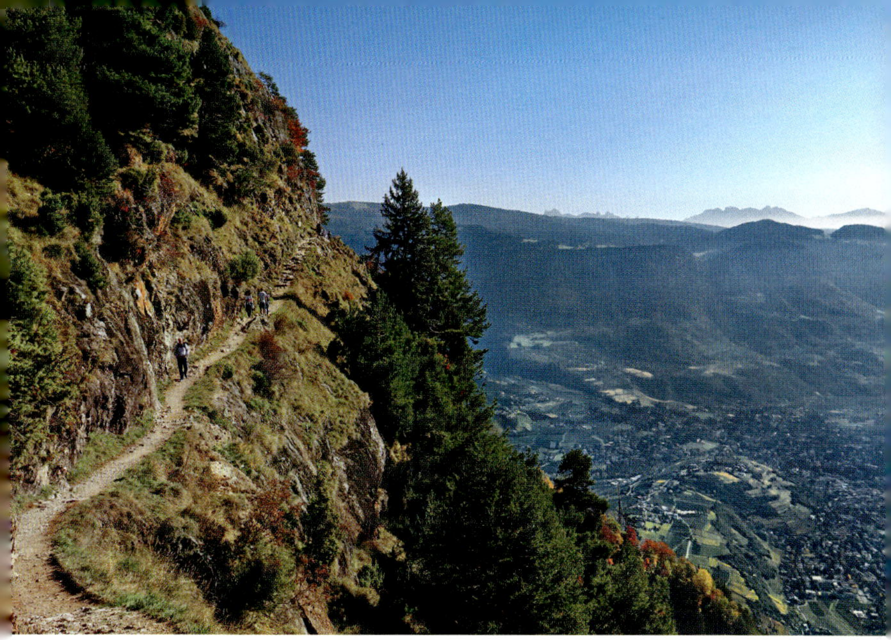

Eine Panoramaroute par excellence!

EINKEHR

Gasthof Hochmuth, 1361 m: ganzjährig geöffnet, Übernachtungsmöglichkeit, Tel. +39 333 2668484 www.hochmuth.it.
Gasthaus Steinegg, 1435 m: Ende März bis Anfang November, Tel. +39 0473 229940, www.steinegg.it.
Leiteralm, 1522 m: April bis Anfang November, zuletzt keine Übernachtung mehr (Info vor Ort einholen), Tel. +39 338 3172484, www.leiteralm.com.
Hochganghaus, 1839 m: privat, Anfang Juni bis Ende Oktober, 40 Schlafplätze, Tel. +39 0473 443310, www.hochganghaus.it.

Vom Gasthof **Hochmuth** ❶ muss man sich ob der einzigartigen Panoramalage hoch über Meran erst einmal losreißen. Nach wenigen Minuten Aufstiegs passieren wir bereits die Jausenstation **Steinegg** und befinden uns damit auf dem kühn in den Felshang geschlagenen **Hans-Frieden-Weg**, der als Teil des Meraner Höhenwegs (Nr. 24) mit geringen Höhenunterschieden den steilen Südhang der Mutspitze schneidet. Die komfortable Trasse sollte eigentlich keine Probleme bereiten, dennoch gemahnt das eine oder andere

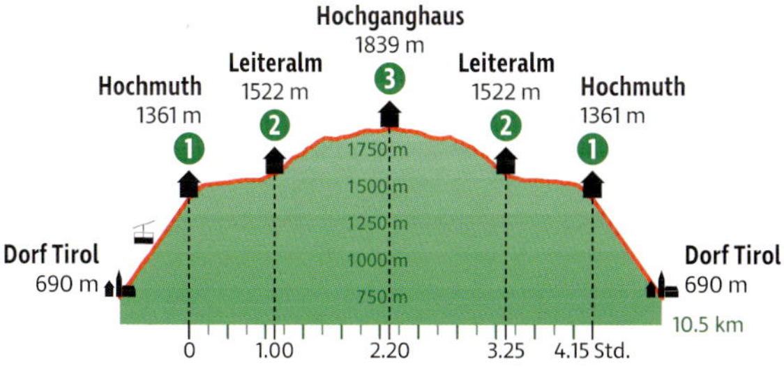

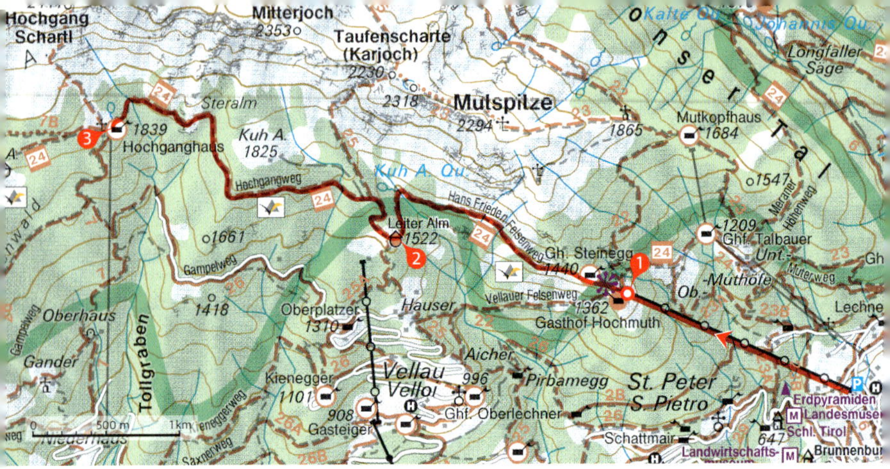

Marterl zur Vorsicht vor Fehltritten. Nach kurzweiligem Verlauf mit etlichen kleinen Biegungen gehen wir einen markanten Rinneneinschnitt aus und komplettieren die Traverse Richtung **Leiteralm** ❷, 1522 m. Unmittelbar dahinter verschwindet unsere Route in ausgedehnten Waldlehnen, trennt sich bald vom Zugang zur Taufenscharte und bewegt sich sukzessive aufwärts, jedoch kaum jemals steil. Zwischendurch werden die Runsen des verzweigten Töllgrabens gekreuzt (Hängebrücke), ehe wir auf dem offenen Boden beim **Hochganghaus** ❸, 1839 m, eintreffen. Der Logistik wegen ist derselbe Rückweg am praktikabelsten; ansonsten kann natürlich auch auf dem Meraner Höhenweg fortgesetzt oder der Gampelweg zum Greiterhof eingeschlagen werden.

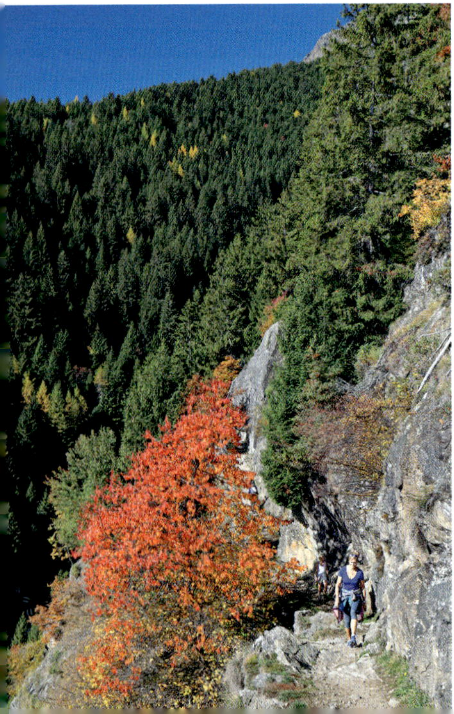

Der Hans-Frieden-Felsenweg schneidet die Flanken auf halber Höhe.

TOUREN

Mutspitze, 2294 m: die Routen über Mutkopf und Ostrücken sowie über die Taufenscharte können zu einer Überschreitung zusammengelegt werden (T3+), von Hochmuth insgesamt 5.30 Std.
Oberkaser, 2131 m: vom Hochganghaus über Hochgangscharte (T3+) und Spronser Seenplatte oder von der Leiteralm über Taufenscharte (T2–3), jeweils ca. 3.00 Std. Abstecher zur Spronser Rötelspitze möglich.
Lodnerhütte, 2259 m: über den Franz-Huber-Steig (T4), 4.00 Std.
Giggelberg, 1565 m: Fortsetzung des Meraner Höhenwegs über Tablander Alm und Schutzhütte Nasereit (T2), 3.00 Std.

Bockerhütte, Oberkaser, 2131 m, und Mutkopf

Von Dorf Tirol ins Spronser Tal

7.20 Std. | 16,2 km | ↗1430 m | ↘1430 m

Am Rand der bezaubernden Spronser Seenplatte

Die Spronser Seenplatte, aus – je nach Zählweise – neun bis zehn Exemplaren in Lagen zwischen 2100 und 2600 Meter Höhe zusammengesetzt, gilt als landschaftliches Glanzlicht im Herzen der Texelgruppe. Von Osten her schließt das Spronser Tal auf: über die idyllisch gelegene Bockerhütte im Bereich der Unterkaseralm bis zur ebenfalls bewirtschafteten Oberkaseralm, die sich eine Etage höher schon unweit der ersten Seen befindet. Es ist ein langer, aber wunderbarer Aufstieg, der natürlich gern in größere Überschreitungen eingebunden wird. So bieten die Hütten auch Quartier an. Wir schließen indes einen Rundkurs, indem wir über den aussichtsreichen Jägersteig das Gasthaus Mutkopf anlaufen und von dort noch über 800 Höhenmeter im Bergwald zu »vernichten« haben.

Ausgangspunkt: Tiroler Kreuz, 806 m, etwas oberhalb von Dorf Tirol. Relativ knapper Parkraum, Bushaltestelle.
Anforderungen: T3 (am Jägersteig), im Spronser Tal eher T2. Gut angelegte, meist nur mäßig steile Bergwege, streckenweise mit grober Pflasterung. Der Jägersteig quert mitunter ziemlich steile Hänge und kann von Ungeübten daher als einigermaßen anspruchsvoll empfunden werden. Elementare Trittsicherheit und angesichts des großen Höhenunterschieds gute Ausdauer wichtig.
Varianten: Verkürzte Rundtour, wenn

Unweit der Unterkaseralm im Spronser Tal lädt die Bockerhütte zum Zwischenstopp.

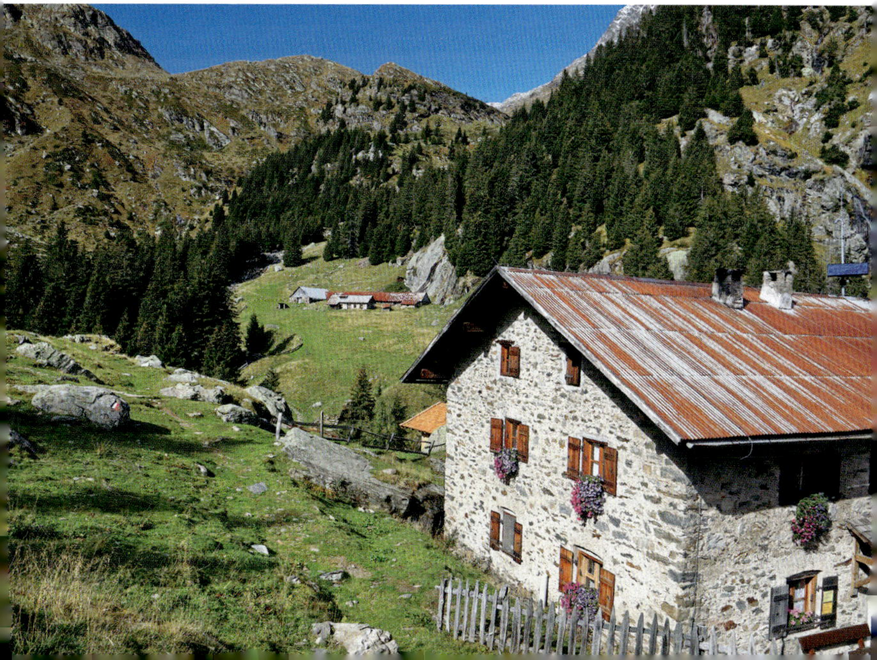

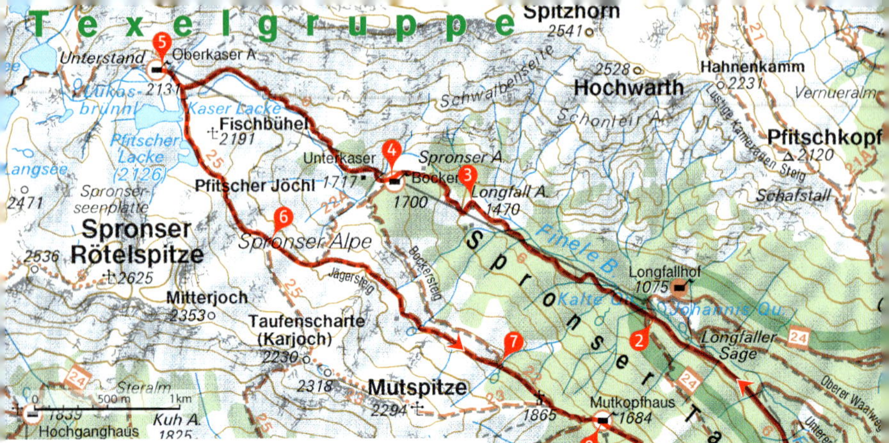

man ab Bockerhütte auf dem Bockersteig Richtung Mutkopf abdreht; Gesamtgehzeit 5.30 Std. Dorthin besteht im Übrigen ein wenig anstrengender Zugang von der Seilbahnstation Hochmuth, die uns einige Aufstiegsmühen abnimmt.

Karte: Tabacco 1:25.000, Blatt 011.

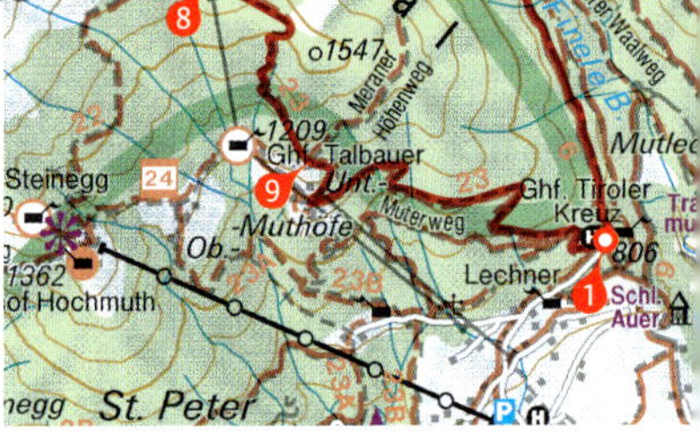

Vom **Tiroler Kreuz** ❶ wandern wir auf der Forststraße (Nr. 6) ins Spronser Tal hinein. Von Zeit zu Zeit tauchen Abzweigungen auf, etwa Riffianer und Kuenser Waalweg oder der Meraner Höhenweg zum nahen Longfallhof ❷. Bald darauf wird aus der Fahrbahn ein relativ großzügig trassierter respektive gepflasterter Steig. Wir gewinnen mit einigen Schleifen im Bergwald an Höhe und kommen allmählich zur Lichtung der **Kigler Alm** ❸, 1470 m, voran. Eine reichliche halbe Stunde später erreicht man oberhalb der nächsten Talstufe die **Bockerhütte** ❹, 1700 m, im Kessel der Unterkaser. Hinter der Bachbrücke an der eigentlichen Alm vorbei und nun in freiem Gelände mit weiteren mäßig steil angelegten Schleifen bergauf. Damit gewinnen wir die Schwelle zu den ersten der Spronser Seen und mit einem Bogen ums Eck die **Oberkaser** ❺, 2131 m.
Für den Rückweg geht es an Kaser und Pfitscher Lacke vorbei südwärts fast eben hinüber zum seichten Pfitscher Schartl. Damit befinden wir

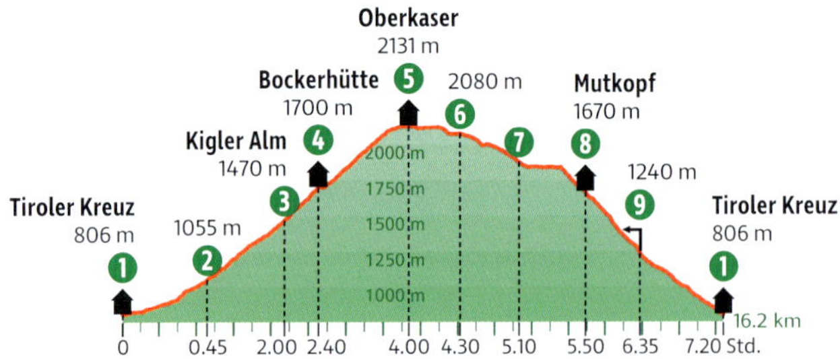

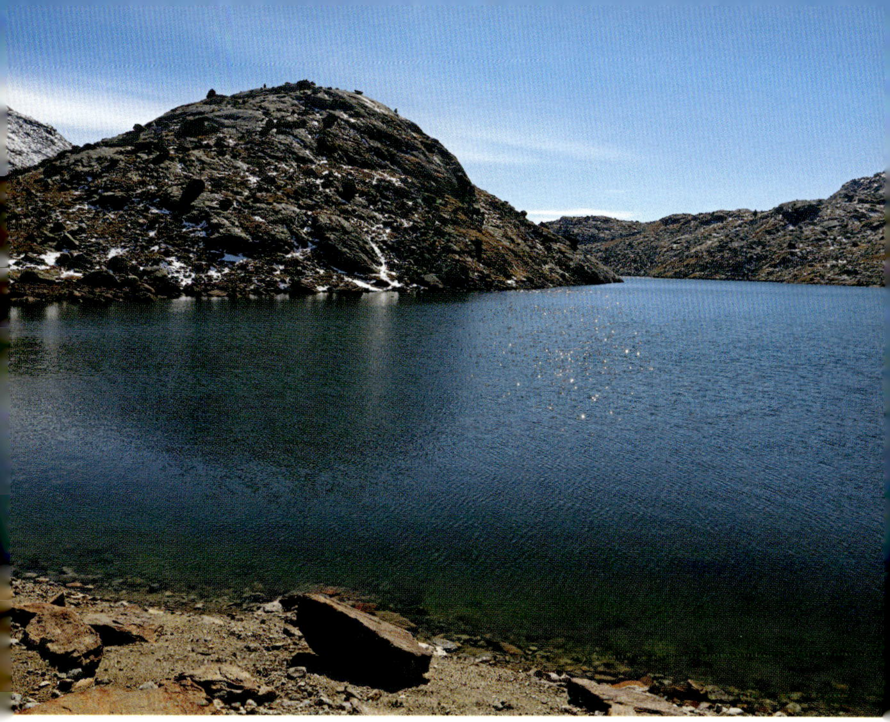

Oben: Der Langsee ist das größte Exemplar der Spronser Seenplatte.
Unten: Kaser und Pfitscher Lacke setzen zauberhafte Farbakzente.

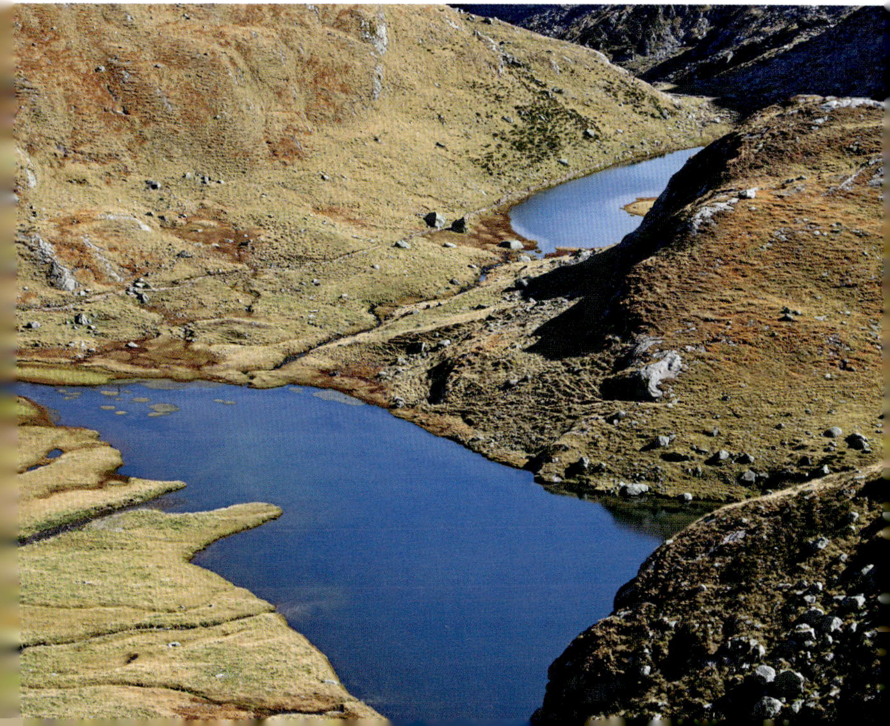

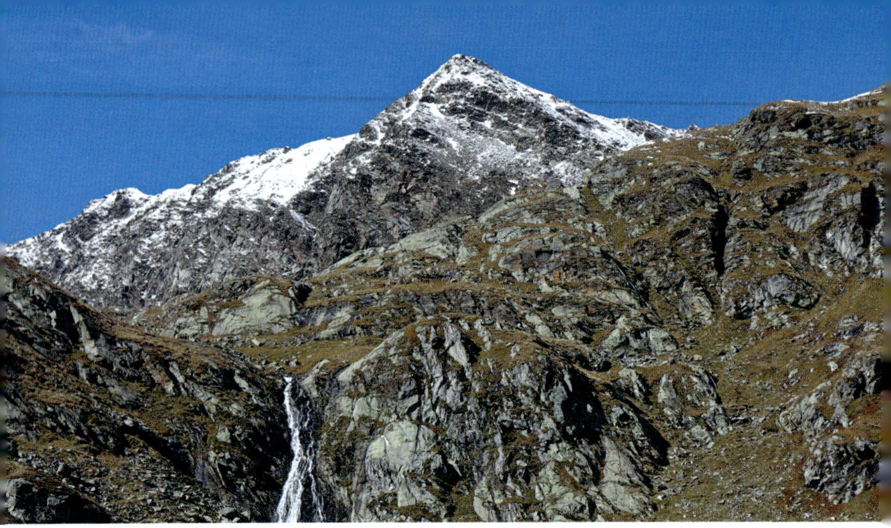

Im Herzen der Texelgruppe erwarten uns starke Hochgebirgsimpressionen.

EINKEHR

Bockerhütte, 1700 m: privat, Ostern bis Mitte Oktober, 36 Schlafplätze, Tel. +39 0473 424030 oder +39 349 7707626 oder +39 347 3206553 www.bockerhuette.com.
Oberkaser, 2131 m: privat, Anfang Juni bis Ende Oktober, 40 Schlafplätze, Tel. +39 0473 420452 oder +39 349 0720957, www.oberkaseralm.it.
Gasthaus Mutkopf, 1670 m: Anfang April bis Anfang November, Tel. +39 339 4356257 oder +39 0473 229950, www.talbauer.it.

uns am sogenannten Jägersteig (Nr. 22), der nun längere Zeit oberhalb des Spronser Tals entlangquert und sich eine Art Geländebalkon zunutze macht. Dabei verliert man sukzessive an Höhe, passiert zunächst den Abzweig Richtung Taufenscharte **6** und nimmt die Einmündung des Bockersteigs **7** auf (siehe Variante). Noch eine Weile geht es in ähnlicher Weise quer durch die recht abschüssigen Flanken weiter. Gemeinsam mit der Mutspitz-Route haben wir dann wieder eine grobe Pflasterung unter den Füßen, die sicherlich der Erosion Einhalt gebietet, für die Gelenke allerdings durchaus etwas beschwerlich ist. Der Kehrenweg bringt uns zum Gasthaus **Mutkopf** **8**, ca. 1670 m, wo sich nochmals einkehren ließe. Anschließend folgen wir der Nr. 23, mit zahlreichen Kehren im Bergwald. Im Bereich einer Wiesenlichtung kreuzt zwischendurch der Meraner Höhenweg **9**. Vom knapp unterhalb gelegenen Oberegghof nimmt man am besten den Fußweg parallel zur Zufahrt, hält sich schräg links abwärts und zuletzt noch mit einigen Kehren hinab zum **Tiroler Kreuz** **1**.

TOUREN

Hochganghaus, 1839 m: über Langsee und Hochgangschartl (T3+), ab Oberkaser 2.30 Std.; Abstecher zur Spronser Rötelspitze, 2625 m, möglich.
Lodnerhütte, 2259 m: überwiegend hochalpine Route Nr. 7 via Langsee, Milchseen, Milchseescharte und Halsljoch (T4), 3.45 Std.; Abstecher vom Halsljoch zur Lazinser Rötelspitze, 3037 m, möglich.
Spronser Joch, 2581 m: Route Nr. 6 beim Übergang ins Faltschnaltal und hinaus nach Pfelders (T3), bis dorthin 3.30 Std.
Mutspitze, 2294 m: Normalweg vom Gasthaus Mutkopf (T3), 2.00 Std.

Obere Obisellalm, 2160 m

Über den Hahnenkamm

4.45 Std. | 10,3 km | ↗900 m | ↘900 m

Kleinod im Bergkessel des Saltauser Tals

Aus dem Tal ist die Topografie kaum wahrnehmbar, doch wer im Hirzergebiet unterwegs ist, erkennt auf der gegenüberliegenden Seite, wie das steile Saltauser Hängetal seinen Ursprung in einem kleinen Bergkessel hat. Dieser abgeschiedene Fleck trägt den Namen »Obisell«. Eine urige Almwirtschaft ist dort Anlaufpunkt für Wanderer, die es nach richtiger Ursprünglichkeit dürstet. Abgesehen vom Normalzugang empfiehlt sich für den Hinweg der Schlenker über den Pfitschkopf am Hahnenkamm – nur rund eine halbe Stunde länger und mit einer herrlichen Perspektive belohnt.

Ausgangspunkt: Öbersthöfe, 1392 m, im Streuweiler Vernuer. Die Bergstraße zweigt im Vorderpasseier zwischen Riffian und Saltaus ab. Viermal täglich Kleinbus von Dorf Tirol.
Anforderungen: Maximal T3. Im Allgemeinen gut angelegte Bergwege, allerdings ist das Gelände streckenweise recht steil, weshalb grundlegende Trittsicherheit vorhanden sein sollte. Normale Tagestour.
Variante: Bei der Hahnenkammhütte zweigt bereits eine Querverbindung zur Unteren Obisellalm ab. Zeitlich ungefähr gleich.
Karte: Tabacco 1:25.000, Blatt 011 oder 039.

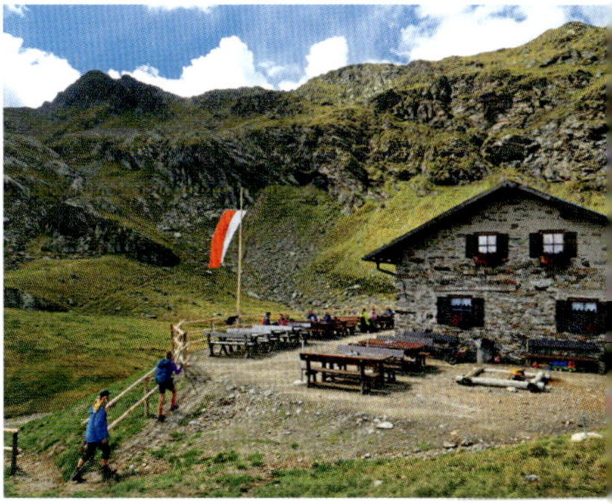

Die Obere Obisellalm im Kessel des Saltauser Tals.

Ein Plus an Abwechslung verspricht die Route über den Hahnenkamm.

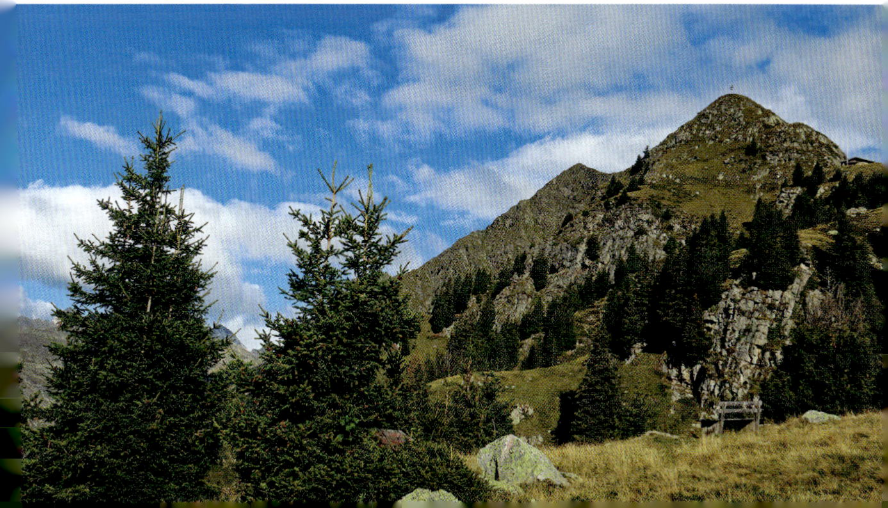

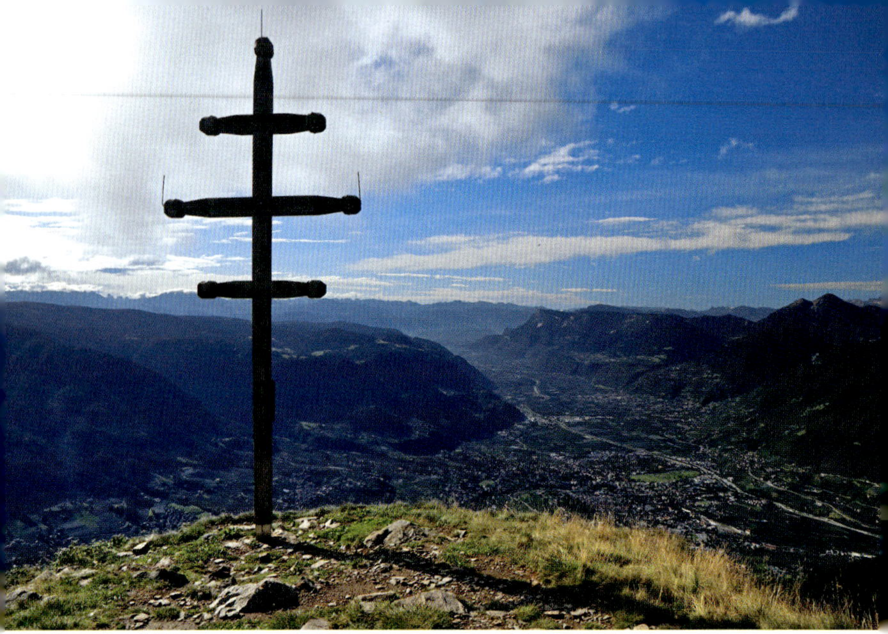

Vom Wetterkreuz bietet sich ein großartiger Ausblick ins Meraner Becken und weit nach Süden hinaus.

EINKEHR

Obere Obisellalm, 2160 m: Mitte Juni bis Mitte Oktober, Tel. +39 371 429199.

TOUREN

Riffianer Hochwart, 2452 m: durch den Kessel unter dem Spitzhorn entlang südwärts, zuletzt über den Gipfelrücken (T2–3), 0.50 Std.

Faglsalm, 1980 m, bzw. Falser Alm, 1929 m: über das Saltauser Joch und bei der Wegteilung mit Nr. 4 zur Faglsalm, 1.20 Std., oder mit Nr. 5 einwärts zur Falser Alm 1.45 Std.

Vom Parkplatz bei den **Obersthöfen** ❶ (wo leider keine Einkehrmöglichkeit mehr besteht) lotst uns die Beschilderung »Hahnenkamm, Obisellalm« (Nr. 21A) in den nahen Wald. Unser Weg vollzieht in angenehmer Steigung einige Serpentinen und berührt auch mal eine Forststraße. Allmählich erreichen wir die Waldgrenze und in diesem Bereich die Schulter am **Heinschbichl** ❷, ca. 1915 m, mit tollem Blick Richtung Meran und Etschtal. Nun am Rücken aufwärts zu einer Hirtenhütte (Hahnenkammhütte), wo bereits ein Flankensteig (Nr. 21) zur

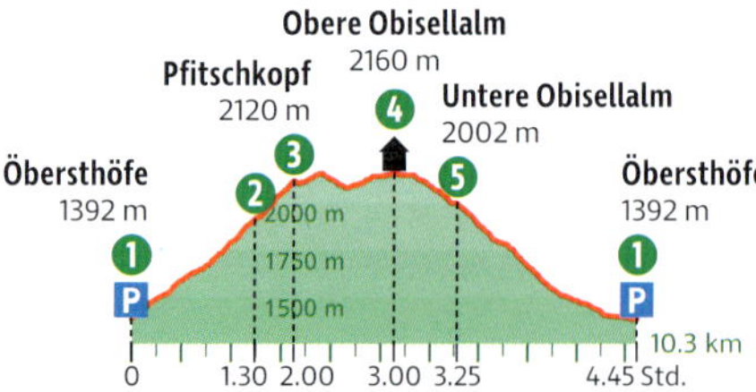

Obisellalm abzweigt. Wir bewältigen allerdings den kurzen Aufschwung zum Wetterkreuz auf dem **Pfitschkopf ❸**, 2120 m, und halten uns im weiteren Verlauf an die innere Flanke des Hahnenkamms. »Lustiger-Kameraden-Steig« heißt diese Route, die später ebenfalls nach rechts abdreht und mit leichtem Auf und Ab praktisch parallel zu Weg Nr. 21 durch die Hänge zieht. Man nähert sich der Karschwelle über dem markant eingeschnittenen Saltauser Tal und betritt damit den romantischen Obisellkessel. Über einen flachen Boden tauchen in Kürze auch die **Obere Obisellalm ❹**, 2160 m, sowie der hübsche Bergsee auf.

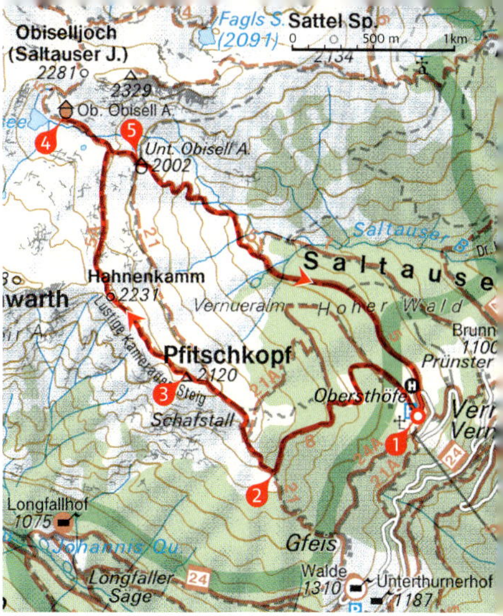

Beim Abstieg bleiben wir am Hauptweg (Nr. 5) und überwinden direkt den Geländeriegel zum Absatz bei der **Unteren Obisellalm ❺**, 2002 m. Auf gutem, aber ziemlich steilem Weg geht es zwischen Tobeln, Felsengeschröf und Alpenrosenbeständen tiefer, wobei hin und wieder eine geschickte Traverse eingestreut wird. Später nach rechts hinüber und auf einem Forstweg Richtung **Överšthöfe ❶** hinaus.

Auf der anderen Seite des Passeier spannt sich der Westkamm der Sarntaler Alpen mit Hirzer, Plattenspitzen und Ifinger auf.

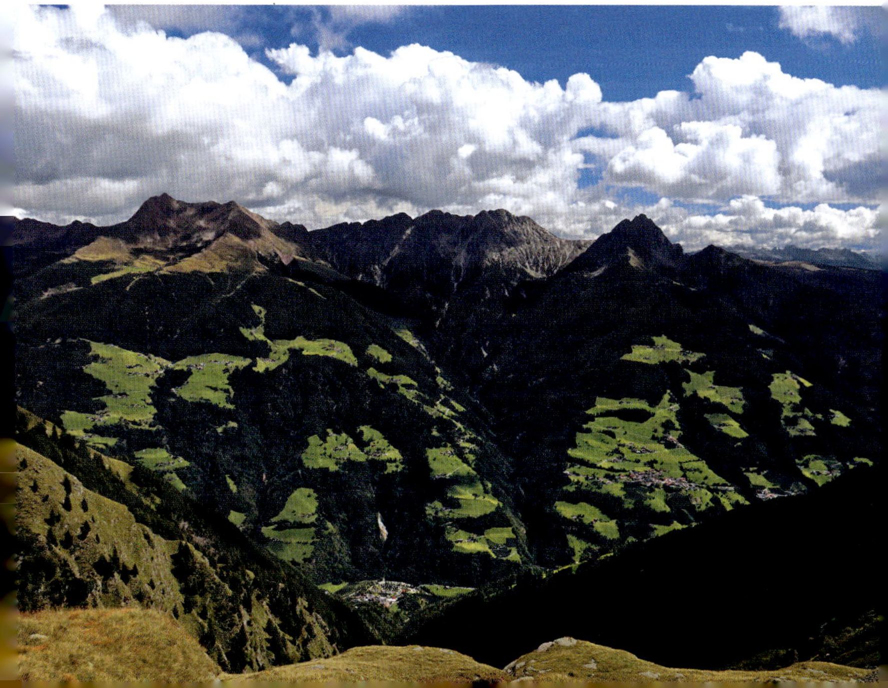

33 Faglsalm, 1980 m, und Falser Alm, 1929 m

Rundtour im Falser Tal

5.30 Std. | 13,4 km | ↗ 970 m | ↘ 970 m

Eine stille Kammer der Passeirer Bergwelt

Auf dieser recht ausschweifenden Runde lernen wir das Falser Tal als alpine Fortsetzung des Kalmtals im Vorderpasseier kennen. Herrlich ist vor allem der Balkonweg zwischen den beiden Almen, die wir unterwegs besuchen. Die Falser (vor Ort auch häufig Valser geschrieben) ist in Südtirol übrigens zur »Alm des Jahres 2017« gekürt worden – sie hat ihren Standort im Talschluss. Wer nicht ganz so marschtüchtig ist, kann sich auch mit der eigentlich noch reizvoller gelegenen Faglsalm begnügen. Massentourismus ist in diesem Gebirgswinkel ein Fremdwort.

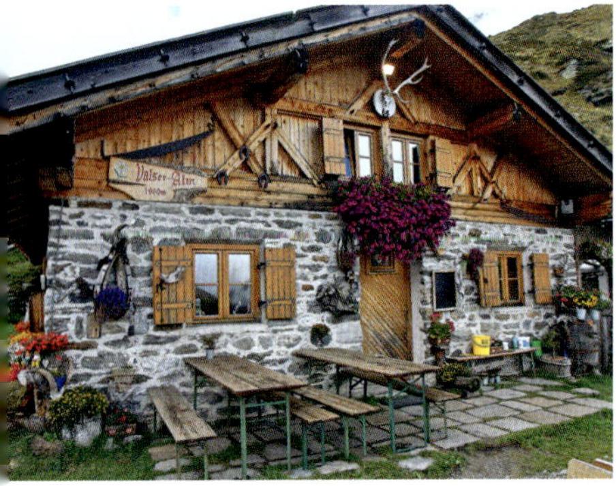

Kleines Schmuckstück: die Falser bzw. Valser Alm.

Ausgangspunkt: Wanderparkplatz im Falser Tal, ca. 1285 m, bei der letzten Kehre vor dem Naserhof. Zufahrt aus dem Passeiertal (bei St. Martin/Schildhöfe) über die Kalmtal-Höfestraße Richtung Magdfeld, das letzte Stück geschottert.
Anforderungen: T2. Beim Aufstieg zunächst mittelsteiler Waldweg, im oberen Bereich der Tour Steige im Almgelände, allenfalls bei starker Nässe unangenehme Passagen, durchs Falser Tal hinaus dann breiter Güterweg. Tagfüllendes Pensum; mit Kindern evtl. nur bis Faglsalm (bzw. Faglssee!).
Karte: Tabacco 1:25.000, Blatt 039.

Vom **Parkplatz ①** bei der markanten Serpentine kurz taleinwärts, dann aber mit Nr. 4 bereits auf einem Waldsteig links empor. Abgesehen von ein paar kleinen Kehren steigt die Route beständig diago-

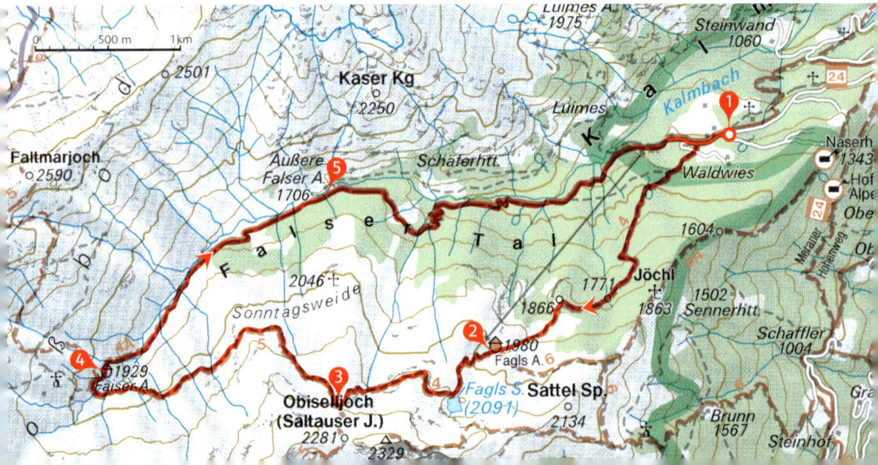

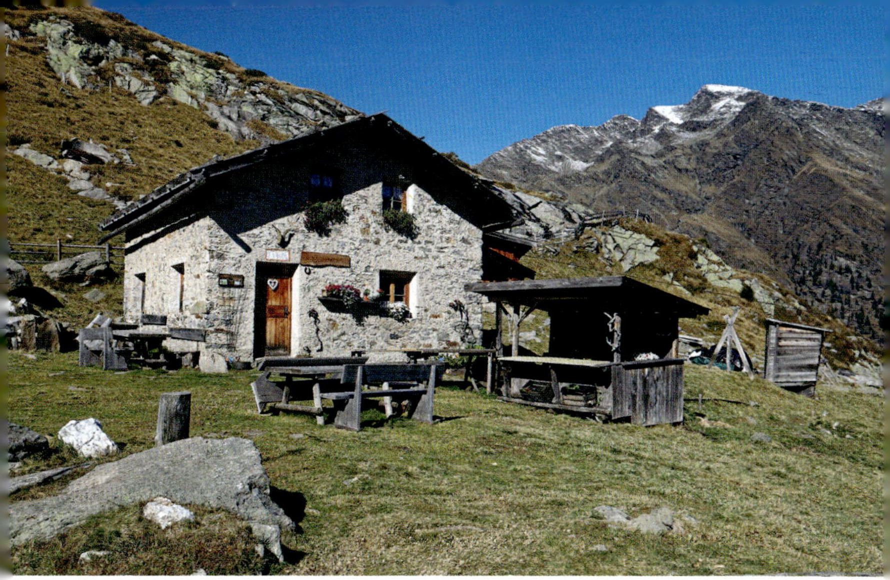

Auf einer Hangterrasse hat die Faglsalm ihren Platz.

nal an und verlässt den Wald auf knapp 1900 Meter Höhe. Jetzt ist die **Faglsalm ②**, 1980 m, nicht mehr fern. Dahinter weiter aufwärts in das wellige Mattengelände einer Hangterrasse, am Faglssee vorbei und leicht auf und ab Richtung Westen. Wo der Abzweig zum Saltauser Joch passiert wird ③, ca. 2150 m, taucht die Bezeichnung Nr. 5 auf. Über die Sonntagsweide kommt man in eine ausgedehnte Hangbucht, die leicht absteigend durchquert wird. Schließlich in weitem Bogen über mehrere Bäche und quasi von hinten zur idyllischen **Falser Alm ④**, 1929 m. Talauswärts steht uns nur der breite, etwas eintönige Wirtschaftsweg zur Verfügung. Nach gut zwei Kilometern lassen wir die **Äußere Falser Alm ⑤**, 1706 m, links liegen und bleiben immer auf der rechten Bachseite. Zwischendurch werden einige Kehren absolviert, ehe es noch ein Weilchen hinausgeht zu den Rappenhöfen und zurück zum Ausgangspunkt ①.

EINKEHR

Faglsalm, 1980 m: Mitte Juni bis Mitte September, Wochenendbetrieb bis Mitte Oktober, Tel. +39 349 7627891.
Falser (Valser) Alm, 1929 m: Anfang/Mitte Juni bis Ende September, Tel. +39 344 2674905.

TOUREN

Obere Obisellalm, 2160 m: über das Saltauser Joch (T2–3), 1.30 Std.

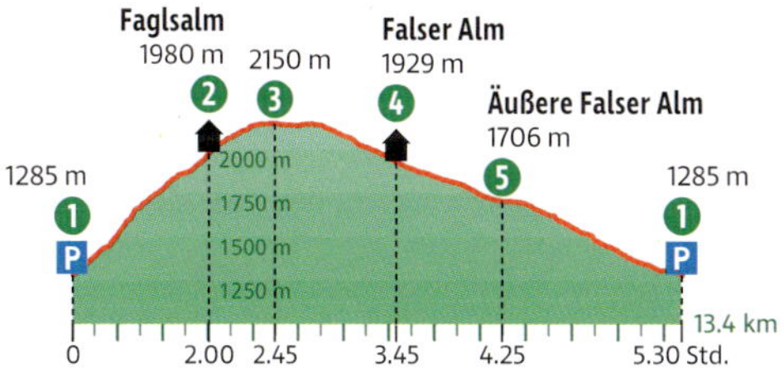

34 Ulfaser Alm, Schartalm und Waaler Hütte

An den Flanken der Matatzspitze

TOP | 3.50 Std. | 10,8 km | ↗ 530 m | ↘ 530 m

Ein Stück urtümliches Hinterpasseier

Drei Einkehrstationen erwarten uns auf dieser Tour im Hinterpasseier – angefangen mit einem denkbar gemütlichen Ausflug zur beliebten Ulfaser Alm. Etwas höher am Hang hat sich vor einigen Jahren die Schartalm mit einer neuen Blockhütte als Jausenstation eingerichtet. Einen Knödelteller vor der Nase und die Dreitausender der Ötztaler Alpen als Hintergrundkulisse – was kann es jetzt Schöneres geben? Nachdem wir am urwüchsigen Hitzenbichl wieder Höhenmeter eingebüßt haben und bevor der angenehme Waalweg den Rundkurs beschließt, können wir auch noch auf einen Sprung in der urigen Waaler Hütte vorbeischauen – ein waldverstecktes Kleinod, das vielleicht nur wenige kennen.

Ausgangspunkt: Gebührenpflichtiger Parkplatz beim Kratzegghof oberhalb von Ulfas im Hinterpasseier, ca. 1510 m. Zufahrt über Moos, Platt und Ulfas. Zwischen Mitte Juni und Mitte Oktober kann jeweils donnerstags ein Bus genutzt werden, sonst keine Anbindung.
Anforderungen: T2–3. Normale Bergwege, streckenweise urwüchsig über Stock und Stein, besonders auf der Traverse über die Schartalm; hier grundlegende Trittsicherheit vorteilhaft. Bis Ulfaser Alm ganz leicht, sogar kinderwagentauglich. Lockeres Pensum für einen guten halben Tag.
Varianten: Auf der Lichtung der Kuntner Alm kann man bereits bergab zum Waalweg deutlich abkürzen. Bevor man später wieder die Ulfaser Alm erreicht, führt eine weitere kleine Abkürzung direkt zur Bachbrücke hinunter.
Karte: Tabacco 1:25.000, Blatt 039.

Nahe der Ulfaser Alm fließt das Waalwasser vorbei.

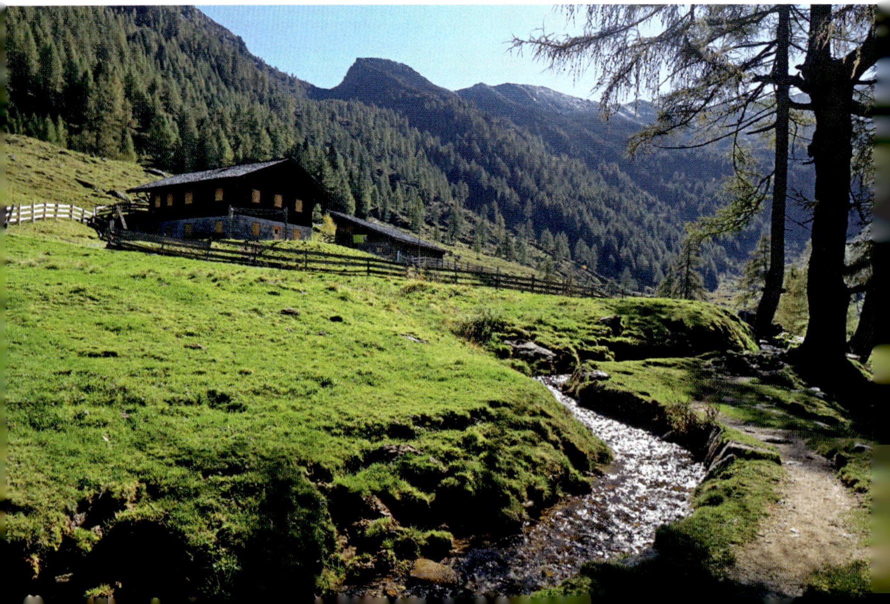

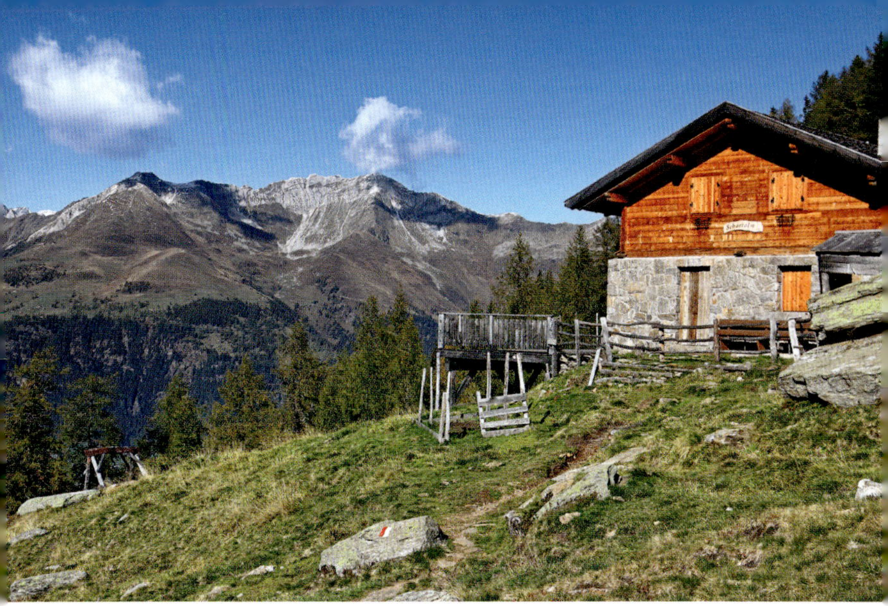

Die Schartalm mit Hochwart und Kreuzspitze im Hintergrund.

Vom Parkplatz **»Kratzegg« ❶** folgen wir dem breiten Wirtschaftsweg, der ziemlich flach bis zur Brücke über den Saldernbach führt. Anschließend kann man noch die große Schleife ausgehen oder effektiver den abkürzenden Steig zur **Ulfaser Alm ❷**, 1601 m, nutzen. Route Nr. 2A setzt sich am lichtbewaldeten Hang fort, tendenziell schräg nach rechts bis zu einer Gabelung, wo man scharf links schwenkt. Bei der nächsten Verzweigung verlassen wir den Gipfelsteig zur Matatzspitze und queren mit Nr. 3 nordwärts weiter zur **Schartalm ❸**, ca. 1870 m, die in der Westflanke des Hahnl liegt und noch gar nicht in jeder Karte eingetragen ist. Mit relativ geringen Höhendifferenzen, allerdings recht verschlungen, wird die Traverse über die **Kuntner Alm ❹**, 1780 m, Richtung Hitzenbichl absolviert. Auf dem Bergrücken öffnet sich auch erstmals der Blick gen Osten in die Sarntaler Alpen. Beim Abstieg tauchen wir wieder in den Bergwald ein und steuern nun noch

Auf einer Hangterrasse im Hinterpasseier liegt das »Sonnendorf« Stuls, darüber die Stuller Mähder und die Hochwart.

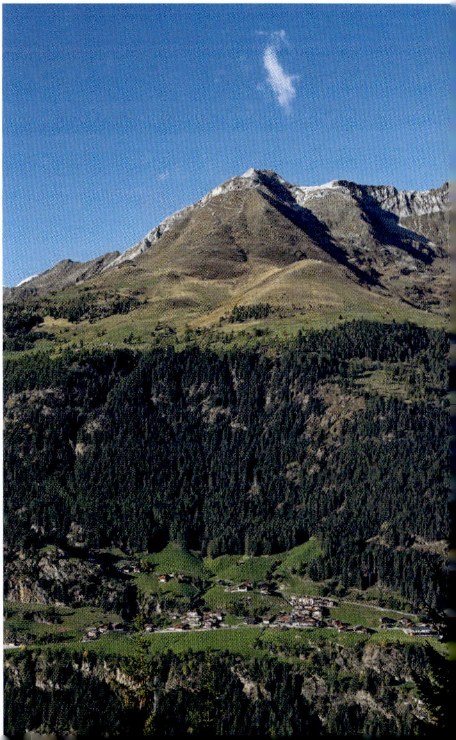

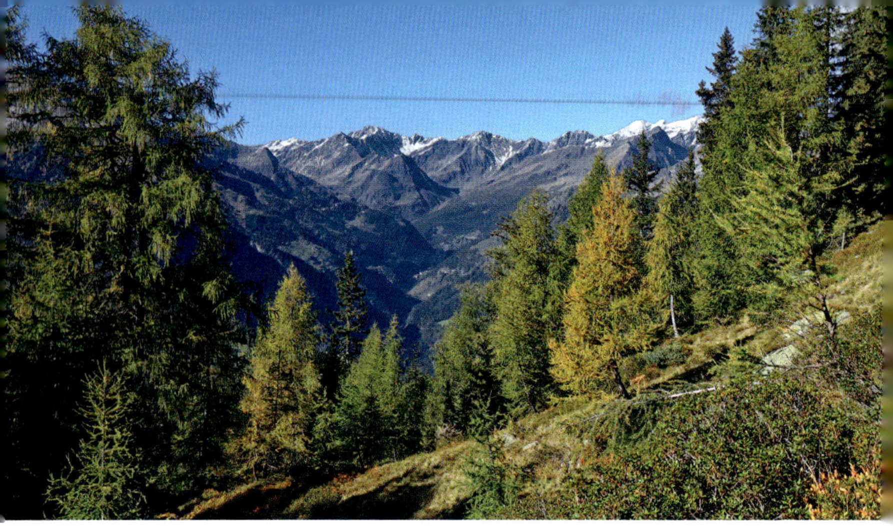

Der herbstliche Lärchenwald gibt einen Blick bis ins Timmelsjochgebiet frei.

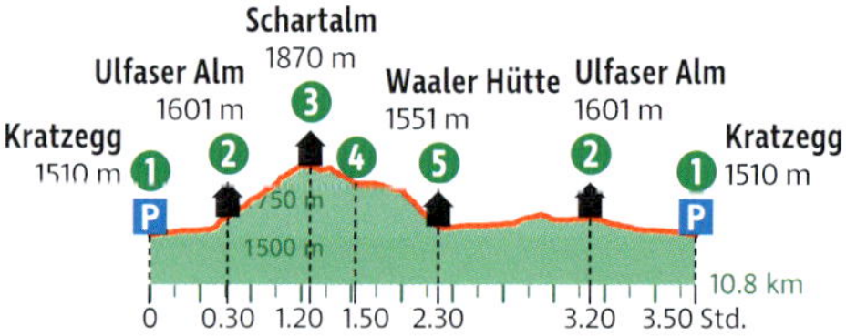

die versteckte **Waaler Hütte** ⑤, 1551 m, an. Scharf nach links nimmt man den Waalweg (Markierung »A«) auf, folgt eine ganze Weile dem Wassergraben, muss aber um ein Geländeeck herum etwas nach oben ausweichen. Später wieder direkt am Waal entlang Richtung **Ulfaser Alm** ② und über die Zufahrt zurück zum Parkplatz ①.

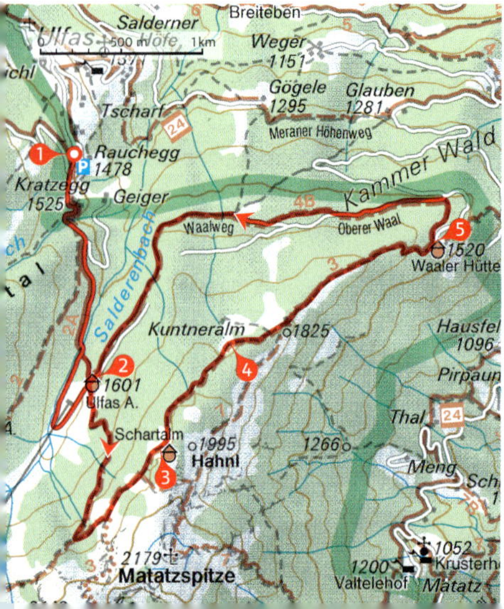

EINKEHR

Ulfaser Alm, 1601 m: Mitte Mai bis Anfang Oktober, Tel. +39 349 1434360. **Schartalm, 1870 m:** Anfang Juni bis Anfang Oktober, Tel. +39 333 4952000. **Waaler Hütte, 1551 m:** Mitte April bis Anfang November, Tel. +39 0473 949599.

TOUREN

Matatzspitze, 2179 m: großartiger Passeirer Aussichtsberg, auf dem Weg von der Ulfaser zur Schartalm rechts haltend zum Nordgrat (T3), 1.45 Std. ab Ulfaser Alm. Abstieg direkt über den Hitzenbichl zur Waaler Hütte möglich.

Faltschnalalm, 1871 m, und Lazinser Hof

Der Pfelderer Panoramaweg

3.30 Std. | 9,4 km | ↗ 550 m | ↘ 550 m

Im Angesicht des mächtigen Gurgler Kammes

Der hinterste Winkel des Meraner Landes, wenn man das um drei Ecken erreichbare und entsprechend versteckte Pfelderer Tal salopp mal so bezeichnen darf, liegt quasi unmittelbar vor der massigen Barriere des Alpenhauptkamms. Was aber nicht heißt, dass nur dem zünftigen Bergsteiger tourenmäßig etwas geboten würde. Auf dem Panoramaweg kann auch der Genusswanderer die hochalpine Kulisse mit Schaustücken wie Hochwilde, Seelenkogel oder Liebenerspitze auf sich wirken lassen. Einkehrmöglichkeit finden wir außer im modernen Bergrestaurant am Grünboden in der traditionellen Faltschnalalm sowie im urigen Lazinser Hof, der bereits 1285 als Schwaighof erwähnt wurde und seit dem 19. Jahrhundert auch touristische Funktionen übernommen hat. Ob Knödelteller, Wildgerichte oder deftige Almmarende – hier hat man Südtirol gleichsam auf dem Gaumen ...

Ausgangspunkt: Pfelders, 1628 m, großer Parkplatz und Haltestelle der Buslinie von St. Leonhard am Ortseingang.

Anforderungen: T2. Streckenweise etwas steinige, anfangs auch wurzlige Wegtrasse, im Prinzip aber leicht, zumal selten steil. Auch konditionell eher moderate Tour, die mit dem Lift noch deutlich abgekürzt werden kann.

Variante: Die ersten rund anderthalb Wegstunden können durch eine Bergfahrt zum Grünboden ersetzt werden; damit insgesamt nur ca. 2.15 Std. Seilbahnbetriebszeiten zwischen Mitte Juni und Ende September, täglich 9 bis 16.30 Uhr.

Karte: Tabacco 1:25.000, Blatt 039.

Mächtiger Koloss: Die Hochwilde hinterlässt einen starken Eindruck.

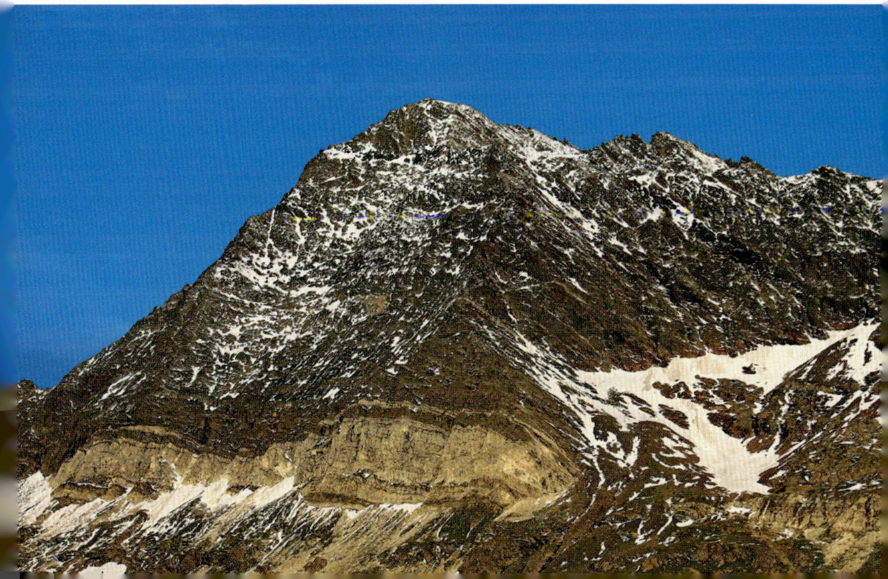

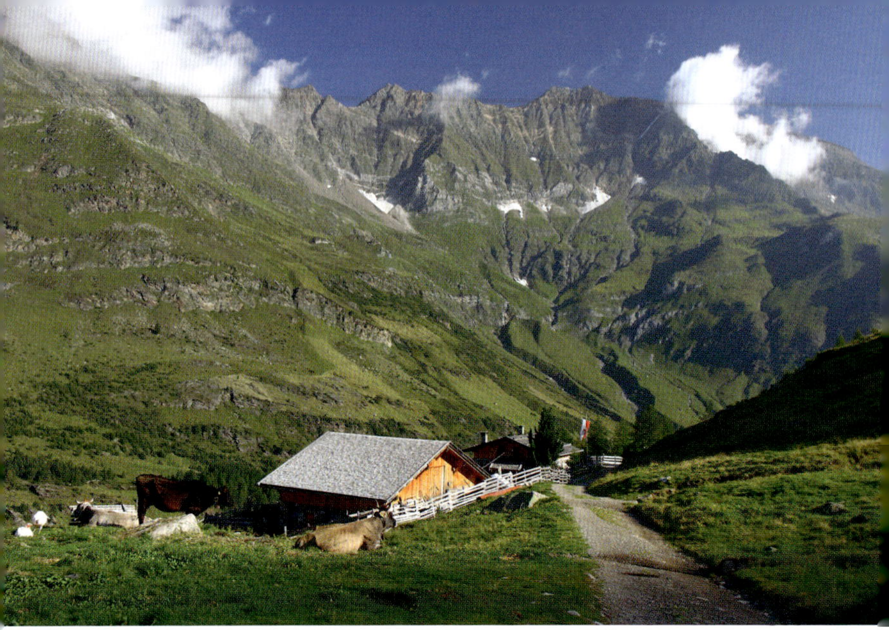

Blick von der Faltschnalalm auf die Gipfel am Hauptkamm gegenüber.

EINKEHR

Grünbodenhütte, 2001 m: Mitte Juni bis Ende September und Dezember bis April, Tel. +39 349 7036810.
Faltschnalalm, 1871 m: Anfang Juni bis Mitte Oktober, Tel. +39 389 8796024.
Lazinser Hof, 1772 m: Juni bis Oktober sowie in der Wintersaison, Mo Ruhetag, Tel. +39 0473 424482, www.lazinshof.com.

TOUREN

Sefiarspitze, 2846 m: von der Grünboden-Bergstation über die Nordflanke (T3–4), 2.30 Std.
Oberkaser, 2131 m: Route Nr. 6 durchs Faltschnaltal, über Faltschnaljöchl und Spronser Joch (T3), ab Faltschnalalm 3.00 bis 3.30 Std.
Erensee, 2291 m: von der Faltschnalalm auf Weg Nr. 7 (T2–3), gut 1.00 Std.
Stettiner Hütte, 2875 m: ab Lazins 3.20 Std. (siehe Tour 36).
Lodnerhütte, 2259 m: über Lazinser Alm, Andelsalm, Andelsboden und Halsljoch (T3), ab Lazins ca. 5.00 Std.

Beim Parkplatz in **Pfelders** ❶ sofort auf die Forststraße und schon nach wenigen Schritten scharf links auf den Weg Nr. 5, der anfangs die Skipisten kreuzt und anschließend in urwüchsigem Wald einen verschlungenen, insgesamt leicht ansteigenden Verlauf nimmt. Oberhalb einer Lichtung setzt sich die Markierung bergwärts fort ❷, doch ist es für uns etwas günstiger,

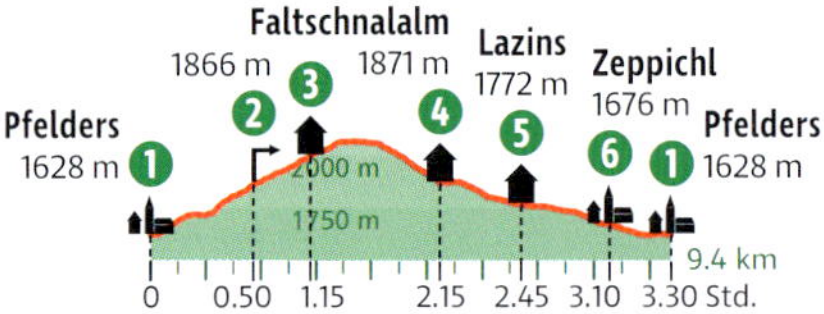

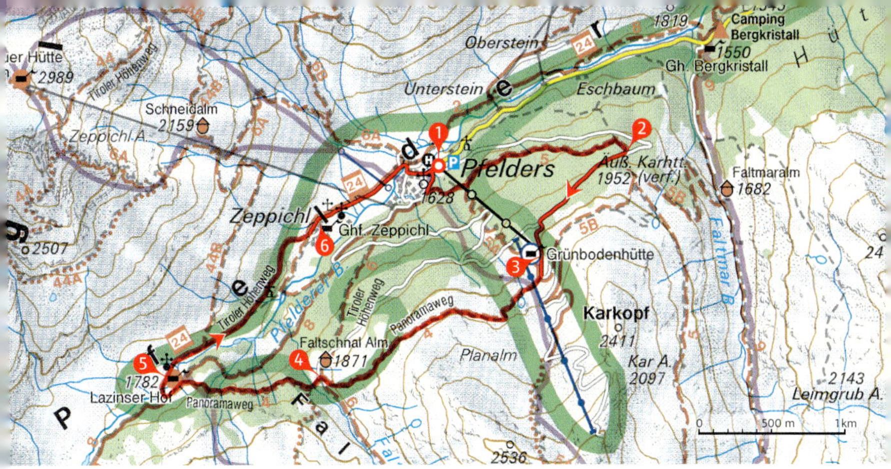

jetzt dem breiten Wirtschaftsweg (Nr. 5A) direkter zur Bergstation **Grünboden 3**, 2001 m, zu folgen. Alternativ kann man dorthin natürlich auch die Seilbahn nutzen. Etwas höher geht es mit Nr. 4 nach rechts und damit auf den eigentlichen Pfelderer Panoramaweg. Dieser schneidet eine Weile die blockdurchsetzten Flanken am Schafbichl und senkt sich hernach über Wiesen und lichte Waldparzellen zur **Faltschnalalm 4**, 1871 m. Hier nur ganz kurz ins Hochtal einwärts, dann rechts über den Bach und mit Querung einer Waldflanke Richtung **Lazins 5**, 1772 m. Es empfängt uns ein fotogenes Hüttenensemble am Pfelderer Bach mit der Hochwilde im Hintergrund. Wir schlagen an diesem Punkt die entgegengesetzte Richtung ein, wandern auf bequemem Weg zum Weiler **Zeppichl 6**, 1676 m, und auf dem Anrainersträßchen zurück nach **Pfelders 1**.

Das Hüttenensemble von Lazins offenbart sich als malerisches Kleinod im inneren Pfelderer Tal.

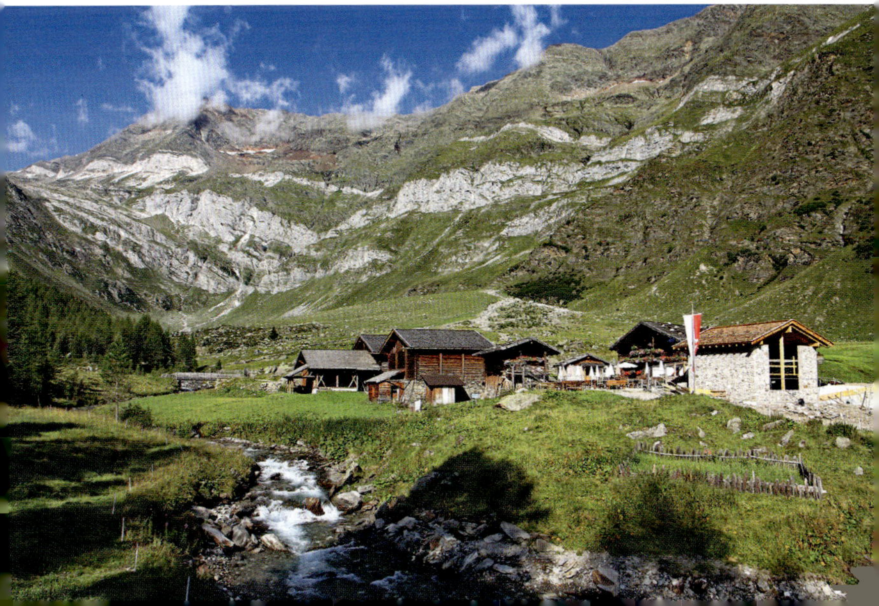

36 Stettiner Hütte, 2875 m

Von Pfelders Richtung Eisjöchl

7.00 Std. | 20,1 km | ↗ 1250 m | ↘ 1250 m

Eine neue Ära des Stützpunktes an der Hochwilde

Die Stettiner Hütte unweit des Eisjöchls blickt auf eine turbulente Geschichte zurück: Bereits die Erbauersektion hatte damals wetterbedingt mit einigen Schwierigkeiten zu kämpfen, sodass 1897 erst im dritten Jahr nach Baubeginn Einweihung gefeiert werden konnte. Zwei Erweiterungen ließen nicht lange auf sich warten, doch brachte der Erste Weltkrieg mit anschließender Enteignung und Übernahme durch den CAI eine Zäsur. 1931 fiel die Hütte gar einer Lawine zum Opfer, und Ende der 1960er-Jahre war sie vom italienischen Militär zur Grenzüberwachung besetzt. Die Wiederbewirtschaftung datiert ins Jahr 1972, ab 1992 mit einem schmucken Neubau, der 1999 plangemäß der Provinz Südtirol übereignet wurde. Im Februar 2014 dann der nächste Schock: Erneut wurde die Stettiner Hütte von einer Lawine getroffen und schwer beschädigt. Nach einer längeren Phase provisorischen Hüttenbetriebs konnte der modern gestaltete Neubau im Sommer 2022 eröffnet werden. Damit pilgern nun wieder verstärkt Wanderer und Bergsteiger Richtung Eisjöchl hinauf, sei es aus dem Pfossental oder aus dem Pfelderer Tal. Die größte Aufmerksamkeit gilt hier seit eh und je der Hochwilde – fast 3500 Meter hoch in der Skyline des Ötztaler Hauptkamms ...

Wer durchs Pfossental aufsteigt, hat die profilierte Hohe Weiße stets vor Augen.

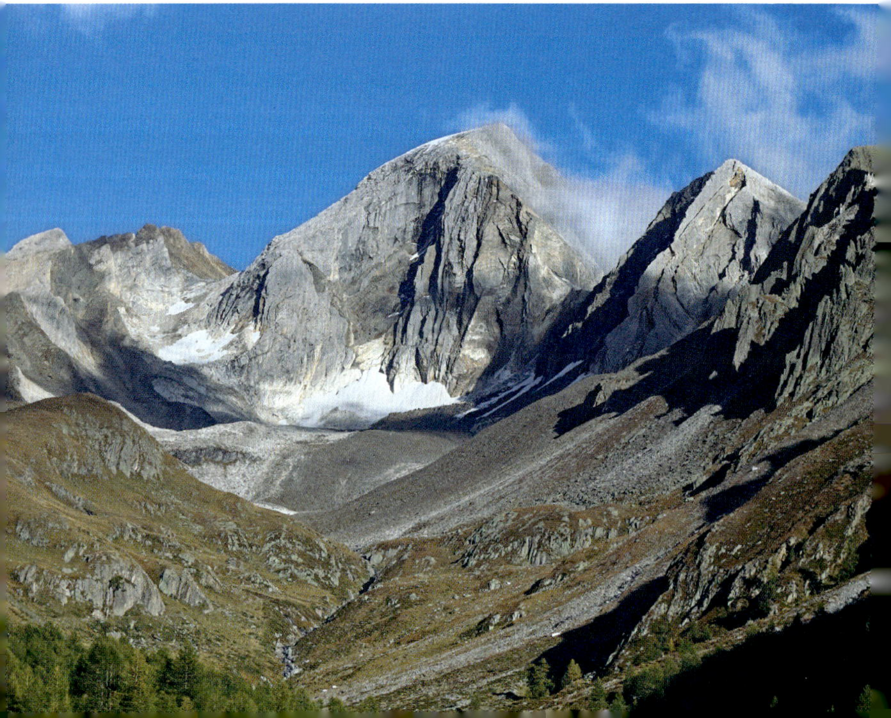

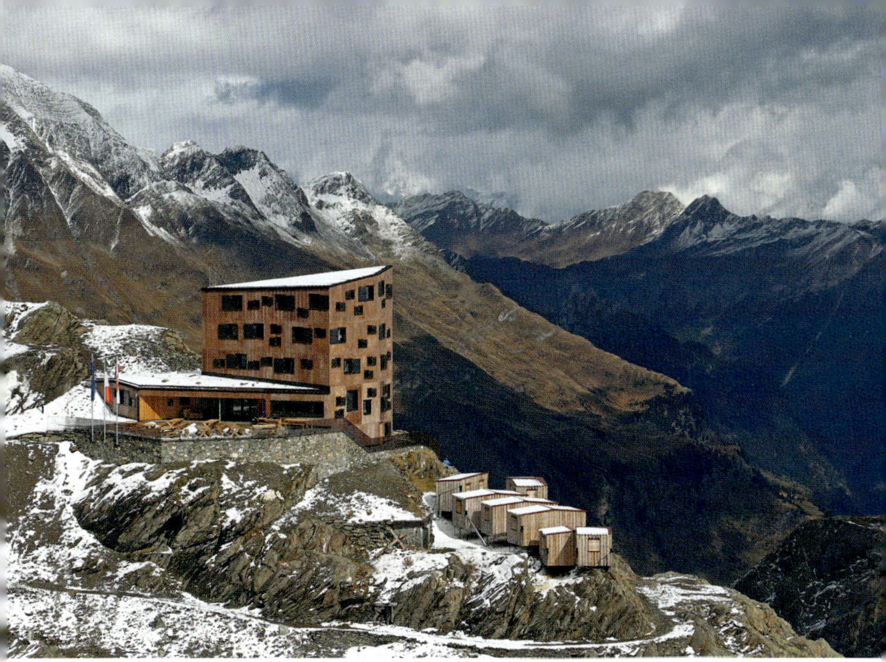

Moderne Architektur – die neue Stettiner Hütte hoch über dem Pfelderer Tal.

Ausgangspunkt: Pfelders, 1628 m, großer Parkplatz und Haltestelle der Buslinie von St. Leonhard am Ortseingang.
Anforderungen: T3. Langer Hüttenzustieg, in der Art eines Saumweges meist problemlos, nur im Bereich der neuen Weganlage oberhalb der Lazinser Alm steileres Gelände, das etwas Trittsicherheit erfordert. Hin und zurück großes Tagespensum, bis zur Lazinser Alm wenig anstrengend.
Variante: Vom Vorderkaser durchs Pfossental ebenfalls ca. 4.00 Std. bis zur Stettiner Hütte.
Karte: Tabacco 1:25.000, Blatt 039.

EINKEHR

Lazinser Hof, 1772 m: Juni bis Oktober sowie in der Wintersaison, Mo Ruhetag, Tel. +39 0473 424482, www.lazinshof.com.
Lazinser Alm, 1860 m: Anfang Juni bis Mitte Oktober sowie in der Wintersaison (evtl. sogar durchgehend), Tel. +39 0473 646800.
Stettiner Hütte, 2875 m: Auton. Prov. Südtirol, Anfang Juli bis Ende September, 84 Schlafplätze, Tel. +39 0473 424244.

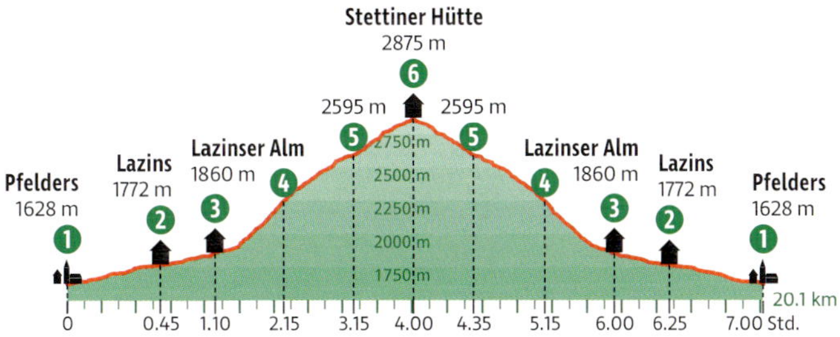

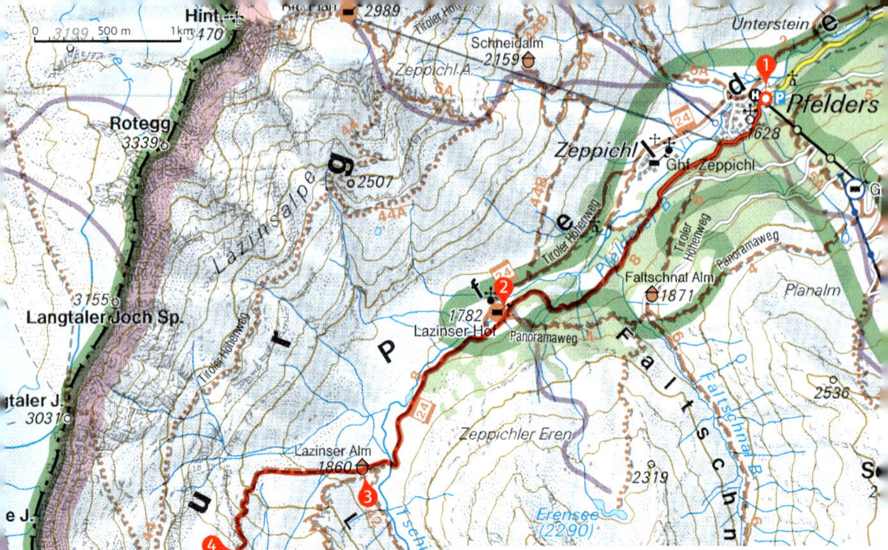
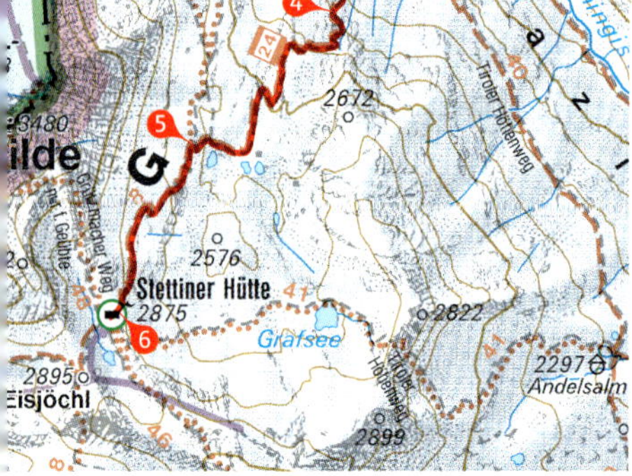

Von **Pfelders** ❶ gibt es anfangs zwei Möglichkeiten, entweder südlich am Ort vorbei auf einem Fahrweg leicht ansteigend durch den schattseitigen Waldhang oder alsbald auf die gegenüberliegende Bachseite und mit der Straße zum Weiler Zeppichl, anschließend über Waldweiden nach **Lazins** ❷, 1772 m. Ein Güterweg bringt uns weiter taleinwärts zur **Lazinser Alm** ❸, 1860 m, wo ebenfalls ausgeschenkt wird. Während sich die bergsturzgefährdete originale Route mit einer Serpentinenschlange aufwärtsschraubt, scheren wir jetzt rechts in eine Wiesenmulde aus und folgen der neuen Trasse, die in den steileren Hanglagen am »Goager« Höhenmeter sammelt. Dabei werden allfällige Felsschrofen geschickt vermieden. Auf etwa 2250 Metern gelangt man zurück auf die komfortable und nur mäßig steile ehemalige **Militärtrasse** ❹, absolviert wiederum etliche Kehren und hält sich dann mehr rechts. Allmählich kommen wir in kargeres Gelände voran und nach einer Flachpassage zur Abzweigung des Pfelderer Höhenwegs ❺, der mit Nr. 44 bezeichnet zur Zwickauer Hütte führt. Eine Dreiviertelstunde später läuft man bei der **Stettiner Hütte** ❻, 2875 m, knapp unterhalb des Eisjöchls ein. Der Rückweg ist identisch.

TOUREN

Hochwilde, 3480 m: markierter, stellenweise gesicherter Felssteig (T4–5), ab Hütte 2.00 Std.
Hohe Weiße, 3279 m: der hochalpine Willy-Ahrens-Weg über die Nordseite (T5), 2.00 Std.
Zwickauer Hütte, 2979 m: über den mit Nr. 44 bezeichneten Pfelderer Höhenweg (T3), 4.00 Std.
Lodnerhütte, 2259 m: Route Nr. 8 über Eisjöchl und Johannesschartl (T4), 3.00 Std.

Zwickauer Hütte, 2979 m

Von Pfelders über die Schneidalm

37

6.45 Std. | 11,3 km | ↗ 1350 m | ↘ 1350 m

TOP

Gemütliches Bergsteigernest an der 3000-Meter-Marke

Die Zwickauer Hütte, himmelhoch über Pfelders auf einem Vorsprung am Rande des Planferners gelegen, ist gewissermaßen ein Pedant zur Stettiner Hütte am Eisjöchl. Schon die Chronik liest sich ähnlich, denn auch die Zwickauer wurde gegen Ende des 19. Jahrhunderts von einer alpenfernen Sektion gebaut, nach dem Ersten Weltkrieg vom CAI übernommen, 1933 durch Brand zerstört, 1960 wieder aufgebaut, allerdings bald darauf vom Militär beschlagnahmt und in die Luft gesprengt. Erst seit 1983 steht dort wieder eine richtige Herberge für Bergsteiger. Hausberg ist der Hintere Seelenkogel – ein kaum minder attraktives Ziel als die Hochwilde drüben bei der Stettiner. Doch selbst ohne Gipfel hat man ein ordentliches Steigpensum bis in alpine Gefilde zu bewältigen, denn die Zwickauer Hütte rangiert in der Höhenstatistik unserer gesamten Region auf Platz drei! Wem dies zu happig erscheint, der kann sich trotzdem auf den Weg machen. Auf knapp halber Höhe empfängt uns mit der Schneidalm eine urige, kleine Jausenstation, wo das Panorama schon aller Ehren wert ist.

Ausgangspunkt: Pfelders, 1628 m, großer Parkplatz und Haltestelle der Buslinie von St. Leonhard am Ortseingang.
Anforderungen: T3. Gut ausgebauter Bergsteig, der allerdings in große Höhen mit geröllig-felsigem Gelände führt. Sehr der Sonne ausgesetzt und daher zusätzlich anstrengend. Trittsicherheit und gute Kondition erforderlich.
Karte: Tabacco 1:25.000, Blatt 039.

Nach einer Nacht auf der Zwickauer Hütte kündet das erste Licht an der Hochwilde einen verheißungsvollen Tag an.

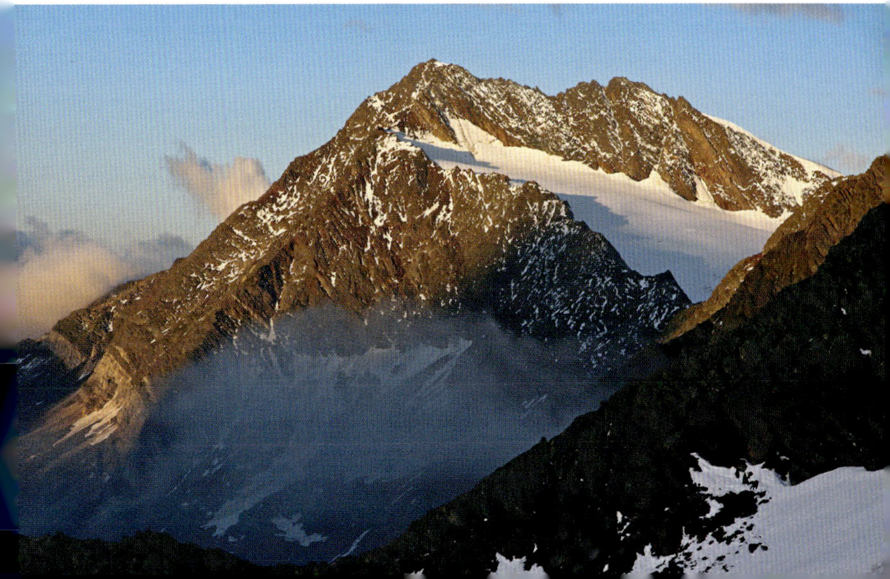

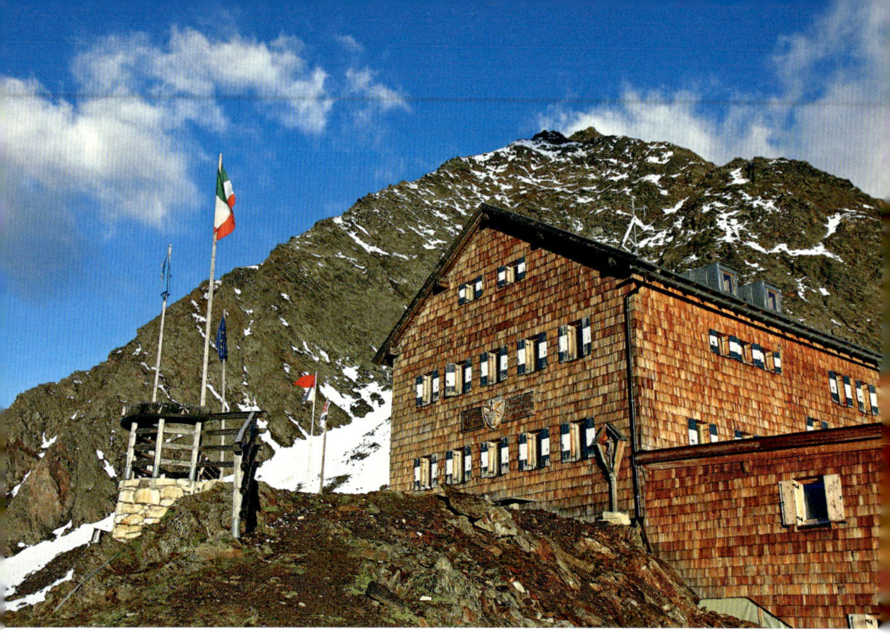

Die Zwickauer Hütte kratzt schon an der 3000-Meter-Marke.

Vom Parkplatz in **Pfelders** ❶ orientieren wir uns zum Pfelderer Bach und steigen an der gegenüberliegenden Talflanke mit Nr. 6a aufwärts. Die verästelte Fernerbachrunse gibt zunächst die Leitlinie vor. Nach etwa einer halben Stunde halten wir uns bei einer Gabelung links, kreuzen anschließend einige Bäche und gewinnen an üppig bewachsenen Hängen die Höhe der **Schneidalm** ❷, 2159 m, die sich knapp rechts des Hauptweges befindet. Auf der Fortsetzung abermals nach links über Grasmatten zur **Oberen Schneid** ❸, 2371 m, einem markanten Geländevorsprung. Hier zweigt auch ein spärlicher Pfad ab, der um den Bockberg herum in den Pfelderer Höhenweg zur Stettiner Hütte mündet. Für uns geht es freilich am begrünten Geländesporn in vielen Kehren weiter bergauf. Allmählich treten dabei die Matten zurück. Wir passieren die beiden Abzweigungen des »44ers« Richtung Stettiner Hütte links und Rauhjoch rechts, bevor einige im frühen Sommer eventuell noch schneedurchsetzte Blockschuttfelder

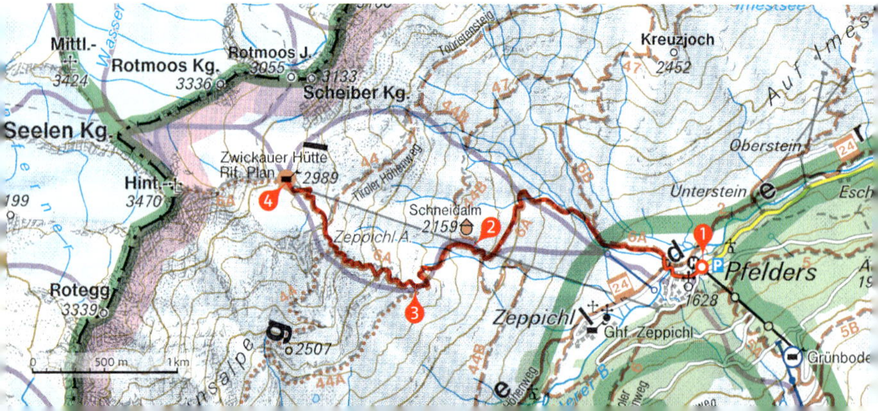

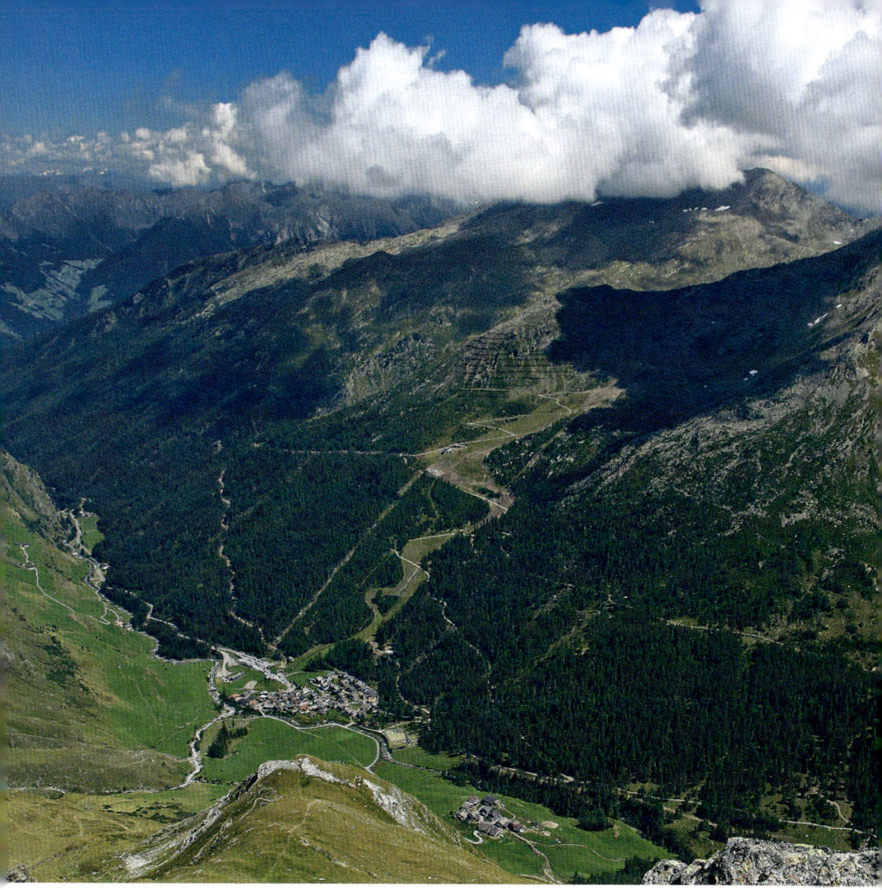

Schritt für Schritt bleibt der Talort Pfelders immer tiefer unter uns.

EINKEHR

Schneidalm, 2159 m: Anfang Juni bis Anfang Oktober, Tel. +39 342 1556816.
Zwickauer Hütte, 2979 m: Auton. Prov. Südtirol, Anfang Juli bis Ende September, 60 Schlafplätze, Tel. +39 392 5557662 oder +39 0473 646700, www.zwickauer.13h.de.

TOUREN

Hinterer Seelenkogel, 3489 m: markierte Felsroute über den Ostgrat (T4, Stellen I), 1.30 Std.
Stettiner Hütte, 2875 m: über den Pfelderer Höhenweg (T3), 4.00 Std.
Gasthof Hochfirst, 1860 m: via Kreuzjoch, Rauhjoch, Hinteres Seeberkar und Seeberalm bis zur Timmelsjochstraße (T3), 6.00 Std.

bis unter den Aufbau des Weißen Knott leiten. Dort oben thront weithin sichtbar die **Zwickauer Hütte** ❹, 2979 m, die zuletzt auf gut angelegtem Felssteig erreicht wird. Diese Route wird auch im Abstieg begangen.

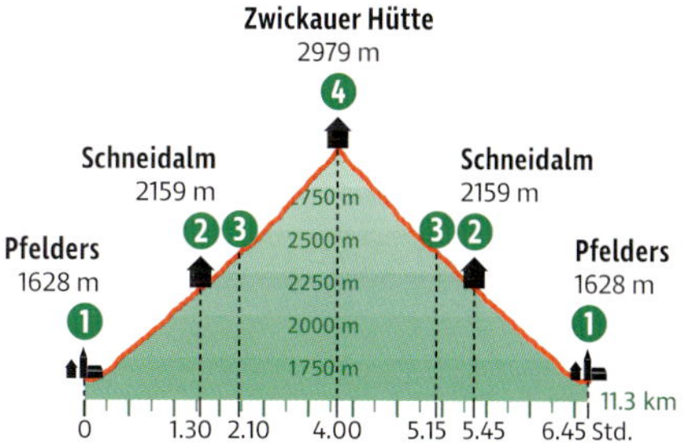

38 Oberglaneggalm, 2062 m, und Seeberalm

Rundtour über den Seebersee

2.45 Std. | 8,0 km | ↗340 m | ↘340 m

Eine Portion Beschaulichkeit im Timmelsjochgebiet

Still und erhaben wirkt die Landschaft im Seebertal, auch wenn die frequentierte Timmelsjoch-Hochalpenstraße in der Nähe vorbeiführt. Gegenüber Autotouristen bleiben die Wanderer ja deutlich in der Minderheit, und so können wir die Kulisse mit dem mächtigen Hochfirst im Hintergrund in Ruhe würdigen. Der schönste Fleck dafür ist womöglich der in wellige Hochweiden eingebettete Seebersee. Aber natürlich wollen wir unsere beiden Almen nicht vergessen – die eine herrlich am Sonnenhang gelegen, die andere im Talgrund und schon im Mittelalter mit drei Schwaighöfen erwähnt.

Ausgangspunkt: Seeber Parkplatz, ca. 1915 m. Anfahrt aus dem Passeier über die Timmelsjochstraße und ca. 1 km hinter dem Gasthof Hochfirst links auf einen Traktorweg abzweigen. Zwischen Mitte Juni und Mitte September verkehrt zwischen Moos im Passeier und Obergurgl viermal täglich ein Wanderbus hin und her (Haltestelle »Seeber Kehre«).

Anforderungen: T2. Leichte und meist wenig steile Wanderwege im Almgelände. Vorsicht nur bei Bachquerungen im Falle starker Wasserführung. Auch konditionell moderate Halbtagestour.

Karte: Tabacco 1:25.000, Blatt 039.

Direkt beim **Parkplatz ❶** folgen wir der Bezeichnung Nr. 20 auf einen Wiesenhang und bewältigen bald das einzig wirklich steile Stück der Tour. Zur **Oberglaneggalm ❷**, 2062 m, hin wird es schon wieder gemäßigter. Knapp oberhalb der Gebäude nehmen wir den Flankensteig auf, der nun taleinwärts quer durch teils terrassenartige Mattenhänge zieht.

Einkehrstationen unweit der Timmelsjochstraße: Oberglaneggalm ...

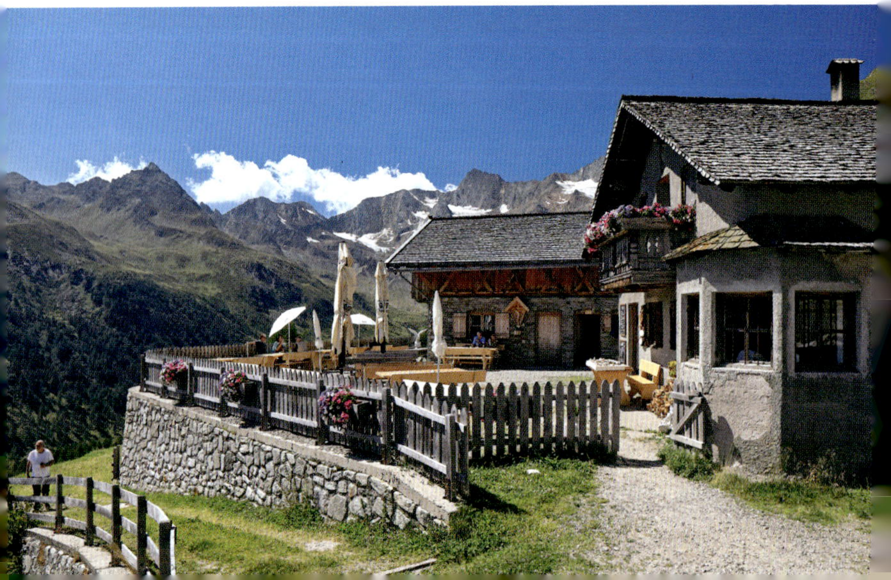

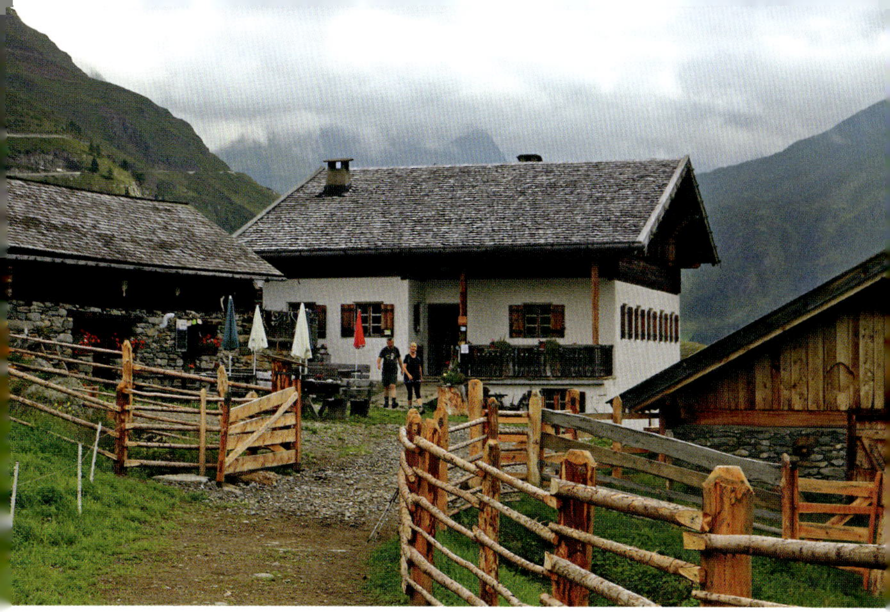

... und Seeberalm.

Die höchste Stelle liegt auf rund 2150 Metern, ehe sich die Route wieder leicht absenkt und den **Seebersee** ❸, 2056 m, anpeilt. Kurz davor wird bereits eine Verbindung zur Seeberalm ausgewiesen, doch lohnt sich noch eine kleine Extra-Schleife um den See, womit man auf der anderen Seite an der Hirtenhütte vorbeikommt. Anschließend mit Nr. 43 sukzessive ins Seebertal hinab und über die Böden links vom Hauptbach hinaus zur bewirtschafteten **Seeberalm** ❹, 1842 m. Auf der Zufahrt fällt schließlich noch ein Gegenanstieg zurück zum **Parkplatz** ❶ an.

EINKEHR

Oberglaneggalm, 2062 m: Juni bis Oktober, Tel. +43 699 10174786.
Seeberalm, 1842 m: Anfang/Mitte Juni bis Mitte/Ende Oktober, Tel. +39 342 9288539.

TOUREN

Königsjoch, 2825 m: Route Nr. 20 über die Gamsbank (T3), von der Oberglaneggalm 2.00 Std.; möglicher Übergang nach Obergurgl.

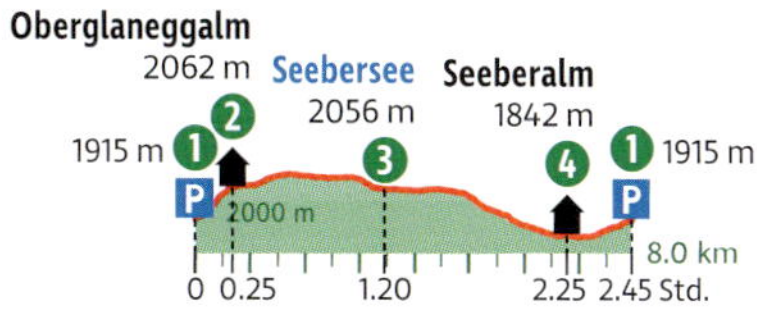

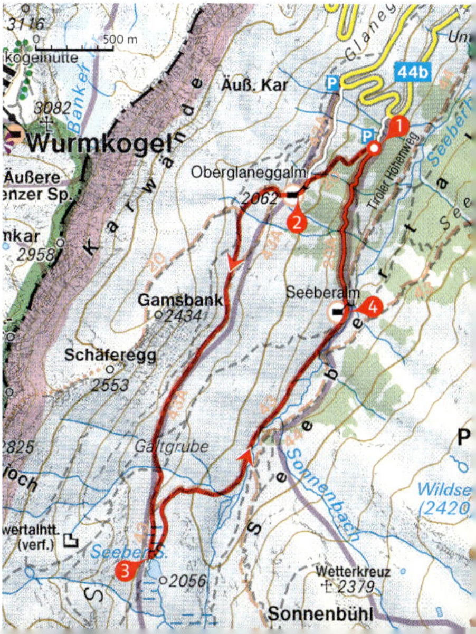

39 Timmelsalm, 1979 m

Kurzausflug von der Timmelsjochstraße

1.15 Std. | 3,8 km | ↗ 220 m | ↘ 220 m

Ausgedehntes Almgebiet an der Grenze zu Österreich

Rund 1800 Hektar misst das Weidegebiet der Timmelsalm. Damit ist sie die größte Alm im Bereich des Passeier und zudem eine von überhaupt nur zwei sogenannten Gerichtsalmen. Diese Besonderheit bedeutet, dass jedem Bauern im Tal prinzipiell das Recht zusteht, sein Vieh dort zu sömmern. Wenn man die Jausenstation besucht, fühlt man sich schon richtig »drinnen« im Gebirge, obwohl der Zugang von der Timmelsjochstraße denkbar unkompliziert ist. Deshalb sind bei Schönwetter auch regelmäßig viele Wanderer und Ausflügler unterwegs.

Ausgangspunkt: Timmelsbrücke, 1759 m, an der Timmelsjochstraße ca. 1 km vor dem Gasthof Hochfirst. Parkplatz und Bushaltestelle (im Sommer etwa viermal täglich zwischen Moos in Passeier und Obergurgl).

Anforderungen: T1. Kurze und völlig problemlose Wanderung auf breitem Güterweg, sogar kinderwagentauglich.

Karte: Tabacco 1:25.000, Blatt 039.

EINKEHR

Timmelsalm, 1979 m: Mitte Juni bis Ende September, zwischen Januar und Ostern jeweils an Wochenenden Tel. +39 0473 647100 oder +39 340 4995545.

TOUREN

Großer Timmler Schwarzsee, 2514 m: traumhafter Bergsee, erreichbar auf der Fortsetzung des Weges Nr. 30 (T2+), ab Timmelsalm ca. 1.45 Std.

Schneeberghütte, 2355 m: zum Timmler Schwarzsee und weiter mit Nr. 29 über die Karlscharte (T3), 4.00 Std.

Müllerhütte, 3145 m, bzw. Becherhaus, 3195 m: zum Timmler Schwarzsee und weiter über die Schwarzwandscharte auf den Übeltalferner (Gletschertraverse, T4), ca. 4.30 bis 5.00 Std.

Auf dem breiten Weg zur Timmelsalm.

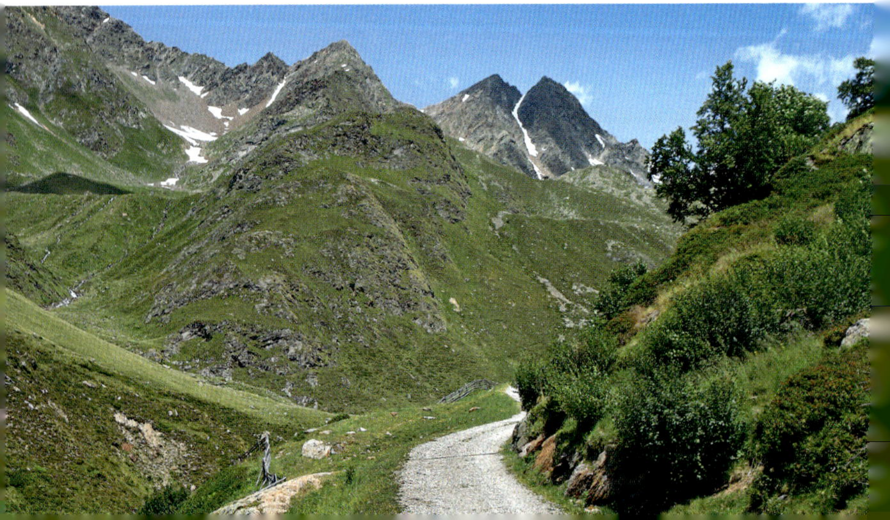

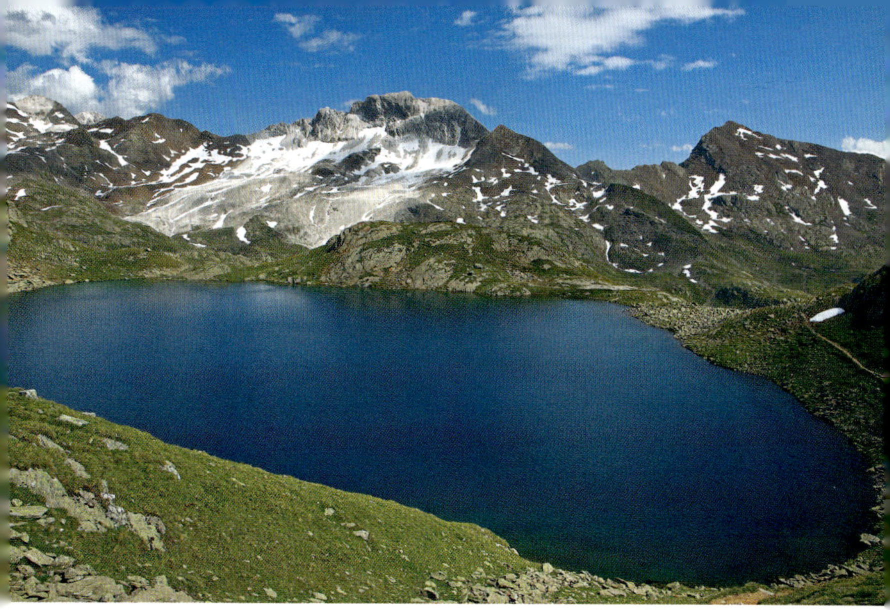

Ein Stockwerk höher befindet sich der wunderbare Timmler Schwarzsee mit der Kulisse der Schneeberger Weißen.

Direkt bei der **Timmelsbrücke ❶** nehmen wir den Güterweg auf und wandern ins weite Hochtal hinein. Man bleibt stets rechts vom Bach, bewältigt eine moderate, relativ gleichmäßige Steigung und gelangt im Bereich des abflachenden Bodens schon zum Ziel. Die **Timmelsalm ❷**, 1979 m, lockt mit landestypischen Südtiroler Spezialitäten. Wem dieses Kurzprogramm nicht genügt, der findet mit dem Schwarzsee weiter oben ein verlockendes Extra! Ansonsten geht es auf demselben Weg retour.

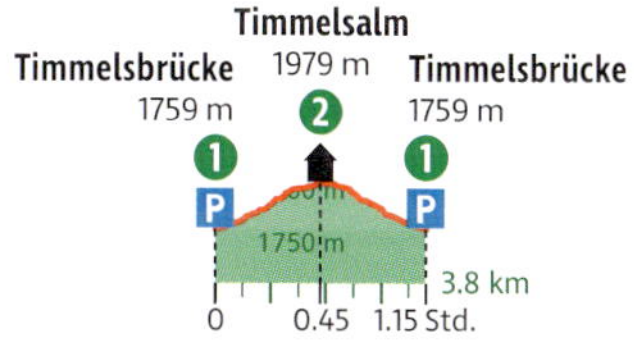

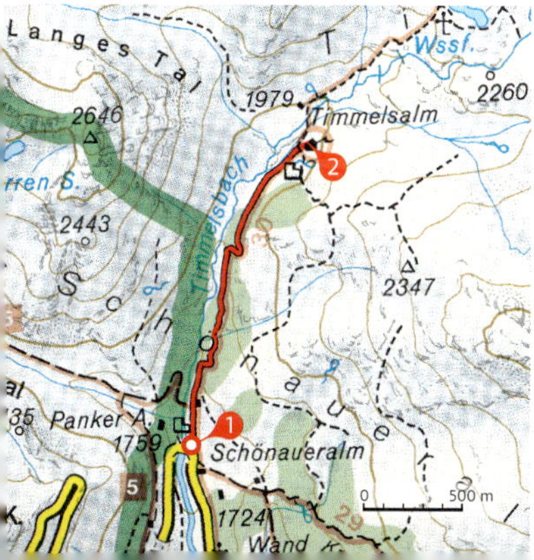

Alpine Bilderbuchlandschaft im Timmelstal.

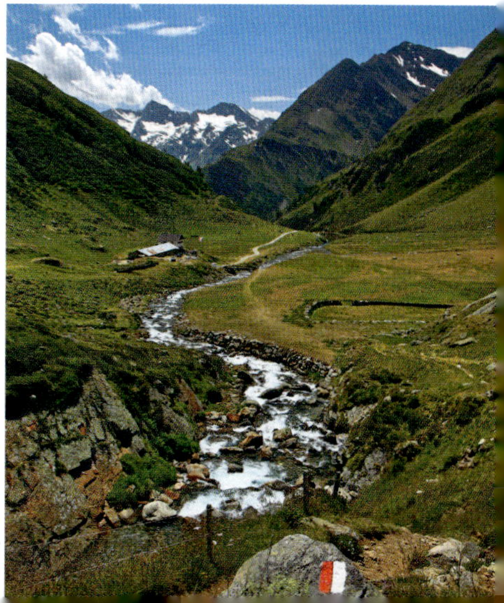

40 Schneeberghütte, 2355 m

Über die Obere Gostalm

3.30 Std. | 11,0 km | ↗680 m | ↘680 m

Zum ehemaligen Herrenhaus der Knappensiedlung St. Martin

Im Berggebiet zwischen Hinterpasseier und innerstem Ridnauntal befand sich einst das höchstgelegene Bergwerk Europas und zeitweise auch eines der bedeutendsten. Bereits seit 1237 ist der Silberabbau am Schneeberg urkundlich belegt. In voller Blüte stand die Förderung im 15. und beginnenden 16. Jahrhundert, als Handelsverbindungen bis zu den Augsburger Fuggern reichten. Über 1000 Stollen, Gruben und Schächte durchlöchern das Gebiet wie einen sprichwörtlichen Schweizer Käse, wobei Abbau- und Transportmethoden im Laufe der Zeit sukzessive verbessert, ja regelrecht industrialisiert wurden. Gleichwohl war das Leben der Knappen – die auf über 2300 Meter Höhe ihre Siedlung St. Martin gründeten – stets überaus hart und gefährlich, während der Profit in der Regel woanders hängen blieb. Eine Verklärung der Umstände ob der bemerkenswerten Leistungen scheint daher kaum angebracht, auch im Hinblick auf die Umwelt, die zu den Verlierern zählte. Nachdem in der Spätphase vor allem Zinkblende gewonnen wurde, setzte das Jahr 1979 mit der endgültigen Einstellung des Betriebs den Schlusspunkt unter 800 Jahre Bergbaugeschichte am Schneeberg. Zum Glück griff bald das Südtiroler Bergbaumuseum ein, um den Verfall dieses Industriedenkmals zu verhindern und einen Teil der Anlagen einem interessierten Publikum zugänglich zu machen. Das ehemalige Herrenhaus in St. Martin wurde 1972 zu einer nützlichen Unterkunft für Wanderer umfunktioniert – und man kann sich des Eindrucks nicht erwehren, dass diese Mauern Geschichte atmen ...

St. Martin am Schneeberg fungierte einst als Knappensiedlung.

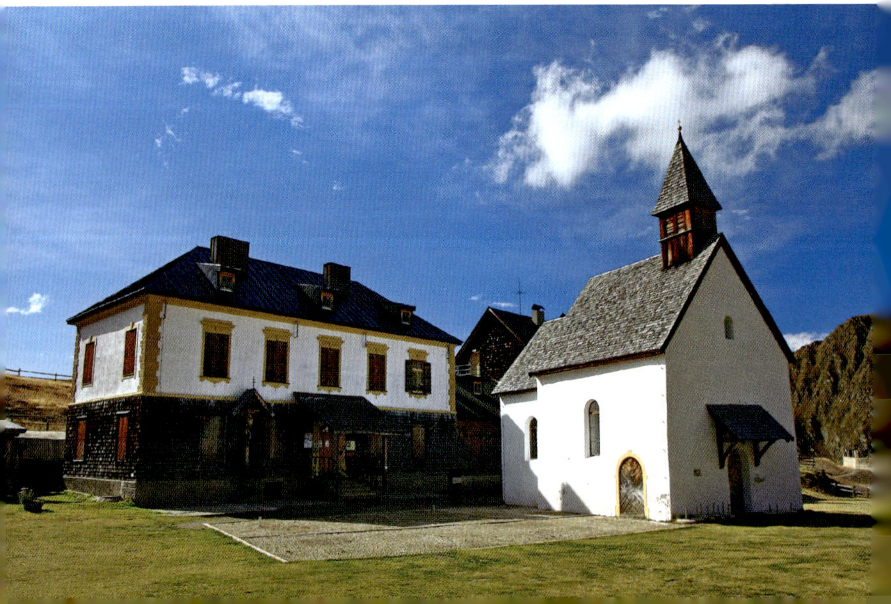

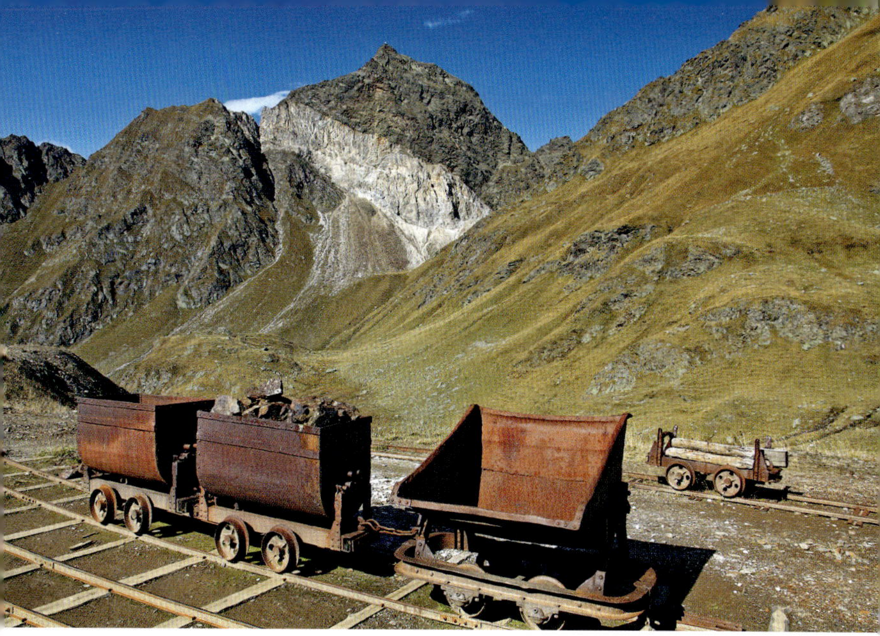

Im Schneeberggebiet hat der Bergbau allenthalben Spuren hinterlassen.

Ausgangspunkt: Parkplatz »Platterköfel«, ca. 1700 m, an der Timmelsjochstraße zwischen Saltnuss und Schönau. Haltestelle der Buslinie zwischen Moos und Obergurgl (viermal täglich in der Sommersaison).
Anforderungen: T2. Im Wesentlichen problemlose Bergwege und auch konditionell nicht besonders anspruchsvoll.
Variante: Weitere Ausgangspunkte bestehen an der Schneebergbrücke, 1666 m, sowie an der Timmelsbrücke, 1759 m. Von Letztgenannter ist es mit 2.30 Std. im Bergauf etwas länger. Bei Interesse sollte man unbedingt das Erlebnisbergwerk besichtigen.
Karte: Tabacco 1:25.000, Blatt 039.

Vom Parkplatz **»Platterköfel« 1** nehmen wir den Weg Nr. 29B auf – anfangs eventuell mit Abkürzung einiger Schleifen. Relativ rasch kommt man in den Bereich der Waldgrenze und zur bereits aussichtsreich gelegenen **Oberen Gostalm 2**, 1990 m, die kurioserweise von entfernten

EINKEHR

Obere Gostalm, 1990 m: Anfang Juni bis Mitte Oktober, Tel. +39 349 3122222.
Schneeberghütte, 2355 m: Auton. Prov. Südtirol, Mitte Juni bis Mitte Oktober, 100 Schlafplätze, Tel. +39 0473 932900, www.schneeberg.org.

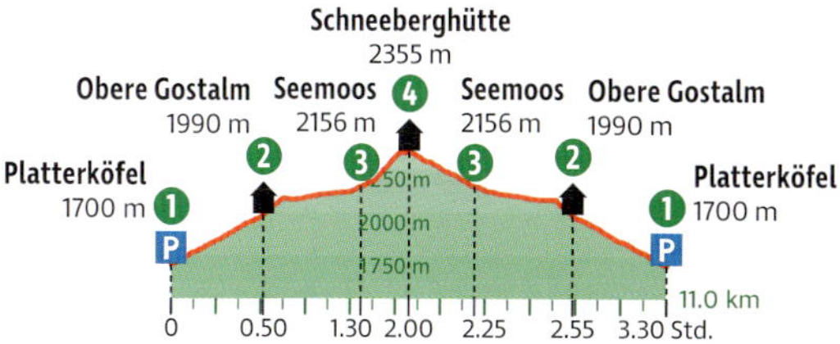

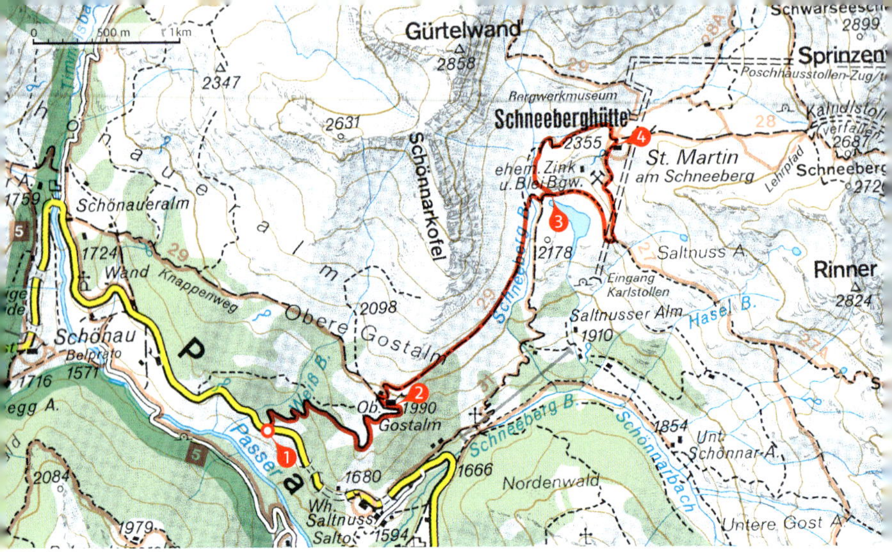

Bauern aus Schenna genutzt wird. Oberhalb treffen wir auf den Knappenweg (Nr. 29), der im Folgenden die Hochmahd quert und sich einer Art Kessel nähert, welcher schon zum einstigen Bergbaugebiet gehört. Hier im **Seemoos** ❸ gabelt sich die Route: Während Nr. 29 links ausholend hinaufzieht, geht der Montanwanderweg den steileren Hang im Zickzack direkter an. Beide treffen genau bei der **Schneeberghütte** ❹, 2355 m, ein. Im Abstieg können wir im oberen Teil die andere Variante nutzen, ansonsten ist der Rückweg identisch.

Blick übers Seemoos, wo man ehemalige Förderanlagen erkennt.

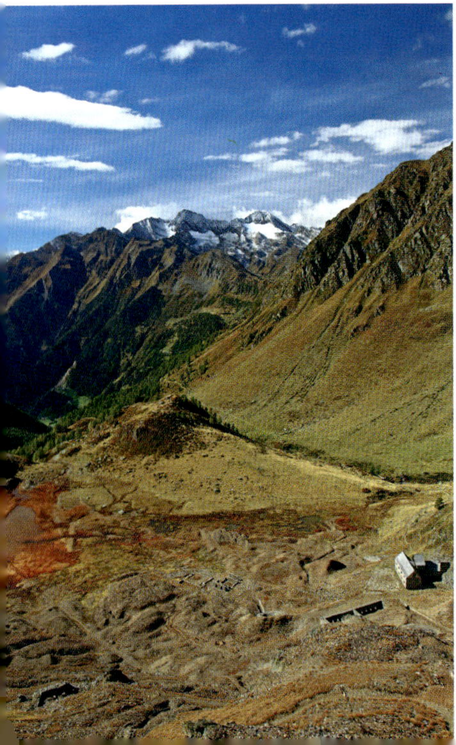

TOUREN

Poschalm (Moarerbergalm), 2114 m: über die Schneebergscharte (T3), 2.30 Std. Dies ist auch der Übergang nach Maiern im Ridnauntal (Landesbergbaumuseum).

Grohmannhütte, 2254 m, bzw. Teplitzer Hütte, 2586 m: über Schneebergscharte, Egetjoch und eventuell Sieben-Seen-Weg (T3), 5.00 bis 6.00 Std.

Timmelsalm, 1979 m: über Karlscharte und Timmler Schwarzsee (T3), 3.30 Std.; sehr schöne Tages-Rundtour von der Timmelsbrücke, insgesamt 6.30 Std.

Hochalm, 2174 m: Route Nr. 27 über die Hochwart (T3), 4.30 Std.

Hochalm, 2174 m, und Eggergrubalm

41

Rundwanderung von Stuls

4.00 Std. | 9,5 km | ↗ 850 m | ↘ 850 m

Auf der Sonnenseite des Passeiertals

Hochalm – allein der Name ist wohl Verlockung genug! Tatsächlich gehört diese Wanderung zu den attraktivsten im Hinterpasseier, besonders wenn im Frühsommer die Bergwiesen der Stuller Mahder in voller Blüte stehen oder im Herbst die lichten Lärchenwälder golden funkeln. Auf dem Hochbalkon wird man nach allen Regeln der Kunst verwöhnt: von der Sonne, von einer bodenständigen Südtiroler Küche und natürlich von der prachtvollen Aussicht. Gegenüber bauen sich die Texelgruppe und der Gurgler Kamm auf, dazwischen die Furche des Pfelderer Tals. Die Hochalm fungiert übrigens seit 1976 als vollwertige Bergunterkunft, wird sie doch von richtigen Höhenwegen und Gipfelzielen wie Hochwart und Hohe Kreuzspitze umgeben. Als Tageswanderer vollziehen wir vom Sonnendorf Stuls einen abwechslungsreichen Rundkurs, der beim Rückweg auch noch die Eggergrubalm berührt.

Ausgangspunkt: Stuls, 1315 m, im Hinterpasseier (Parkplätze und sogar eine Parkgarage im Ort). Busanschluss von Moos.
Anforderungen: T2. Leichte Bergwander- und Karrenwege, beim Abstieg auch längere Zeit auf verkehrsarmen Bergsträßchen. Der Beginn der Tour ist etwas steil, abgesehen von grundlegender Ausdauer aber keine besonderen Anforderungen.
Variante: Anfangs über Weg Nr. 15A aufwärts, im Abstieg entweder auf Steig Nr. 14 oder mit 14B weithin auf Fahrbahnen. Wer den kürzesten Zugang möchte, kann beim Parkplatz Hochegg starten; von dort bis zur Hochalm ca. 1.40 Std.
Karte: Tabacco 1:25.000, Blatt 039.

Stuls gilt als »Sonnendorf« im Hinterpasseier – hier brechen wir zur Hochalm auf.

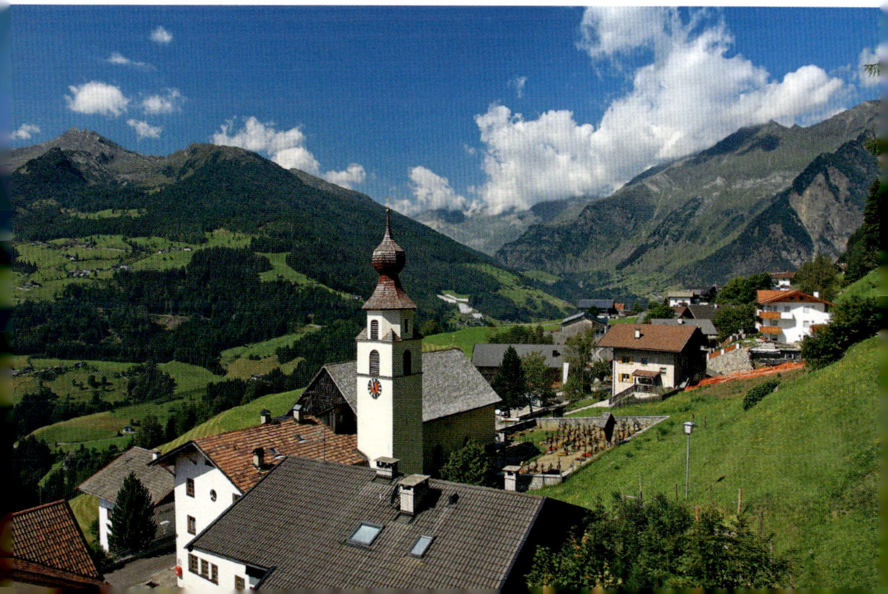

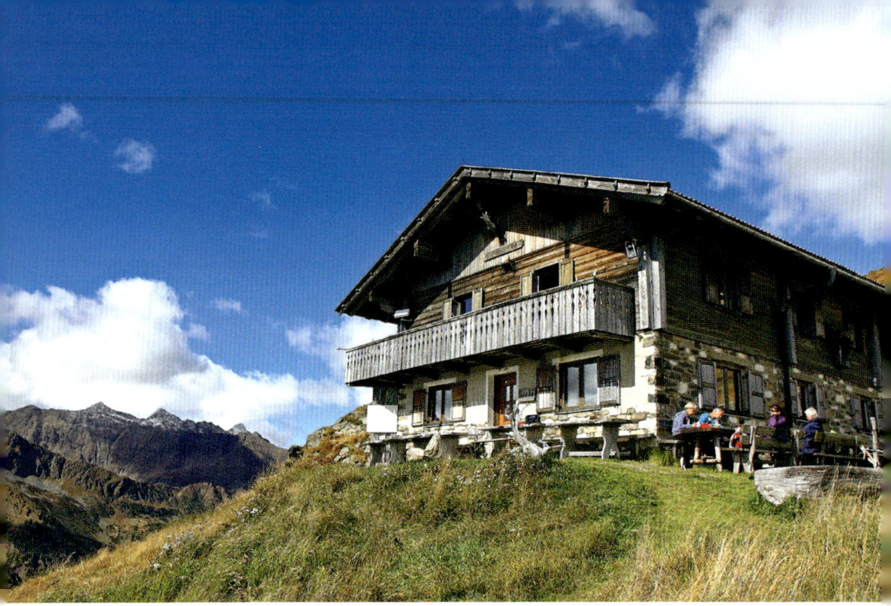

Wie von einer Balkonloge schaut die Hochalm übers Hinterpasseier.

Bei der Kirche in **Stuls** ❶ über die Stiegen aufwärts und zu einem höheren Hof, wo sich Nr. 15A/16 und Nr. 15B verzweigen. Wir halten uns links und kommen auf gutem Waldsteig voran. Nach rund einer Stunde tritt man auf einen großen Wiesenhang mit verstreuten Heustadeln hinaus ❷. Die Pfadspur führt leicht nach rechts und trifft weiter oben auf den Karrenweg mit der Nr. 15A. In Schleifen durch die Lärchenwiesen Richtung **Toniger Hütte** ❸, ca. 1950 m, im Bereich der **Stuller Mahder**. Mit Blick auf das Massiv der Hohen Kreuzspitze geht es nun an der markanten Kuppe der Stuller Mut rechts vorbei und in ihrem rückwär-

EINKEHR

Hochalm, 2174 m: Juni bis Oktober, 40 Schlafplätze, Tel. +39 349 1590852, www.hochalm-schutzhuette.com.
Eggergrubalm, 1943 m: Mitte Mai bis Ende Oktober, in der Wintersaison jeweils Do bis So, Tel. +39 338 4848204.
Morx Puite, 1540 m: fast ganzjährig geöffnet, Mo Ruhetag, Tel. +39 349 8051982.

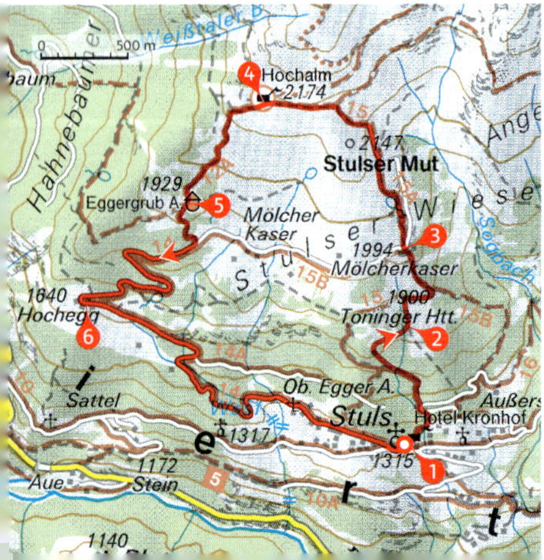

Im Panorama spannt sich der Westkamm der Sarntaler Alpen auf.

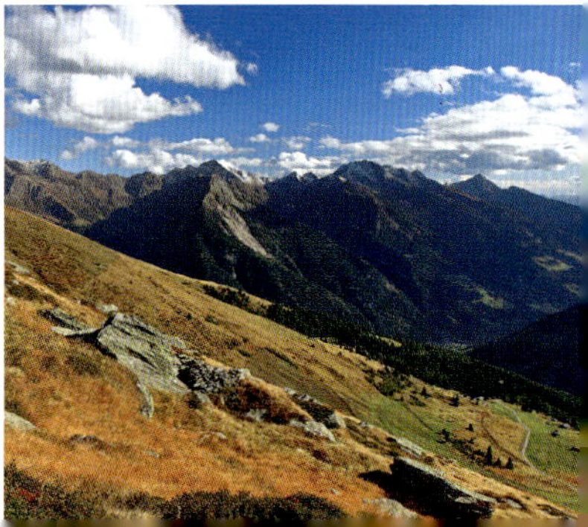

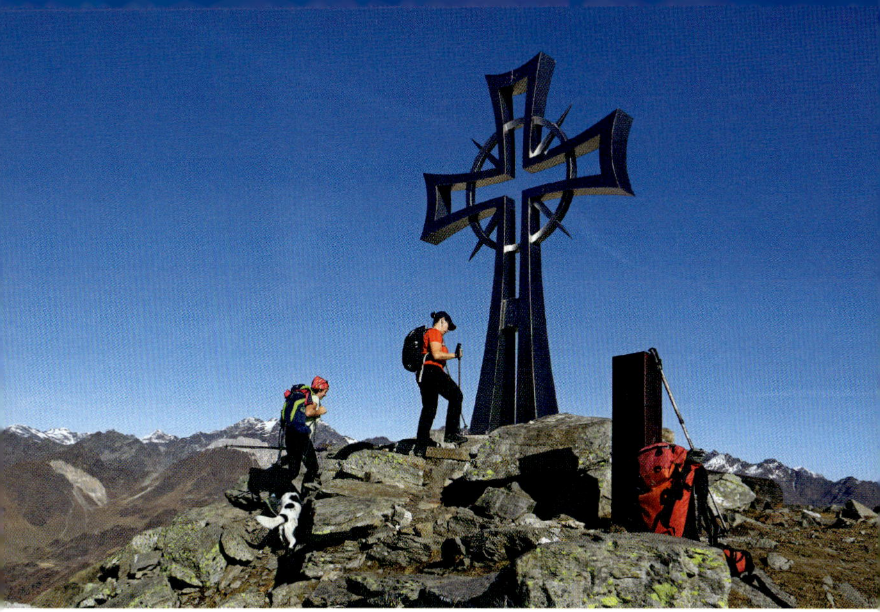

Gipfelstürmer zieht es vorzugsweise auf die Hohe Kreuzspitze.

tigen Bereich schließlich horizontal nach links hinüber zur **Hochalm ❹**, 2174 m.

Im Abstieg wählen wir den Weg Nr. 14, der uns am stumpfen, südwestexponierten Bergrücken zur ebenfalls als Gasthaus geführten **Eggergrubalm ❺**, 1943 m, bringt. Die Fortsetzung auf den Wiesen ist etwas undeutlich markiert, doch kann man entweder dem steileren Steig oder den Kehren des Fahrweges (Nr. 14B) folgen. Dieser ist zunächst geschottert, später asphaltiert. Wir gelangen zu den Berghöfen von **Hochegg ❻**, 1648 m, sowie zu einem neu angelegten Parkplatz knapp unterhalb und kehren auf der wenig befahrenen Straße über die verbleibenden drei Kilometer nach **Stuls ❶** zurück (einige Abschneider möglich; zwischendrin liegt noch die Jausenstation »Morx Puite«).

TOUREN

Hochwart, 2608 m: über die Südseite (T3), 1.15 Std.

Hohe Kreuzspitze, 2743 m: Hauptgipfel des Jaufenkamms, durch die Südwestflanke (T3), 1.45 Std.

Flecknerhütte, 2060 m: auf dem Passeirer Höhenweg quer durch die gesamte Südflanke des Jaufenkamms (T2–3), 4.30 Std.

Schneeberghütte, 2355 m: Überschreitung der Hochwart und weiter auf Route Nr. 27 (T3), 4.30 Std.

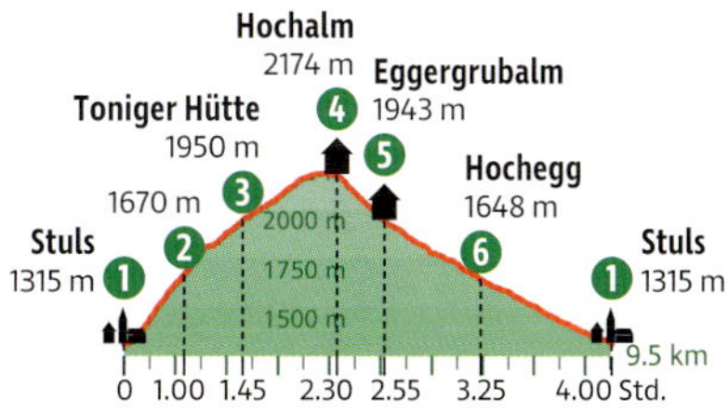

42 Seebergalm, 1712 m, und Wanser Alm

Über den Wannser Jägersteig

2.20 Std. | 6,3 km | ↗380 m | ↘380 m

Doppelpack im stillen Waltental

Auf einer zügigen Panoramafahrt über den Jaufenpass bekommt man zwar einen netten Eindruck vom Waltental, doch allzu viele Wanderer suchen dort nicht ihre Ziele. Dabei ließe sich in den Talschlüssen hinter dem verträumten Weiler Wanns reichlich Auslauf finden – die Äste des Sailer und Wannser Tals schließen bis zum großen Westkamm der Sarntaler Alpen auf. Mit unserer kleinen Almenrunde bleiben wir im vorderen Bereich und entdecken lauschige Fleckchen wie den Seebergsee oder das Wannser Moos. Der Jägersteig verbindet die Seeberg- mit der Wannser Alm.

Ausgangspunkt: Wanns, 1419 m, im Waltental. Anfahrt über die Jaufenpassstraße und von unten kommend knapp 1 km hinter Walten (Gasthaus Alpenrose) rechts abzweigend bis in den Talschluss. Busanbindung nur bis Walten.
Anforderungen: T2. Am teils treppenartig angelegten Jägersteig ist grundlegende Trittsicherheit angenehm, die Almzugänge sind jeweils völlig unproblematisch. Lockere Halbtagestour.
Variante: Aus dem Duo lässt sich ein Trio machen, indem man von der Wannser Alm auch noch die oberhalb gelegene Moser Alm, 1865 m, ansteuert.
Karte: Tabacco 1:25.000, Blatt 039 oder 038.

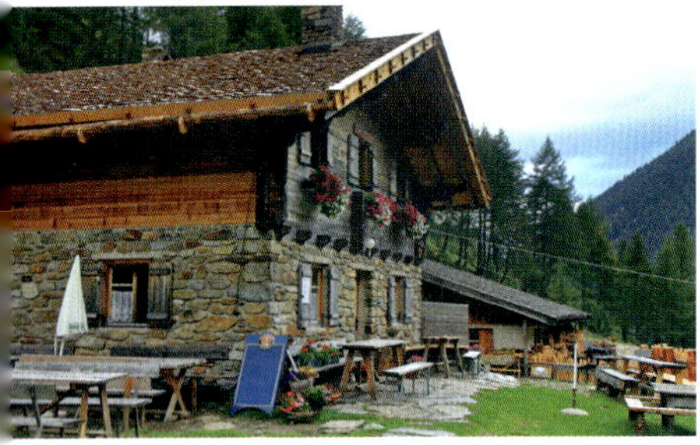

Im weiteren Verlauf des Jägersteigs gelangen wir zur Wannser Alm.

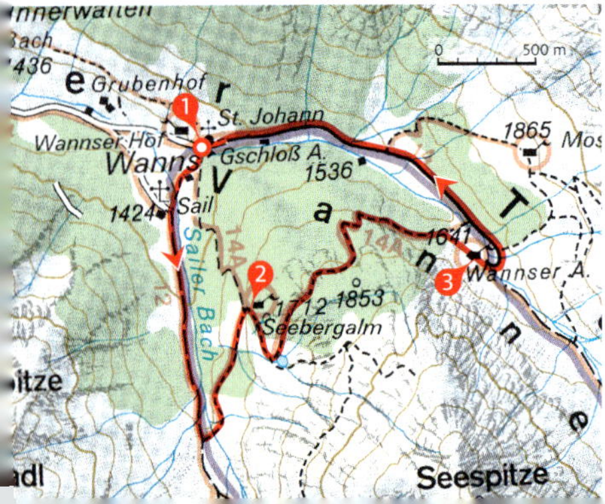

Wir starten vom hübschen Kirchlein in **Wanns** ❶ mit Nr. 15 am Waldrand entlang, wechseln über den Bach auf den breiteren Weg Nr. 12 und kommen damit ein Stück weit ins Sailer Tal voran. Bei einer Gabelung links und mit einer Kurve erneut über den Sailer Bach. Jetzt geht es diagonal am Hang aufwärts, bevor man nach einer weiteren Kehre die **Seebergalm** ❷, 1712 m, erreicht. Beim kleinen Seebergsee oberhalb trennt sich die Gipfelroute zur Seespitze von unserem **Jägersteig**. Dieser gewinnt als wurzliger Waldpfad nur noch wenig

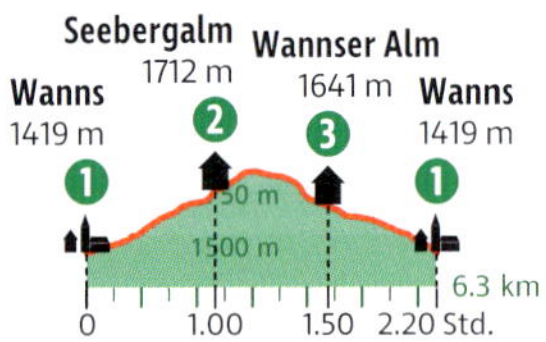

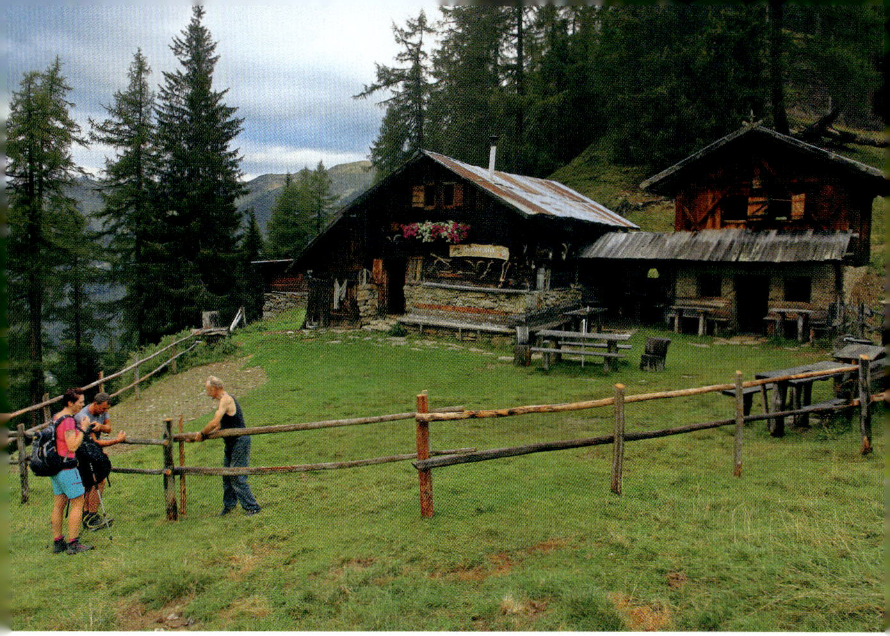

Die Seebergalm erweist sich als ganz uriges Fleckchen.

Höhe, passiert zwischendurch ein Kreuz und geht danach in stärkeres Gefälle über. Hier sind viele Holzstufen und einige Geländer verbaut. Im Wannser Hochtal empfängt uns die **Wannser Alm ❸**, 1641 m – von dort lassen wir es auf dem Wirtschaftsweg talauswärts laufen und kehren damit nach **Wanns ❶** zurück.

EINKEHR

Seebergalm, 1712 m: Juni bis Oktober zeitweise einfach bewirtschaftet, keine Kontaktdaten bekannt.
Wannser Alm, 1641 m: Juni bis Mitte Oktober, Tel. +39 340 7012603.

TOUREN

Seespitze, 2434 m: kleiner Steig von der Seebergalm über die Nordwestseite (T3), 2.00 Std.
Alpenspitze, 2477 m: Rundtour um die Seespitze, via Sailer Gruben, Sailer Joch und Wannser Joch (T3), ab Wanns insgesamt 5.30 bis 6.00 Std. Weitere Verzweigungen zur Hochwart, Ötschspitze und zum Sarner Weißhorn.

Das Kirchlein beim Ausgangspunkt in Wanns.

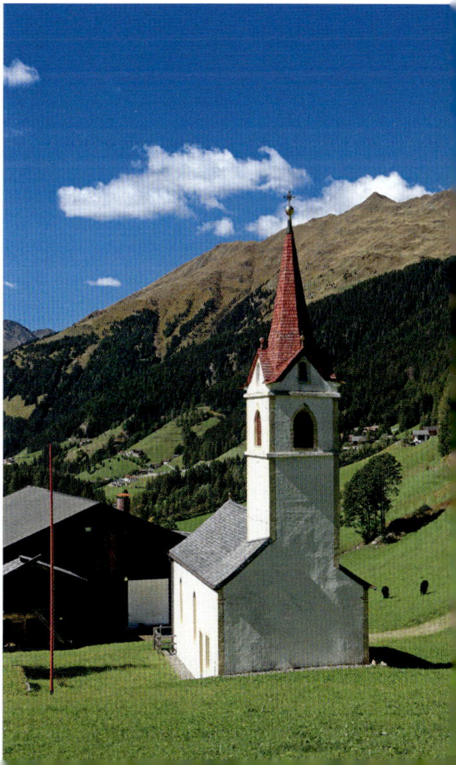

43 Bärengrüblalm, 1874 m

Von St. Leonhard über Pfistrad

5.00 Std. | 11,3 km | ↗1020 m | ↘1020 m

Ein Hort der sprichwörtlichen Passeirer Bodenständigkeit

In einem der typischen Hochtäler am Westkamm der Sarntaler Alpen liegt die Pfistradalm und eine Etage höher die rustikale Bärengrüblalm mit freier Aussicht. Eine deftige Marende bieten beide, doch 500 oder 1000 Höhenmeter Steigpensum machen natürlich schon einen Unterschied. So kann man sein Ziel gemäß der persönlichen Leistungsfähigkeit auswählen. Pfistrad ist übrigens seit dem Mittelalter nachweisbar und wurde einst sogar ganzjährig bewohnt. In einer der Hütten ist ein kleines Bauernmuseum eingerichtet, das vom Leben am Berg erzählt. Und zum Ensemble gehört auch die pittoreske Kapelle St. Anna.

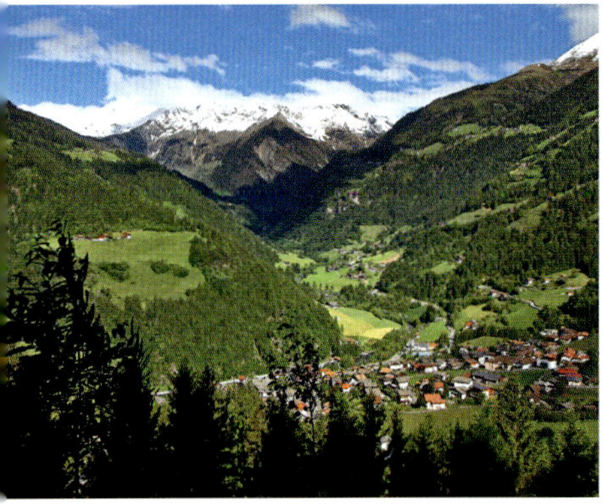

Der Talort St. Leonhard in Passeier mit seiner Umgebung.

Ausgangspunkt: Wanderparkplatz kurz vor dem Larcherhof, 859 m, oberhalb von St. Leonhard. Zufahrt aus dem Ort über die Höfestraße (mit öffentlichen Verkehrsmitteln muss man im Dorf starten, ca. 30 Min. Aufstieg bis zum Larcherhof).
Anforderungen: T2–3. Bis Pfistrad mehrheitlich Forststraße, anschließend zwei Wegvarianten, die beide relativ steil verlaufen – zum einen gut angelegt durch den Bergwald, zum anderen spärlicher ausgetreten über Wiesen. Dabei keine besonderen Hindernisse, allerdings Ausdauer für einen längeren, tagfüllenden Marsch nötig.
Karte: Tabacco 1:25.000, Blatt 039.

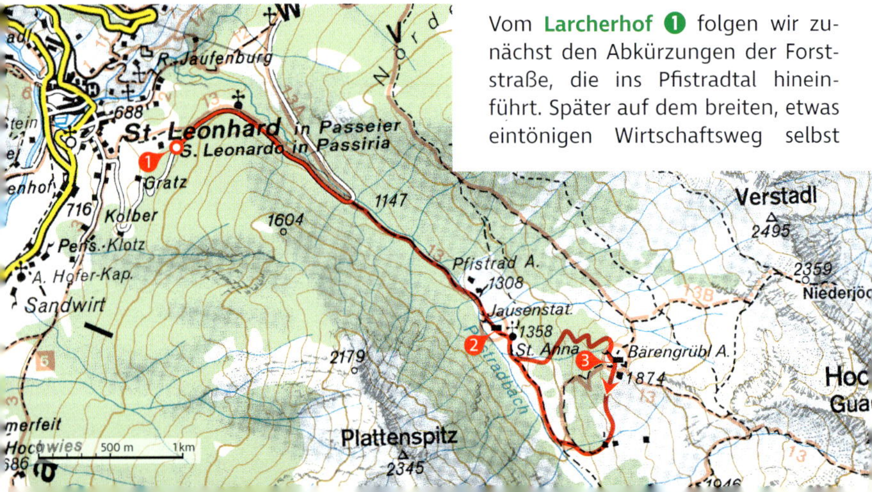

Vom **Larcherhof** ❶ folgen wir zunächst den Abkürzungen der Forststraße, die ins Pfistradtal hineinführt. Später auf dem breiten, etwas eintönigen Wirtschaftsweg selbst

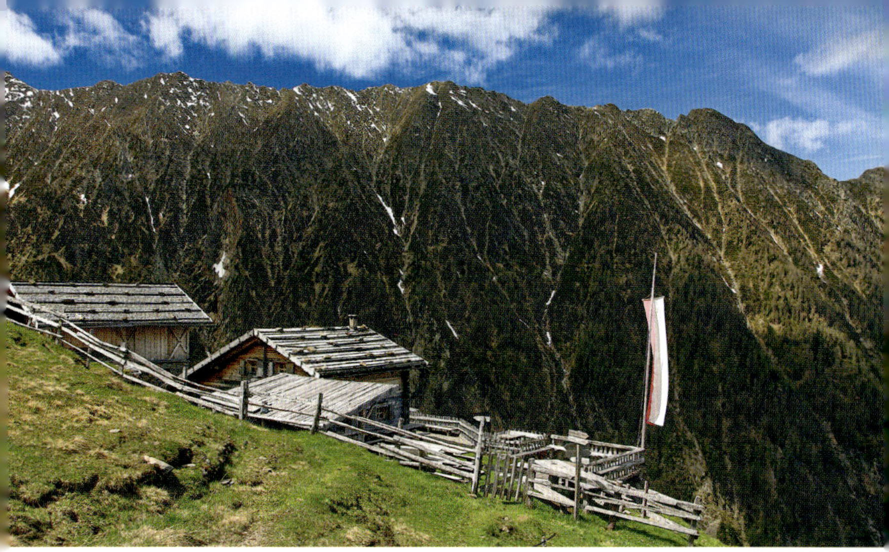

Das »Bärengrübl« ist eine sogenannte Hochalm.

weiter, bis wir nach rund anderthalb Stunden auf Höhe von **Pfistrad ❷**, 1358 m, ankommen. Linker Hand entdecken wir das kleine »Almdorf« mit dem Kirchlein St. Anna. Kurz dahinter zweigt die erste der beiden Routen zum Bärengrübl links ab (Nr. 13). Der Pfad schließt rasch zum Waldhang auf und schraubt sich dort im Steilgelände geschickt höher. Zeitweise nähert man sich dem Graben zur Linken, bevor sich gegen Ende der Wald lichtet und die **Bärengrüblalm ❸**, 1874 m, auftaucht.
Zwecks Abwechslung freuen wir uns über die Abstiegsvariante (Nr. 13B), die von der Alm aus einen südlicheren Kurs über malerisches, mit verstreuten Hütten durchsetztes Wiesengelände nimmt. Ein wenig Aufmerksamkeit braucht es dabei schon, zumal der Pfad phasenweise ziemlich steil und nicht übermäßig breit ausgetreten verläuft. Wir kehren damit wieder in den Grund des Pfistradtals zurück und zwar nahe jener Stelle, wo der breite Wirtschaftsweg endet.

EINKEHR

Pfistradalm, 1358 m: Ende Mai bis Anfang Oktober, Tel. +39 347 7096738.
Bärengrüblalm, 1874 m: Mitte Juni bis Ende September, Tel. +39 347 9118792.

TOUREN

Hochwart, 2746 m: über die Untergscharte und den Südgrat (T3), 2.30 Std. ab Bärengrübl.

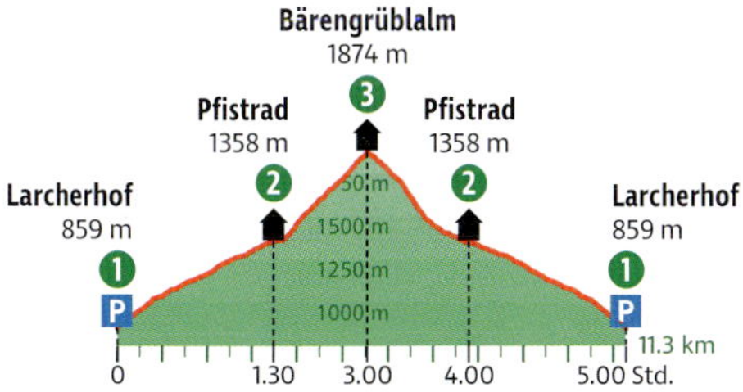

44 Prantacher Alm, 1460 m, und Pfandler Alm

Durchs Fartleistal und über den Felsenweg

3.40 Std. | 9,5 km | ↗700 m | ↘700 m

Historische Örtlichkeit des Tiroler Freiheitskampfes

Der Passeirer Andreas Hofer ist eine der Gallionsfiguren der Tiroler Freiheitskämpfe in napoleonischer Zeit – siegreich bei den legendären Berg-Isel-Schlachten. Als er sich später auf der Pfandler Alm vor den feindlichen Franzosen versteckt hielt, kam es aufgrund eines Verrats zur Gefangennahme und in weiterer Konsequenz zur Hinrichtung in Mantua. Die Hütte der entscheidenden Geschehnisse – fünf Gehminuten oberhalb des Wirtshauses am Rande der Wiesenlichtung gelegen – steht noch heute als Gedenkstätte. Wir besuchen die Pfandler Alm erst auf dem Rückweg, nachdem wir zuvor ins Fartleistal vorgedrungen sind, zuhinterst einen der begehrten Knödelteller genossen und über den gar nicht so grimmigen »Felsenweg« die Verbindung hergestellt haben.

Ausgangspunkt: Parkplatz in der Rechtskehre, 1026 m, oberhalb des Bergweilers Prantach. Zufahrt von St. Martin in Passeier auf gut ausgebauter Höfestraße. Weiterer Parkplatz beim Fahrverbot, ca. 1125 m, Richtung Pfandler Alm. Per Bus ab St. Martin beträchtlicher Mehraufwand.
Anforderungen: T2. Im Fartleistal Fahrweg mit ein paar Abkürzungen, am Felsenweg unterschiedliche Beschaffenheit, von der Pfandler Alm bergab breiter Waldweg. Auch konditionell nicht allzu fordernd.
Variante: Möchte man nur die Prantacher Alm erwandern, kann man bis zum Parkplatz bei Unterfartleis fahren. Im Falle der Pfandler Alm geht es am Ende der öffentlichen Bergstraße los (jeweils Parkplatz).
Karte: Tabacco 1:25.000, Blatt 039 oder 040.

Gipfelkulisse: Der Jaufenkamm kulminiert in der Hohen Kreuzspitze.

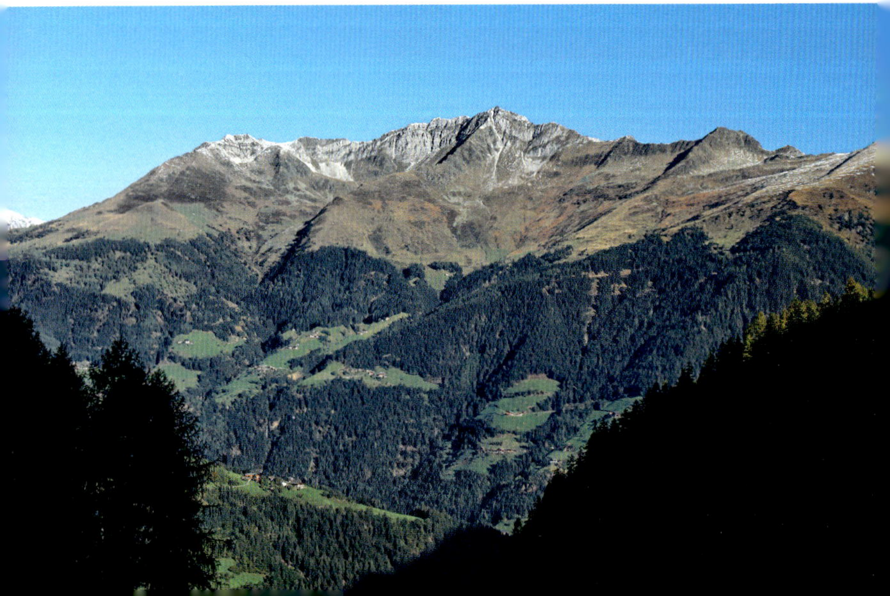

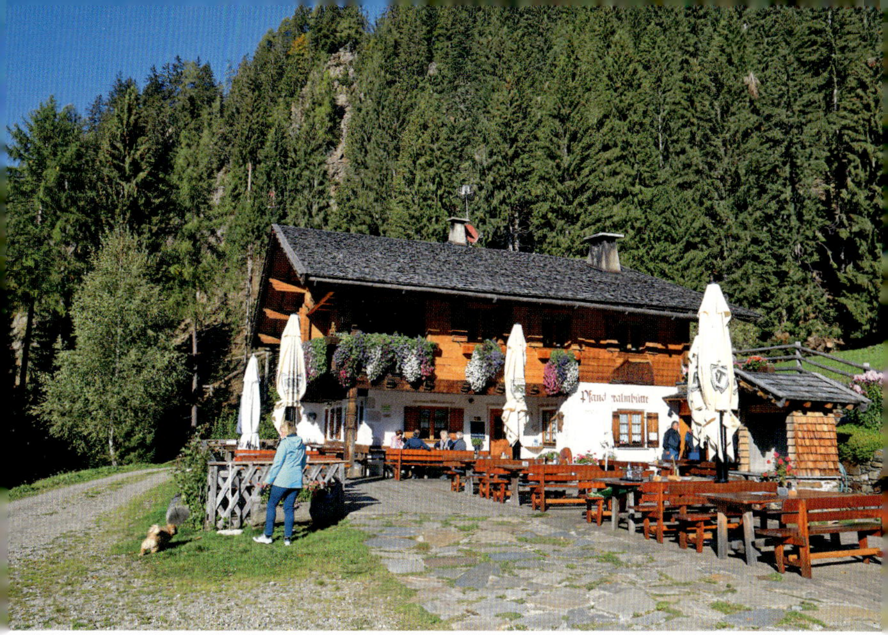

Die Pfandler Alm ist im Passeiertal sehr bekannt und beliebt.

EINKEHR

Prantacher Alm (Fartleisalm), 1460 m: Mitte Mai bis Ende September/Anfang Oktober, Tel. +39 348 2452943.

Pfandler Alm, 1332 m: Anfang Mai bis Ende Oktober, Fr Ruhetag, Übernachtungsmöglichkeit, Tel. +39 0473 641841.

TOUREN

Alplerspitze, 2748 m: von der Fartleisalm über Hühnerspielalm, Schafberg und Nordgrat oder Richtung Pfandloch und schließlich von Süden hinauf (T3–4), 3.30 bis 4.00 Std.

Pfandlspitze, 2538 m: ebenfalls über das Pfandljoch, 3.00 Std.; Übergang zur Mahdalm möglich, 4.15 Std.

Mahdalm, 1990 m: außerdem von der Pfandler Alm über den häufig begangenen E5 an der Riffelspitze vorbei (T2–3), 3.00 Std.

Vom **Parkplatz** ❶ folgen wir dem links abzweigenden Sträßchen, das um einen Hangrücken herum ins Fartleistal führt und fast bis zu den Höfen von **Unterfartleis** ❷ frei befahrbar ist. Anschließend setzen wir Route Nr. 2 zunächst auf einem Fuß- und Karrenweg fort, nehmen später wieder die links ausholende Fahrbahn auf und wechseln bei P. 1243 auf die rechte Bachseite. All-

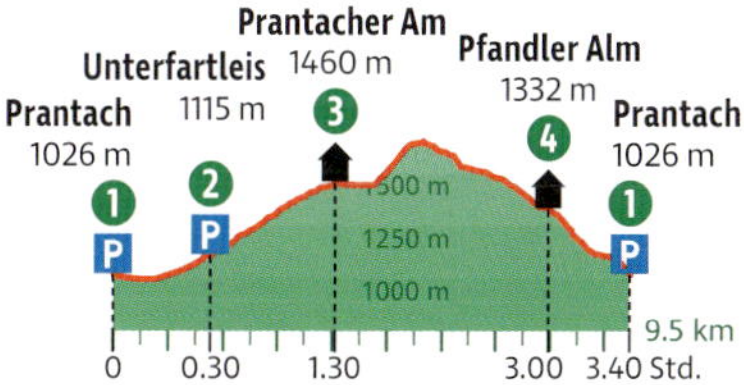

Am Fartleisbach.

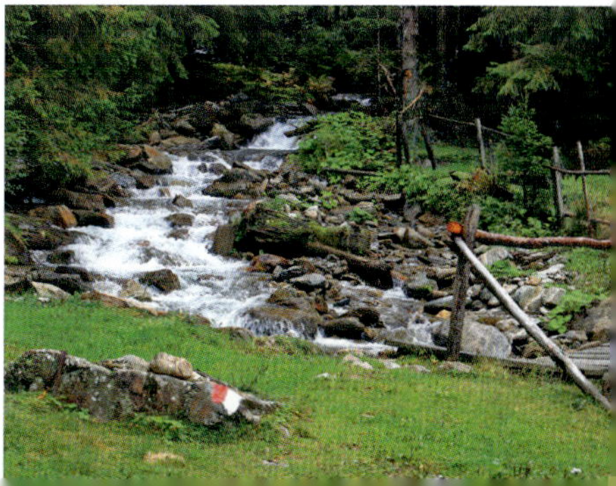

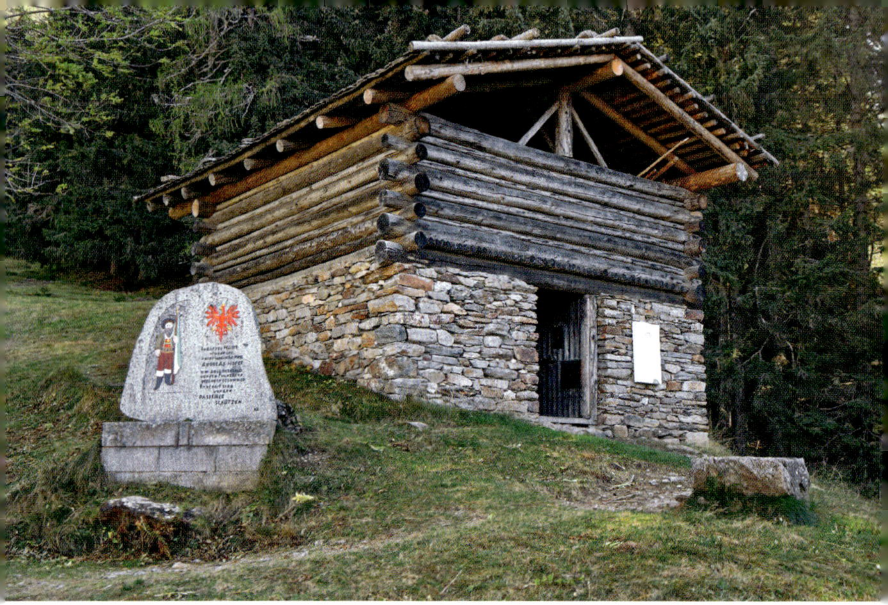

In diesem Gebäude auf der Pfandler Alm wurde seinerzeit der Tiroler Freiheitskämpfer Andreas Hofer aufgespürt und verhaftet.

mählich kommen wir in den offenen hinteren Teil des Hochtals voran und erreichen noch vor dem großen Geländeaufschwung die **Prantacher Alm** ❸, 1460 m, in Karten meist als Fartleisalm eingetragen.

Wenige Schritte zurück achten wir auf die Markierung 2B, die als »Felsenweg« die Verbindung zur Pfandler Alm ausweist. Nach einem Abschnitt im Talbereich geht es damit vorübergehend deutlich bergauf: Ein komfortabler Hangweg vollzieht anschließend eine längere Abwärtstraverse. Später wechselt man auf eine Forststraße und folgt etwas verwinkelt der Beschilderung zur **Pfandler Alm** ❹, 1332 m. Die Zufahrt lässt sich auf einem Waldweg vermeiden (etliche Tafeln zum Leben Andreas Hofers); vom oberen Parkplatz schließlich entlang der Bergstraße und ganz zuletzt von der Linkskehre abkürzend zum Ausgangspunkt ❶.

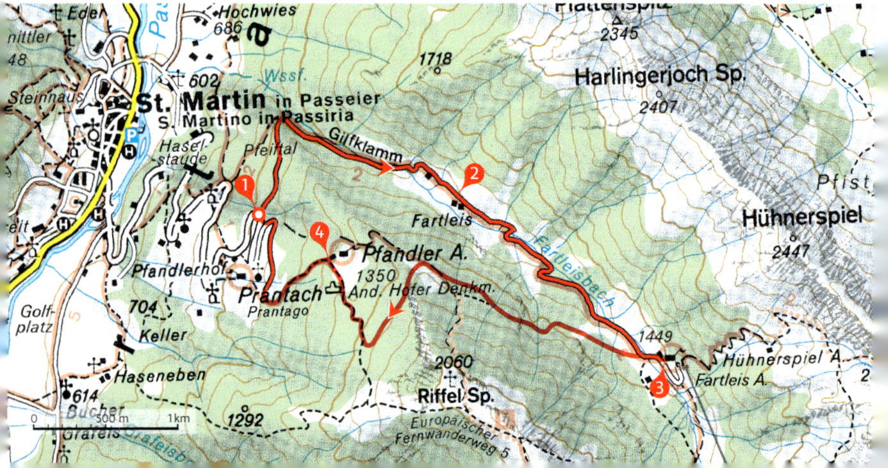

Zwischen Klammeben und Mahdalm, 1990 m

45

Die zahlreichen Almen im Hirzergebiet

2.00 Std. | 6,7 km | ↗350 m | ↘350 m

TOP

Kompakte Höhenwanderung mit einem halben Dutzend Einkehrstationen

Die Hirzerbahn ist zweifelsohne ein bergtouristischer Dreh- und Angelpunkt im Passeiertal. Erschwernislos gelangt man damit auf eine Basishöhe von rund 2000 Metern und kann in verschiedene Richtungen ausschwärmen. Populär ist natürlich die Bergtour zum Hirzer, dem die Ehre des höchsten Gipfels der gesamten Sarntaler Alpen gebührt. Weniger ambitionierte Wandergenossen schlendern hingegen einfach nur gemütlich durchs Almgebiet und finden tatsächlich alle naselang die Gelegenheit zur Einkehr. Dieser Tourenvorschlag versammelt während lediglich zwei effektiven Gehstunden nicht weniger als sechs Stationen. Alle locken mit typischen Südtiroler Spezialitäten und entsprechender Lebensart. Fragt sich nur, mit welcher Kalorienbilanz man am Ende wieder zu Tal schweben wird ...

Ausgangspunkt: Bergstation Klammeben, 1980 m, der Hirzerbahn von Saltaus im Passeiertal. Betriebszeiten zwischen Anfang April und Anfang November täglich von 8.30 bis 17.30 Uhr (Hauptsaison 18.30 Uhr).

Anforderungen: T2. Hindernislose Bergwanderwege im Almgelände, abschnittsweise auch Fahrwege. Konditionell sehr moderates Halbtagespensum.

Varianten: Man kann schon bei der Hintereggalm (und sogar schon bei der Hirzerhütte) zur Gompmalm abbiegen und von dort via Hochwies auch die Mittelstation Prenn ansteuern. Eine sehr schöne Variante ist zudem der etwas höher verlaufende Almenweg zwischen Tallner-Alm-Kaser und Mahdalm.

Karte: Tabacco 1:25.000, Blatt 039 oder 040.

Die Hirzerhütte am Fuße ihres Hausberges.

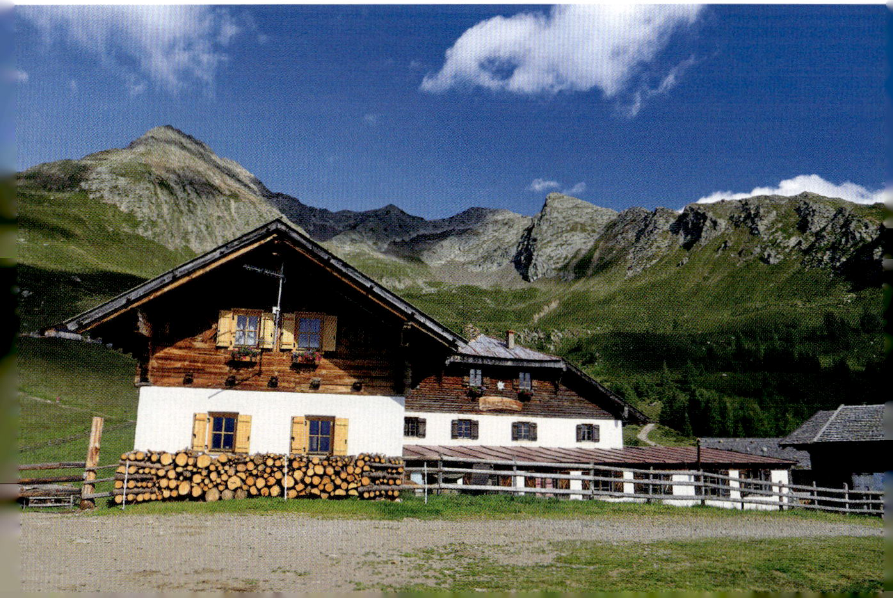

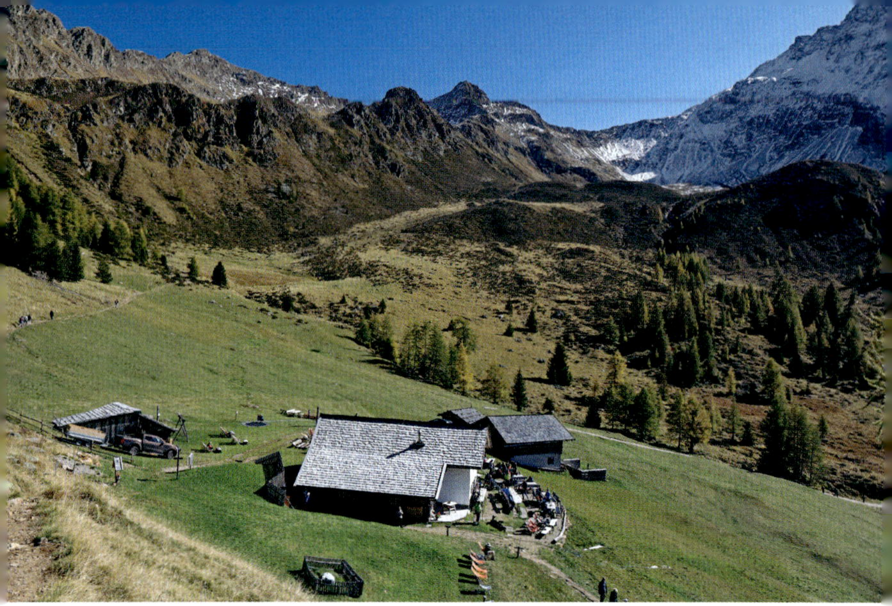

Die Mahdalm inmitten ausgedehnter Hochweiden.

Von der Bergstation **Klammeben ❶** starten wir mit einer Traverse des Grabens aus dem Sauerloch (geringfügiger Abstieg) und treffen bereits nach 10 Minuten bei der **Hirzerhütte ❷**, 1983 m, auf den Weiden der Tallner Alm ein. Sie wurde bereits 1873/74 vom Alpenverein für bergsteigerische Zwecke eingerichtet und später privatisiert. In direkter Nachbarschaft befindet sich auch die Jausenstation **Reseggeralm**, knapp oberhalb zudem noch der ebenfalls bewirtschaftete **Tallner-Alm-Kaser**. Nun geht es nordwärts zu einem breiten Fahrweg, der um ein Geländeeck herumzieht und sich dann sachte ins Gebiet der **Hintereggalm ❸**, 1974 m, absenkt. Von dort ist es bloß noch ein Katzensprung bis zum äußersten Punkt bei der **Mahdalm ❹**, 1990 m. Nun über

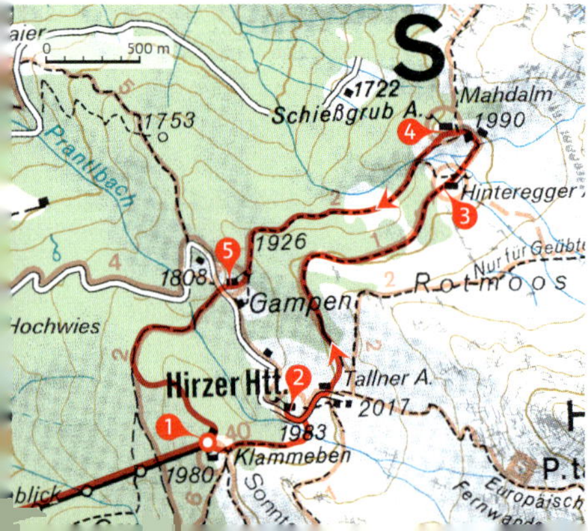

EINKEHR

Gasthof Klammeben, 1980 m: geöffnet während der Betriebszeiten der Seilbahn, ggf. Übernachtung möglich, Tel. +39 0473 949422.
Hirzerhütte, 1983 m: privat, Juni bis Oktober, 35 Schlafplätze, Tel. +39 330 515900, www.hirzerhuette.com.
Reseggeralm, 2000 m: Anfang Mai bis Anfang November, Tel. +39 349 0746722, www.resegger-alm.com.
Hintereggalm, 1974 m: Anfang Mai bis Anfang November, 22 Schlafplätze, Tel. +39 389 2489167, www.hintereggalm.com.
Mahdalm, 1990 m: Anfang Mai bis Anfang November, Tel. +39 349 5866972, www.mahdalm.com.
Gompmalm (Gampenalm), 1808 m: Mai bis November, Di Ruhetag, Tel. +39 0473 949544, www.gompmalm.it.

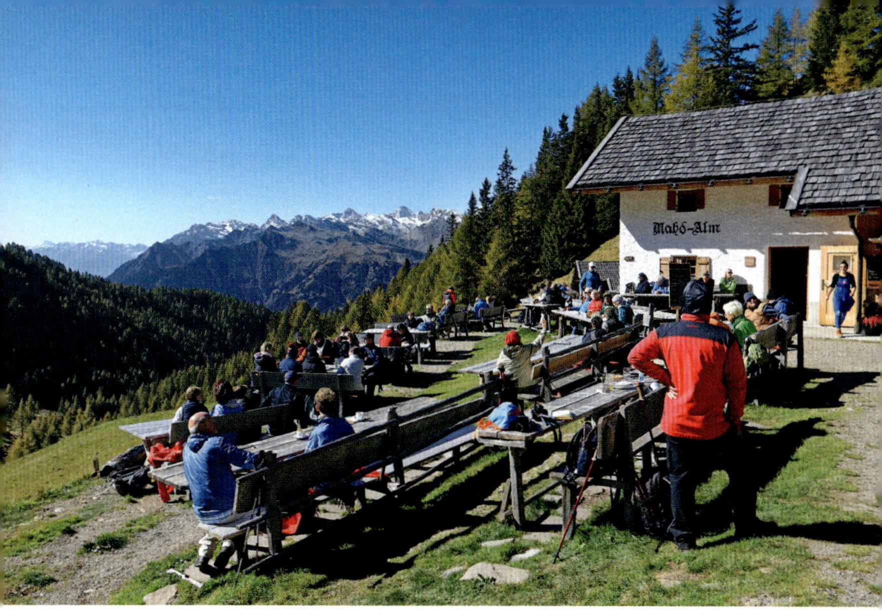

Hier lassen sich oft zahlreiche Wanderer zur aussichtsreichen Rast nieder.

die Weiden bergab zur Bachbrücke und auf einen tieferen Querweg, der quasi in entgegengesetzter Richtung verfolgt wird. Mit geringer Zwischensteigung wieder am erwähnten Hangrücken vorbei, ehe uns ein paar Abwärtskehren zur **Gompmalm** **5**, 1808 m, dialektisch für Gampenalm, bringen. Wir achten auf den breiten Hangweg mit der Nr. 2 und nach einer knappen Viertelstunde im Wald auf den Abzweig hinauf nach **Klammeben** **1**, wo sich der Kreis schließt.

TOUREN

Hirzer, 2781 m: von der Hirzerhütte über die Obere Scharte oder reizvoller über die Hönigspitze (T3+), 2.30 bis 3.00 Std. Ostseitige Fortsetzung auf dem Gebirgsjägersteig (E5) möglich, z.B. Richtung Meraner Hütte.

Pfandlspitze, 2538 m: von der Hinteregg- bzw. Mahdalm über das Grünangerjoch (T3), 1.45 Std.

Pfandler Alm, 1332 m: auf dem E5 an der Riffelspitze vorbei, in dieser Richtung mehrheitlich bergab (T3-), 2.15 Std.

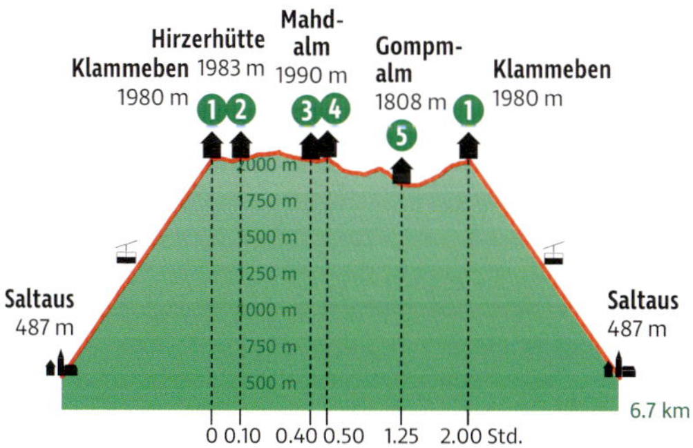

46 Durralm, Kaserwiesalm und Premstallötzalm

Über den Kratzbergsee am Gebirgsjägersteig

5.00 Std. | 12,8 km | ↗ 880 m | ↘ 880 m

Die Almgründe im Sagbachtal

Nur durch das sanfte Missensteiner Joch voneinander getrennt, könnten die Gebiete um Meran 2000 einerseits und das Sagbachtal andererseits unterschiedlicher kaum ausfallen. Dort das vom harten Wintergeschäft vereinnahmte Areal auf der Kirchsteiger Alm, hier eine unverfälschte Sarntaler Landschaft, in der wir auch ein paar einfache Almwirtschaften finden. Nur die Durralm hat sich vor ein paar Jahren etwas stattlicher herausgeputzt und wartet manchmal auch mit kleinen almerischen Events auf. Im Rahmen einer Rundtour entdecken wir zudem das Juwel des sagenumwobenen Kratzbergsees, auf dessen Grund angeblich ein goldenes Kegelspiel liegen soll. Jedenfalls lernt man in diesem Winkel die Unberührtheit ebenso wie eine touristische Einfachheit wirklich schätzen ...

Ausgangspunkt: Parkplatz oberhalb des Weilers Aberstückl, kurz vor dem Lahnerhof, ca. 1550 m. An der Sarner Talstraße (hier auch Bushalt) den Abzweig hinauf nach Aberstückl beachten.

Anforderungen: T2–3. Im Hochtal streckenweise Fahrwege, sonst gewöhnliche Bergwege, am Gebirgsjägersteig zwischen Kratzbergsee und Anteranalm etwas Trittsicherheit in steindurchsetztem Gelände notwendig. Für Berggewohnte durchschnittliches Tagespensum.

Variante: Von der Anteranalm in ungefähr gleicher Zeit über den Kirchberg zurück zum Parkplatz.

Karte: Tabacco 1:25.000, Blatt 040.

Herbst auf der Premstallötzalm.

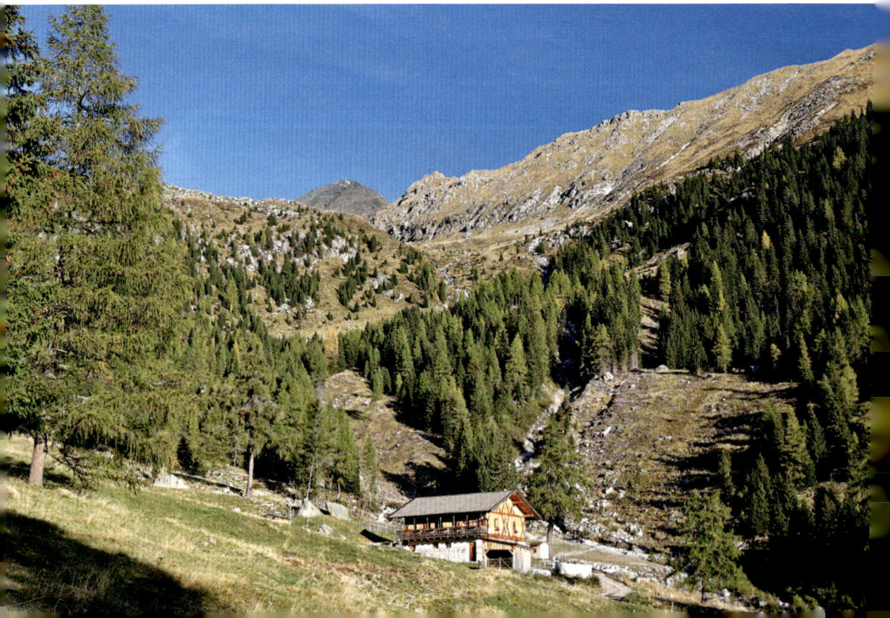

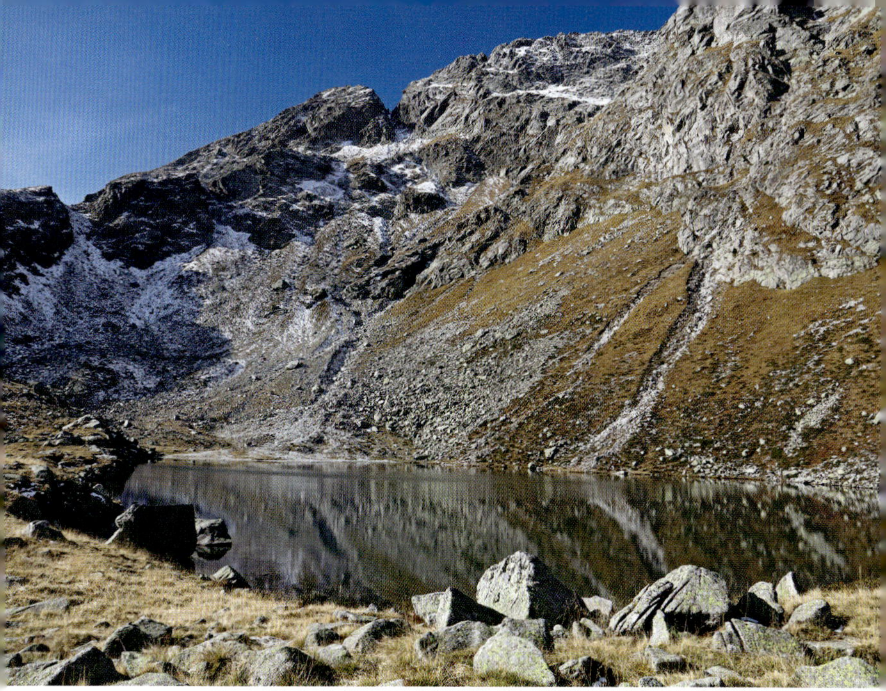

Der geheimnisvolle Kratzbergsee hat Menschen früher zu einer Sage angeregt.

Vom Parkplatz ❶ geht es zunächst leicht abwärts zum Kofelhof. Da die originale Fortsetzung auf dem Sagenweg (Nr. 13) zuletzt wegen eines Erdrutsches gesperrt war, erfolgt eine Umleitung über einen Wiesenweg hinunter zu einer Forststraße, die den vermurten Graben entsprechend tiefer überquert. Man fädelt wieder in den Sagenweg ein und kommt im Sagbachtal ziemlich rasch zur neuen **Durralm** ❷, 1568 m, voran. Geradeaus folgt man vorübergehend einem Steig, gelangt später wieder zurück auf den Fahrweg und

EINKEHR

Durralm, 1568 m: Mitte Juni bis Mitte Oktober, Tel. +39 379 1526805.
Kaserwiesalm, 1818 m: eventuell im Sommer einfach bewirtschaftet.
Premstallötzalm, 1677 m: eventuell im Sommer einfach bewirtschaftet.

TOUREN

Meraner Hütte, 1937 m: über das Missensteiner Joch (T2), ab Kaserwiesalm 1.30 Std.
Hirzer, 2781 m: höchster Gipfel der Sarntaler Alpen, bezeichneter Steig über die Südostseite (T3), 1.50 Std. von der Verzweigung auf der Anteranalm.

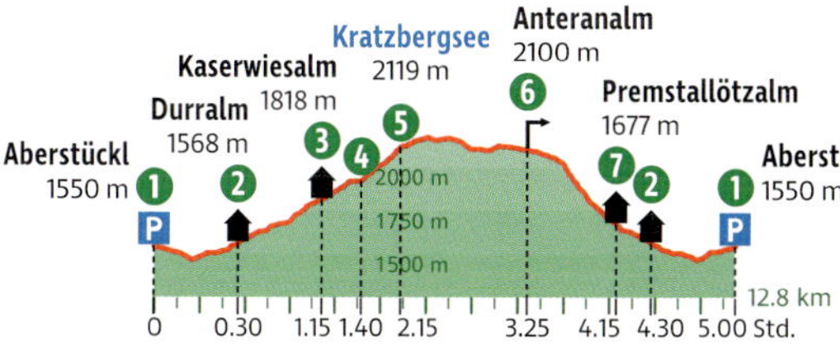

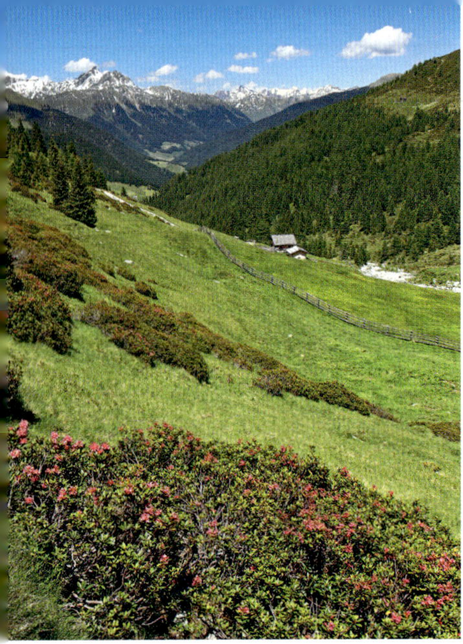

Zur Zeit der Alpenrosenblüte gewinnt die Sarntaler Landschaft an Ausdruckskraft.

in sachtem Bergauf zur kleinen **Kaserwiesalm ❸**, 1818 m (meist mit ungenauer Höhe angegeben). Nun mit einigen Schleifen rechts am Hang hoch zum Absatz der **Kratzbergalm ❹**, 1926 m, und im Anschluss über Grasterrain, teils etwas holprig, hinauf zum **Kratzbergsee ❺**, 2119 m.

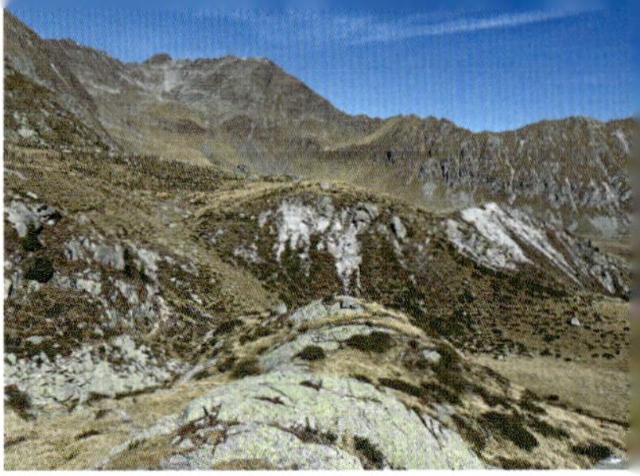

Am Gebirgsjägersteig kommt der Hirzer, mit 2781 Metern höchster Berg der Sarntaler Alpen, ins Blickfeld.

Hier stößt der Weg Nr. 4A auf den quer verlaufenden Gebirgsjägersteig (Nr. 4, auch in den überregionalen E5 integriert). Wir schlagen die Nordrichtung ein und traversieren jetzt verhältnismäßig abschüssige Hänge. An einem Geländeeck schwenkt man in eine Schuttflanke hinein und gelangt mit ein wenig Auf und Ab hinüber zu den Böden der **Anteranalm ❻**, 2100 m, wo wir an bezeichneter Stelle den Gebirgsjägersteig verlassen und mit Nr. 7 rechter Hand das Almgebäude ansteuern. Nur wenige Gehminuten später wendet man sich deutlich abwärts und kommt damit zur **Premstallötzalm ❼**, 1677 m. Bald darauf schließt sich bei der **Durralm ❷** der Kreis, und der Rest der Tour verläuft auf bereits bekannter Route.

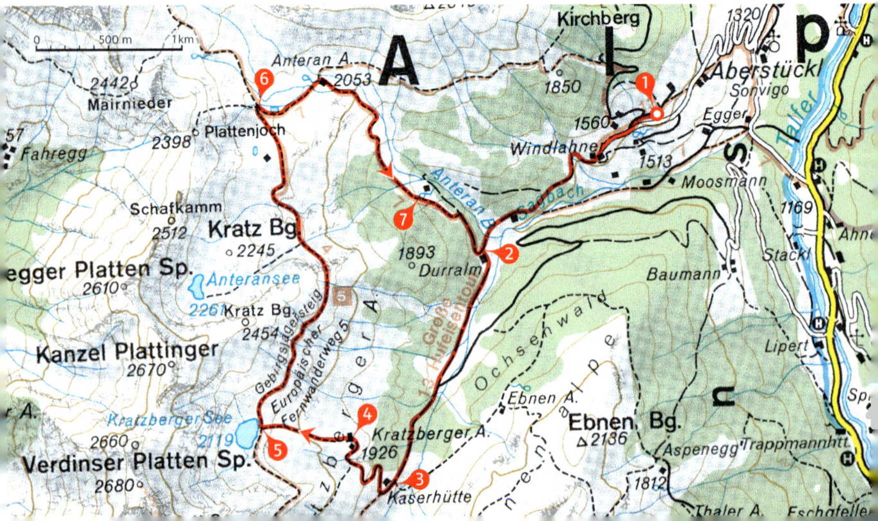

Seebalm und Flaggerschartenhütte, 2481 m

Von Durnholz durchs Seebbachtal

5.30 Std. | 13,5 km | ↗ 940 m | ↘ 940 m

Zu einer Hütte alten Stils

Ganz oben am Ostkamm der Sarntaler Alpen besitzt die Flaggerschartenhütte an der Uferschwelle des Flaggersees einen reizvollen Standort. Erbaut wurde sie kurz vor dem Ersten Weltkrieg von den Alpenvereinssektionen Marburg und Siegerland, weshalb auch die Anrede »Marburg-Siegener Hütte« geläufig ist – oder auf Wegschildern einfach nur »Marburger Hütte«. Jedenfalls mag der schlichte Stil in der heutigen Zeit überraschen: Hier lässt sich Hüttenleben noch im traditionellen Geist erleben. Der Weg vom Durnholzer See herauf erscheint recht weit, doch damit sind wir noch vergleichsweise gut dran, denn von der anderen Seite wäre man durchs ewig lange Flaggertal fünf bis sechs Stunden unterwegs! Freilich ist auch die Seebalm bereits ein nettes Ziel für eine Kurztour. Passionierte Trekkingfreunde machen indes im Rahmen des einwöchigen Sarntaler Hufeisens am Flaggersee Station – das Nonplusultra der Wandererlebnisse in diesem Teil Südtirols …

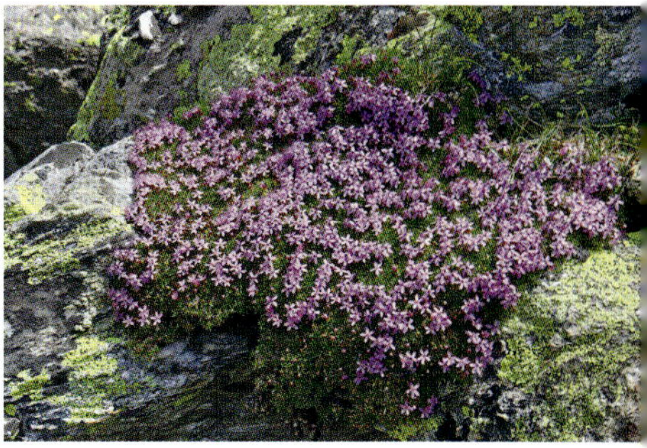

Steinbrechpolster.

Unsere Hütte hat ihren schönen Standort direkt am Flaggersee.

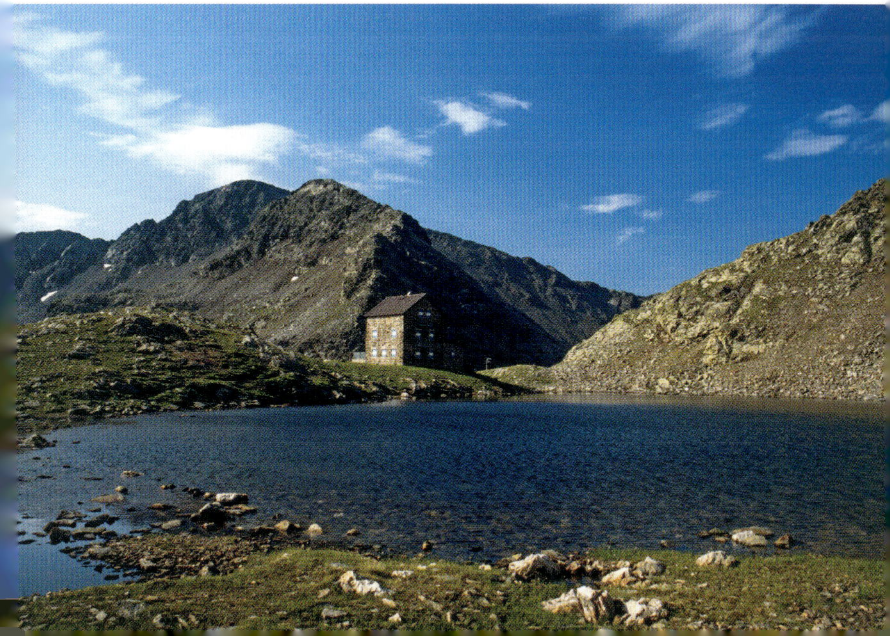

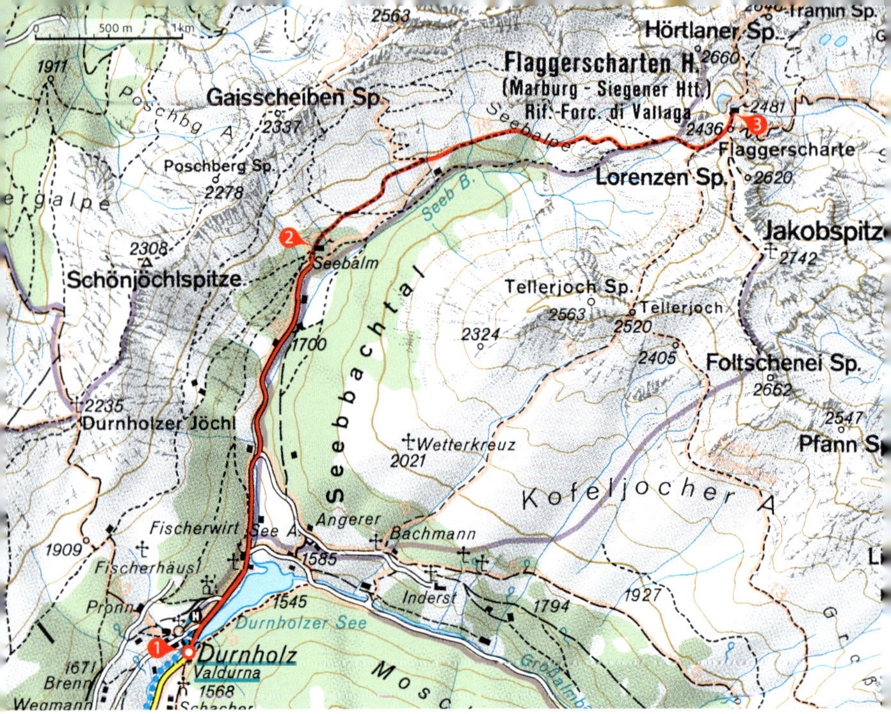

Durnholz, Bergdorf inmitten der Sarntaler Alpen.

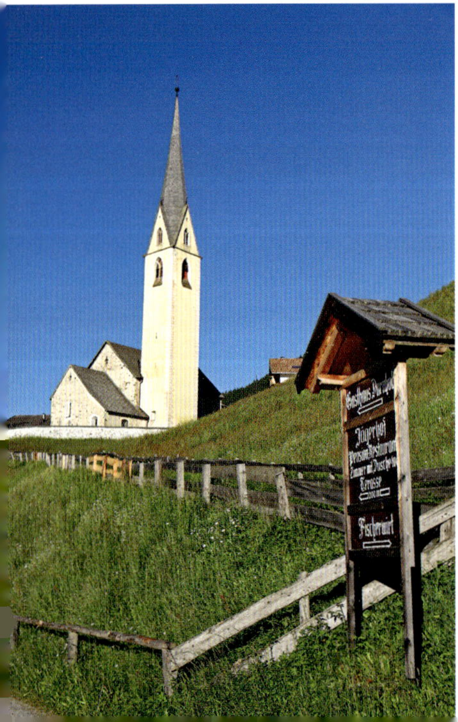

EINKEHR

Seebalm, 1808 m: Anfang Juni bis Ende September, Tel. +39 340 2582853.

Flaggerschartenhütte (Marburger Hütte), 2481 m: Auton. Prov. Südtirol, Mitte Juni bis Anfang Oktober, 34 Schlafplätze, Tel. +39 347 8284867, www.forcellavallaga.it.

TOUREN

Tagewaldhorn, 2708 m: auf Route Nr. 15A schräg durch die Südflanke und zuletzt mit etwas Kletterei am Ostgrat (T3–4), 1.15 Std.

Jakobspitze, 2741 m: mit Umgehung der vorgelagerten Lorenzispitze über die Nordseite (T3), 1.00 Std.

Schutzhaus Latzfonser Kreuz, 2311 m: Etappe des Sarntaler Hufeisens, über Tellerjoch und den Höhenweg zur Fortschellscharte (T2–3), 4.00 Std.

Penser-Joch-Haus (Gasthaus Alpenrose), 2215 m: weiteres Teilstück der Hufeisentour, über Hörtlanerscharte, Distelsee, Niedereck und um den Astenberg herum (T3), 4.00 Std.

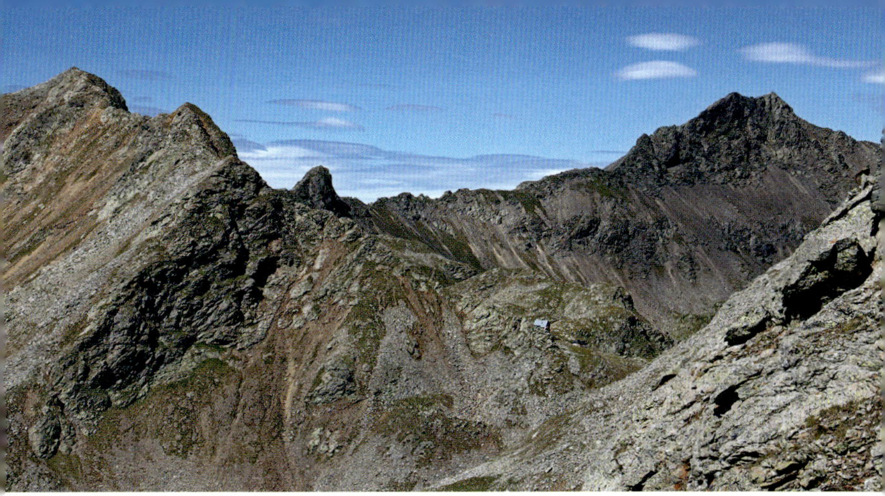

Schroffe Kämme um Hörtlanerspitze und Tagewaldhorn.

Ausgangspunkt: Durnholz, Bushaltestelle der Linie von Sarnthein bei der Seebrücke, ca. 1545 m. Öffentlicher Parkplatz ein Stück vor dem Ort.
Anforderungen: T2. Anfangs Straße bzw. Wirtschaftsweg, dann gewöhnlicher Bergsteig, im oberen Bereich steinig, aber ohne besondere Hindernisse und selten steil. Hin und zurück volle Tagestour, die Ausdauer verlangt.
Variante: Beim Rückweg Abzweig zum Tellerjoch, 2520 m, und über die Südwesthänge, teils durch ausgedehnte Latschenbestände weit hinab zu einer Höfestraße, die man beim Bachmann erreicht. Mit Abkürzung zurück zum Durnholzer See. Gehzeit ca. 45 Min. länger.
Karte: Tabacco 1:25.000, Blatt 040.

In Durnholz ① gehen wir an der Uferstraße entlang bis zum Fischerwirt und folgen dort Nr. 16 links aufwärts. In einer markanten Rechtskehre verlässt man dann die Straße und setzt die Tour geradeaus auf einem Güterweg ins Seebbachtal fort. Kurz vor der **Seebalm** ②, 1808 m, übernimmt ein Steig die Führung. Nachdem der Abzweig zur Hohen Scheibe passiert ist, kommt man bald aus dem Wald heraus in die Latschenregion und bewegt sich stets am sonnseitigen Talhang, also nicht in der Sohle. Später nach rechts hinüber in die Karmulde unterhalb der **Flaggerscharte**, 2436 m, die in etwas aufsteilendem, kargerem Gelände erreicht wird. Kurz davor lässt man auch den Abzweig zum Tellerjoch hinter sich. Am Sattel links abdrehend zur nahen **Flaggerschartenhütte** ③, 2481 m, hinauf. Der Abstieg verläuft normalerweise auf demselben Weg.

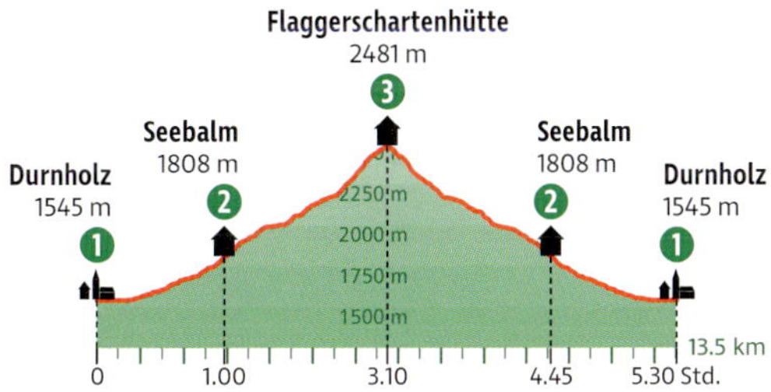

48 Genterer Alm, 2025 m

Vom Mesnerhof bei Astfeld

3.30 Std. | 7,4 km | ↗ 770 m | ↘ 770 m

Am weitläufigen Abschwung des Sarner Mittelkamms

Das Relief der Sarntaler Alpen ist grob betrachtet wie ein riesiges, nach Süden offenes Hufeisen angeordnet – daher auch der Name einer berühmten Trekkingtour in dieser Region. Nur der Gentersbergkamm entzieht sich dieser klaren Struktur: Von Astfeld aufsteigend trennt er das Penser vom Durnholzer Tal und kann daher auch als Sarner Mittelkamm bezeichnet werden. An diesem Auslauf liegt das Hochweidenareal der Genterer Alm, in Karten meist als Gentersbergalm eingetragen. Allzu viele Wanderer kommen hier nicht vorbei, doch wird man sich darüber freuen, wenn die Sennen sommers normalerweise auch einfache Verköstigung bereitstellen. Wegen der fantastischen Aussicht sollte man unbedingt noch einen Gipfel aufstocken, zumindest die Leiterspitze, die keine großen Hindernisse aufwirft.

Ausgangspunkt: St. Valentin/Mesnerhof, 1254 m, oberhalb von Astfeld im Sarntal. Die Zufahrt zweigt von der Durnholzer Straße ca. 2 km hinter Astfeld ab. Mit Öffis muss man im Ort starten.

Anforderungen: T1–2. Durchgängig harmlose Wander- und Güterwege, kaum jemals steil und bis zur Alm nicht allzu lang, von Astfeld mit 1000 Hm schon etwas mehr Anstrengung.

Karte: Tabacco 1:25.000, Blatt 040.

Blick in die Talachse zwischen Astfeld und Sarnthein.

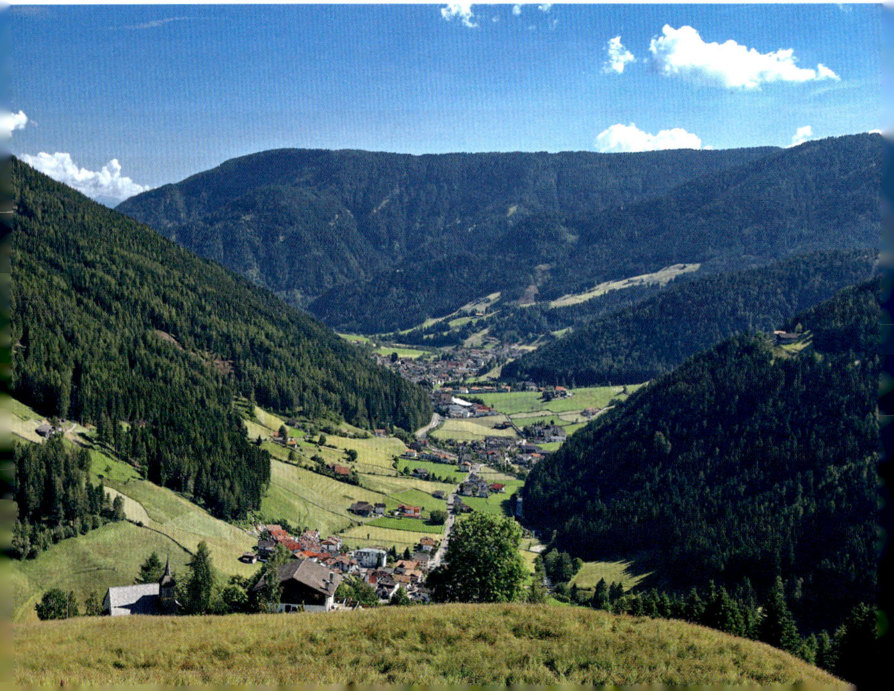

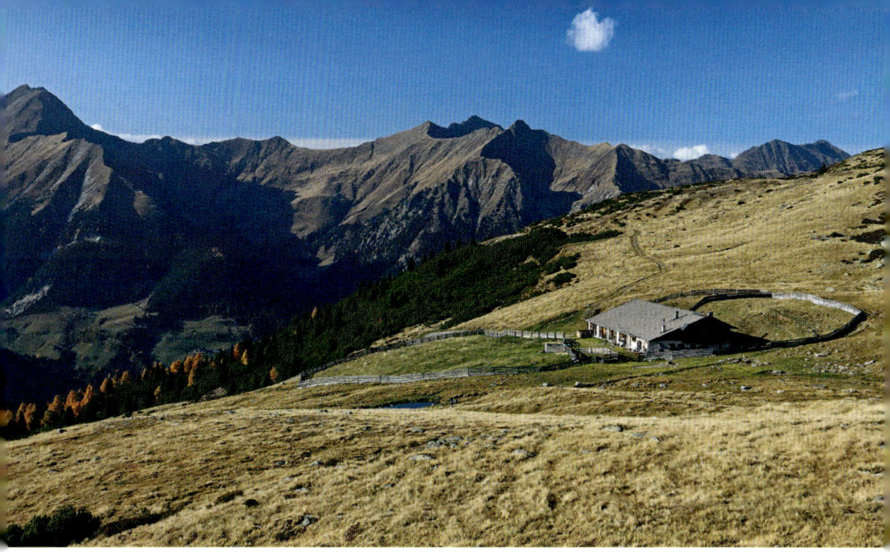

Die Genterer Alm hat viel Platz und einen weiten Horizont.

Wer nicht zum Kirchlein **St. Valentin** ❶ hinauffahren möchte, nimmt nördlich von Astfeld den Kreuzweg Richtung Timpfler Höfe auf und benötigt bis zum Mesnerhof rund 40 Minuten (bergab später 30 Minuten). Die Route Nr. 17 setzt sich bergwärts fort, taucht für längere Zeit in Wald ein, wobei wir bei Richtungswechseln immer gut auf die Markierung achten. Nur kurzfristig wird mal ein Fahrweg berührt. Auch im allmählich offeneren Gelände können wir meist eine Abkürzung nutzen, ehe das letzte Stück zur **Genterer Alm** ❷, 2025 m, auf dem breiten Wirtschaftsweg zurückgelegt wird. Retour steht im Wesentlichen nur dieselbe Route zur Verfügung.

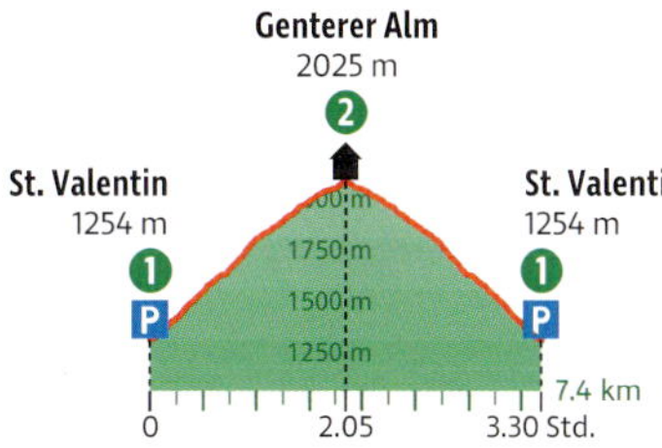

EINKEHR

Genterer Alm (Gentersbergalm), 2025 m: Mitte Juni bis Ende September einfach bewirtschaftet, Tel. +39 349 3511055.
Mesnerhof, 1254 m: Jausenstation am Ausgangspunkt.

TOUREN

Leiterspitze, 2375 m, und Radlspitze, 2422 m: über den harmlosen Südrücken (T2), 1.00 Std.; Weiterweg zur Radlspitze (T3), 30 Min.

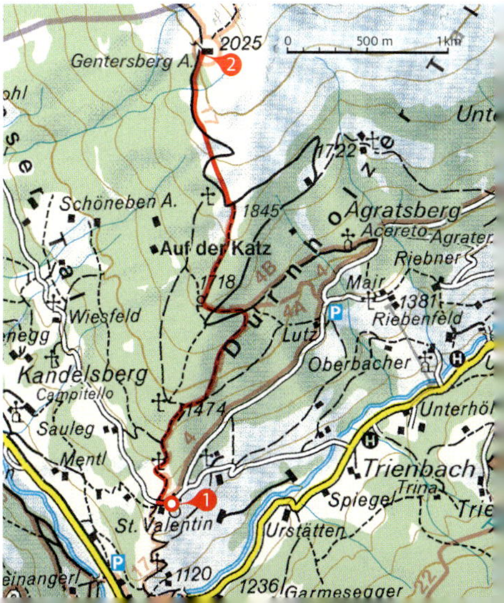

49 Getrumalm und Latzfonser Kreuz, 2311 m

Höhenweg an der Flanke des Getrumtals

4.15 Std. | 12,0 km | ↗ 550 m | ↘ 550 m

Zur Dolomitenschau hoch über dem Eisacktal

Die Hüttenziele rund ums Eisacktal sind eigentlich nicht Gegenstand dieses Buches, doch beim Latzfonser Kreuz soll eine Ausnahme gemacht werden, zumal man nicht nur von Osten, sondern ebenso gut aus dem Sarntal hierher gelangt. Die Passhöhe am Lückl ist dabei keine besondere Hürde; der Zugang mit Seilbahnhilfe sogar sehr angenehm. Auf halber Strecke können wir bereits bei der sonnenverwöhnten Getrumalm Station machen. Das Latzfonser Kreuz besitzt mit dem Prädikat des höchsten Wallfahrtsortes Europas eine spezielle Verlockung. Die Tradition des »Schwarzen Herrgotts« geht auf Fürbitten Latzfonser Bauern zur Abwehr unheilbringender Unwetter zurück und ist schon über 300 Jahre alt. 1743 wurde an der Hangkante das erste Kirchlein errichtet, später abgelöst vom Bau neugotischen Stils, wie wir ihn heute vor uns haben. Und weil Leib und Seele bekanntlich zusammengehalten werden müssen, gesellte sich auch ein Wirtshaus respektive Hospiz dazu. Von der Terrasse genießen wir einen genialen Blick weit über das Eisacktal bis in die Zackenwelt der Dolomiten ...

Ausgangspunkt: Bergstation Pichlberg, ca. 2130 m, der Gondelbahn von Reinswald im Sarntal. Betriebszeiten zwischen Ende Mai und Ende Oktober, täglich von 8.30 bis 16.30/17.30 Uhr (je nach Saison).

Anforderungen: T2. Gut angelegte, niemals sonderlich steile Bergwege in freiem Gelände. Bis Getrumalm und zurück lockere Halbtagestour, bis Latzfonser Kreuz eher schon eine Tagestour.

Variante: Von der Getrumalm auf breitem Wirtschaftsweg schräg abwärts nach Reinswald (etwas länger als zur Bergstation).

Karte: Tabacco 1:25.000, Blatt 040.

Von der Bergstation **Pichlberg** ❶ begeben wir uns auf den komfortabel trassierten Urlesteig, der in Grundrichtung Ost die sonnenexponierten Hänge schneidet. Nach geringfügigem Anstieg verliert man bis zur **Getrumalm** ❷, 2094 m, wieder knapp 100 Höhenmeter. Nun mit Nr. 7 in den Hintergrund des Hochtals – vorerst weiterhin an dessen linker Flanke – anschließend mit einem markanten Rechtsbogen gegen die **Lücklscharte**, 2378 m, hinan. Jenseits trennt uns nur noch ein kurzer Abstieg vom **Latzfonser Kreuz** ❸, 2311 m. Den Rückweg vollziehen wir auf derselben Route.

Auf halbem Wege zum Latzfonser Kreuz empfängt uns die Getrumalm.

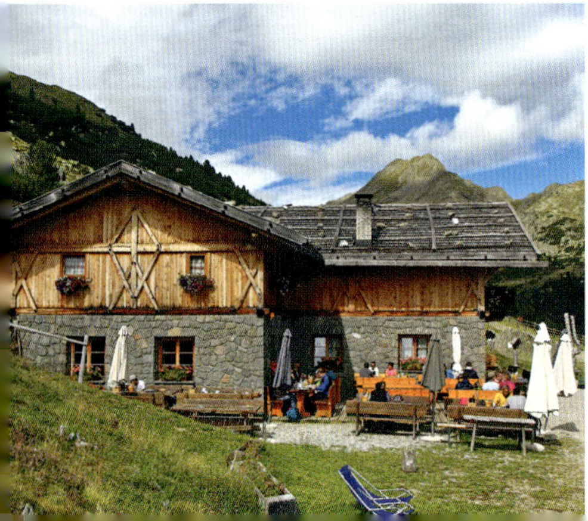

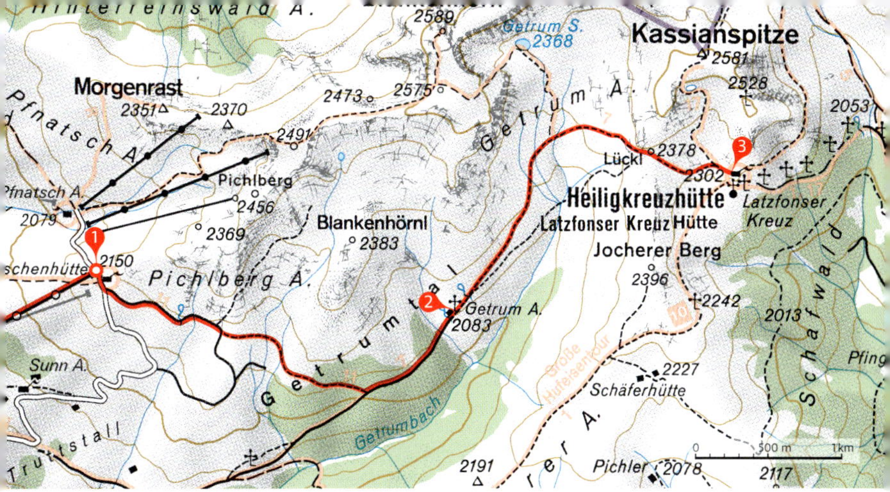

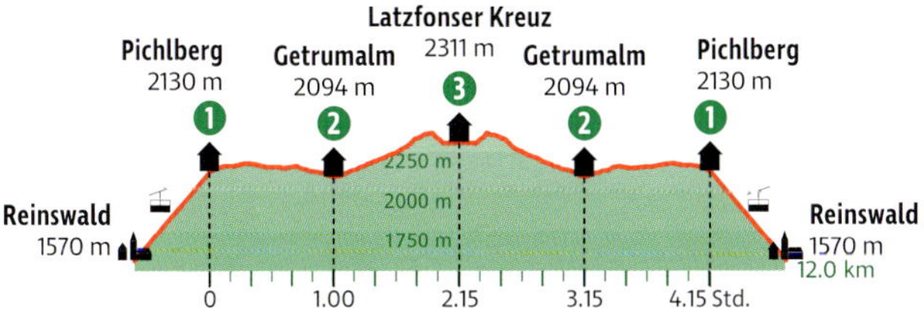

EINKEHR

Bergrestaurant Pichlberg, 2130 m: im Sommer und Winter geöffnet, Übernachtungsmöglichkeit, Tel. +39 0471 095585, www.pichlberg.it.

Getrumalm, 2094 m: Juni bis Oktober sowie in der Wintersaison, Tel. +39 348 4789091.

Schutzhaus Latzfonser Kreuz, 2311 m: Anfang Juni bis Mitte/Ende Oktober, 43 Schlafplätze, Tel. +39 0472 545017 oder +39 334 1145608, www.latzfonserkreuz.com.

TOUREN

Plankenhorn, 2589 m: über den aussichtsreichen Getrum-Kammweg (T3), 2.00 Std. von der Bergstation, Abstieg zur Getrumalm 1.45 Std.

Kassianspitze, 2581 m: vom Latzfonser Kreuz (T2–3), 0.50 Std., oder vom Getrum-Kammweg her.

Flaggerschartenhütte, 2481 m: über Fortschellscharte und Tellerjoch (T2–3), 4.30 Std.

Das spektakulär gelegene Wallfahrtskirchlein ist weit über das Land hinaus bekannt.

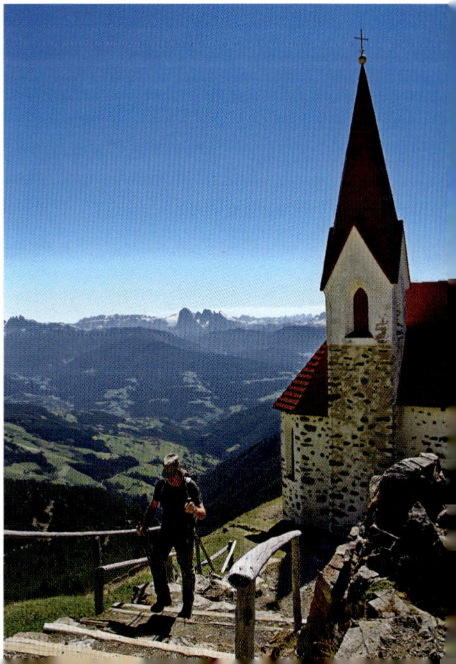

50 Ifingerhütte, 1815 m
Rundtour vom Taser

2.10 Std. | 5,8 km | ↗ 400 m | ↘ 400 m

Lauschige Fleckchen am Schennaberg

So stellt man sich eine Alpenvereinshütte gemeinhin kaum vor: außergewöhnlich klein und beinahe noch im Wald gelegen, dabei gar nicht so sehr auf alpine Unternehmungen ausgerichtet, sondern faktisch eher mit dem Flair einer »Alm«. Doch tatsächlich gehört die Ifingerhütte, im Jahr 1913 ursprünglich vom Naturfreundeverein erbaut, der Sektion Meran des CAI. Grimmig schaut der steilfelsige Hausberg auf die Lichtung hinab, wo sich gern Familien tummeln und die Melange aus landschaftlicher Ursprünglichkeit und typischen Südtiroler Schmankerln so richtig zum Genießen einlädt. Man erreicht die Ifingerhütte bequem von der Taser-Seilbahn aus und kann sogar einen kleinen oder mittellangen Rundkurs absolvieren. Denn auch den aussichtsreichen Gasthof Egger sollte man mal gesehen und »geschmeckt« haben ...

Ausgangspunkt: Taser, 1450 m, Bergstation der Seilbahn von Schenna. Die Talstation befindet sich in der Pichlerstraße nahe dem gleichnamigen Hotel, d.h. man durchfährt das eigentliche Ortsgebiet bergwärts (auch Busanschluss). Sommerfahrplan von Anfang April bis Anfang November, täglich 8.30 bis 18 Uhr.

Anforderungen: T2. Weitgehend problemlose, höchstens mittelsteile Waldwege. Nur ein lockeres Halbtagesprogramm.

Variante: Man kann die Tour über Lenzeben verlängern und nähert sich dem Egger von Süden über den Taser Höhenweg; ca. 3.00 Std.

Karte: Tabacco 1:25.000, Blatt 011.

EINKEHR

Almrestaurant Taser, 1450 m: Anfang April bis Anfang November, Hotelbetrieb, Tel. +39 0473 945615, www.taser-alm.com.

Ifingerhütte, 1815 m: CAI, Anfang Mai bis Anfang November, 11 Schlafplätze, Tel. +39 334 7960781.

Gasthof Egger, 1506 m: Mitte April bis Anfang November, Tel. +39 0473 945555, www.eggerhof-walzl.com.

TOUREN

Lauwandspitze, 2251 m: von der Ifingerhütte Aufwärtsquerung zum Südwestrücken und über diesen gipfelwärts (T2–3), 1.30 Std.

Großer Ifinger, 2581 m: von dieser Seite etwas umständlich über Ifingerscharte, Naifjoch und Gasthaus Kuhleiten, am Gipfelaufbau Klettersteigcharakter (T4–5, zum Kleinen Ifinger T3), 3.30 bis 4.00 Std.

Das schroffe Ifinger-Massiv ist aus kompaktem Granit aufgebaut.

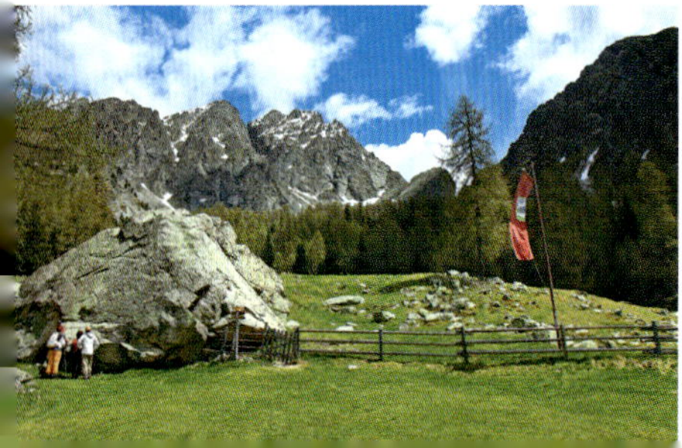

Der Taser Höhenweg punktet mit Panoramablicken über die Meraner Gegend.

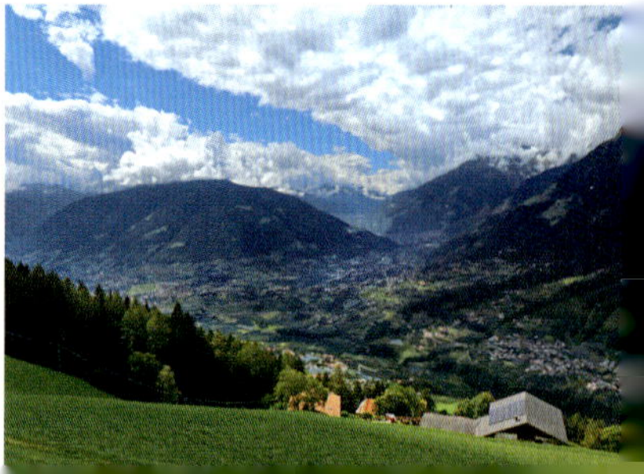

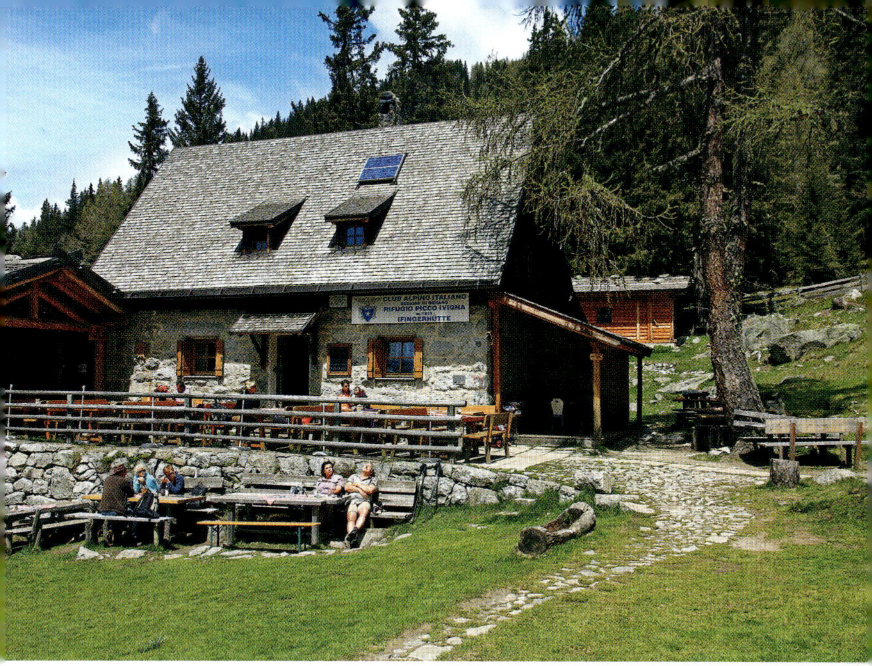

Auf der schnuckeligen Ifingerhütte kommt man schnell ins Relaxen.

Beim **Taser ❶** nehmen wir Weg Nr. 18A auf, verlassen schräg aufwärts die große Freifläche und wandern auf einem Waldsteig – zwischendurch auch ein kurzes Stück auf Forststraße – höher. Im oberen Teil ist der Wald öfters mit Felsblöcken durchsetzt. Nach rund einer Stunde erreichen wir die Lichtung mit der **Ifingerhütte ❷**, 1815 m, wo Kinder schöne Spielmöglichkeiten finden. Aus dieser Wiesenhangmulde wieder kurz zurück, dann jedoch mit Nr. 18 links haltend abwärts in den Bereich eines Grabeneinschnitts und rechtsseitig hinunter zur eindrucksvoll gelegenen Jausenstation beim **Eggerhof ❸**, 1506 m. Hier nehmen wir den Taser Höhenweg (Nr. 40) auf, kreuzen in Nordrichtung den Schruggenbach, passieren den Greitererhof (ebenfalls Gastbetrieb) knapp oberhalb und wandern durch einen Waldabschnitt zurück zum **Taser ❶**.

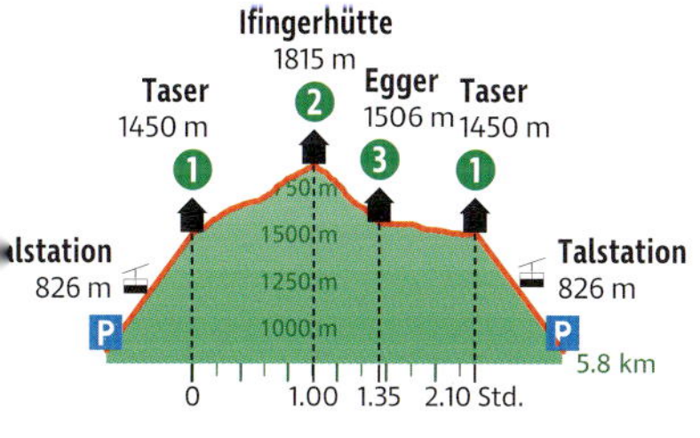

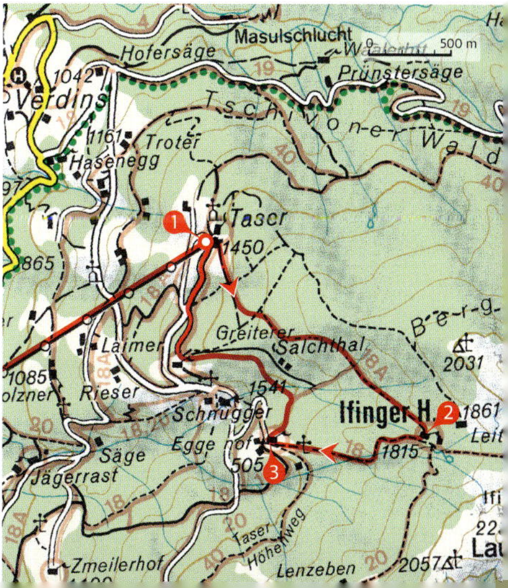

51 Kesselberg-, Mittager- und Meraner Hütte

Ins Alm- und Skigebiet Meran 2000

4.30 Std. | 16,3 km | ↗ 650 m | ↘ 650 m

Harte Kontraste zwischen Ifinger und Mittager

Der Name »Meran 2000« steht Pate für ein stark erschlossenes Bergareal, das sich grob umrissen über die Piffinger und Kirchsteiger Alm erstreckt – quasi dort, wo der Westkamm der Sarntaler Alpen unterm Ifinger seine Schroffheit verliert und gen Süden eine sanftere Anmutung annimmt. Bedingt durch die Aufstiegsanlagen ist dort auch im Sommer jede Menge los, wobei man freilich die Narben in der Landschaft allzu deutlich wahrnimmt. Jedenfalls fällt das Paket der Einkehrstationen so dick aus wie sonst kaum irgendwo im Bereich dieses Führers. Unser Rundkurs führt über das Selbstbedienungsrestaurant am Kesselberg, die Hütte an der weitläufigen Abdachung des Mittager, gleichsam im Sinne eines Kontrasterlebnisses zur Neuen Öttenbacher Alm und hernach ins Kerngebiet auf der Kirchsteiger Alm, wo auch die Meraner Hütte des Alpenvereins ihren Platz hat. Ein schmackhaftes Essen wird man sicherlich irgendwo erhaschen können ...

Ausgangspunkt: Bergstation am Piffinger Kopfl, 1890 m, wahlweise erreichbar mit der Seilbahn Meran 2000 (Talstation an der Straße von Meran Richtung Hafling) oder mit der Umlaufbahn Falzeben (bei Hafling). Betriebszeiten zwischen Ende April und Anfang November jeweils 9 bis 17 Uhr, in der Hauptsaison 8.30 bis 18 Uhr (Falzeben 17.30 Uhr).
Anforderungen: T2. Überwiegend leichte Bergwanderwege, abschüssige Passagen sind – wenn überhaupt – sel-

Imposante sommerliche Quellewolkenbildung, eingefangen am Mittager.

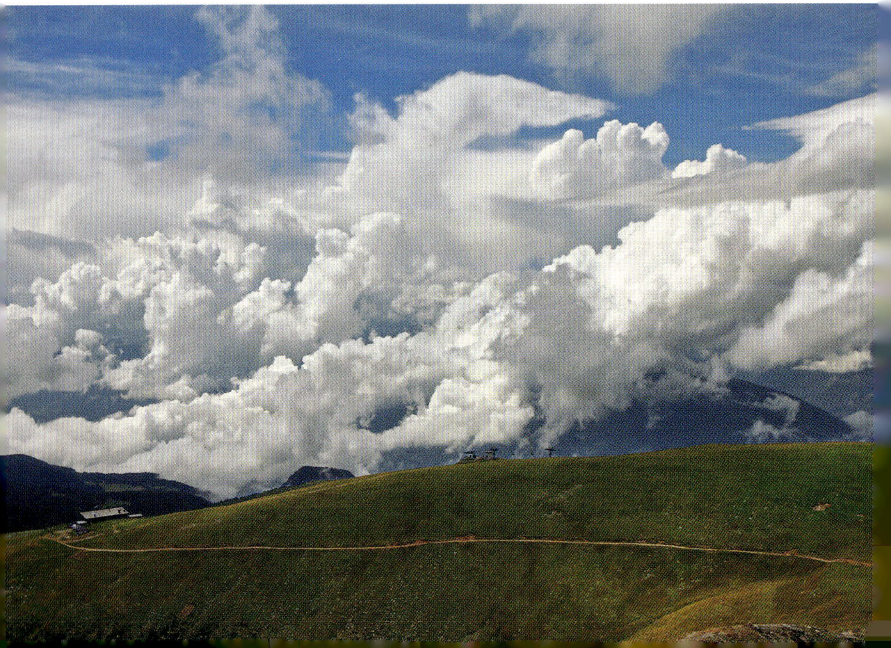

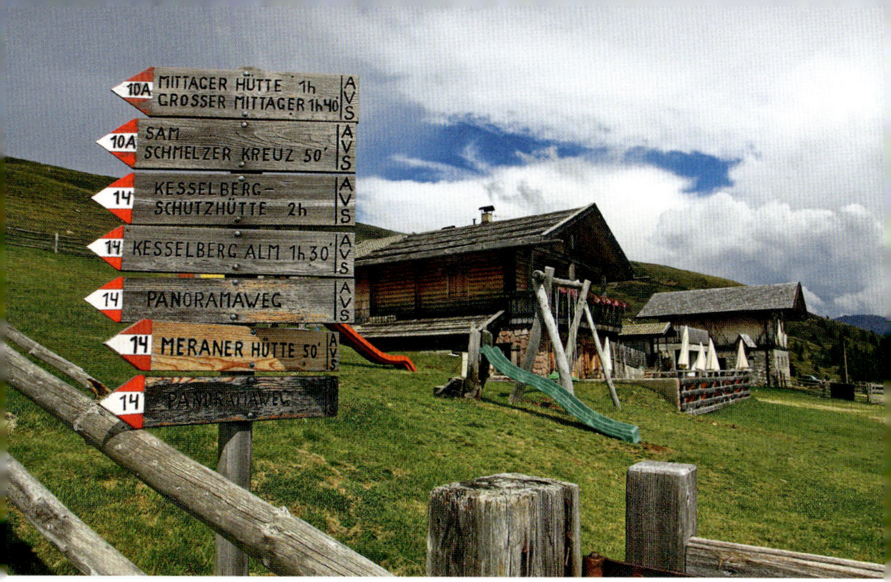

Außerhalb des Skigebiets entdecken wir die Öttenbacher Alm.

ten. Inklusive Öttenbacher Alm relativ lange Runde, die aber ausdauermäßig anpassbar ist.

Varianten: Anfangs oder gegen Ende kann man wahlweise über die Waidmannalm gehen. Von der Mittagerhütte Direktabstieg zur Meraner Hütte möglich (fast 1 Std. kürzer, sogar per Lift zur Kirchsteiger Alm). Zwischen Kesselberghütte und Öttenbacher Alm auch im großen Bogen östlich um den Mittager herum (herrlicher Panoramaweg, ca. 30 Min. länger). Theoretisch kommt auch ein Start beim Parkplatz im Öttenbachtal, ca. 1690 m, in Betracht; Zufahrt von Sarnthein auf einer Höfestraße bis kurz hinter Obermarchen (in der Hauptsaison Wanderbus).

Karte: Tabacco 1:25.000, Blatt 011 oder 040.

Von der Bergstation Meran 2000 am **Piffinger Köpfl ❶** wählen wir die breite Trasse Nr. 3, die von Liften zerschnittene Wiesenhänge allmählich aufwärts quert. Dabei lässt man das Naifjoch und die Abzweigung zum formgewaltigen Ifinger links liegen und überwindet eine mächtige Reiße in der Südflanke des Plattinger, ehe sich am **Missensteiner Joch ❷**,

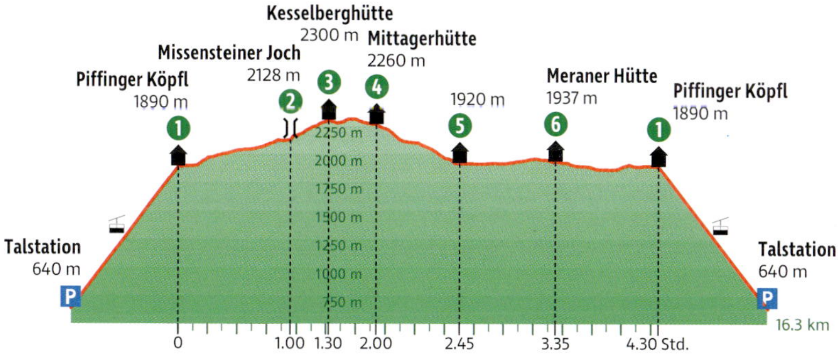

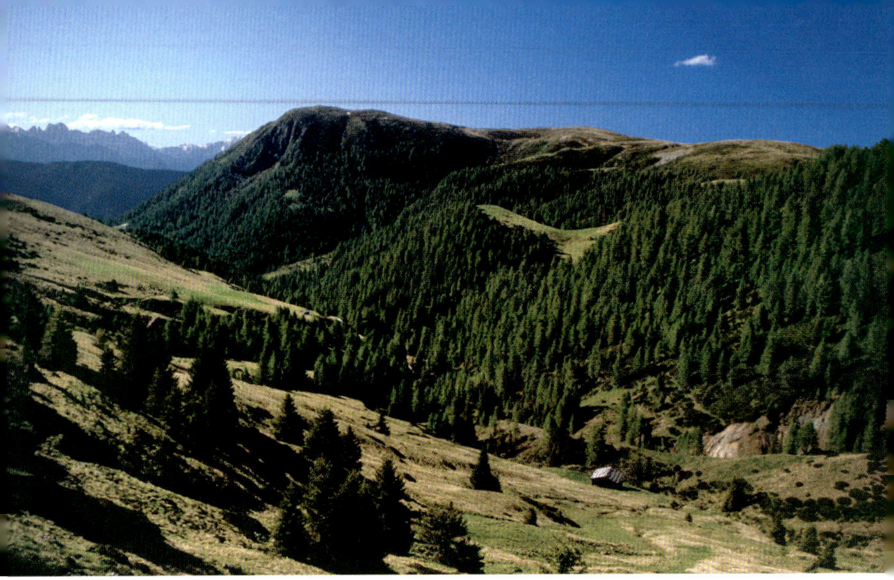

Die sanften Geländewellen des Kreuzjochs über dem Öttenbachtal.

2128 m, der Blick ins Sarntal öffnet. Ein breiter Rücken leitet nun zur **Kesselberghütte ❸**, 2300 m, empor. Bis hierher reicht winters der Skibetrieb. Etwas unterhalb tangiert unser Weg Nr. 13 die Kesselbergscharte und zieht schräg rechts zum Wiesenrücken am Mittager hinüber. Nach einem Linksbogen erreichen wir schon die **Mittagerhütte ❹**, 2260 m, mit einer Sesselliftstation in der Nähe.

Wer auf dieser Wanderung wirklich

EINKEHR

Berggasthof Piffinger Köpfl, 1890 m: bewirtschaftet während der Seilbahnbetriebszeiten, Tel. +39 0473 279610, www.piffinger-koepfl.com.
Kesselberghütte, 2300 m: Mitte Juni bis Anfang November und Mitte Dezember bis Ende März, Tel. +39 0473 279477.
Mittagerhütte, 2260 m: Mitte Juni bis Mitte Oktober, Tel. +39 331 7876843.
Öttenbacher Alm, 1920 m: Juni bis Oktober, im Winter an Wochenenden, Tel. +39 338 3881008.
Meraner Hütte, 1937 m: Anfang Mai bis Allerheiligen und Anfang Dezember bis Ostern, Übernachtungsmöglichkeit, Tel. +39 0473 279405, www.meranerhuette.it.
Kirchsteiger Alm, 1945 m: Ende April bis Anfang November und Mitte Dezember bis Mitte März, Übernachtungsmöglichkeit, Tel. +39 320 3311286, www.kirchsteigeralm.com.
Waidmannalm, 1998 m: Anfang Mai bis Anfang November und Mitte Dezember bis Mitte März, Tel. +39 0473 279461.

TOUREN

Großer Ifinger, 2581 m: von der Bergstation über die Kuhleitenhütte, am Gipfelaufbau klettersteigartig (T4–5, zum Kleinen Ifinger T3), 2.00 Std.
Großer Mittager, 2422 m: kurzer Abstecher zwischen Kesselberg- und Mittagerhütte.
Hirzerhütte, 1983 m: Verbindung auf dem E5 über die Obere Scharte (Hirzerscharte), evtl. mit Gipfelabstecher (T3), von der Meraner Hütte 5.00 bis 6.00 Std.
Möltner Kaser, 1763 m: auf dem E5 in Südrichtung via Kreuzjöchl und Auener Jöchl, wahlweise über die Stoanernen Mandln (T2), ca. 3.00 Std.

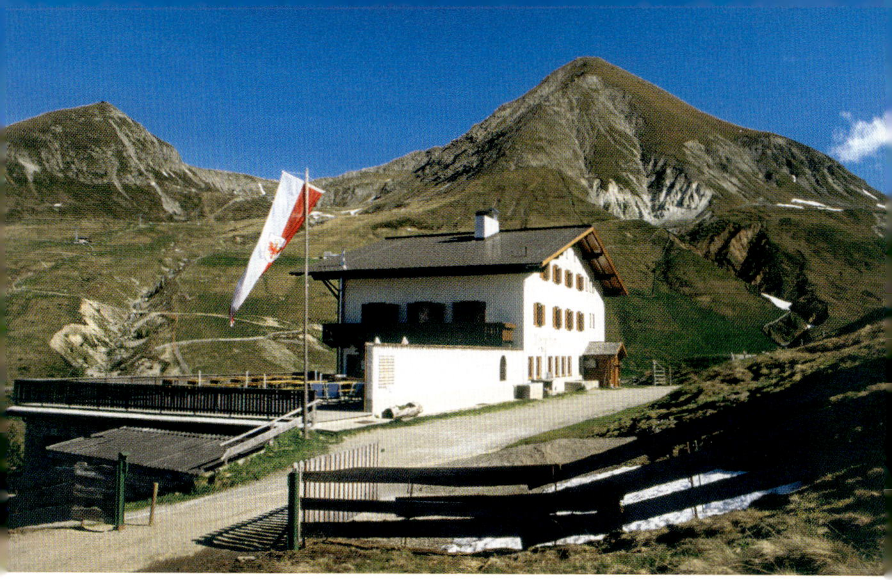

Die Meraner Hütte unterhalb von Kuhleiten und Hochplattspitze.

Idylle erleben möchte, sollte noch nicht so schnell wieder ins Skigebiet absteigen, sondern sich südöstlich hinab zur **Öttenbacher Alm** ❺, ca. 1920 m, orientieren. Von dort bringt uns ein angenehmer Flankenweg quer durch die sonnseitigen Hanglagen und über einen flachen Sattel hinweg zur **Meraner Hütte** ❻, 1937 m, die vom Südtiroler Alpenverein unterhalten wird. Auf dem finalen Abschnitt passieren wir in Kürze die **Kirchsteiger Alm**, 1945 m, gehen mit Nr. 14 den nahen Grabeneinschnitt aus, wechseln später auf Nr. 17 und treffen wieder bei der **Bergstation** ❶ ein.

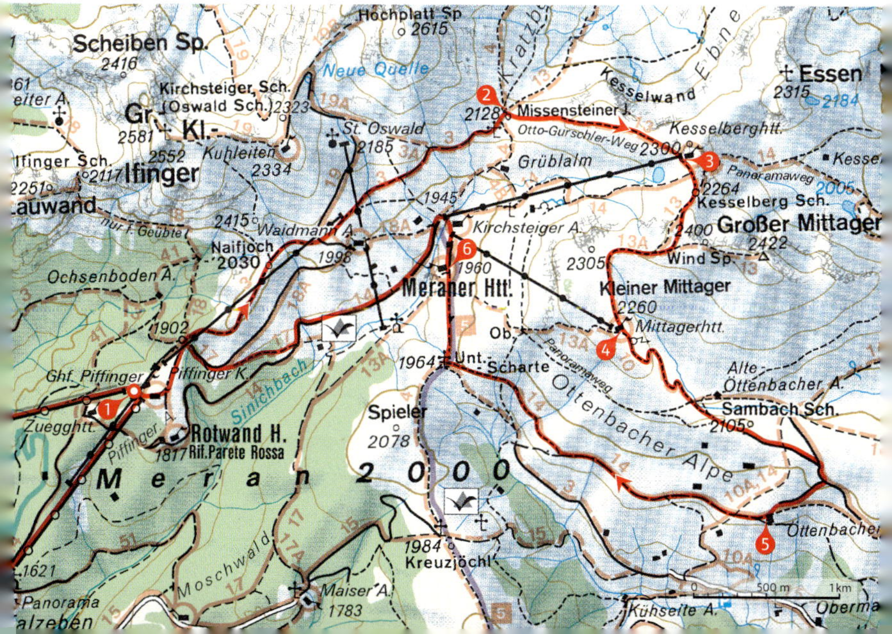

52 Wurzeralm, Vöraner Alm und Leadner Alm

Rundwanderung von Hafling

4.00 Std. | 13,8 km | ↗ 630 m | ↘ 630 m

Wälder und Weiden am Tschögglberg

Das sanft gewellte Mittelgebirge am Tschögglberg ist für Erholungssuchende so richtig einladend. In den ausgedehnten Wäldern findet man jede Menge Auslauf und gute Luft – durchaus im spürbaren Unterschied zum sommers oft hitzegeplagten Etschtal, das hier immerhin 1000 bis 1500 Meter unterhalb bleibt! Landschaftliche Reizpunkte werden hauptsächlich durch die verstreuten Almgründe gesetzt; dort öffnet sich meist auch die Aussicht übers Land. Drei Almen sind Bestandteil dieses Wandervorschlags, wobei die höchste schon weit oben auf 1873 Metern am Vöraner Joch liegt. Besondere Familienfreundlichkeit hat sich die Wurzeralm auf die Fahnen geschrieben – Spielmöglichkeiten und Tierfütterungen inklusive. Hausspezialitäten kommen von Lamm und Ziege; auf der Leadner Alm (früher übrigens als Bauernhof geführt; und ein bisschen Kornanbau findet immer noch statt ...) gibt's diverse Gerichte vom heimischen Rind. Bekanntermaßen sind die Hochweiden um Hafling auch die Heimat einer speziellen Pferderasse, die Jung und Alt verzückt.

Ausgangspunkt: Hafling Dorf, unterhalb der Kirche gebührenpflichtiger Parkplatz und Bushaltestelle, ca. 1275 m. Anfahrt sowohl von Meran als auch aus Richtung Vöran/Mölten.
Anforderungen: T1–2. Meist sehr leichte Wanderwege bzw. oft auch Forststraßen; nur der Anstieg zur Wurzeralm fällt relativ holprig aus. Wenig anstrengende Tagestour.
Karte: Tabacco 1:25.000, Blatt 011, 040 oder 046.

Auf der Wurzeralm herrscht eine sprichwörtliche Heiterkeit.

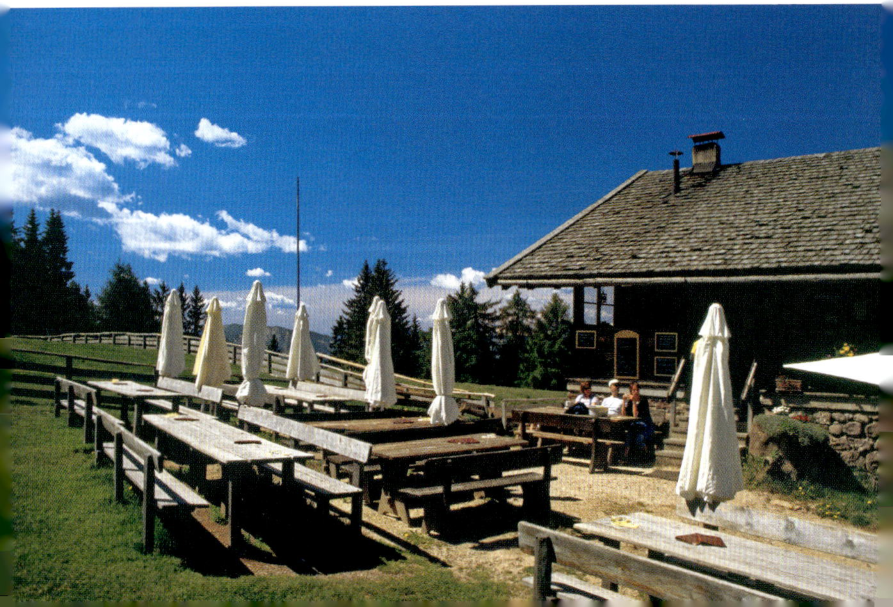

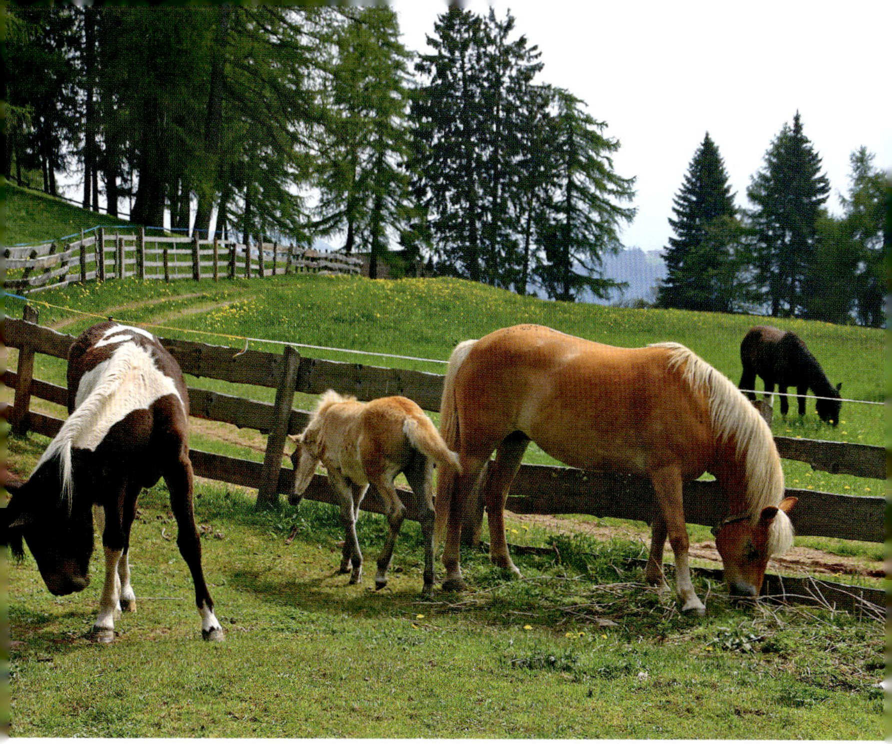

Pferdeweiden sind am Tschögglberg weit verbreitet.

Von **Hafling Dorf** ❶ folgen wir der Beschilderung Nr. 2, gewinnen in den Hoflagen am Hang Höhenmeter und tauchen in den Bergwald ein. Dort ist der Weg zwar ebenfalls breit, aber etwas wurzlig und von Steinplatten durchsetzt. Über einzelne Lichtungen nähern wir uns dem ersten Ziel, der idyllischen **Wurzeralm** ❷, 1707 m. Die Fortsetzung führt auf einem Forstweg und zwischenzeitlich auf einem Steig schräg rechts aufwärts. Kurz vor der **Vöraner Alm** ❸, 1873 m, öffnet sich der Blick in die Ferne – wir befinden uns hier am freien Wiesenhang des Vöraner Jochs. Route Nr. 11A bringt uns anschließend über die Lichtung mit der Rosshütte bergab. In der Nähe eines Weihers erfolgt eine Links-rechts-Kombination; danach verlaufen eine Forststraße und ein Wanderweg quasi parallel. Die Markierung Nr. 11 geleitet uns schließlich über Weiden zur **Leadner Alm** ❹, 1514 m. Etwas tiefer biegen wir bei einem Teich

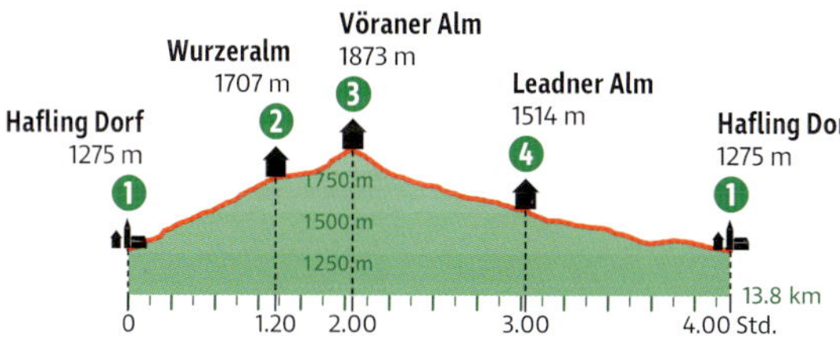

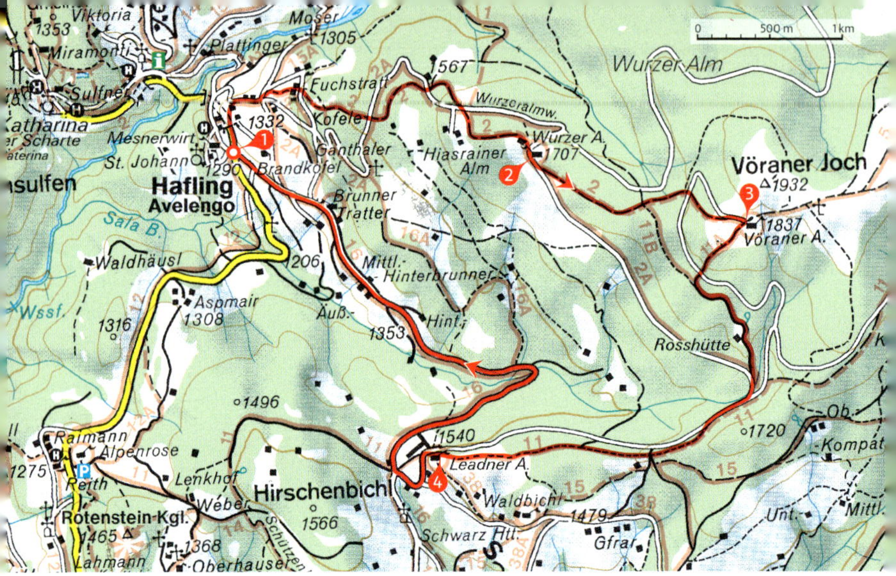

EINKEHR

Wurzeralm, 1707 m: Anfang Mai bis Anfang November sowie im Winter, Tel. +39 338 5005784, www.wurzer-alm.com.

Vöraner Alm, 1873 m: Ende Mai bis Anfang November, Tel. +39 360 320469.

Leadner Alm, 1514 m: Ende April bis Anfang November sowie im Winter, Tel. +39 0473 278136 oder +39 349 6084949, www.leadner-alm.com.

TOUREN

Vöraner Joch, 1941 m: Wiesenkuppe bei der Vöraner Alm, gut 10 Min.

Stoanerne Mandln, 2001 m: über das Auener Jöchl (T2), 0.45 Std.; ggf. Übergang zur Möltner Kaser.

Maiser Alm, 1783 m, bzw. Meraner Hütte, 1937 m: von der Vöraner Alm links am Kreuzjoch vorbei gen Norden, später Wegteilung (T2), 1.30 bis 1.45 Std.; Rundenschluss nach Hafling möglich.

zweimal rechts ab und sind damit auf einer Forststraße unterwegs, die im Bogen den Einschnitt des Salabachs ausgeht (Nr. 16). Man nähert sich allmählich dem Streusiedlungsgebiet von Hafling, passiert im Hinterdorfweg das Hotel Brunner und vollendet die Runde im Dorf ❶.

Die Gegend um Hafling erweist sich als ideal für Genusswanderer. Links die Leadner Alm, rechts die höher gelegene Vöraner Alm.

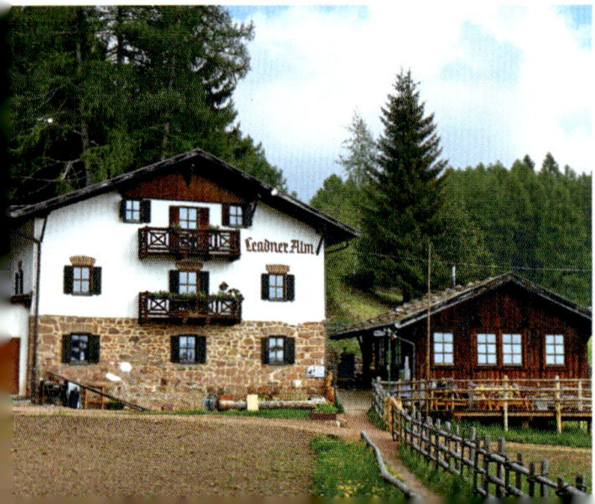

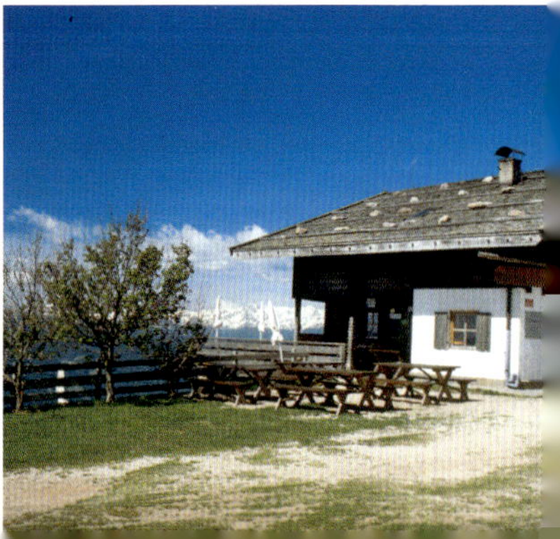

Sattlerhütte, Möltner Kaser, Jenesier Jöchlalm

Rund ums Möltner Joch

3.00 Std. | 11,6 km | ↗ 450 m | ↘ 450 m

Im sanften Mittelgebirge zwischen Etsch- und Sarntal

Eine weitere Tour am liebreizenden Tschögglberg, der mit seinen sanften Wald- und Wiesenwellen ebenso zu Südtirol gehört wie das spektakulärere Hochgebirge! Darauf richtet sich zumindest so mancher Fernblick ringsum, wobei die fast genau 2000 Meter messende Kuppe der Hohen Reisch – besser bekannt unter der Bezeichnung »Stoanerne Mandln« – als perfekter Panoramapunkt im Herzen des Landes legendären Ruf besitzt. Dies freilich auch aufgrund der riesigen Ansammlung von Steinmännern, die hier in allen erdenklichen Formen und Größen seit Jahrhunderten aufgeschichtet worden sind: uralter Kultplatz oder einfach nur ein Zeitvertreib der Hirten? Südlich unterhalb der Hohen Reisch liegt die beliebte Möltner Kaser auf einem heiteren Wiesenboden. Verschiedenste Fleischsorten aus eigener Zucht, aber auch vom Wild, kommen hier mit saisonalen Beilagen auf den Tisch. Auf unserem Bogen um das Möltner Joch nehmen wir vorab die kleine Sattlerhütte mit und auf dem Rückweg die Jenesier Jöchlalm, die uns wie von einem Balkon aus weit nach Süden blicken lässt.

Ausgangspunkt: Parkplatz »Schermoos«, 1440 m, an der Verbindungsstraße zwischen Mölten und Flaas (gebührenpflichtig). Haltestelle des speziellen Tschögglberg-Busses zwischen Hafling und Jenesien.
Anforderungen: T1–2. Überall gut ausgebaute Wanderwege, streckenweise auch in Fahrbahnbreite und nie besonders steil. Gutes Halbtagespensum.
Variante: Andere Startmöglichkeiten liegen beim Parkplatz Kircheben (oberhalb von Mölten) sowie beim Parkplatz Kampidell.
Karte: Tabacco 1:25.000, Blatt 040 oder 046.

Der Almsommer hat begonnen!

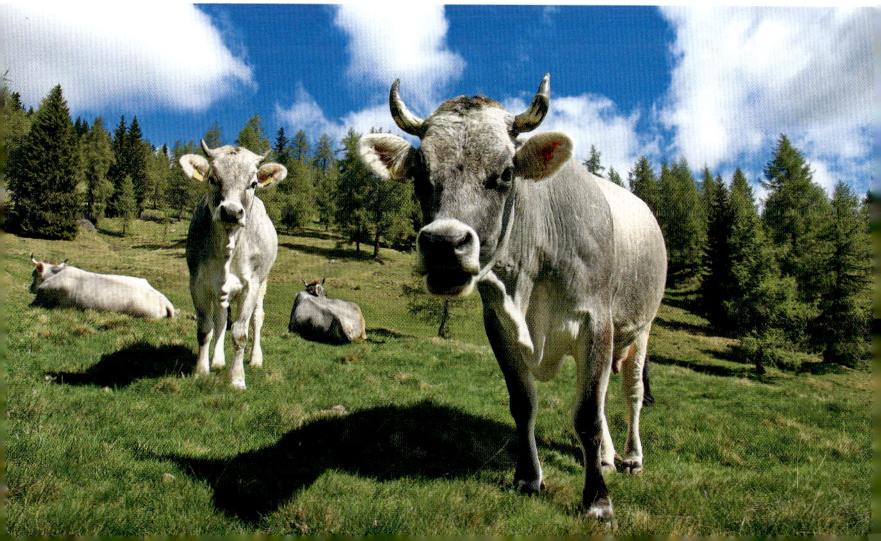

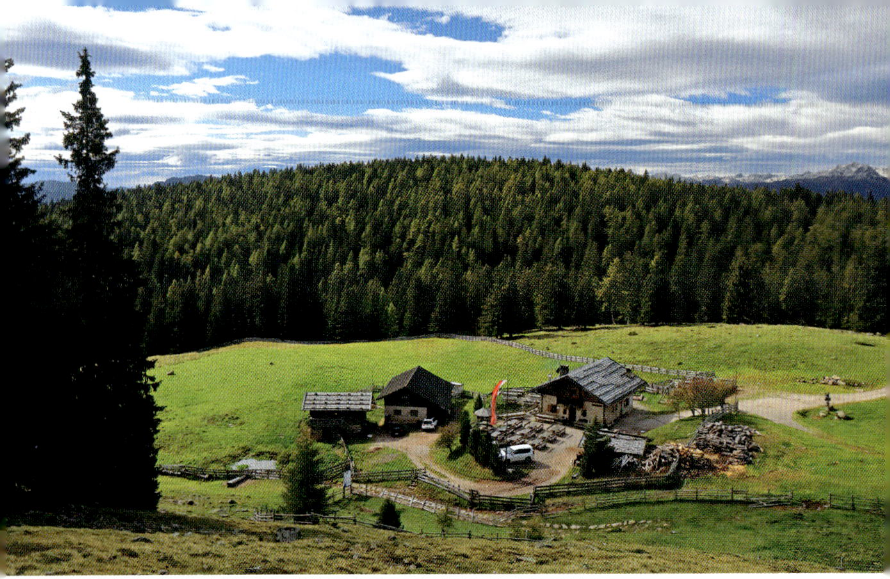

Die Möltner Kaser, eine der bekanntesten Almwirtschaften am Tschögglberg.

EINKEHR

Sattlerhütte, 1609 m: Anfang April bis Anfang November, im Winter an Wochenenden, Tel. +39 339 1109550.
Möltner Kaser, 1763 m: Ende April bis Anfang November, im Winter an Wochenenden, Tel. +39 349 1243720 oder +39 349 1290780, www.moeltner-kaser.com.
Jenesier Jöchlalm, 1664 m: Anfang/Mitte April bis Mitte November, im Winter an Wochenenden, Tel. +39 338 9213269.

TOUREN

Stoanerne Mandln, 2001 m: von der Möltner Kaser über den sanften Südhang, 40 Min.

Vom Parkplatz **Schermoos** ❶ beginnt der Aufstieg ein paar Schritte nach rechts versetzt an der Straße. Wir bewegen uns zunächst im Bereich einer sturmgeschädigten Waldblöße und achten nach rund 15 Minuten auf den Abzweig der Route Nr. 17 rechts hinauf. Bei einer weiteren Gabelung links haltend und über die Rindlwiesen mehr Richtung Nordwesten. Wer die **Sattlerhütte** ❷, 1609 m, auslassen möchte, kann auch das Möltner Joch überschreiten. Später kommen die Wege wieder zusammen und führen als breite Trasse durch den Jöchlwald und mit einem Bogen ins freie Gelände bei der **Möltner Kaser** ❸, 1763 m. Auf einem Waldweg das Faultal ausgehend, erreichen wir von dort auch rasch die **Jenesier Jöchlalm** ❹, 1664 m. Der Fahrweg kreuzt den Gra-

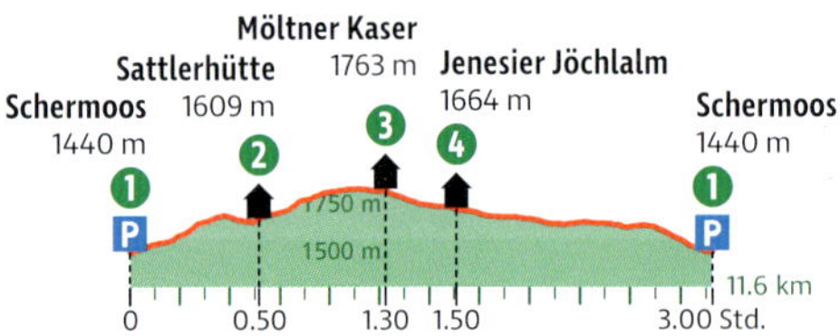

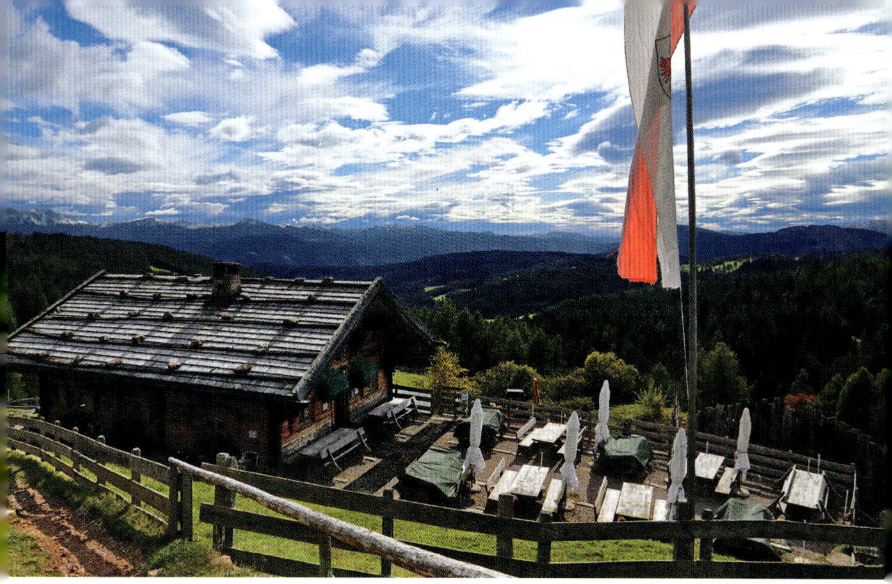

Auf der Jenesier Jöchlalm schweift der Blick weit nach Süden.

ben dann nochmals weiter unten. Mit Nr. 5 kommen wir in die Nähe des Parkplatzes »Kampidell«, absolvieren via Lueger noch ein wenig Auf und Ab und lassen die Tour von den Fahrer Höfen Richtung **Schermoos** ❶ ausklingen.

Paradeziel in der Nähe: die sagenumwobenen Stoanernen Mandln.

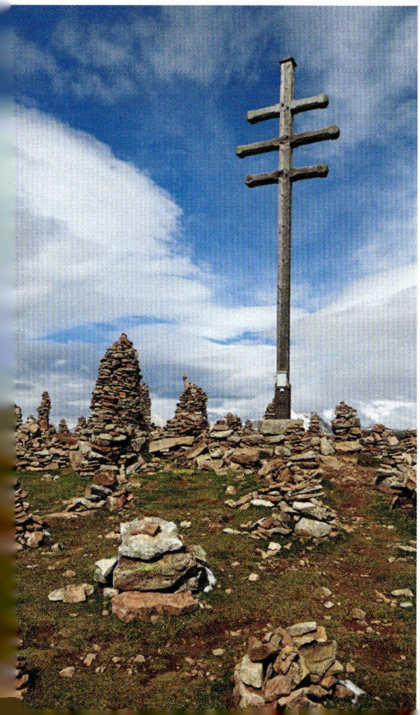

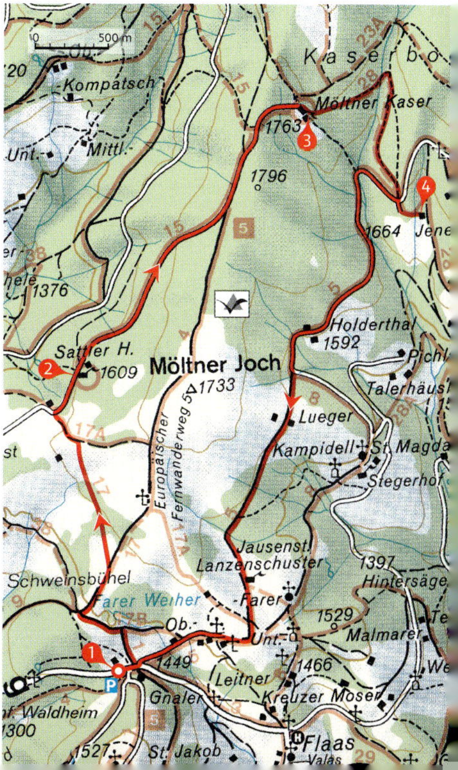

54 Langfenn, 1527 m, und Gschnoferstall

Von Verschneid auf den Salten

TOP | 2.20 Std. | 7,5 km | ↗370 m | ↘370 m

Zauberhafte Lärchenwiesen und das altehrwürdige St. Jakob

Der südliche Ausläufer des Tschögglbergs wird als Salten bezeichnet. Besonders schön ist es hier im Frühjahr und Frühsommer, wenn die Blumenpracht sprießt, und natürlich im fortgeschrittenen Herbst, wenn die Lärchen goldenen Farbglanz unter stahlblauem Himmel versprühen. Auch Pferde und Kühe harren oft bis zum ersten Schnee aus und hauchen der Landschaft archaisches Leben ein. Ein flacher Buckel, herausgehoben aus den lichtdurchfluteten Lärchenwiesen, trägt den stattlichen Hof Langfenn mit dem schon seit 1309 nachweisbaren Kirchlein St. Jakob, dessen ältester Teil auf die Romanik zurückgeht. An diesem herrlichen Erdenfleck – manche deuten darin auch einen Kraftort – lassen wir uns gern zur Rast nieder. Eine feine Südtiroler Marende verspricht auch der Gschnoferstall etwas weiter südlich. Diese Schleife sollte man unbedingt noch anhängen.

Ausgangspunkt: Parkplatz beim Gstreinhof, ca. 1185 m, oberhalb von Verschneid am Tschögglberg. Per Bus startet man mit wenig Mehraufwand im Dorf.
Anforderungen: T1–2. Überwiegend komfortabel trassierte Wege auf dem Plateaurücken des Salten. Wenig anstrengende Genuss-Halbtagestour.
Variante: Man kann die Runde gut über das ebenfalls bewirtschaftete Tschaufenhaus ausdehnen; dann besser direkt in Verschneid starten.
Karte: Tabacco 1:25.000, Blatt 046 oder 034.

Am Salten herrscht Mittelgebirgscharakter.

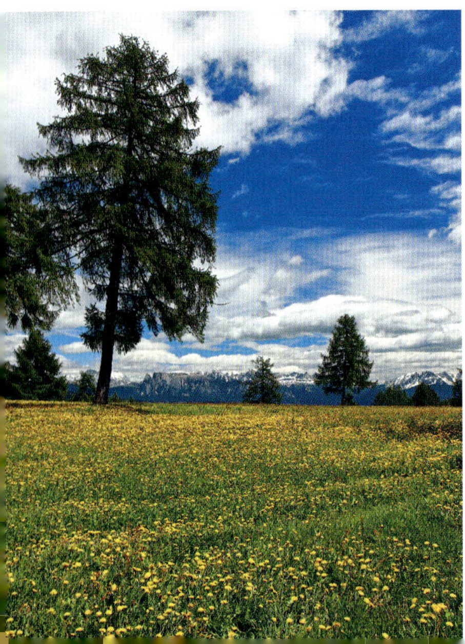

In **Verschneid** können wir noch bis zum **Gstreinhof** ❶, wo sich die letzte Parkmöglichkeit befindet, hinauffahren und dort die Route Nr. 12A aufnehmen. Die Schleifen der Bergstraße lassen sich bald auf Waldwegen abkürzen. Beim Tammerlemoos kommen wir wieder auf einen der breiten Naturwege, wie sie typisch für die Gegend sind, und durchwandern nun die bezaubernden Lärchenbestände der Langfennwiesen. Mit Einmündung in die wichtige

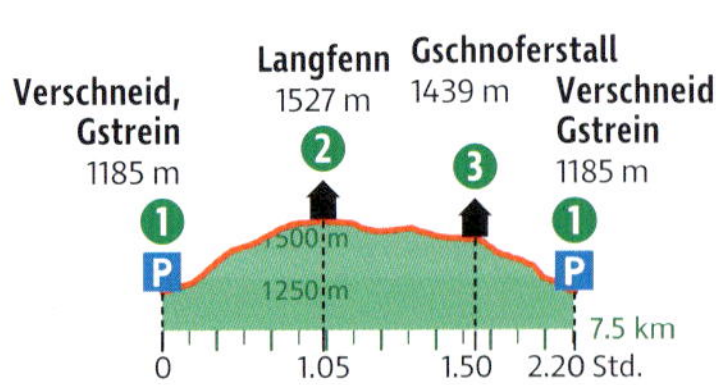

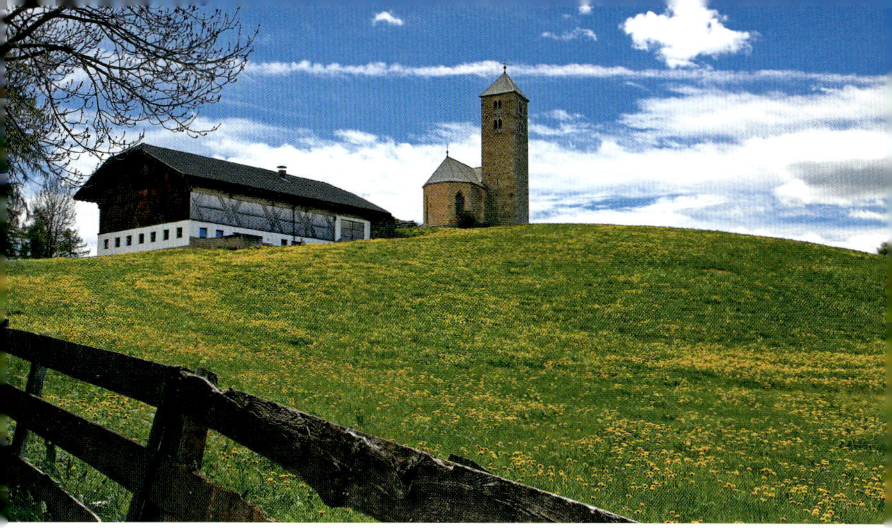

Langfenn mit dem uralten Kirchlein St. Jakob.

EINKEHR

Gasthaus Langfenn, 1527 m: Ende März bis Mitte November, Übernachtungsmöglichkeit, Tel. +39 0471 668218 oder +39 349 6245059, langfenn.it.
Gschnoferstall, 1439 m: Ostern bis Mitte November (Mo Ruhetag), im Winter an Wochenenden, Tel. +39 346 1746045.

TOUREN

Jenesien, 1089 m: der Weg über den gesamten Salten (Abschnitt des E5) endet südwärts im Bergdorf Jenesien (T1), ab Langfenn ca. 2.00 Std.

Route Nr. 1 (auch als E5 ausgewiesen) dauert es nach links noch ca. 15 Gehminuten bis zum beeindruckenden Gehöft **Langfenn ❷**, 1527 m. Der freie Wiesenhügel gewährt eine prächtige Aussicht nach allen Seiten. Zurück bei der Gabelung bleibt man für rund eine Viertelstunde am Hauptweg über den Höhenrücken des Salten und marschiert derweil gen Süden. Dann zweigt rechter Hand die Verbindung Nr. 7A zum **Gschnoferstall ❸**, 1439 m, ab. Diese Jausenstation liegt am unteren Rand einer herrlichen Lichtung. Ein paar Meter davor finden wir den Abzweig des Weges Nr. 12, der uns im Abstieg wieder zurück zur Bergstraße und zum Parkplatz ❶ bringt.

Die Lärchenwiesen am Salten sind legendär.

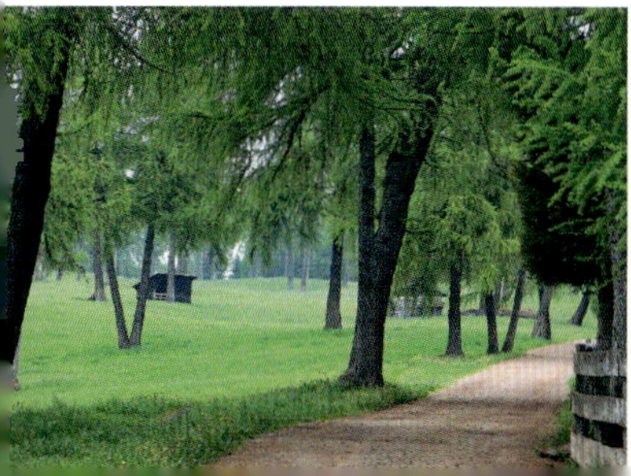

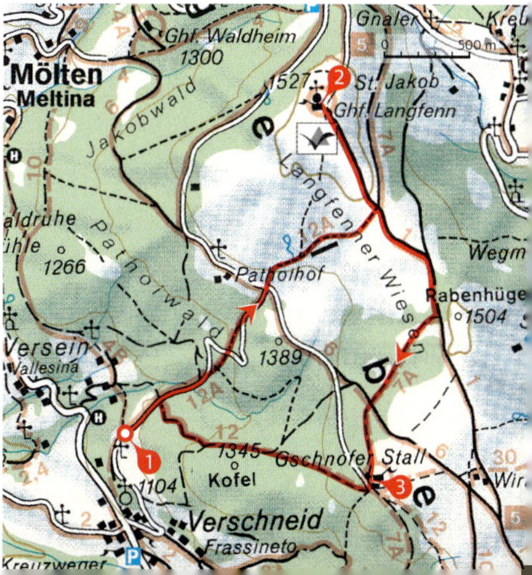

55 Gasthaus Seespitz, 1751 m, und Bärenbadalm

Rund ums Vigiljoch

1.45 Std. | 7,2 km | ↗ 120 m | ↘ 450 m

Kurzweilige Seilbahnwanderung oberhalb von Lana

Der äußerste Nordostausläufer der Ortler-Alpen gegen das Meraner Becken ist unter dem Namen Vigiljoch geläufig, nicht zuletzt aufgrund eines uralten Höhenheiligtums, das dem ersten Bischof von Trient geweiht wurde. Aufstiegshilfen von Lana bis fast auf die Kuppe des Larchbühels sowie von Rabland zum Bergweiler Aschbach verschaffen der Gegend reichlich Wanderpublikum – dementsprechend sind auch etliche Einkehrmöglichkeiten entstanden. Wir steuern zunächst nordwärts das Gasthaus Seespitz an der verwunschenen Schwarzen Lacke an, queren dann am Bergkirchlein vorbei Richtung Bärenbadalm und besuchen vor dem Abstieg auf dem Alpenrosenweg noch die »Familyalm« Gampl mit ihrem Tiergehege.

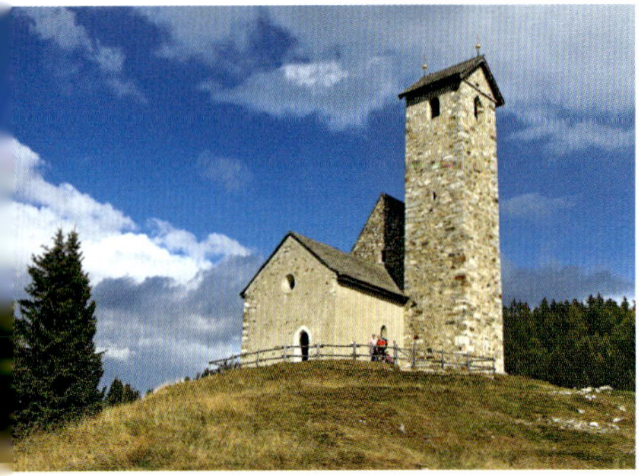

Das Bergkirchlein St. Vigilius thront an exponierter Stelle.

Ausgangspunkt: Bergstation am Larchbühel, 1814 m, erreichbar in zwei Sektionen mit der Vigiljochbahn von Lana. Betriebszeiten ganzjährig, saisonal gestaffelt. In der Hauptsaison (Sommer) Seilbahn 8 bis 19 Uhr, Sessellift 9 bis 17 Uhr.

Anforderungen: T1. Bequeme Höhenwanderung auf guten Wegen, dank der Seilbahn auch konditionell sehr gemäßigt.

Variante: Das dichte Wegenetz erlaubt einigen individuellen Spielraum.

Karte: Tabacco 1:25.000, Blatt 011 oder 046.

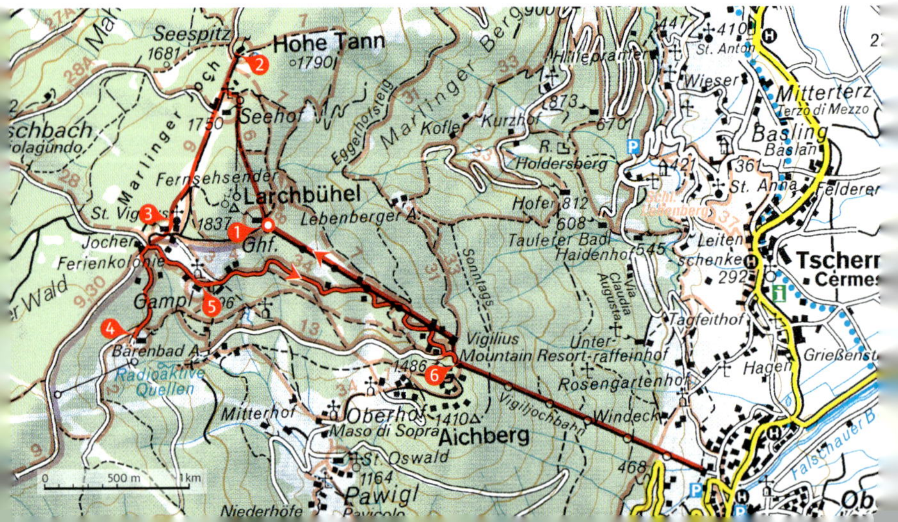

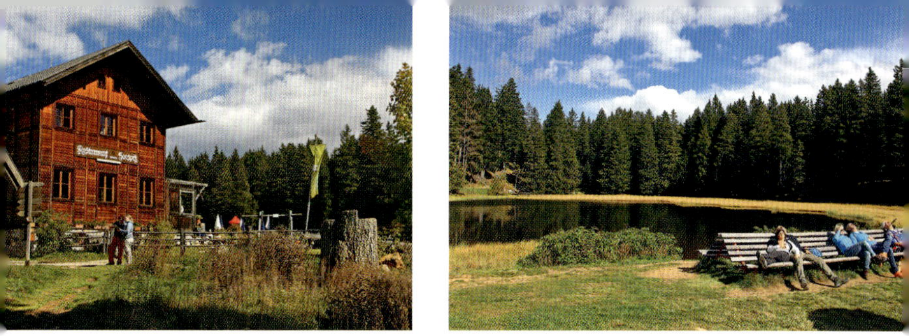

Beim Gasthaus Seespitz lockt auch eine Siesta am Ufer der Schwarzen Lacke.

EINKEHR

Gasthaus Sessellift, 1814 m: fast ganzjährig, Fr Ruhetag, Tel. +39 335 6318382, gasthaussessellift.it.
Gasthaus Seespitz, 1751 m: Ostern bis Anfang November und Weihnachten bis Anfang März, Mo Ruhetag, Tel. +39 0473 562955.
Bärenbadalm, 1706 m: Anfang Mai bis Ende Oktober, Do Ruhetag (außer Juli/August), Tel. +39 338 9918224 oder +39 333 3900197, baerenbadalm.com.
Familienalm Gampl, 1696 m: Anfang April bis Ende Oktober, im Winter am Wochenende, Tel. +39 0473 562014 oder +39 338 6226987, www.familyparadies.com.

TOUREN

Naturnser Alm, 1910 m: mit Nr. 9 und 30 in westliche Richtung (T2), ab Bergstation 1.30 Std.
Naturnser Hochwart, 2608 m: längere Gipfeltour via Bärenbadalm und Martscheinberg, die Südflanke des Naturnser Hochjochs querend und zuletzt von der Nörderscharte über den Nordostgrat (T3), 3.30 Std.

Seilbahn und Sessellift überwinden von Lana aus fast 1500 Höhenmeter bis zur **Bergstation ❶** am Larchbühel. Von dort geht es mit Nr. 5 nordwärts leicht fallend zum Biotop der Schwarzen Lacke mit dem **Gasthaus Seespitz ❷**, 1751 m, nebenan. In Südrichtung öffnet sich eine breite Schneise zwischen Bischofskofel und Larchbühel hindurch, womit wir das pittoreske Kirchlein **St. Vigilius ❸**, 1793 m, auf dem Wiesenhügel ansteuern. Bei der Kreuzung unterhalb – dem eigentlichen Vigiljoch, 1743 m – entscheiden wir uns zunächst für einen Abstecher zur **Bärenbadalm ❹**, 1706 m, und wandern dann zur großzügig ausgebauten **Familienalm Gampl ❺**, 1696 m. Über den Alpenrosenweg (Nr. 34) können wir anschließend gut zur **Mittelstation ❻** absteigen.

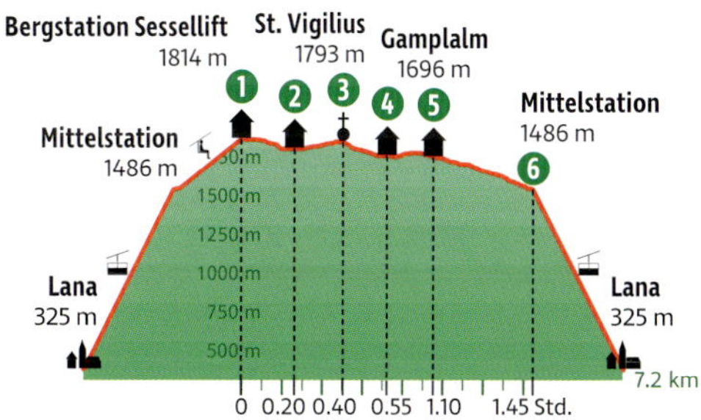

56 Äußere und Innere Falkomaialm

Ins Ultner Kirchbachtal

5.45 Std. | 13,5 km | ↗ 860 m | ↘ 860 m

Ausgedehnte Runde über die Almgebiete von Außerulten

Rund ums Ultental gibt es noch besonders viele ursprüngliche Almen – etliche davon bieten auch einfache Bewirtung ohne besonderen Schnickschnack. Wer solcherlei Authentizität gerne nachspürt und auch einem längeren Tagesmarsch nicht abgeneigt ist, sollte sich einmal dem Kirchbachtal in Außerulten zuwenden. Dieses versteckt sich ein wenig hinter vorspringenden Waldlehnen, doch kann man ein Anrainersträßchen nutzen und am Staffelsberg ziemlich weit hinauffahren. Mit der Stafler Alm finden wir rasch ein erstes Zwischenziel und dürfen schon mal vom Fernblick bis in die Dolomiten schwärmen. Richtung Äußere und Innere Falkomaialm werden anschließend volle zwei Stunden lang die sonnseitigen Flanken über dem Kirchbachtal abgeschritten – ein wirklich toller Höhenweg –, ehe es im Grund des Hochtals wieder retour geht. Dort empfängt uns als vierte Einkehrmöglichkeit noch die Falkomai-Kuhalm, auch als Mariolberger Alm geläufig.

Ausgangspunkt: Ende der öffentlichen Straße am Staffelsberg; Parkmöglichkeit beim obersten Hof Gamp (Gomp), ca. 1500 m. Die Bergstraße zweigt kurz hinter St. Pankraz im Ultental ab (ohne Busanbindung).
Anforderungen: T3 (kurzzeitig), meist T2. Erster Anstieg zur Stafler Alm recht steiler Waldweg, anschließend oft gutmütige Route quer durch die Flanken, hinter dem Falkomaisee ein paar ausgesetzte Stellen mit Drahtseil. Insgesamt tagfüllende Unternehmung.
Varianten: Direkter Abstieg von Außerfalkomai zur Mariolberger Alm (45 Min. Ersparnis). Dorthin im Übrigen am schnellsten von St. Helena.
Karte: Tabacco 1:25.000, Blatt 042.

Am Falkomaisee.

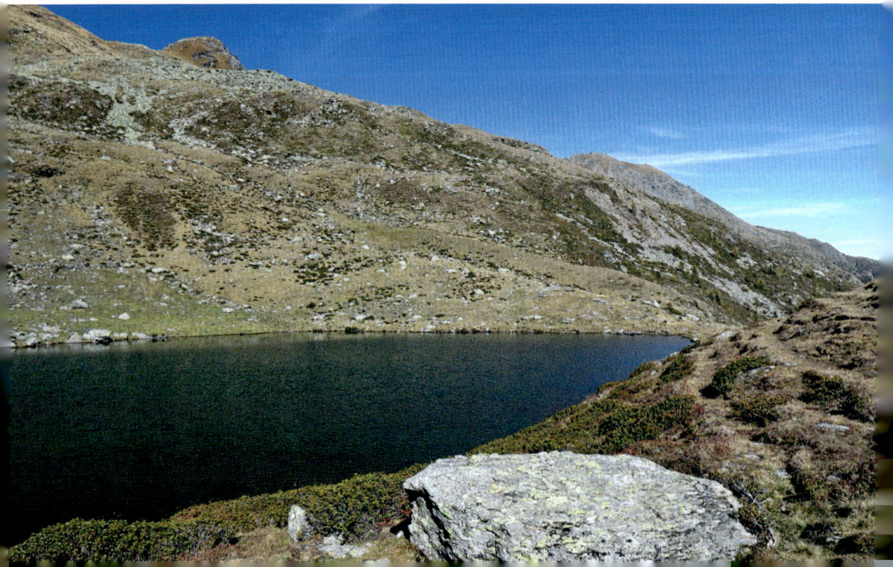

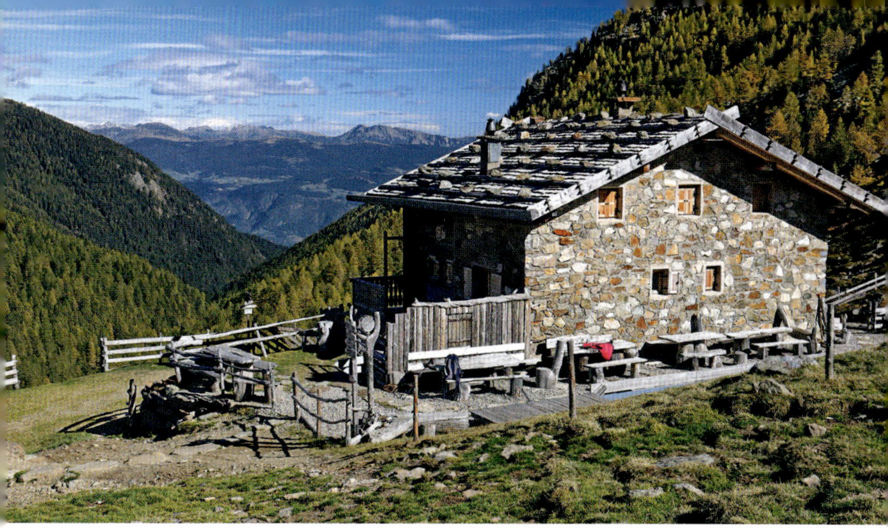

Idyllisches Fleckchen: die Innere Falkomaialm.

Gleich hinter dem Hof **Gamp** ❶, wo die Bergstraße in einen Forstweg übergeht (Fahrverbotsschild), nehmen wir den Waldsteig Nr. 6 auf. Dieser zieht anfangs steil an, führt rechts zu einem Geländerücken, schwenkt wieder nach links, kreuzt eine Forststraße und kommt nach rund einer Stunde aus dem Wald heraus zur **Stafler Alm** ❷, 1886 m. Nun schräg links in den »Alpenrosensteig« (Nr. 1) einmündend, der die sonnseitigen Hänge über dem Kirchbachtal geraume Zeit durchquert. Man bewegt sich höchstens leicht auf und ab (ungefähr knapp oberhalb der 2000-Meter-Linie), hin und wieder auch noch durch lichten Wald, und passiert zwischendurch den Abzweig zur Naturnser Hochwart ❸. Nach längerer Traverse erreicht man beim **Leger** ❹, 2020 m, eine kleine Almhütte und steigt von dort nochmals deutlich bis zur bewirtschafteten **Äußeren Falkomaialm** ❺, 2163 m, empor. Nur 10 Minuten später passieren wir beim Falkomaisee den höchsten Punkt.

EINKEHR

Stafler Alm, 1886 m: im Sommer einfach bewirtschaftet, Tel. +39 0473 787190.

Äußere Falkomaialm, 2163 m: Mitte Juni bis Mitte September, keine Kontaktdaten bekannt.

Innere Falkomaialm, 2051 m: Mitte Juni bis Mitte September, Tel. +39 348 5640455.

Falkomai-Kuhalm (Mariolberger Alm), 1661 m: Mitte Mai bis Ende Oktober sowie einige Wochen im Winter, Übernachtungsmöglichkeit auf Anfrage, Tel. +39 346 6052302.

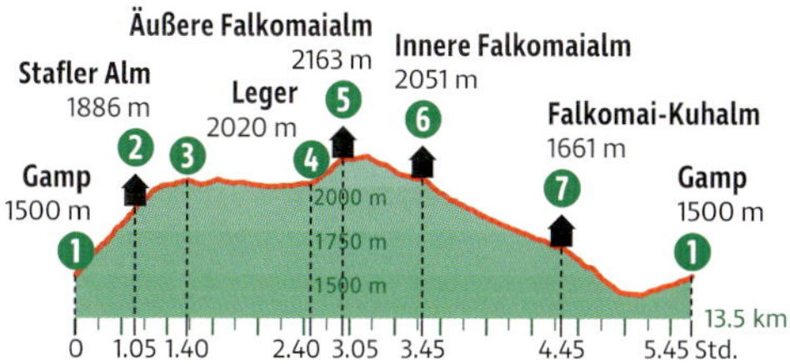

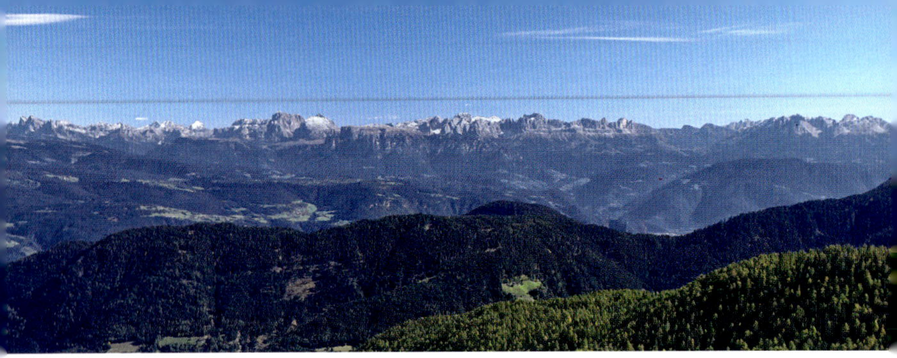

An klaren Tagen stehen die Dolomiten gestochen scharf am Horizont.

TOUREN

Naturnser Hochwart, 2608 m: vom Wegpunkt 3 bergwärts Richtung Nörderscharte und zuletzt über den Nordostgrat (T3), ab Abzweig gut 1.30 Std. Abstieg über die Südwestseite direkt zur Äußeren Falkomaialm (T3), 1.00 Std.

Peilstein, 2542 m: von der Inneren Falkomaialm auf dem direkten Weg (T2), 1.30 Std., schöne Kombination mit dem Nordostgrat, außerdem Übergang zur Marschnellalm.

Dahinter tauchen einige felsdurchsetzte Stellen mit Sicherungen auf. Wir kreuzen einen Bachgraben und gelangen nach einem Wegknick zur **Inneren Falkomaialm** ❻, 2051 m. Von dort leiten einige Schleifen ins Kirchbachtal hinab. Zum großen Boden hin linksseitig weiter und vorerst immer ganz sachte absteigend talauswärts. Wo Route Nr. 3 vom Hang herunterzieht (siehe Variante), stößt man jenseits der Brücke auf eine Forststraße und folgt ihr zur **Falkomai-Kuhalm (Mariolberger Alm)** ❼, 1661 m. Bereits kurz vorher wird Nr. 3 Richtung St. Pankraz ausgewiesen, doch gelangt man von der Almwirtschaft über die Wiese rasch wieder auf den grasigen Hauptweg. Später wechseln wir auf die linke Seite, bekommen es eventuell noch mit ein paar feuchten Stellen zu tun und erreichen flach auslaufend den **Wandhof**, 1390 m. Auf der Bergstraße müssen schlussendlich noch rund 100 Höhenmeter Gegensteigung nach **Gamp** ❶ absolviert werden.

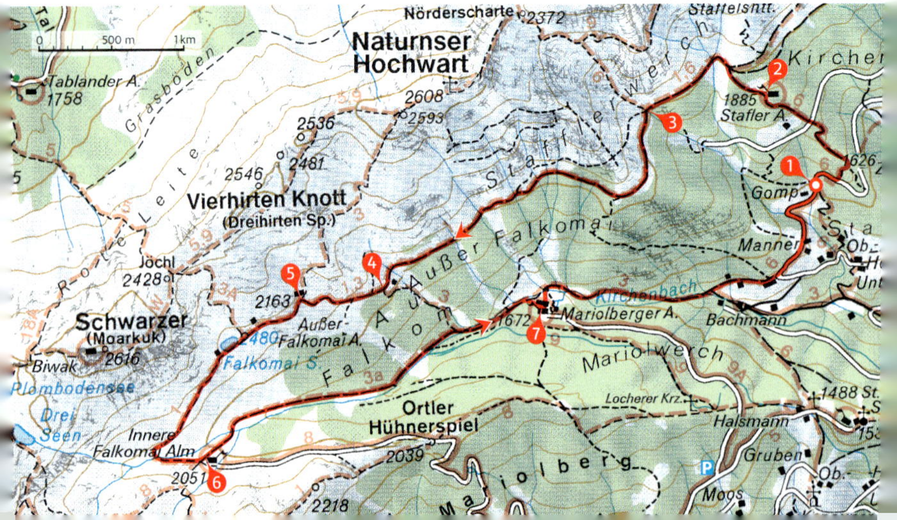

Marschnellalm, 2212 m, und Riemerberglalm

Rundtour von den Höfen am Larchberg

57

3.00 Std. | 7,7 km | ↗580 m | ↘580 m

TOP

Die höchste und die wohl urigste Ultner Alm

Wer je zum Riemerbergl gewandert ist, wird sich angesichts der urigen Hütte mit ihrem verschnörkelten Lärchenholz wohl in eine andere Zeit zurückgesetzt gefühlt haben. Welch zauberhaftes Fleckchen für die Seele! Im Gegensatz dazu wirkt das Gebäude der Marschnellalm moderner und nüchterner; die Bewirtung ist aber ebenso herzlich und authentisch, sodass man sich hier mit Freude niederlassen wird, um seine Jause vor einem tollen Ultner Panorama zu genießen. Und eigentlich liegt zuvor noch ein Abstecher auf den Peilstein drin, oder?

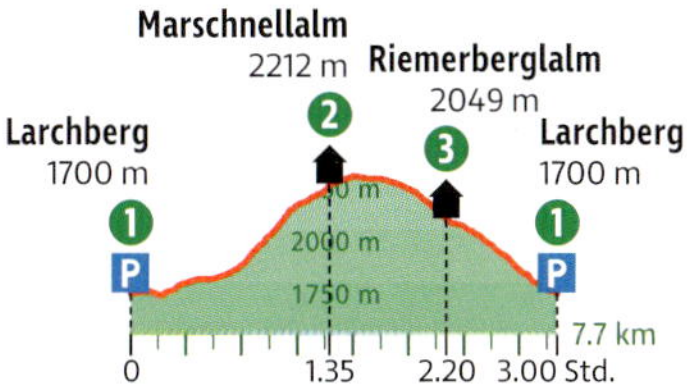

Ausgangspunkt: Parkplatz am Larchberg, ca. 1700 m, kurz vor dem Hof Sirmian. Zufahrt von St. Walburg (Zoggler Stausee) oder von Kuppelwies, weiter oben gemeinsam. Buslinie nur im Tal.
Anforderungen: T2. Ordentliche Bergwege bis oberhalb der Waldgrenze, einige Abschnitte befestigt. Halbtagesprogramm.
Variante: Zugang auch von der Steinrast, 1723 m, dann kann die bewirtschaftete Kühbergalm im Kofelraster Almtal einbezogen werden.
Karte: Tabacco 1:25.000, Blatt 042.

Vom **Parkplatz** ❶ passieren wir den Sirmianhof und nehmen bei Riem den Weg Nr. 10A auf. Dieser bringt uns in den Einschnitt des Marschnellbachs, wo Nr. 10 weiterführt und nun die steilsten Abschnitte bereithält. Hinter den Hütten von Schweinsteig setzen wir zu einem Linksbogen an

Die Marschnellalm hat ihren Platz im sonnseitigen Hochweidengelände.

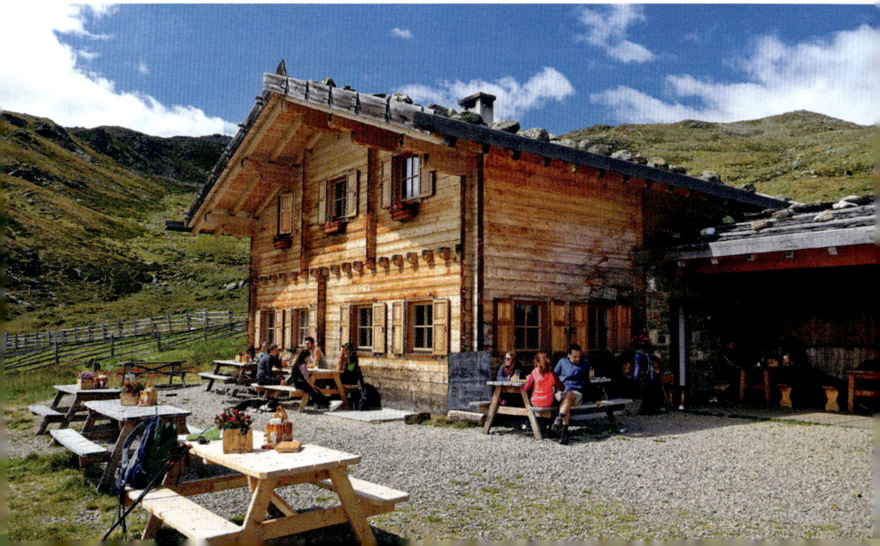

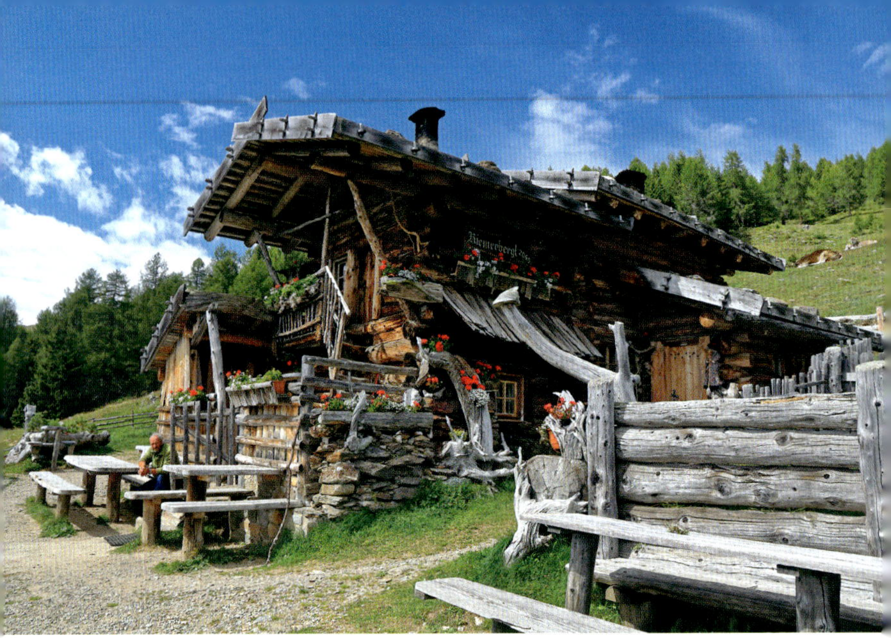

Verschnörkelte Architektur wie aus dem Bilderbuch: das Riemerbergl.

und erreichen in Bälde das Plateau mit der **Marschnellalm** ❷, 2212 m. Eine kleine Steigung bis auf eine Hangschulter sowie eine Querung zu einer weiteren sind noch zu bewältigen; danach senkt sich unsere Route (inzwischen Nr. 4B) rechts eindrehend wieder ab und leitet zwischen lichtem Lärchenbestand hindurch zur **Riemerberglalm** ❸, 2049 m. Fantastischer Blick Richtung Hasenöhrl und die Bergwelt Innerultens! Wir schlagen jetzt die Forststraße (Nr. 4) ein, folgen dann jedoch der Abkürzung, die uns direkt wieder zum Sirmianhof und zum Parkplatz ❶ bringt.

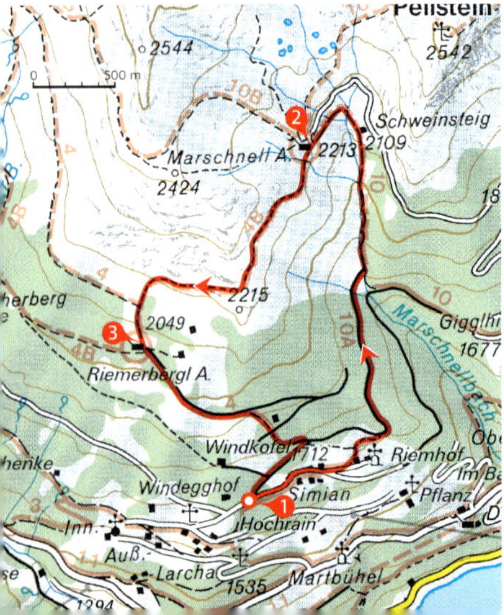

EINKEHR

Marschnellalm, 2212 m: Mitte Juni bis Mitte September, Übernachtung auf Anfrage, Tel. +39 348 9183459.
Riemerberglalm, 2049 m: Anfang Juni bis Mitte Oktober, Tel. +39 348 7930398.

TOUREN

Peilstein, 2542 m: großartiger Aussichtspunkt über dem Ultental, von der Marschnellalm über Weg Nr. 10 (T2), 1.00 Std.
Rontscher, 2711 m: ebenfalls Richtung Peilstein, am Joch links haltend und am bzw. unterhalb des Kammverlaufs zum Gipfel (T3), 1.45 Std.
Kofelrastseen, 2405 m: von beiden Almen über markierte Höhenwege (T2), jeweils ca. 1.30 Std.

Schusterhüttl, 2310 m

Über die Kaserfeldalm bis zu den Flatschbergalmen

4.00 Std. | 10,8 km | ↗ 620 m | ↘ 620 m

Ein Stück vom Innerultner Höhenweg

Touren am Ultner Sonnenhang sind immer wieder eine Wonne! Diesmal sind wir jenseits der letzten Siedlungen unterwegs und spüren auf der Flatschberg-Runde über weitläufige Almterrassen ein paar liebenswerte Kleinode auf. Hauptziel ist das ebenso winzige wie urige Schusterhüttl an der sonnenverwöhnten Abdachung des Kaserbergs. Traditioneller als dort kann eine deftige Südtiroler Marende mit einem Speck- oder Kasbrettl wohl kaum serviert werden. Und auch die Kaserfeldalm mit ihren hübschen Schindeldächern sowie die Almen im Flatschbergtal lohnen in jedem Fall einen Besuch. Dort besteht noch eine Art »Transhumanz«, denn die Bauern kommen zu Beginn der Weidezeit zunächst auf die vordere Alm, wechseln im Hochsommer auf die hintere und später wieder retour.

Ausgangspunkt: Parkplatz »Flatschberghöfe«, ca. 1780 m. Zufahrt über die Weißbrunnstraße hinter St. Gertraud im Ultental und bei der Haltestelle »Unterjochmeyr« rechts abzweigend (bis zu diesem Punkt kann in der Hauptsaison der Wanderbus genutzt werden). Vor den Höfen Angerle und Obersten ist ein Wanderparkplatz eingerichtet.
Anforderungen: T2. Ordentliche Wald- und Bergwege, auch in steileren Hanglagen gut angelegt. Hier und da etwas Trittsicherheit vorteilhaft. Nicht sonderlich anstrengende Tagestour.
Variante: Von Öbersten direkter Aufstieg über den Burgstallweg (Nr. 147) zum Schusterhüttl (0.40 Std. kürzer) oder über diesen Weg im Abstieg vorzeitig zurückkehren.
Karte: Tabacco 1:25.000, Blatt 042.

Während auf den Bergen der Frühjahrsschnee in der Sonne schmilzt, wird auf der Kaserfeldalm die Saison eingeläutet.

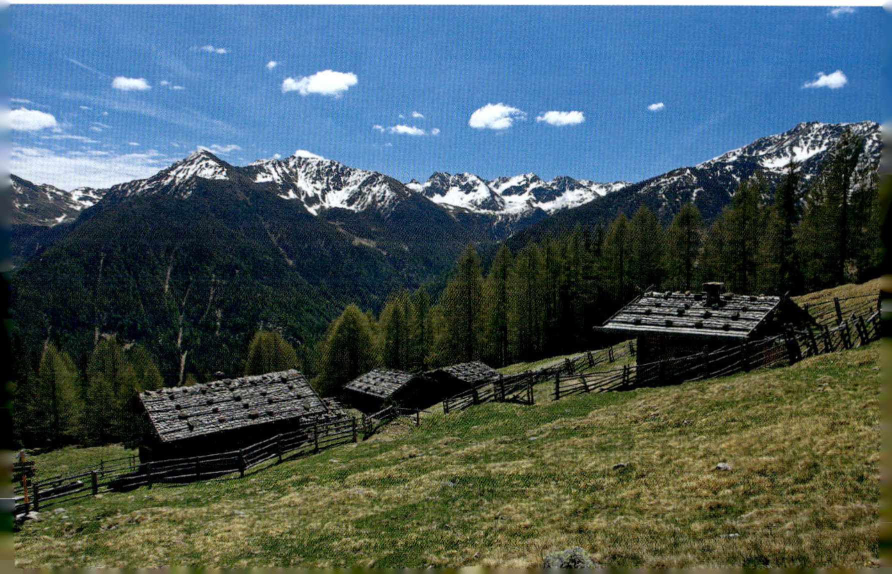

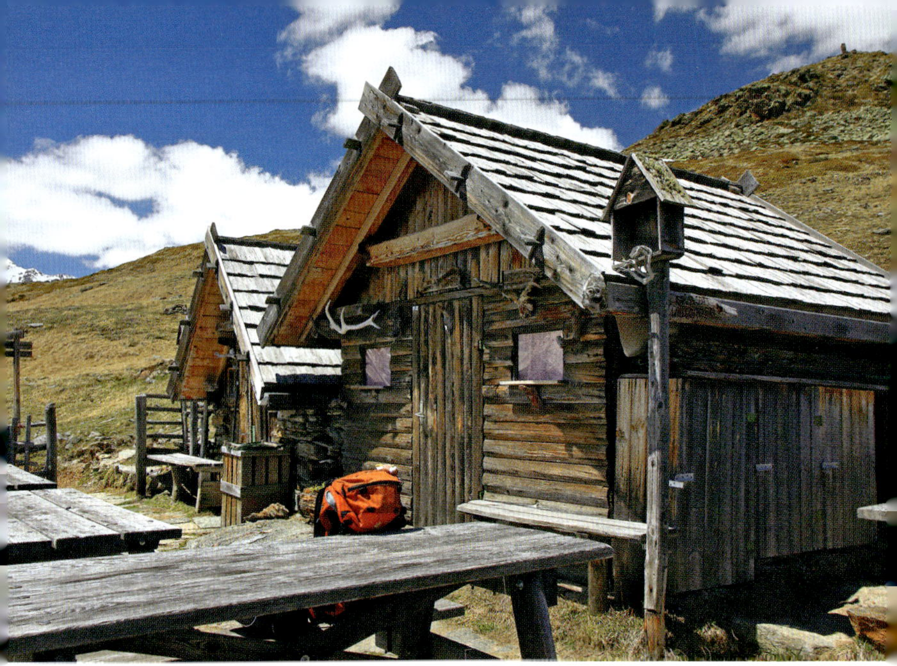

Klein, aber fein: das Schusterhüttl.

Auf dieser Tour werden wir stets mit malerischen Szenerien verwöhnt.

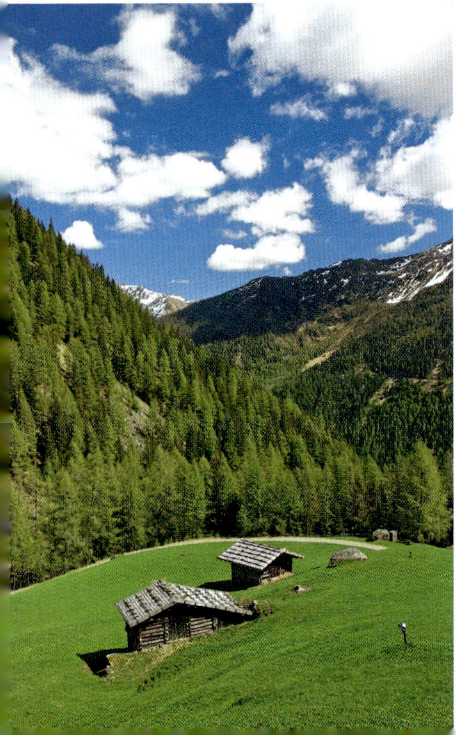

Direkt am Parkplatz bei den **Flatschberghöfen** ❶ schlagen wir den höher verlaufenden Weg ein (in Kürze Forstweg) und vermeiden damit den Gang über die Straße nach Öbersten. Oberhalb des Hofes links bergauf und zur Verzweigung der Routen Nr. 146 und 147. Wir wandern auf dem Waldweg parallel zum Hang weiter und erreichen mit gelegentlichen Ausblicken die Lichtung der **Kaserfeldalm** ❷, 1944 m, die sich als Ensemble uriger Hütten offenbart. Nun durch eine teils noch schütter bewal-

St. Gertraud, die innerste Ortschaft Ultens.

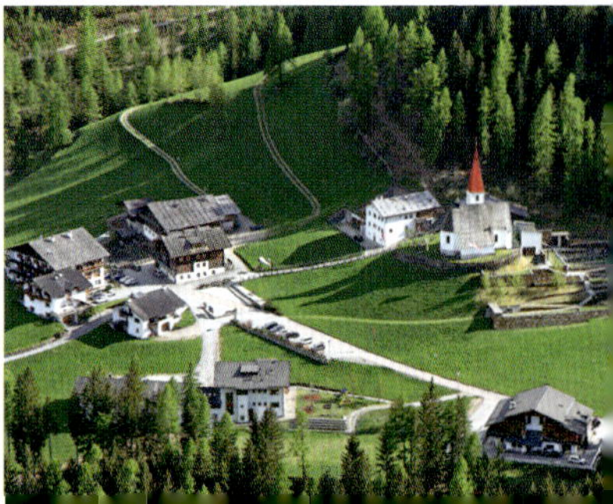

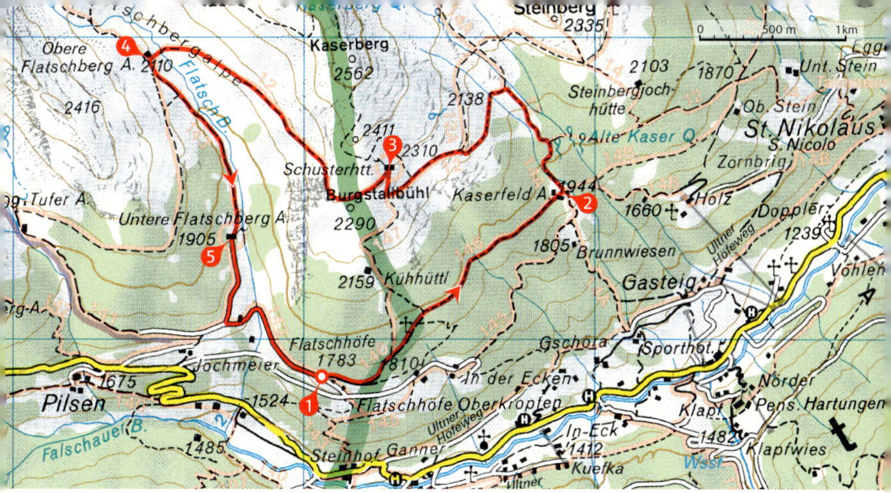

dete Hangmulde bergauf und später mit dem Höhenweg Nr. 12 nach links abdrehen. Man gewinnt die freien Lagen am Kaserfeld, nimmt nach einer längeren Diagonale den direkten Zugang Nr. 147 auf und steigt noch ein paar Meter bis zum **Schusterhüttl** ❸, 2310 m, an.

Die Wanderung setzt sich am weitläufigen Hang gen Westen fort und schwenkt bald markant in die abschüssigeren, schrofigen Flanken über dem Flatschbergtal ein. Hier quert unser Steig – abgesehen von geringfügigen Gegensteigungen – insgesamt leicht abwärts. Wir können wahlweise direkter in die Talsohle absteigen oder dem Hinweis auf die **Obere (Hintere) Flatschbergalm** ❹, 2110 m, folgen und den Bogen damit etwas weiter hinten vollziehen, um die Almhütte selbst zu berühren. Talauswärts sind wir dann auf einem typischen Güterweg unterwegs – vorbei an der ebenfalls bewirtschafteten **Unteren (Vorderen) Flatschbergalm** ❺, 1905 m, und später mit einer Schleife über den Bach zurück Richtung **Flatschberghöfe** ❶.

EINKEHR

Kaserfeldalm, 1944 m: Mitte Juni bis Mitte Oktober, Tel. +39 328 0490191.
Schusterhüttl, 2310 m: Juni bis Oktober, keine Kontaktdaten bekannt.
Obere und Untere Flatschbergalm, 2110/1905 m: Juni bis September, im Winter eventuell am Wochenende, Tel. +39 347 7183521.

TOUREN

Hasenöhrl, 3257 m: Route Nr. 14A bzw. 14 via Steinberg und Getristeter Stein (T3–4), 4.00 Std. ab Kaserfeldalm; oder von der Oberen Flatschbergalm über die Hänge der Rossalm und den Westgrat, 3.30 Std.

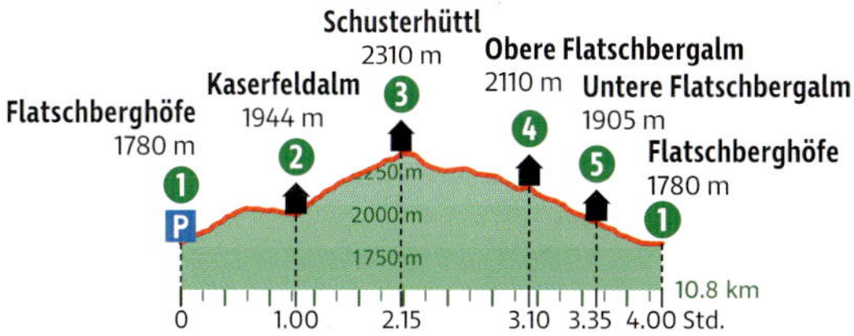

59 Fiechter Alm, 2034 m

Vom Weißbrunnsee über den Fischersee

1.45 Std. | 4,6 km | ↗ 250 m | ↘ 250 m

Leicht erreichbares Almziel im inneren Ultental

Die malerisch an der Waldgrenze gelegene Fiechter Alm (in Karten meist »Fiechtalm«) profitiert zweifellos von der Nähe zur Bergstraße in den Ultener Talschluss, denn leichte Erreichbarkeit ist ja noch immer ein touristischer Vorteil gewesen. Das zahlt sich in diesem Fall auch für die Gäste aus, denn die Fiechter Alm hat sich fein herausgeputzt, ohne freilich an bergbäuerlicher Tradition und Authentizität zu verlieren. Nach wie vor wird die Milch der Kühe und Ziegen direkt vor Ort verarbeitet – im Keller reift würziger Almkäse. Sonntags wird auch gern mal Grillfleisch aufgelegt. Und Kinder sind stets ganz begeistert, im »Streichelzoo« mit den Almtieren in Kontakt zu treten ...

Ausgangspunkt: Parkplatz beim Weißbrunnsee, ca. 1885 m, am Ende der Straße ins Ultental (ab St. Gertraud schmaler Verlauf mit wechselseitiger, ampelgesteuerter Einbahnregelung, wenn der Wanderbus kreuzt). Zwischen Anfang Juni und Mitte Oktober verkehrt mehrmals täglich ein Shuttle ab St. Gertraud.

Anforderungen: T2. Unschwierige Bergwanderwege, zweimal etwas steilere Passagen im Bergauf und Bergab. Eine der kürzesten Touren in diesem Band.

Variante: Man kann auch einen höheren Rundkurs über die Obere Weißbrunnalm und den Schmelzbichl schlagen (ca. 1.00 Std. länger). Außerdem von St. Gertraud über die Gonnawand oder über den Normalweg Nr. 107 zur Fiechtalm.

Karte: Tabacco 1:25.000, Blatt 042.

Die Fiechter Alm mit dem Hasenöhrl als Hintergrundkulisse.

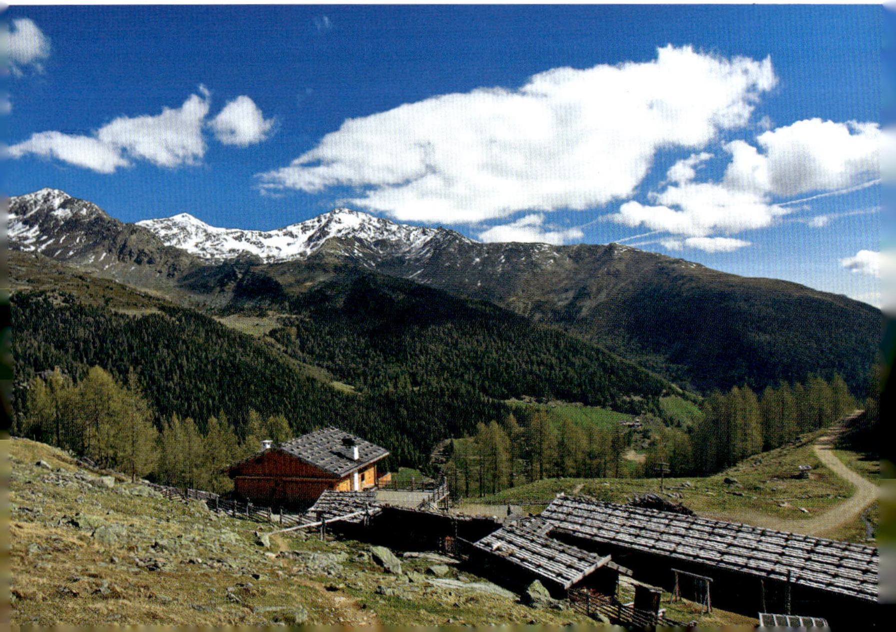

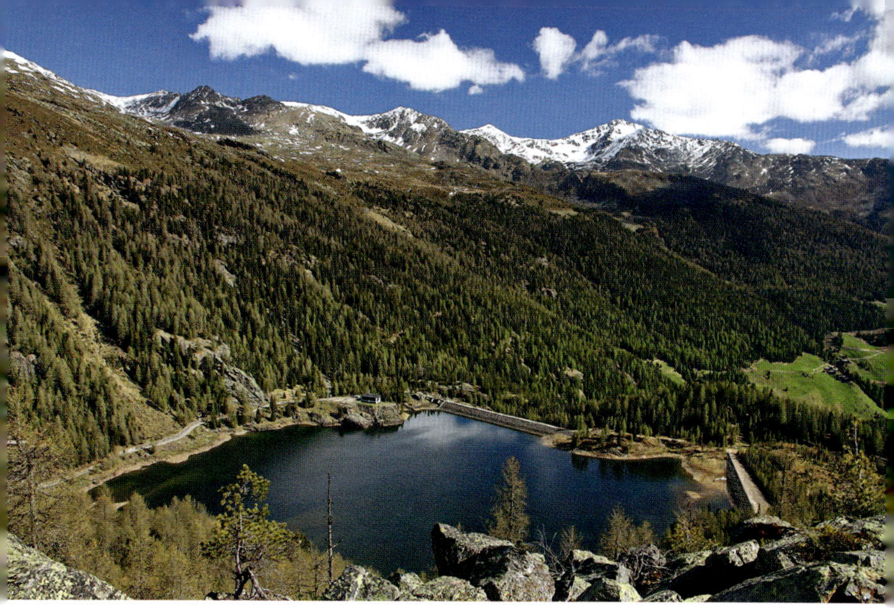

Blick zurück auf den Weißbrunnsee.

Von den großen Parkplätzen auf **Weißbrunn ①** starten wir am Restaurant »Knödlmoidl« vorbei auf Weg Nr. 140, ehe mit Nr. 103 nach links abgezweigt wird. Hier über den Grünseebach und neben der Falschauer Alm durch Lärchenwald bis zum Absatz der Mittleren Weißbrunnalm hinauf. Jetzt achten wir auf die Bezeichnung Nr. 107 nach links und erreichen in Kürze den **Fischersee ②**, 2068 m. Hinter dem Damm absolvieren wir am nordwestexponierten Hang eine aufwendig ausgebaute Traverse, die auch schöne Ausblicke gewährt. Mit einem kurzen Abstieg trifft man anschließend bei der **Fiechter Alm ③**, 2034 m, ein. Den Rückweg vollziehen wir am kürzesten über die Route Nr. 101, die zunächst ein Stück weit an Höhe verliert und dann mit einem ebenen Fahrweg an der Südseite des stattlichen Weißbrunnsees abschließt.

EINKEHR

Fiechter Alm, 2034 m: Anfang Mai bis Ende Oktober, Tel. +39 348 7507502 oder +39 348 3101250, www.fiechter-alm.it.
Berggasthaus zur Knödlmoidl: Tel. +39 0473 798107, www.weissbrunn.com.

TOUREN

Nagelstein, 2469 m: mit Nr. 101 zum Nordgrat und über diesen (Nr. 109), zuletzt links ausholend, zum Gipfel (T2–3), 1.20 Std.

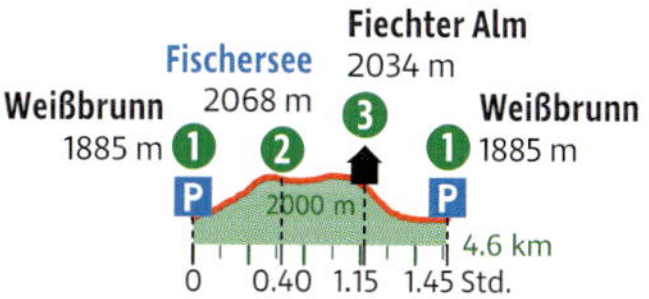

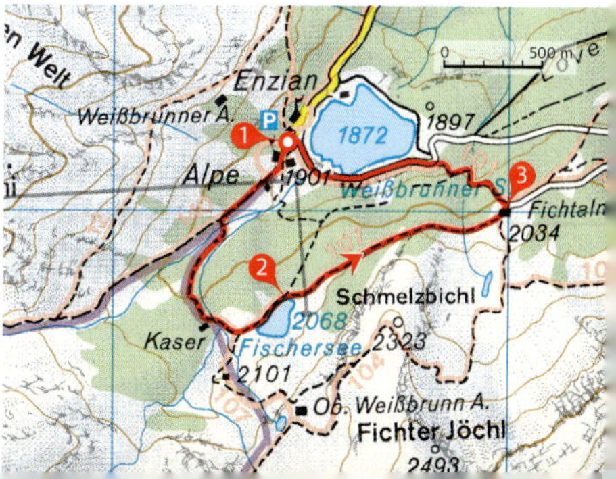

60 Höchster Hütte, 2561 m

Zum Grünsee unterhalb der Eggenspitzen

3.20 Std. | 6,7 km | ↗ 670 m | ↘ 670 m

Ultens Alpinstützpunkt in zweiter Generation

Etwa drei Dutzend Almen werden im Ultental noch bestoßen; echte Berghütten im Sinne alpiner Stützpunkte gibt es hier allerdings nur eine einzige, und zwar die Höchster Hütte am Grünsee ganz zuhinterst. Ausgerichtet auf die höchsten Gipfel des Gebiets entstand ihr Vorläufer schon um 1910. Später fiel sie den Erschließungsvorhaben der ENEL zum Opfer, als die reichen Wasseraufkommen zur Stromgewinnung genutzt wurden und das Haus im Grünsee versank. Immerhin sorgte die Energiegesellschaft für einen Ersatzbau, und damit waren Bergsteiger wieder eingeladen, die Hochtouren an der Hinteren Eggenspitze oder der Zufrittspitze in Angriff zu nehmen. Hauptpublikum sind heute freilich Tageswanderer, die vom – ebenfalls künstlich aufgestauten – Weißbrunnsee binnen zwei Stunden heraufwandern und später noch eine weite Schleife durch das Weißbrunner Quellgebiet schlagen können.

Ausgangspunkt: Parkplatz beim Weißbrunnsee, ca. 1885 m, am Ende der Straße ins Ultental (ab St. Gertraud schmaler Verlauf mit wechselseitiger, ampelgesteuerter Einbahnregelung, wenn der Wanderbus kreuzt). Zwischen Anfang Juni und Mitte Oktober verkehrt mehrmals täglich ein Shuttle ab St. Gertraud.

Anforderungen: T2. Aufstieg bis in eine steinige Umgebung, dank des gut ausgebauten, mittelsteilen Bergweges allerdings weitgehend problemlos. Auch konditionell nicht sonderlich herausfordernd.

Variante: Über Weg Nr. 12 Richtung Langsee und anschließend durch das Gebiet der Weißbrunnalmen zurück; insgesamt 1.00 Std. länger (stellenweise T3).

Karte: Tabacco 1:25.000, Blatt 042 oder 045.

Der Grünsee mit der Höchster Hütte oberhalb der Staumauer.

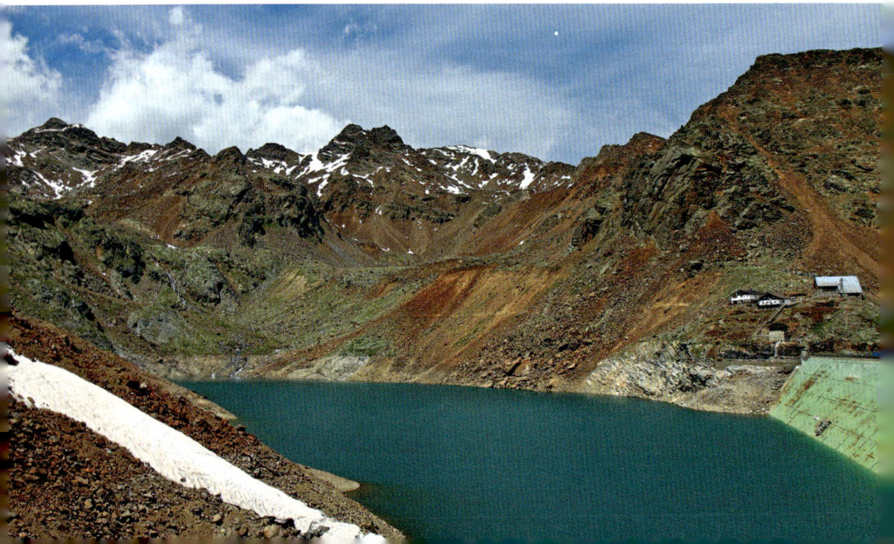

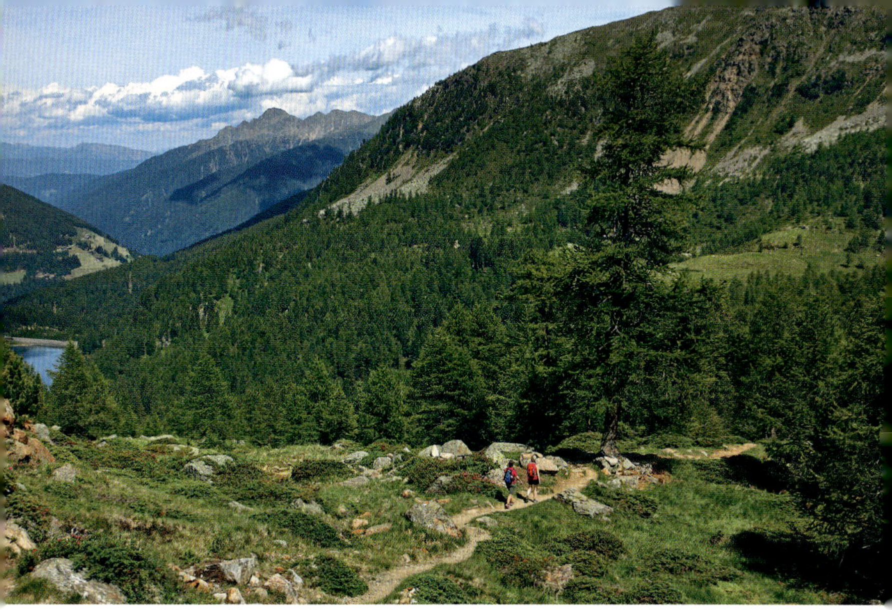

Unterwegs am idyllischen Hüttenweg.

EINKEHR

Höchster Hütte, 2561 m: CAI, Mitte Juni bis Mitte Oktober, 65 Schlafplätze, Tel. +39 0473 798120 oder +39 324 8793260, www.rifugiocanziani.it (Online-Reservierung möglich).
Berggasthaus zur Knödlmoidl: Tel. +39 0473 798107, www.weissbrunn.com.

TOUREN

Zufrittspitze, 3439 m: Route Nr. 140 ins Hochkar und über den südseitigen Gipfelaufbau (T4, evtl. kombiniertes Gelände), 3.00 Std.
Hintere Eggenspitze, 3443 m: Route Nr. 139 über den Weißbrunnferner und den Nordgrat (T4), 3.00 Std.
Lorchenspitze, 3347 m: ebenfalls über den Weißbrunnferner (T4), 2.30 Std.
Haselgruber Hütte, 2425 m: Route Nr. 12 über Langsee und Kirchbergjoch (T3), 3.00 Std.
Rifugio Dorigoni, 2437 m: mit Nr. 12 und 107 über Langsee und Schwärzerjoch (T3), 4.00 Std.

Vom Parkplatz **Weißbrunn** ❶ folgen wir der Nr. 140 am Restaurant »Knödlmoidl« vorbei zunächst in lichtem Lärchenwald sachte aufwärts. Nach und nach zieht die Route etwas kräftiger an, führt in urwüchsiges Zwergstrauchgelände und später rechts abdrehend in eine block-

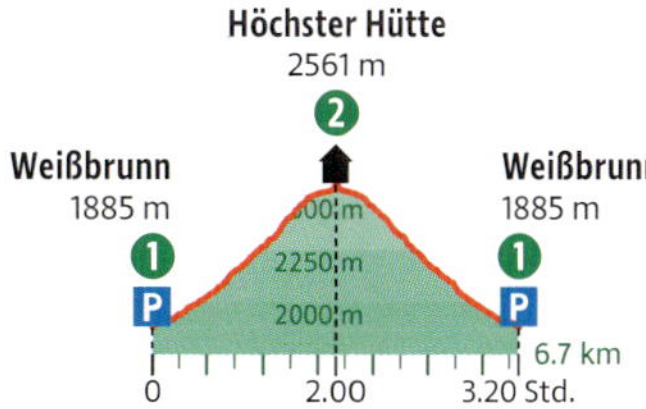

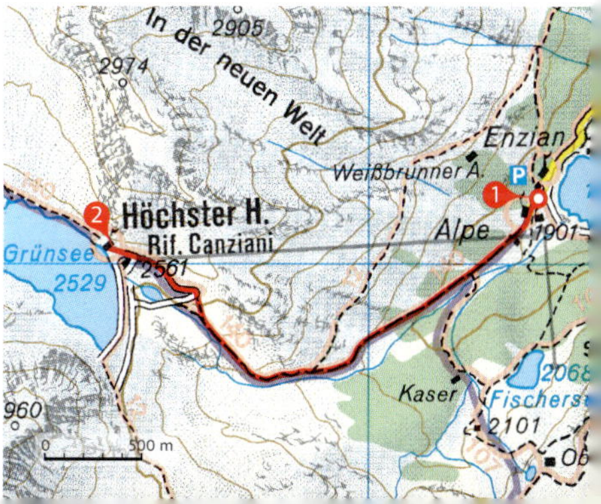

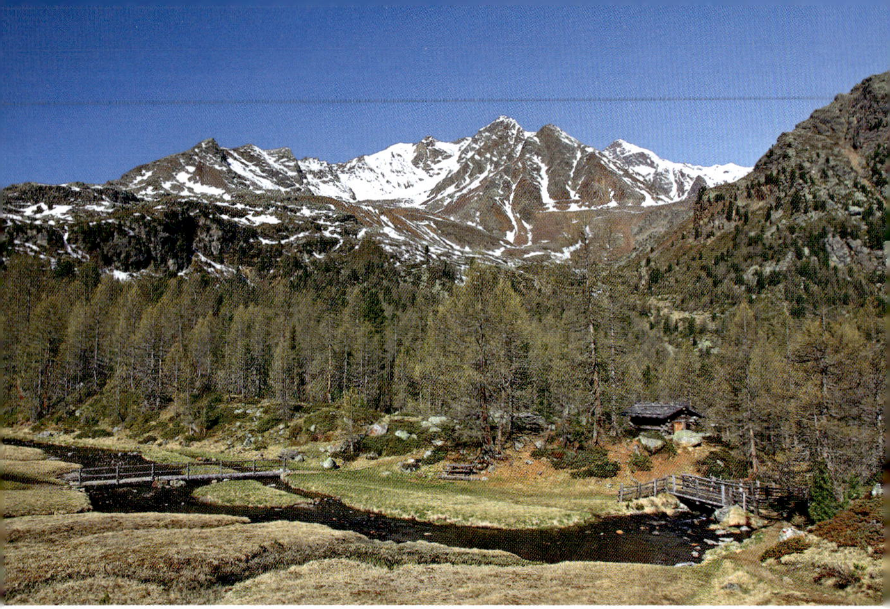

Im Talschluss von Ulten sind die Tourenmöglichkeiten zahlreich. Hier stehen die mächtigen Eggenspitzen im Blickfeld.

und schuttreichere Umgebung. Hier mit vielen Kehren höher, bis wir uns in etwa auf Höhe des Grünsee-Dammes befinden. Nun ist es auf einer breiteren, abflachenden Trasse nicht mehr weit bis zur **Höchster Hütte** **2**, 2561 m, die direkt am Uferhang mit aufschlussreichem Blick zu den Eggenspitzen liegt. Wer mit der erwähnten Variante keine ausschweifende Runde beabsichtigt, steigt auf demselben Weg wieder ab.

Unser Schutzhaus musste einst den Plänen der Energiewirtschaft weichen.

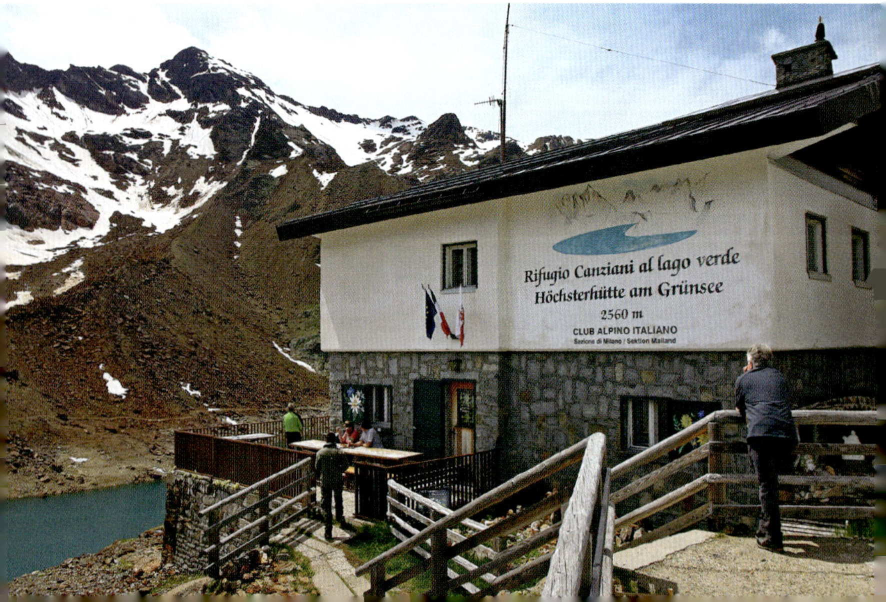

Kirchbergalm und Haselgruber Hütte, 2425 m

Durchs Kirchbergtal zum Rabbijoch

6.00 Std. | 17,7 km | ↗ 1100 m | ↘ 1100 m

Ein langes Hochtal und ein kurzer Sprung auf Trentiner Boden

Unter den Handvoll Hochtälern, welche zum Ultner Südkamm aufschließen, ist das Kirchbergtal das längste. Es präsentiert sich sehr von der Almwirtschaft geprägt und durchaus idyllisch, wobei die Kirchberg Kaser sommers auch Wanderer und Mountainbiker empfängt. Die Wanderung selbst wird nach oben hin interessanter, speziell mit Überschreiten des Grenzkamms am Rabbijoch. Nun öffnet sich das Blickfeld hinein ins Trentino, in die Bergwelt des Val di Sole und seiner Seitenäste. Knapp jenseits des Scheitelpunkts hat das Rifugio Stella Alpina al Lago Corvo, im deutschen Sprachgebrauch eher als Haselgruber Hütte bekannt, seinen Standort. Der italienische Name verweist freilich auf einen See in der Nähe – tatsächlich handelt es sich um eine ganze Ansammlung größerer und kleinerer Exemplare, die sich zwischen Rasenpolstern und Gletscherschliffen einbetten und zu teils weglosen Erkundungsstreifzügen einladen. Je nach Licht- und Wettersituation ergeben sich hier zauberhafte Stimmungen!

Ausgangspunkt: St. Gertraud, 1395 m, im Ultental. Letzte Haltestelle des Linienbusses und Parkplatz unterhalb des eigentlichen Dorfkerns.

Anforderungen: T2. Die meiste Zeit Almfahrweg, über das Rabbijoch leichter Bergweg. Ziemlich lange Strecke, hin und zurück volles Tagespensum, bis Kirchbergalm Halbtagestour.

Karte: Tabacco 1:25.000, Blatt 042.

Bei St. Gertraud in Innerulten geht's los.

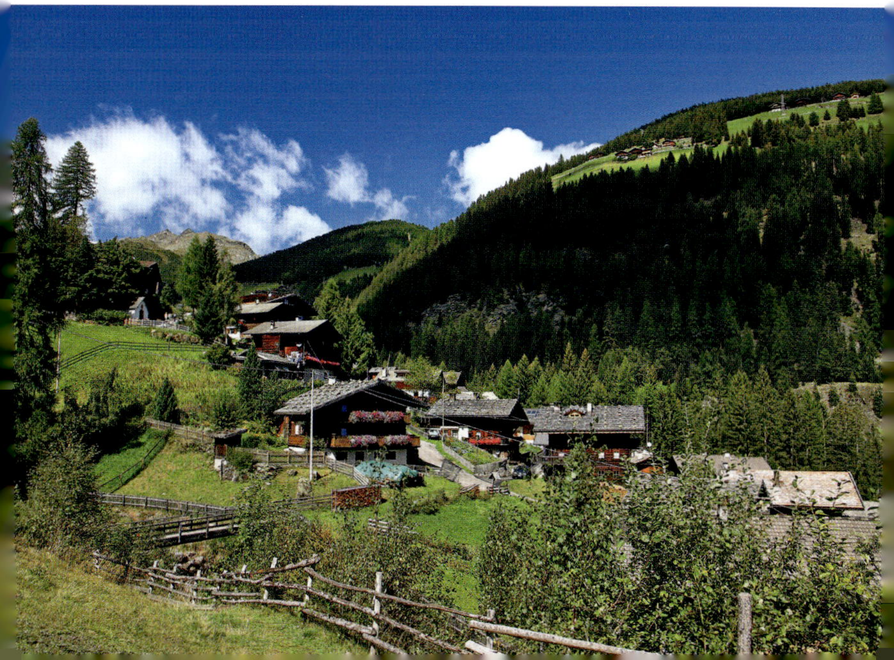

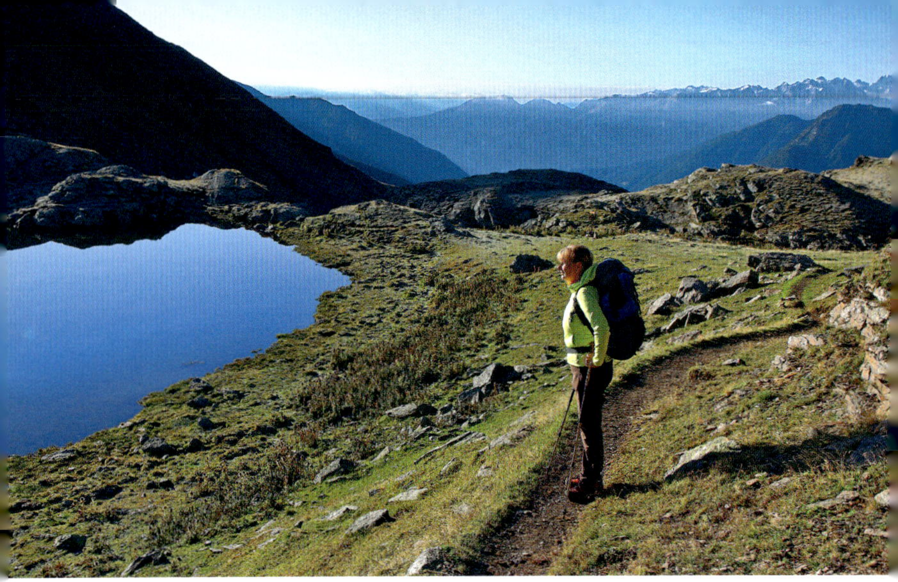

Einen Streifzug durch die Haselgruber Seenplatte sollte man sich nicht entgehen lassen.

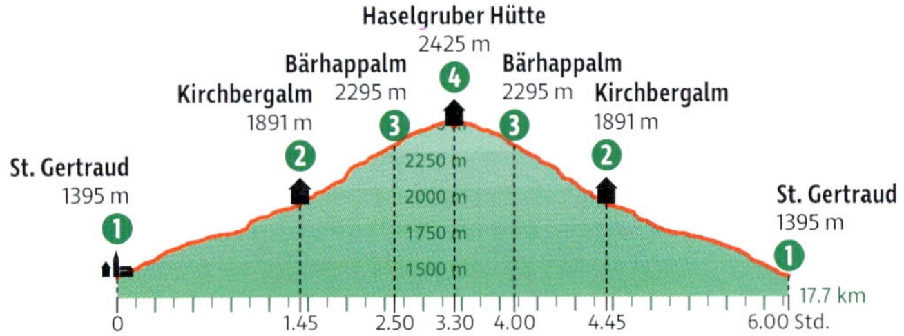

Am Scheitelpunkt des Passo Rabbi ist die Grenze zum Trentino erreicht.

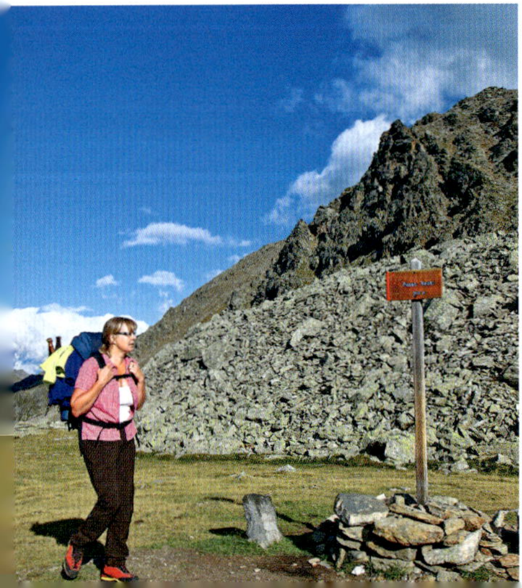

EINKEHR

Kirchbergalm, 1891 m: Mitte Juni bis Mitte September, Tel. +39 393 2284222.
Haselgruber Hütte (Rifugio Stella Alpina al Lago Corvo), 2425 m: privat, 20. Juni bis 20. September, 40 Schlafplätze, Tel. +39 0463 985175.

TOUREN

Karspitze, 2752 m: Route Nr. 13 über die Seefeldalm (T3), 2.30 Std. von der Kirchbergalm.
Gleck, 2957 m: Route Nr. 145 über die Haselgruber Seenplatte (T2–3), 1.30 Std.
Höchster Hütte, 2561 m: Route Nr. 12 über Kirchbergjoch und Langsee (T3), gut 3.00 Std., beim Langsee ggf. auch Richtung Weißbrunn abbiegen.

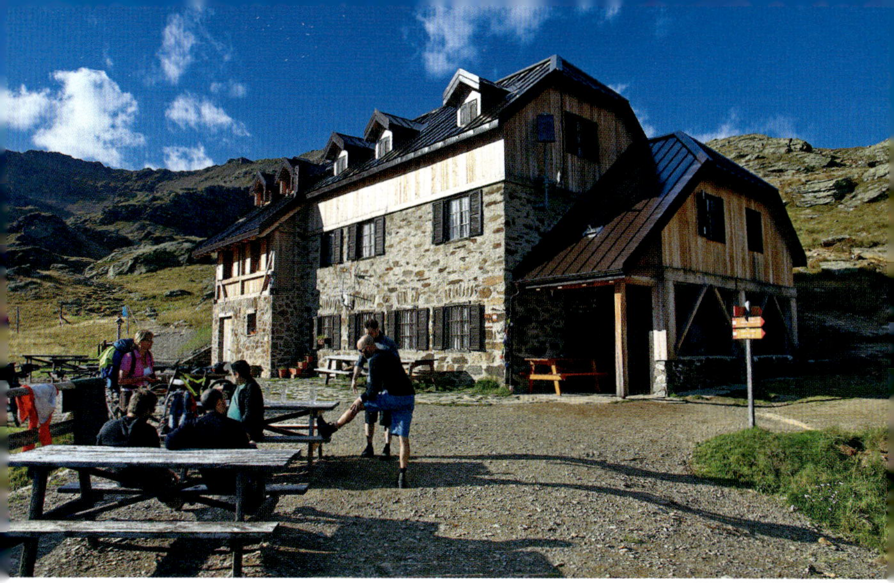

Sowohl von Ulten als auch aus dem Val di Rabbi erreichbar: die Haselgruber Hütte respektive Rifugio Stella Alpina al Lago Corvo.

Von der Talstraße bei **St. Gertraud** ❶ zieht unsere Route (Nr. 108) ins Kirchbergtal hinein, unten noch teils lichtbewaldet, weiter oben von Almwiesen geprägt. Bis auf zwei Abkürzungen am Anfang und in der Mitte folgt man einem mäßig, aber beständig ansteigenden Fahrweg. Auf rund halber Strecke kommen wir an der **Kirchbergalm** ❷, 1891 m, vorbei – Einkehr- und Umkehrpunkt für alle, die nicht so weit laufen möchten. Nach einer markanten Serpentine endet der breite Güterweg bei der **Bärhappalm** ❸, 2295 m, und ein Steig übernimmt die Führung. Wir steuern einen großen Steinmann an und von dort das **Rabbijoch (Haselgruber Joch)**, 2460 m. Drüben trennt uns schließlich nur noch ein kurzes Bergab von der **Haselgruber Hütte** ❹, 2425 m. Der Rückweg verläuft gleich, doch sollte man zuvor einen Streifzug im Bereich der traumhaften Seenplatte nicht versäumen.

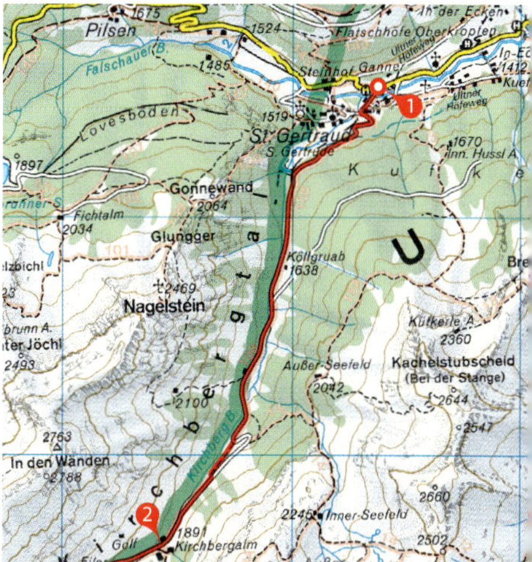
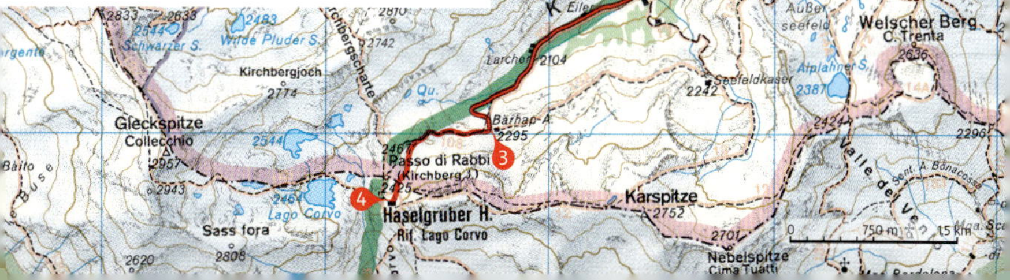

62 Londeialm, 2084 m, und Klapfbergalm

Rund ums Klapfbergtal

5.45 Std. | 14,5 km | ↗ 1120 m | ↘ 1120 m

Eine stille Kammer der südlichen Ultner Berge

Wer sich intensiv in Ultens Bergwelt umschaut, wird auch viel Freude dabei entwickeln, nach und nach die zahlreichen urtümlichen Almen der Gegend abzulaufen. Kaum eine Gegend Südtirols ist diesbezüglich noch so traditionell ausgestattet. Schöne Beispiele finden wir auch im Bereich des Klapfbergtals, das zwischen Gipfelhöhen mit eigentümlichen, wenig bekannten Namen eingelagert ist: In der Stange, Kachelstube, Walscher Berg, Schrummspitz, Stübele … Auf der einen Seite befindet sich die Londeialm nahe der Waldgrenze, im Grund des Hochtals die Hintere Klapfbergalm. Dort gibt es hervorragende hauseigene Produkte in durchaus kreativer Machart. Die Bichlalm (= Pichlalm respektive Büchelalm) kann ebenfalls noch mitgenommen werden; sie bietet offiziell keine Einkehrmöglichkeit.

Ausgangspunkt: Beschränkte Parkmöglichkeit beim Fahrverbot knapp unterhalb des Klapfwieshofs, ca. 1450 m. Die Zufahrt zweigt im inneren Ultental ca. 1,5 km vor St. Gertraud ab. Mit Öffis muss man an der Talstraße starten (Haltestelle »Falschauern«).
Anforderungen: T2–3. Zu den Almen an den Flanken passable, mittelsteile Steige; auch der Höhenweg ist gut gepfadet und ohne problematische Stellen. Im Klapfbergtal selbst breiter Wirtschaftsweg. Tagfüllende Wanderung, die entsprechende Ausdauer verlangt.
Variante: Indem man talauswärts einfach dem Fahrweg folgt, kann man die Schleife über die Bichlalm (rund 200 Hm und 40 Min. Gehzeit) einsparen.
Karte: Tabacco 1:25.000, Blatt 042.

Im Weidegebiet der Klapfbergalm.

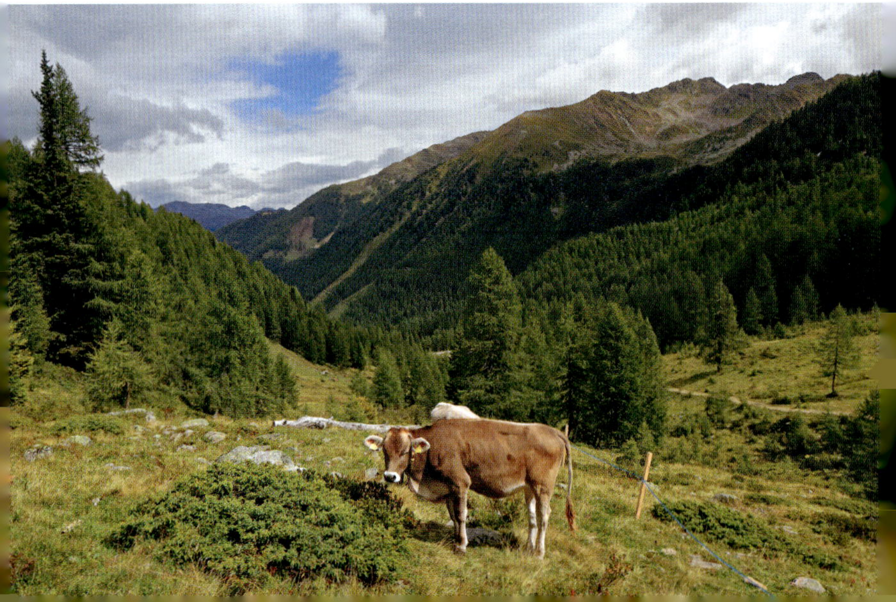

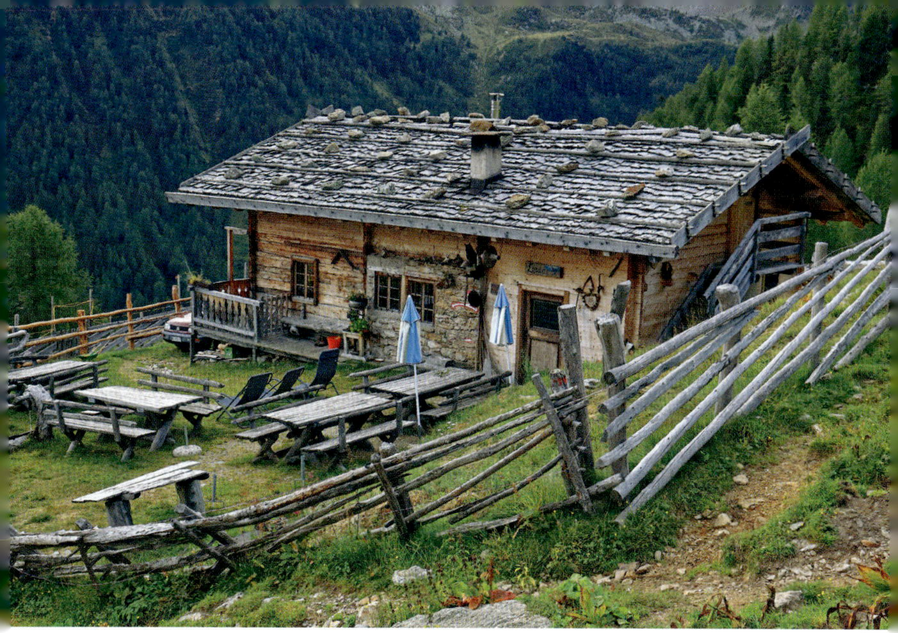

Die Londeialm darf als typisch für die Ultner Bergwelt gelten.

Unterhalb des Hofes **Klapfwies** ❶ beginnt die Forststraße ins Klapfbergtal mit einer Schleife. Anschließend wandern wir schnurstracks einwärts, bis rechter Hand der Steig Nr. 16A zur Londeialm abzweigt ❷. Im Bergwald kräftig ansteigend, zwischendurch mal die Zufahrt kreuzend und im Weidegelände immer schräg hinan Richtung **Londeialm** ❸, 2084 m. Wenige Schritte oberhalb achten wir bei einer Gabelung auf den Hinweis »Hinter die Mahder« (Nr. 15). Nun ein Stück weit durch verwachsenes Terrain und aus einer Mulde nochmals deutlich bergauf bis in freie Hanglagen. In diesen steht jetzt der schönste Abschnitt bevor: leicht auf und ab gen Süden, eine kleine Bucht ausgehend und später sachte ansteigend bis **»Hinter die Mahder«** ❹, 2323 m, wo bei einer abgebrannten Almhütte der Abstieg eingeleitet wird. Dabei stellt die Nr. 12 eine Verbindung zum übers Klapfbergjoch führenden Hauptweg Nr. 16 her. Etwas tiefer kreuzen wir den Bach und erreichen auf einer breiten Trasse die **Klapfbergalm** ❺, 1944 m. Der Güterweg vermittelt anschließend prinzipiell den Rückweg talauswärts, doch wer bei der Verzweigung rechts aufwärts ausschert ❻, kann auch die schön gelegene **Bichlalm** ❼, 1978 m,

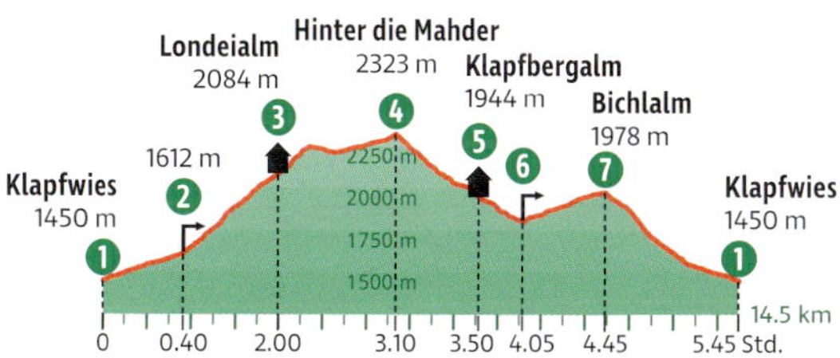

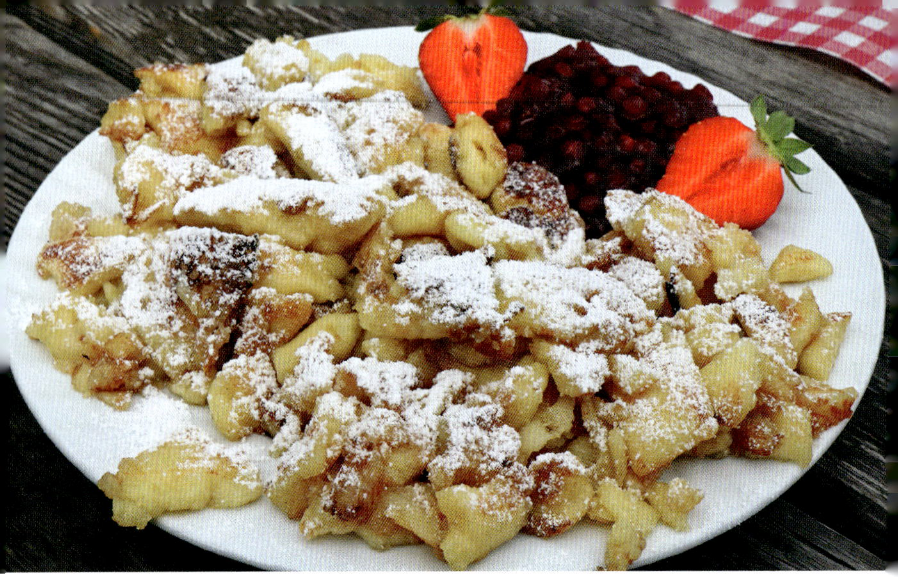

Kaiserschmarrn: süße Verführung auf der Klapfbergalm.

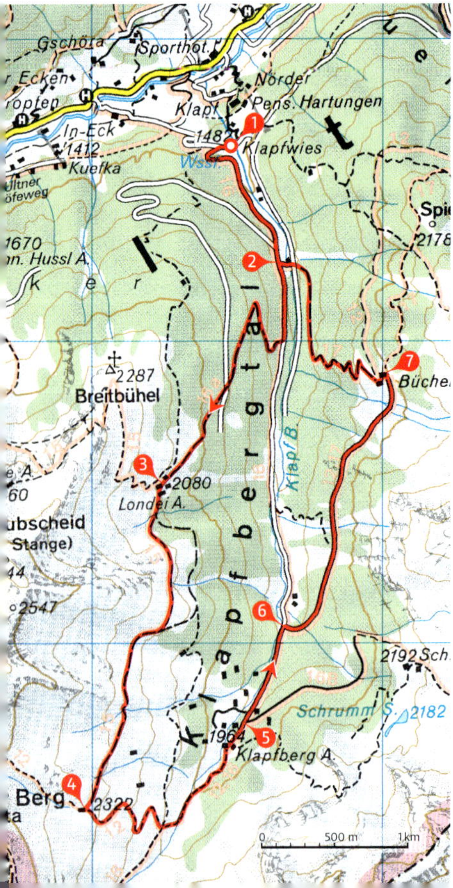

noch mitnehmen. Nach 200 Meter Gegensteigung treffen wir dort ein und wählen bergab den Weg Nr. 17: hinunter zu einem Wiesenabsatz, im Wald recht schmal und steil verlaufend, aber im Prinzip gut angelegt. Nach einigen Schleifen geht es im Schrägabstieg bis in die Talsohle, über die nahe Brücke nach links auf den Hauptweg und noch knapp 20 Minuten talauswärts zum Ausgangspunkt.

EINKEHR

Londeialm, 2084 m: Mitte Juni bis Mitte September, keine Kontaktdaten bekannt.
Klapfbergalm, 1944 m: Mitte Juni bis Mitte September, Tel. +39 342 3631525.

TOUREN

Breitbühel, 2287 m: toller Ultner Aussichtspunkt (T2), gut 30 Min. von der Londeialm.
Walscher Berg (Cima Trenta), 2636 m: vom Wegpunkt 4 aus über Hochweiden zum Sattel P. 2502 und von Norden mit einer Kletterpassage auf den Gipfel (T4, meist leichter), 0.50 Std.

Auerbergalm, 1644 m

Von St. Nikolaus ins Auerbergtal

2.15 Std. | 4,8 km | ↗ 430 m | ↘ 430 m

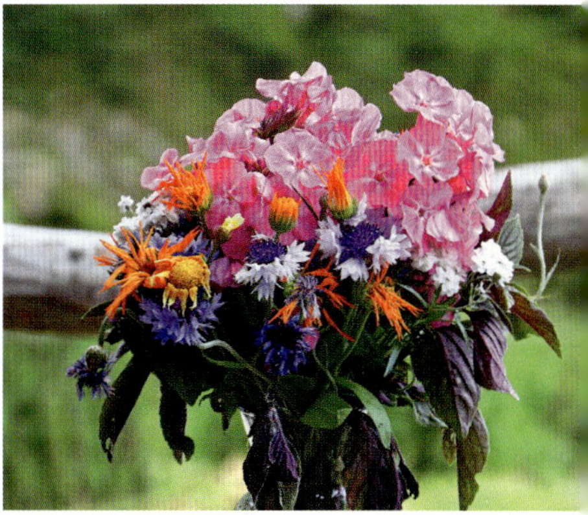

Noch so ein heimeliges Platzerl

Auch das Auerbergtal offeriert uns eine feine Almwirtschaft, wo man den eigens hergestellten Käse probieren kann oder einen leckeren Knödelteller mit Salat. Obschon das Panorama hier – bedingt durch die enge Talkerbe und die noch vergleichsweise tiefe Lage – recht eingeschränkt ist, fühlt man sich an einem solchen Fleck einfach nur wohl. Die für Ulten typischen steinbeschwerten Schindeldächer sind doch immer wieder eine Augenweide – auch das Hüttenensemble der Auerbergalm wirkt dadurch so richtig heimelig. Und wem der relativ kurze Aufstieg dorthin nicht genügt, der kann sein Ziel stufenweise erweitern: zum idyllischen Seefeldsee hinauf oder noch eine Etage höher bis auf die Ilmenspitze. Spätestens dort ist dann auch die Rundumsicht gigantisch ...

Ausgangspunkt: St. Nikolaus im Ultental. Bushaltestelle an der Durchgangsstraße, vorteilhafte Parkmöglichkeit etwas unterhalb beim Heizkraftwerk auf der südlichen Bachseite, ca. 1215 m.

Anforderungen: T2. Anfangs mittelsteiler Waldweg, später bequem auf einem Almsträßchen. Kurztour für höchstens einen halben Tag.

Karte: Tabacco 1:25.000, Blatt 042.

Die Auerbergalm hat ihren Platz im gleichnamigen Ultner Hochtal.

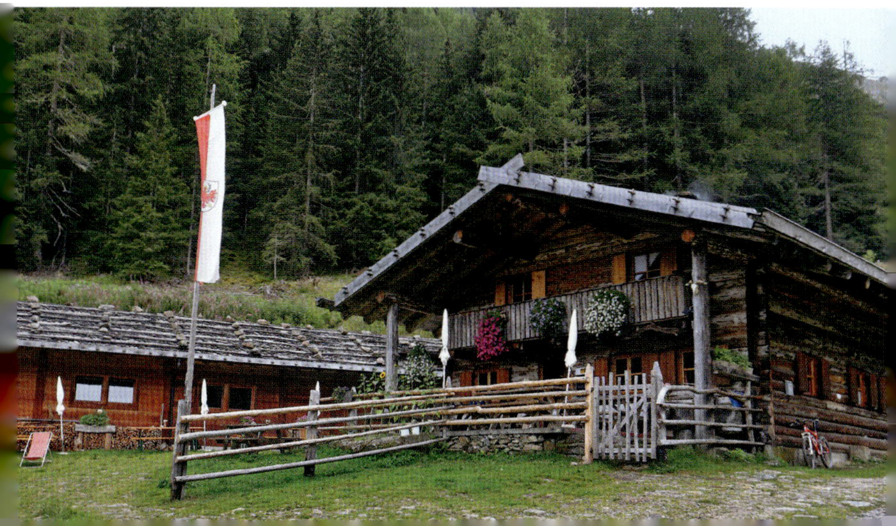

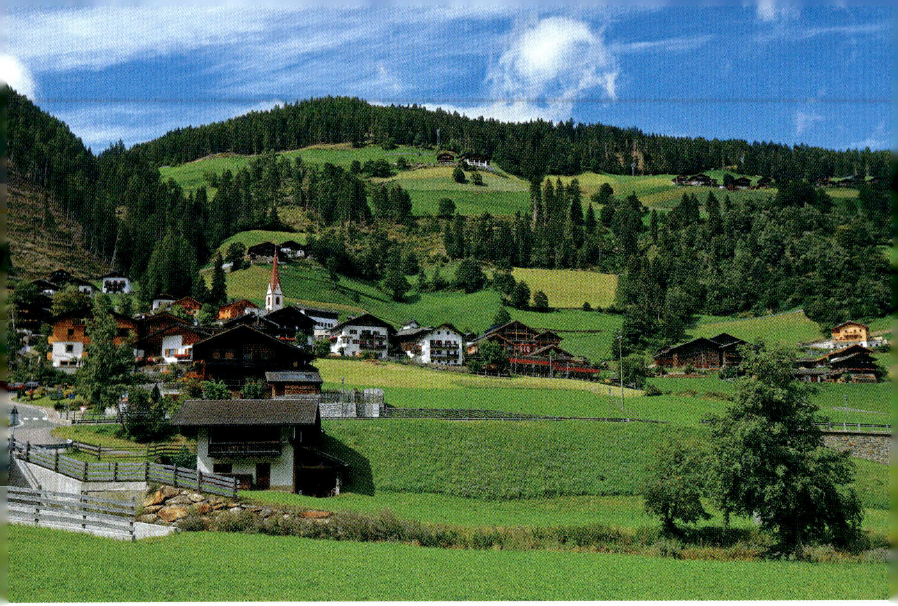

St. Nikolaus, eine Fraktion der Talgemeinde Ulten.

EINKEHR

Auerbergalm, 1644 m: Anfang Juni bis Ende September, Übernachtungsmöglichkeit auf Anfrage, Tel. +39 339 4366192.

TOUREN

Ilmenspitze, 2656 m: Fortsetzung der Route Nr. 18 via Seefeldalm und Seefeldsee, vor dem Passo Cemiglio (Übergang ins Trentino möglich) links abdrehend zum westseitigen Gipfelaufbau (T3), ab Auerbergalm 2.45 Std. Überschreitung ins benachbarte Einertal möglich.

Bichlalm, 1978 m: Verbindung ins Klapfbergtal über Weg Nr. 12 (T2), etwa 2.00 Std. von Alm zu Alm.

Von **St. Nikolaus** ❶ über die Falschauer (nach Möglichkeit hier parken) und sofort mit der Nr. 18 am Waldhang aufwärts. Der Beginn der Route gibt sich recht steil. Man kreuzt nochmals den Fahrweg, vollzieht eine Doppelkehre und stößt weiter oben in der Nähe des Bachs wieder auf die Almzufahrt (die zuvor übrigens sehr weit seitlich ausholt). Rund einen Kilometer gilt es jetzt noch auf dem Schottersträßchen zurückzulegen – dann ist die malerische **Auerbergalm** ❷, 1644 m, bereits erreicht. Der Rückweg verläuft identisch.

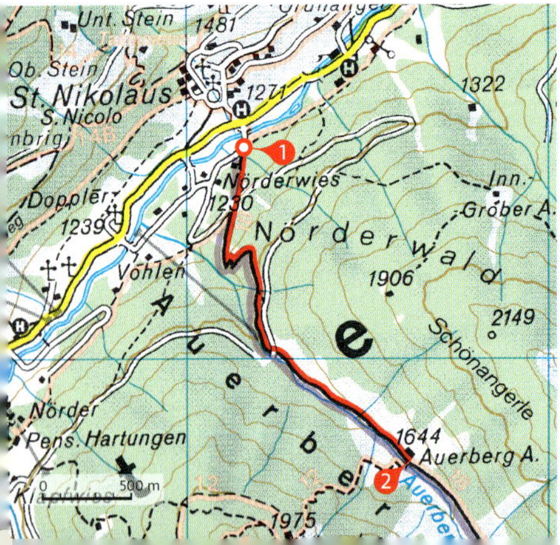

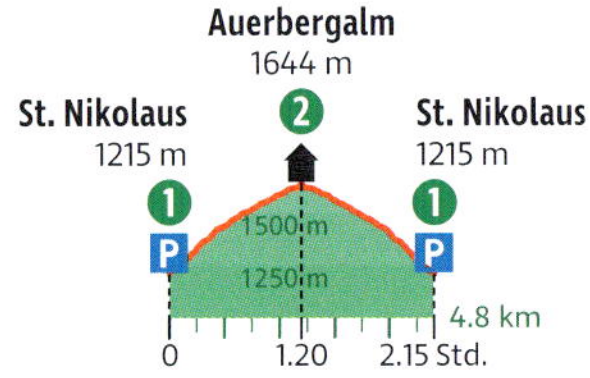

Seegrubenalm, 1916 m, und Spitzner Alm

Rundkurs vom Zoggler Stausee

64

5.30 Std. | 13,1 km | ↗ 970 m | ↘ 970 m

Drei Almen am Ultner Nörderberg

Einige der traditionellen Almhütten Ultens sind bis heute nicht durch breite Wirtschaftswege erschlossen und somit nur zu Fuß erreichbar. Dies trifft beispielsweise auf Seegruben- und Pfandlalm am Fuße der Hochwart zu. Dort an den rustikalen Holztischen Einkehr zu halten, zählt zu den einfachen Köstlichkeiten des Lebens – im Falle der Pfandlalm scheint die Bewirtschaftung allerdings jüngst leider eingestellt worden zu sein. Ein reicheres kulinarisches Angebot erwartet uns ohnehin noch auf der ein Stück weiter östlich gelegenen Spitzner Alm, die auch schon einen etwas moderneren Anstrich erhalten hat. Auf der strengen Nörderseite Ultens nehmen dunkle Nadelwälder den allergrößten Raum ein und bedeuteten jahrhundertelang die wichtigste Einnahmequelle für die Talschaft. Umso idyllischer erscheinen uns freilich die Almrodungen mit ihren liebreizenden Schindelhüttchen. Da hockt man sich doch gern auf eine Marende her und lässt bei meditativer Kuhglockenmusik die Augen über Tal und Berg schweifen...

Ausgangspunkt: Zoggler Stausee, kurz hinter St. Walburg im Ultental. Mit dem Auto kann ein Parkplatz, ca. 1145 m, jenseits der Dammkrone angefahren werden, per Bus Start an der Durchgangsstraße.

Anforderungen: T3-. Ziemlich steiler Aufstieg zur Seegrubenalm, urwüchsiger und zum Teil wurzliger Verbindungsweg zwischen den Almen und vergleichsweise moderates Bergab von der Spitzner Alm. Weite Strecken verlaufen bewaldet und

Blick hinüber zur Ultner Sonnseite und zum Hohen Dieb in der Bildmitte.

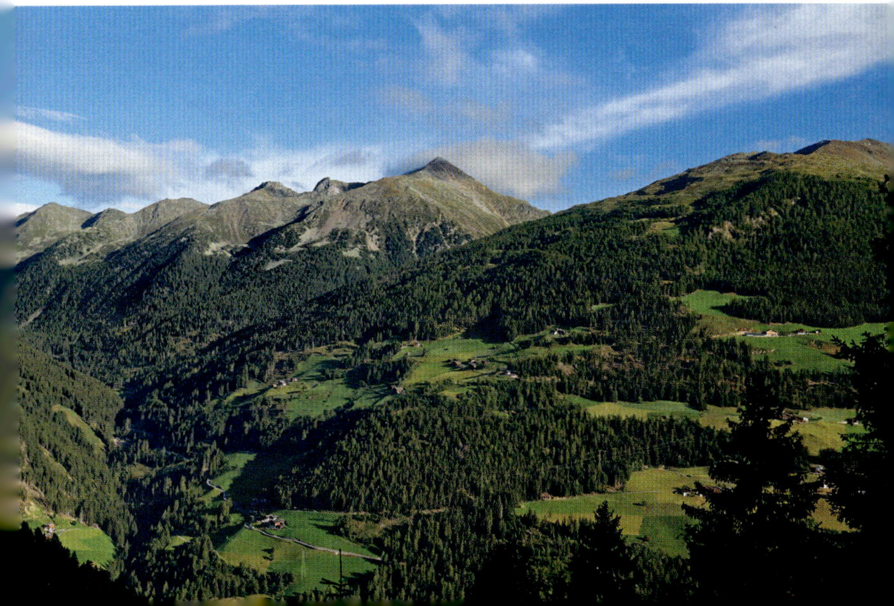

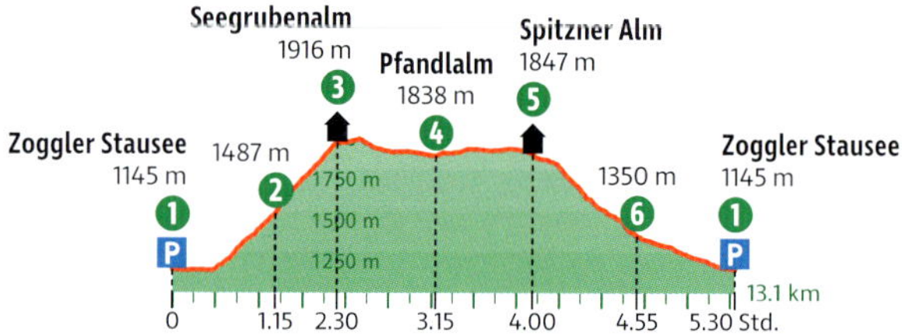

EINKEHR

Seegrubenalm, 1916 m: Mitte Juni bis Mitte September, keine Kontaktdaten bekannt.

Spitzner Alm, 1847 m: Mitte Juni bis Mitte September, Übernachtungsmöglichkeit auf Anfrage, Tel. +39 345 4789858.

TOUREN

Ultner Hochwart, 2627 m: Fortsetzung der Route Nr. 20 ins Kar der Hochwartseen, zuletzt über den Südwestgrat (T3), 2.00 Std. von der Seegrubenalm. Überschreitung nach Osten zur Spitzner Alm hin möglich (ebenfalls bezeichnet), im Abstieg 2.00 Std.

Gomper Alm, 1876 m: Fortsetzung des Höhenwegs um den Schönboden herum (Weg Nr. 23), 40 Min.

somit schattig. Etwas Trittsicherheit angezeigt, konditionell normale Tagestour.

Variante: Es gibt zwei mögliche Abkürzungen, nämlich Nr. 27 zur Pfandlalm und Nr. 21 via Holzschlagalm.

Karte: Tabacco 1:25.000, Blatt 042.

Nachdem am **Zoggler Stausee** ❶ der Damm überschritten ist, starten wir für eine Viertelstunde am südseitigen Uferweg, bis uns Weg Nr. 20 die Richtung bergwärts weist. Zunächst recht breit und moderat angelegt, wird der Verlauf bei einem kleineren Graben anspruchsvoller. In meist dichtem, manchmal auch aufgelockertem Wald ziemlich steil höher, auf knapp 1500 Metern einen Forstweg knapp links versetzt kreu-

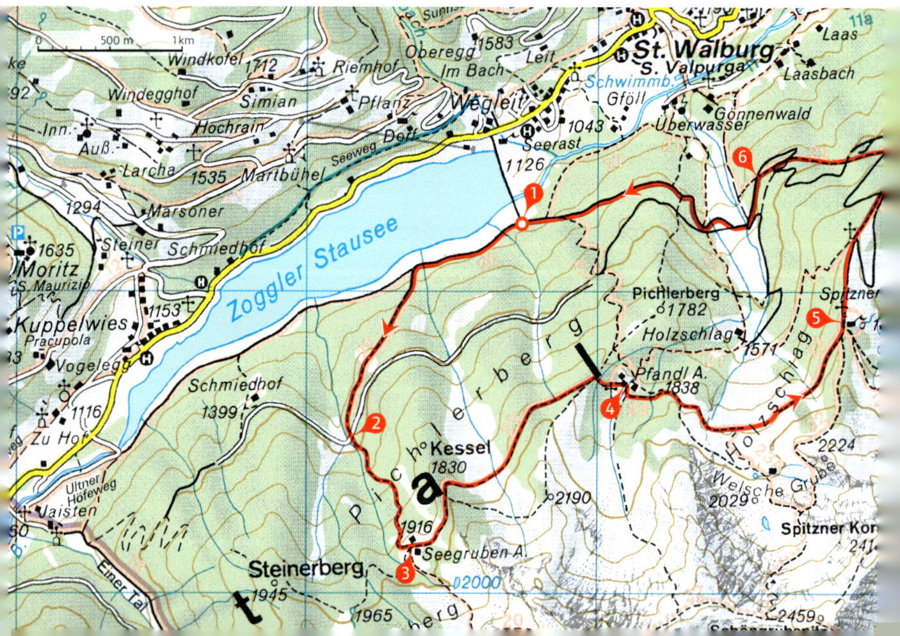

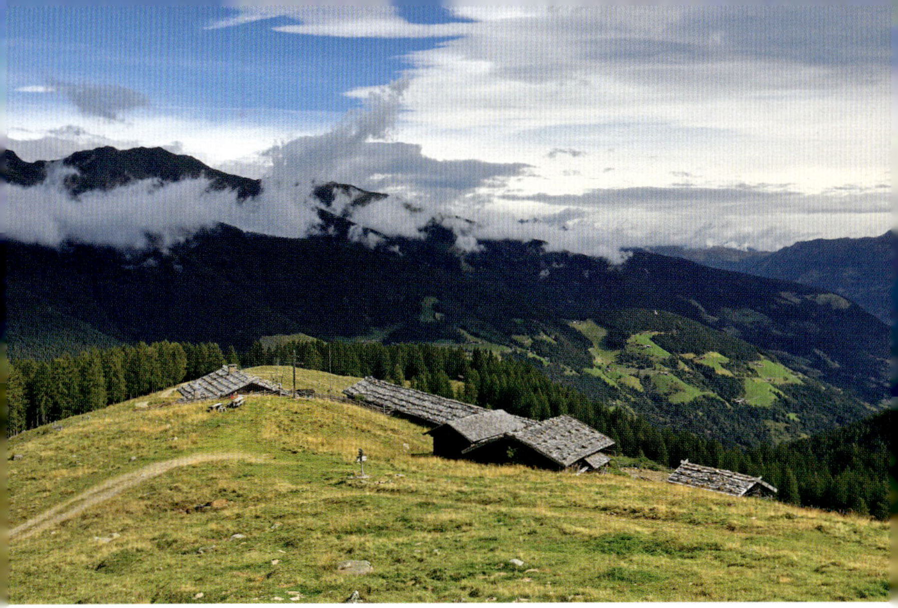

In Kürze treffen wir von oben bei der Spitzner Alm ein.

zend ❷ und durch den Hochwald weiter zur rustikalen **Seegrubenalm** ❸, 1916 m. Nun nehmen wir mit Nr. 23 die Verbindung zur Pfandlalm auf. Um einen vorspringenden Rücken in eine Hangbucht, dann oft recht angenehm weiter quer durch den Pichlerberg und leicht abwärts zur Lichtung der **Pfandlalm** ❹, 1838 m, die zuletzt verlassen schien. In ähnlicher Weise setzen wir die Wanderung gen Osten fort, derweil nochmals leicht ansteigend und insgesamt vielleicht etwas weniger holprig als im Abschnitt zuvor. Beim Abzweig Nr. 23A zur Walschgrubenalm bekommen wir ohnehin einen breiteren Karrenweg unter die Sohlen und steuern damit das große Weidegebiet der **Spitzner Alm** ❺, 1847 m, an. Talwärts nehmen wir Nr. 22 auf, am unteren Rand der Wiesen vom Fahrweg abrückend und diesen nach einem markanten Linksschwenk nochmals kreuzend. Später muss man aufpassen, dass man nicht vollends nach St. Walburg absteigt, sondern dem Forstweg (Nr. 17A) ❻ über den Ganebach hinweg Richtung **Zoggler Stausee** ❶ folgt.

Die romantische Pfandlalm war zuletzt nicht mehr bewirtschaftet.

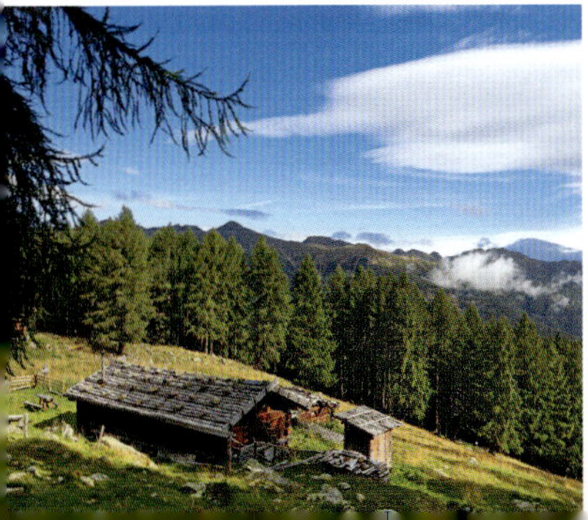

Aus den unterschiedlichen Perspektiven begeistert die Talschaft Ultens.

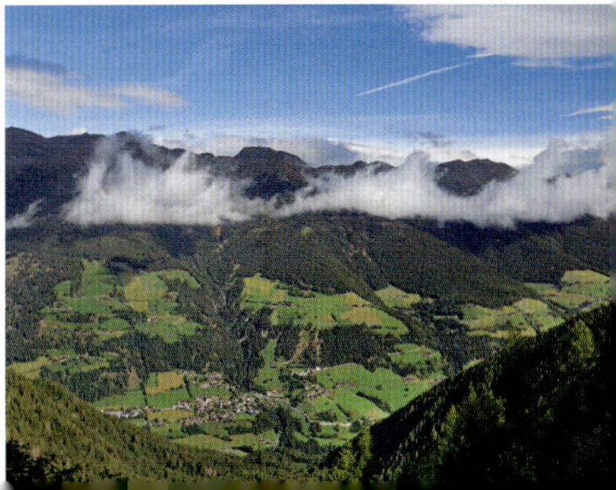

65 Stierbergalm, 1854 m, und Untere Kesselalm

Sentiero Bonacossa und Erlebnisweg

4.15 Std. | 11,2 km | ↗750 m | ↘750 m

Im abgelegenen Deutschnonsberg bei Proveis

Jenseits des Ultner Südkamms beginnt eigentlich das Trentino, doch wollen wir hier keinesfalls die »Deutschgegend am Nonsberg« übersehen, die historisch-kulturell mindestens seit dem Mittelalter dem Hoheitsgebiet von Tirol angehört und nicht zuletzt auch der deutschen Sprachidentität. Eines der kleinen Dörfer dort heißt Proveis, sonnenverwöhnt auf einer Hangterrasse gelegen. Almwirtschaften mit regionalen Schmankerln wie Kräuterknödel oder Schwarzplentener Riebl finden wir in den seitlichen Einschnitten des Kirch- und Maierbachs: zum einen die Stierbergalm und zum anderen die relativ neu aufgebaute Untere Kesselalm. Mit dem aussichtsreichen Bonacossa-Höhenweg und dem informativen Erlebnisweg sorgt auch die Wanderstrecke selbst für jede Menge Kurzweil.

Ausgangspunkt: Wanderparkplatz »Taler Mühle« im Kirchbachtal, ca. 1400 m, knapp nördlich von Proveis im Deutschnonsberg. Bushaltestelle im Ort (Verbindung aus dem Ultental im Anschluss an die Linie von Lana).
Anforderungen: T3 (maximal), meist T2. Wege unterschiedlicher Beschaffenheit, meist problemlos, aber auch einige schmale und abschüssige Passagen, die etwas Trittsicherheit erfordern. Relativ lockeres Tagespensum.
Variante: Kombination mit Tour 66 möglich.
Karte: Tabacco 1:25.000, Blatt 042 oder 064.

Der anfängliche Aufstieg bringt uns zur Stierbergalm.

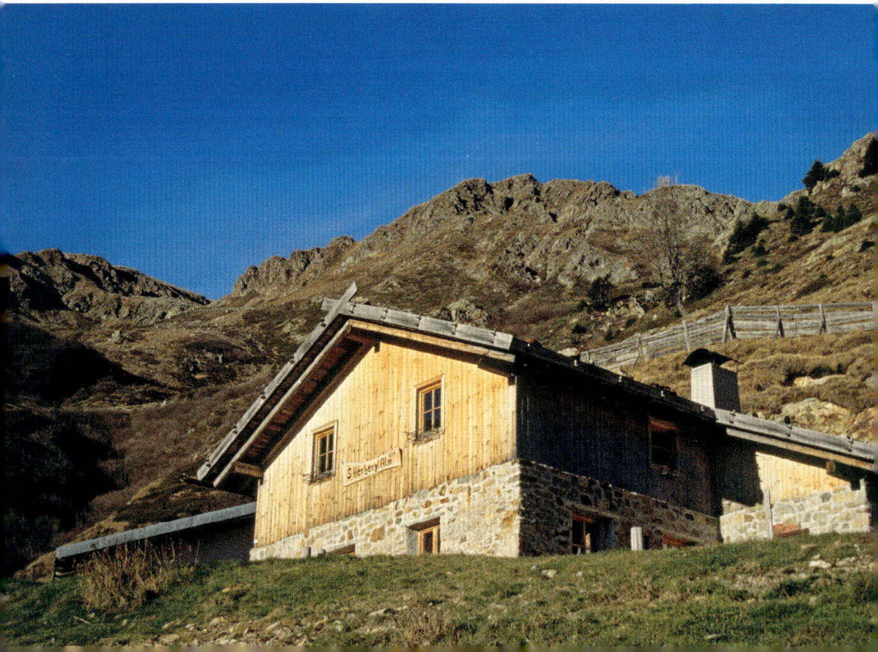

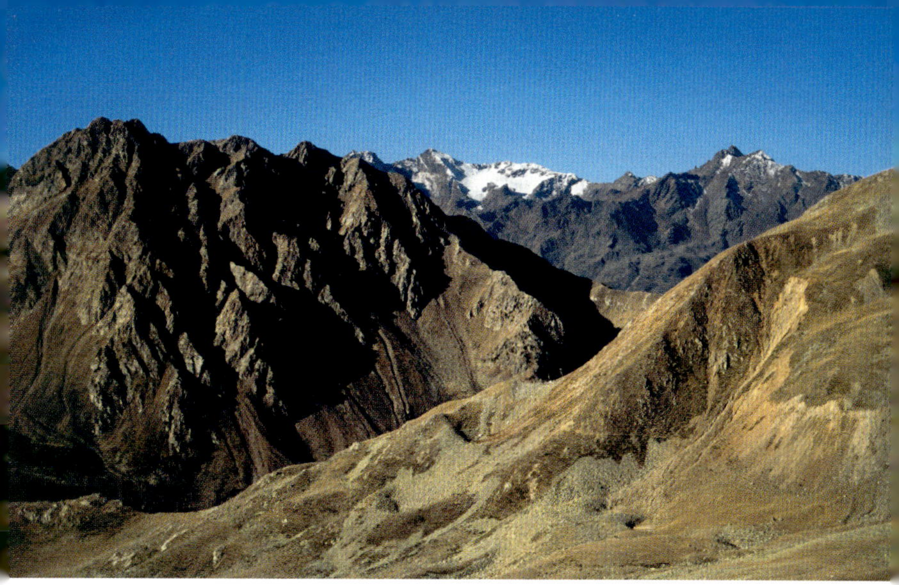

Gipfelpanorama von der Mandlspitze, einem lohnenden Mitnahmeziel am Sentiero Bonacossa. Ganz hinten die vergletscherten Eggenspitzen.

EINKEHR

Stierbergalm, 1854 m: Juni bis September, Tel. +39 348 5261134.

Untere Kesselalm, 1670 m: Anfang Juni bis Ende Oktober, Tel. +39 338 6774402.

TOUREN

Samersee, 2351 m: von der Stierbergalm über die Hänge der Brezner Alm (T2), 1.30 Std., auch Übergang zur Kesselalm möglich.

Mandlspitz (Korb), 2395 m: Abstecher vom Sentiero Bonacossa (T3), 50 Min.

Ultner Hochwart, 2627 m: von der Oberen Kesselalm über die Südostflanke (T2–3), 2.00 Std.

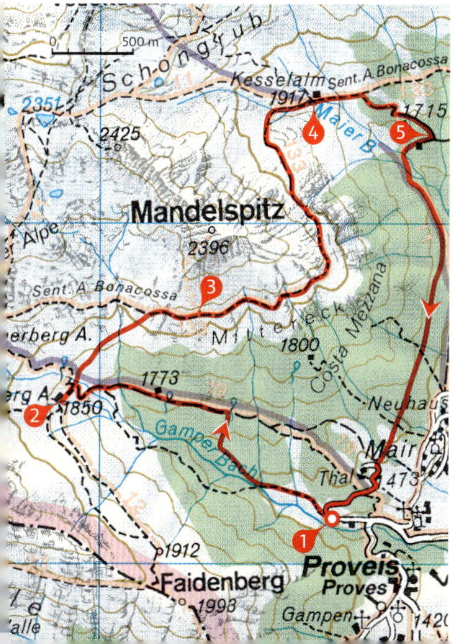

Vom Parkplatz bei der **Taler Mühle** ❶ wandern wir zunächst neben dem Kirchbach taleinwärts. Es folgt ein deutlicheres Aufwärtsstück zur Einmündung in die von der Höfegruppe Tal kommende Forststraße, auf

Proveis gehört zu den deutschsprachigen Gemeinden im Val di Non.

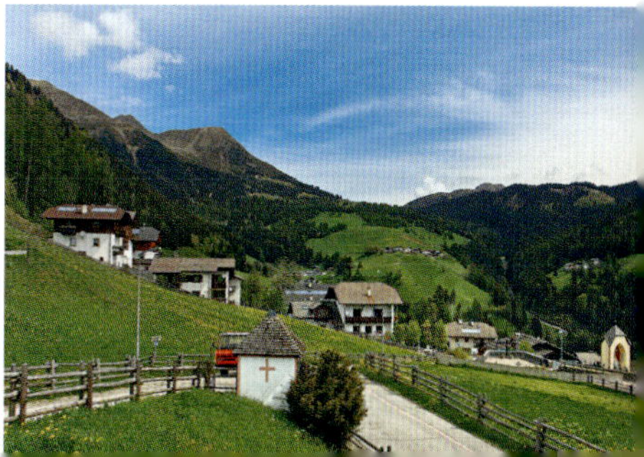

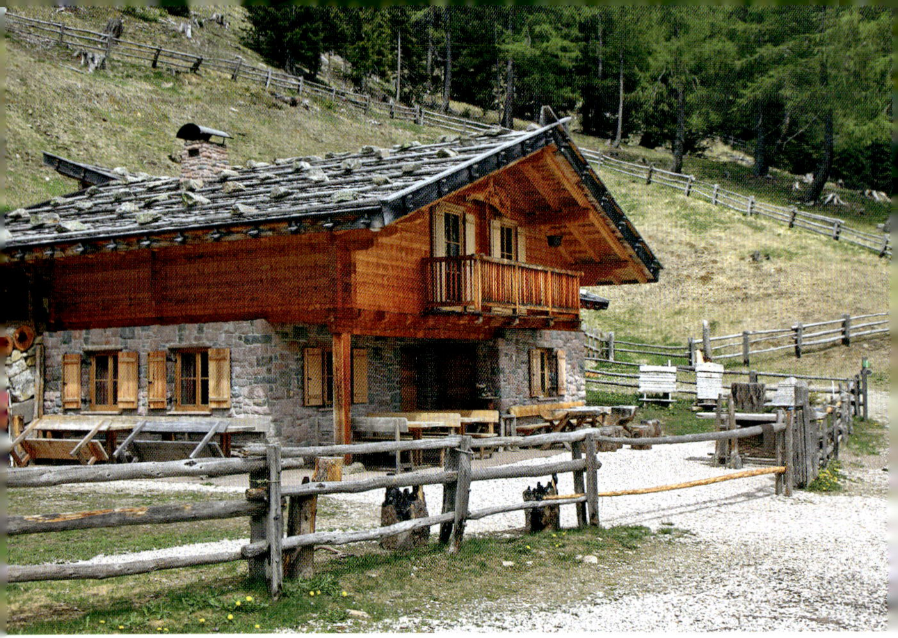

Seit einigen Jahren wird die Untere Kesselalm als Jausenstation geführt.

der wir noch rund eine halbe Stunde bis zur **Stierbergalm ❷**, 1854 m, zurücklegen. Unmittelbar neben der Hütte weiter bergauf, wobei dieser steile Pfad nicht sehr deutlich ausgetreten ist. Schräg nach rechts erreichen wir eine Verflachung, eine Art Geländeterrasse in der Südflanke der Mandlspitze ❸, und damit unsere Maximalhöhe von rund 2100 Metern (Abzweig zum Gipfel). Der Gipfelaufbau wird auf dem Sentiero Bonacossa (Nr. 133 nach Trentiner Markierungssystem) halb umkurvt. Auf diese Weise schwenkt man bei P. 2047 recht prägnant in die von einigen Rinnen durchzogene Ostflanke. Dort allmählich schräg abwärts und im Bogen durch eine Hangmulde mit mehreren Bächen. Mit kurzer Gegensteigung laufen wir bei der spartanischen **Oberen Kesselalm ❹**, 1917 m, ein. Gäste werden allerdings nur auf der neu errichteten **Unteren Kesselalm ❺**, 1670 m, bewirtet – eine knappe halbe Stunde über die Serpentinen des Erschließungssträßchens. Hier nehmen wir nun den mit grünen Schildern bezeichneten »Erlebnisweg« auf. Damit auf die rechte Seite des Maierbachs und eine ganze Weile bequem am Hang entlang. In unregelmäßigen Abständen laden Info-Punkte zum Lesen und Verweilen ein. Mehrere Gräben werden ausgegangen, ehe sich über die Anwesen von Tal der Kreis schließt.

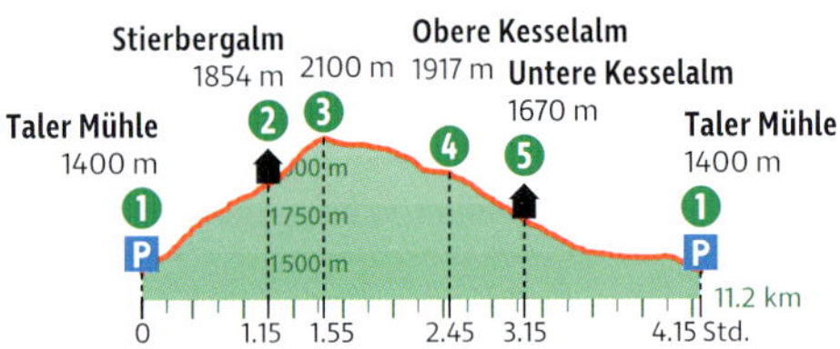

Malga Cloz, Malga Castrin und Laureiner Alm

Rund um das Hofmahdjoch

3.00 Std. | 9,0 km | ↗430 m | ↘430 m

TOP

Deutschnonsberger Almen unterschiedlicher Prägung

Im Bereich des Hofmahdjochs treffen deutschtiroler und italienischer Kulturraum unmittelbar aufeinander, verzahnen sich ein Stück weit sogar. Erkennbar wird dies insbesondere am Stil der Almen, die einen 400 Jahre währenden Streitfall widerspiegeln. Erst 1878 wurde der jeweilige Einflussbereich endgültig festgeschrieben. Auf relativ kompakter Strecke können wir hier drei bis vier Einkehrstationen ablaufen und die schmackhaften hauseigenen Produkte kosten. Bleibt nur noch die Frage: Polenta oder Knödel – wonach gelüstet es uns?

Ausgangspunkt: Parkplatz am Hofmahdjoch, ca. 1690 m, unmittelbar südlich des Scheiteltunnels zwischen Ulten und Deutschnonsberg (auch Bushaltestelle).

Anforderungen: T1–2. Problemlose Wege im Almgelände, abwechselnd Pfade und Fahrwege, zwischendurch auch mal ein Waldabschnitt. Leichte Halbtagestour ohne Steilpassagen.

Variante: Man kann einzelne Almen auslassen und das Programm um bis zu 1 Std. verkürzen. Kurzer Abstecher auch zur Malga Revo.

Karte: Tabacco 1:25.000, Blatt 042 oder 064.

Bis zur Malga Cloz ist es bloß ein Katzensprung.

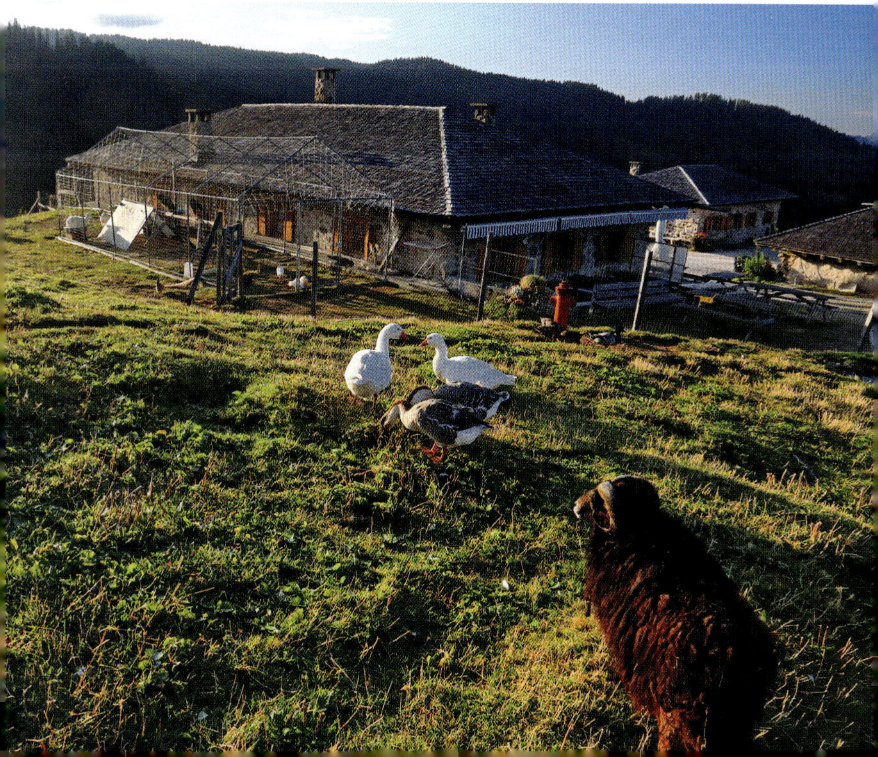

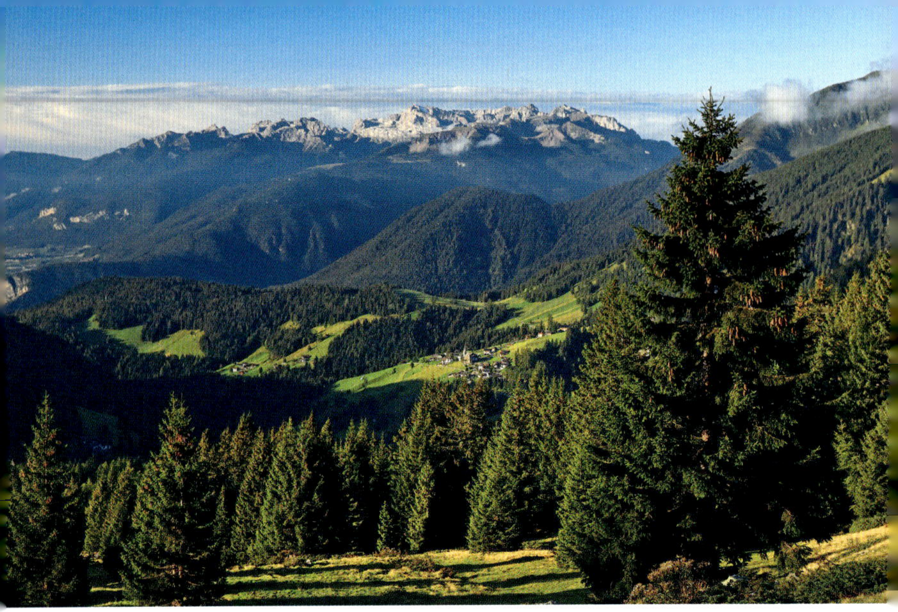

Jenseits der Hügel um Proveis steht die Brenta wie eine Bastion am Horizont.

EINKEHR

Malga Cloz (Clazner Alm), 1732 m: Anfang Juni bis Mitte September täglich, sonst an Wochenenden, Tel. +39 340 5993647 oder +39 349 2484637.
Malga Revo (Revo-Alm), 1734 m: Juni bis Oktober täglich, in der Wintersaison Do bis So, Tel. +39 348 2124868.
Malga Castrin (Aleralm), 1813 m: Juni bis Oktober durchgehend, im Winter an Wochenenden, Übernachtungsmöglichkeit, Tel. +39 0461 1636001 oder +39 328 7782407.
Laureiner Alm, 1777 m: Anfang Juni bis Mitte Oktober, Tel. +39 340 7871828.

TOUREN

Kleiner und Spitzner Kornigl, 2418 m: Route Nr. 7 ins Clozner Loch und aus der Scharte unschwierig zum Kleinen, über steilere Schrofen auf den Spitzner Kornigl (T3+), ab Malga Cloz 1.45 bzw. 2.00 Std.
Laugenspitze, 2434 m: von der Malga Castrin über den Sentiero Bonacossa zum Südwestrücken (T3-), 2.00 Std.

Vom Parkplatz am Hofmahdjoch ❶ wechseln wir die Straßenseite und gelangen auf einem Fahrweg rasch zur **Malga Cloz** ❷, 1732 m. Wer möchte, kann in wenigen Minuten auch zur ebenfalls bewirtschafteten **Malga Revo**, 1734 m, hinüberqueren. Der Weiterweg führt ansonsten mit Nr. 7 über mäßig steile Wiesen und eingestreute Baumgruppen bergauf. Bei der verfallenen Oberen Alm (auch: Weissalbl bzw. Malghetto) ❸,

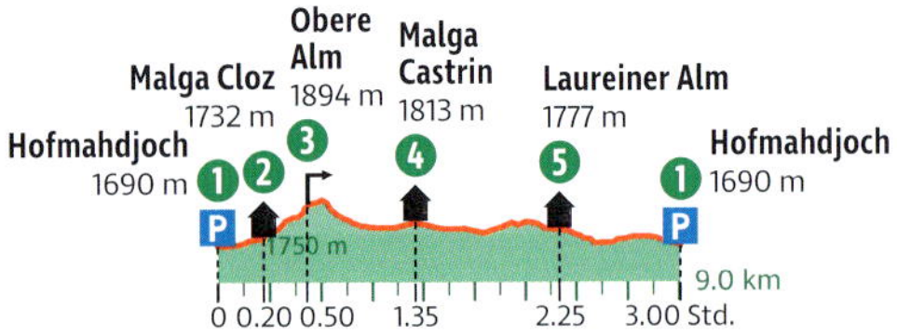

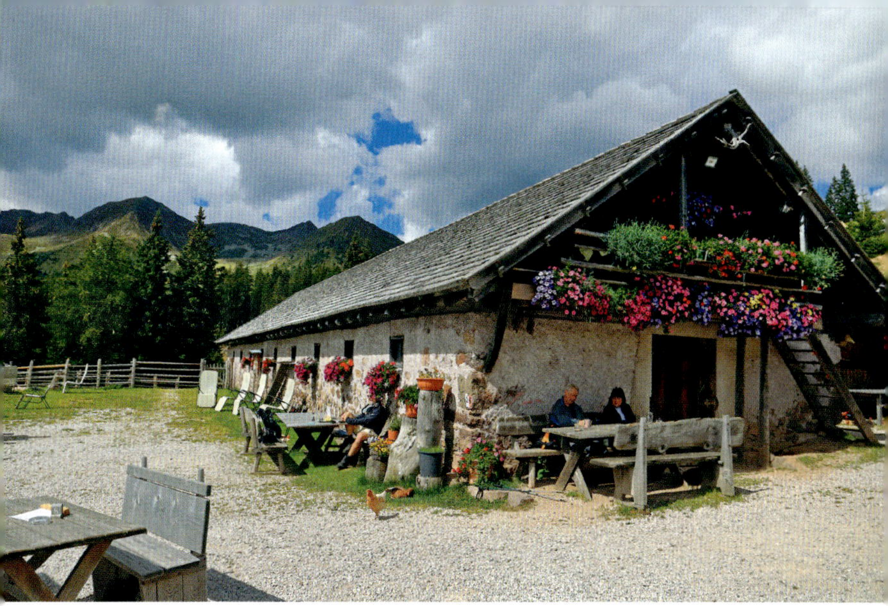

Auf der Laureiner Alm ist Wohlfühlen angesagt.

1894 m, stoßen wir auf den Sentiero Bonacossa und wenden uns nach rechts. Damit noch ein paar Meter aufwärts, ehe sich die Route allmählich ins Gebiet der Hofmahd, die von der Passstraße untertunnelt wird, absenkt. Soll die **Malga Castrin (Aleralm)** ❹, 1813 m, angelaufen werden, orientiert man sich gegen Norden und gelangt dorthin schließlich auf der Almzufahrt. Anschließend folgen wir dem Fahrweg in entgegengesetzte Richtung bis zu den Herrenwiesen (Prà del Signor) und schlagen die Verbindung zur Laureiner Alm ein, beginnend mit einem Abstieg in einen kleinen Tobel. Dann stets durch Wald an der Flanke entlang, allmählich rund 100 Höhenmeter ansteigend und hinter einem Gatter wieder leicht abwärts zum südlichen Blickfeld bei der **Laureiner Alm** ❺, 1777 m. Schließlich auf dem Güterweg in Schleifen bergab und rechts haltend nach nochmaliger kleiner Gegensteigung zurück zum Parkplatz ❶.

Speck mit Ei und Röstkartoffeln – eine typische Südtiroler Almmahlzeit.

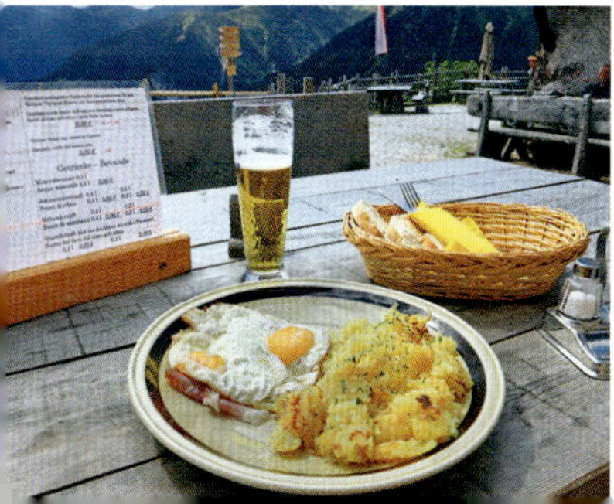

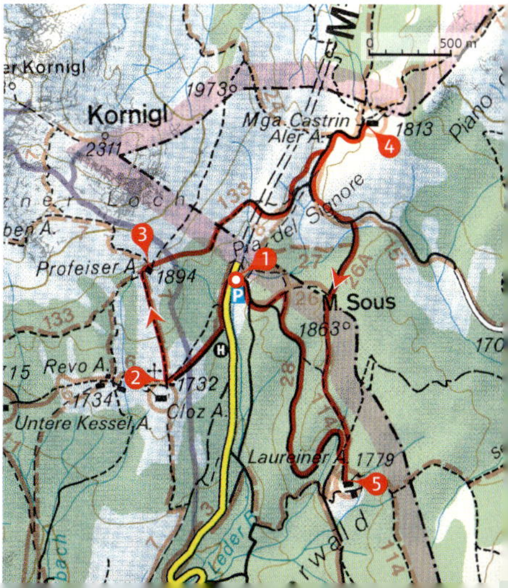

67 Laugenalm, 1853 m
Von Unsere Liebe Frau im Walde

2.15 Std. | 4,8 km | ↗500 m | ↘500 m

Auf der Sonnenseite des populären Laugen

Der Name »Laugen« besitzt einigen Klang im Meraner Land, denn der doppelgipflige Berg hebt sich im Relief von seinen Nachbarn prägnant ab und steht somit unverkennbar wie ein Wahrzeichen in der Bergkulisse. Eingesponnen in ein dichtes Wegenetz, zieht es regelmäßig zahlreiche Wanderer hierher, zumal es vom Gampenpass einen relativ moderaten Zugang gibt, bei dem ein Aufstiegspensum von unter 1000 Höhenmetern anfällt. Noch deutlich weniger sind es bis zur Laugenalm, die ihren Standort auf einer südostseitigen Waldlichtung hat. Auch vom Deutschnonsberger Dörfchen mit dem ulkigen Namen »Unsere Liebe Frau im Walde« wird sich kaum jemand verausgaben.

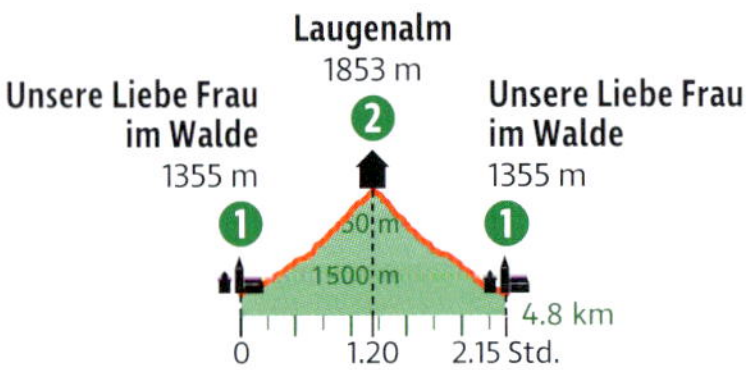

Ausgangspunkt: Unsere Liebe Frau im Walde, 1355 m; kleine Ortschaft auf der Südseite des Gampenpasses. Bushalt der Linie von Lana an der Abzweigung.

Anforderungen: T2. Gewöhnlicher, mittelsteiler Waldsteig. Wandertechnisch und konditionell wenig anspruchsvoll.

Variante: Noch etwas rascher geht der Zustieg vom Gampenpass, 1518 m, vonstatten. Zunächst auf einem Wiesenweg gen Süden, anschließend auf befestigter Trasse bis zur Vereinigung mit der beschriebenen Route.

Karte: Tabacco 1:25.000, Blatt 042 oder 046.

Bis weit in der Herbst hält die Laugenalm ihre Pforten offen.

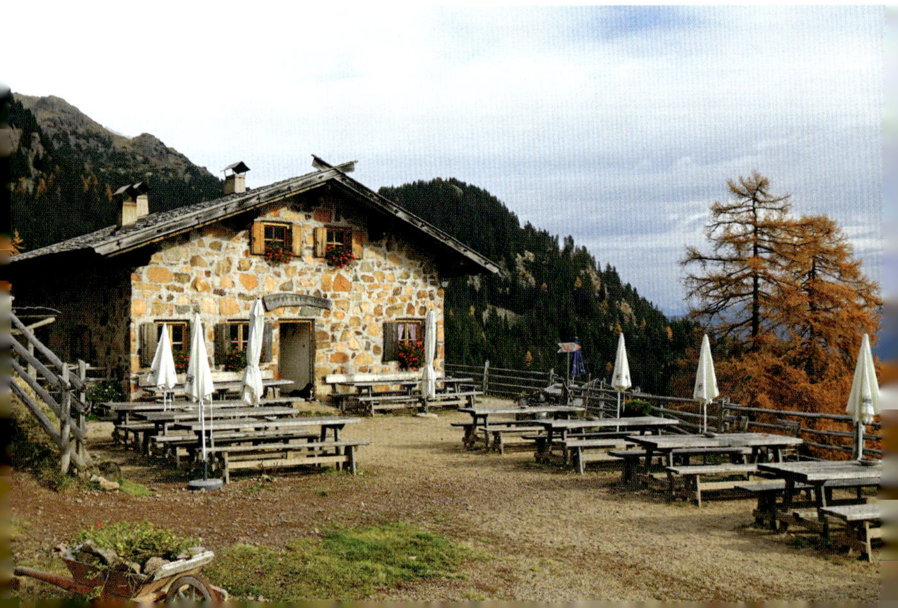

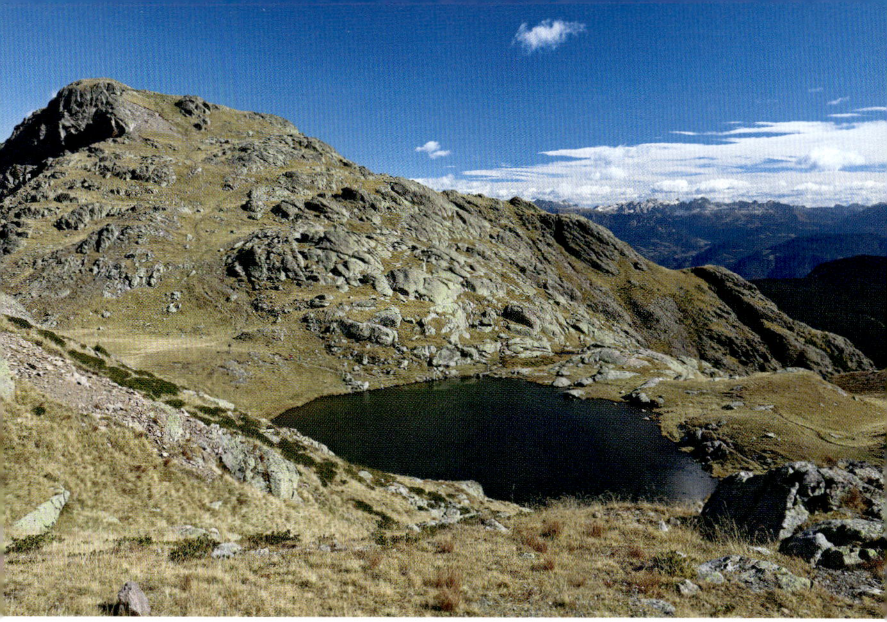

In einer Wiesenwanne unterm Kleinen Laugen liegt der Laugensee.

EINKEHR

Laugenalm, 1853 m: Juni bis Oktober, im Winter an Wochenenden, Tel. +39 348 6699795.

TOUREN

Laugenspitze, 2434 m: entweder über den südöstlichen Gratsporn (Nr. 10) oder am weitläufigeren südwestlichen Kammausläufer (T2–3), 1.45 Std.

Kleiner Laugen, 2297 m: Route Nr. 10 zum Laugensee und über die Südwesthänge (T2), 1.15 Std.

Malga Castrin, 1813 m: Höhenwanderung auf dem Sentiero Bonacossa, etwa 2.00 Std.

Von **Unsere Liebe Frau im Walde** ❶ mit Nr. 10 zunächst auf einem Sträßchen Richtung Oberkircher, dann im Bereich eines bewaldeten Bachgrabens weiter aufwärts. Wo eine Forststraße kreuzt, nehmen wir den Zugang vom Gampenpass auf, setzen den Aufstieg in gleicher Weise fort, berühren zweimal den Güterweg, kürzen jedoch stets auf dem Steig ab. Wo sich das Gelände öffnet, empfängt uns bereits die **Laugenalm** ❷, 1853 m. Der Rückweg verläuft gleich.

Begehrtes Gipfelziel: die Laugenspitze.

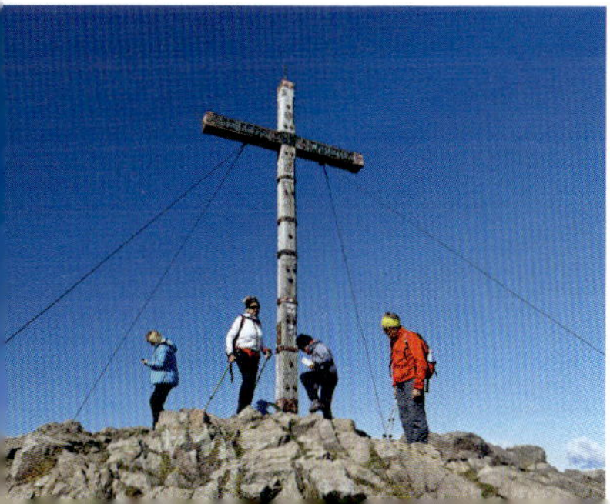

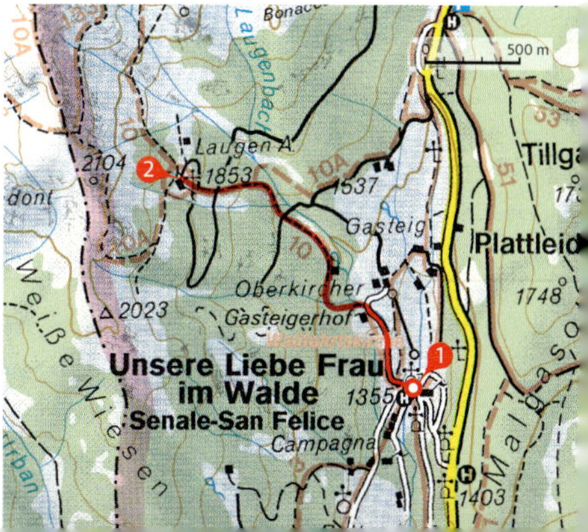

68 Gfrillner Alm, 1835 m

Rundtour vom Bergweiler Platzers

3.00 Std. | 7,3 km | ↗ 560 m | ↘ 560 m

Auf der Nordostseite des Laugen

Es ist schon ein verblüffender Moment, wenn man aus den meist dichten Waldungen am Innerberg heraufkommt und schließlich im sich öffnenden Wiesengelände die kleine Kuppe mit der Gfrillner Alm erblickt. Sie hat ihren idyllischen Standort unter dem Aufschwung des Kleinen Laugen und genießt ihrerseits eine weite Schau hinaus in südliche, sonnendurchflutete Gefilde. Auch auf dieser Seite des Massivs gibt es also eine charmante Einkehrstation, die Genusswanderern wie Gipfelstürmern ihr Bergerlebnis abrundet. Ob Speck- oder Kasbrettl, eine warme Suppe oder ein süßer Kaiserschmarrn – in der Einfachheit liegt hier oben das kleine Glück …

Ausgangspunkt: Platzers, 1278 m, Bergweiler abseits der Gampenpass-Nordrampe. Abzweig von der Hauptstraße hinter einer Linkskehre oberhalb von Bad Gfrill (dort Bushaltestelle).
Anforderungen: T2. Mehrheitlich breite Wegtrassen, phasenweise auch mal recht steil. Marschpensum für einen halben Tag.
Variante: Kürzester Zustieg von der Gampenstraße, wo bei »Perlklaring« eine Forststraße beginnt.
Karte: Tabacco 1:25.000, Blatt 046 oder 042.

EINKEHR

Gfrillner Alm, 1835 m: Mitte Juni bis Oktober einfach bewirtschaftet, keine Kontaktdaten bekannt.

TOUREN

Laugenspitze, 2434 m: Route Nr. 10 zum Laugensee (hier per Abstecher in 20 Min. auf den Kleinen Laugen), dann im Zickzack zum Nordgrat und über diesen zum Gipfel (T3), 1.50 Std. Alternativ hinüber zur Kitzerbichl-Route und durch die Nordwestflanke zum Gipfelgrat (T4-), 2.30 Std.

Herbstliche Szenerie bei Platzers, im Hintergrund sind Ifinger und Hirzer zu erkennen.

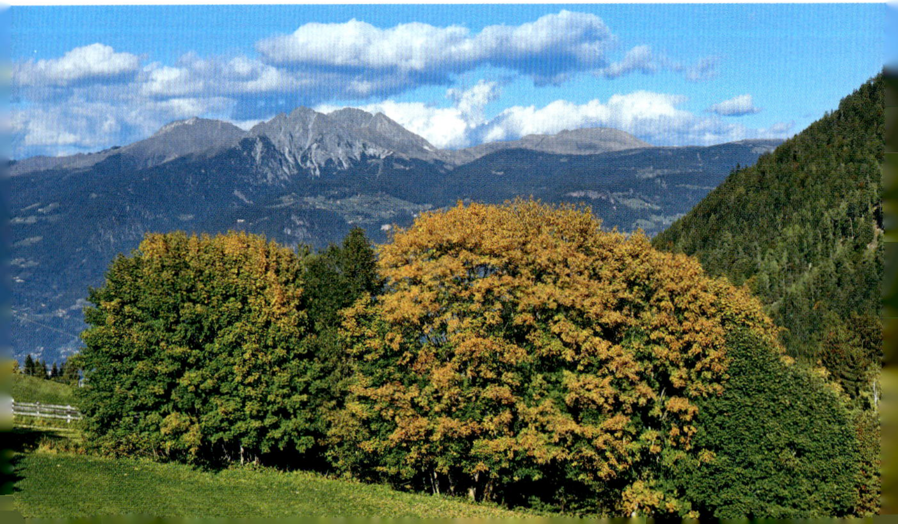

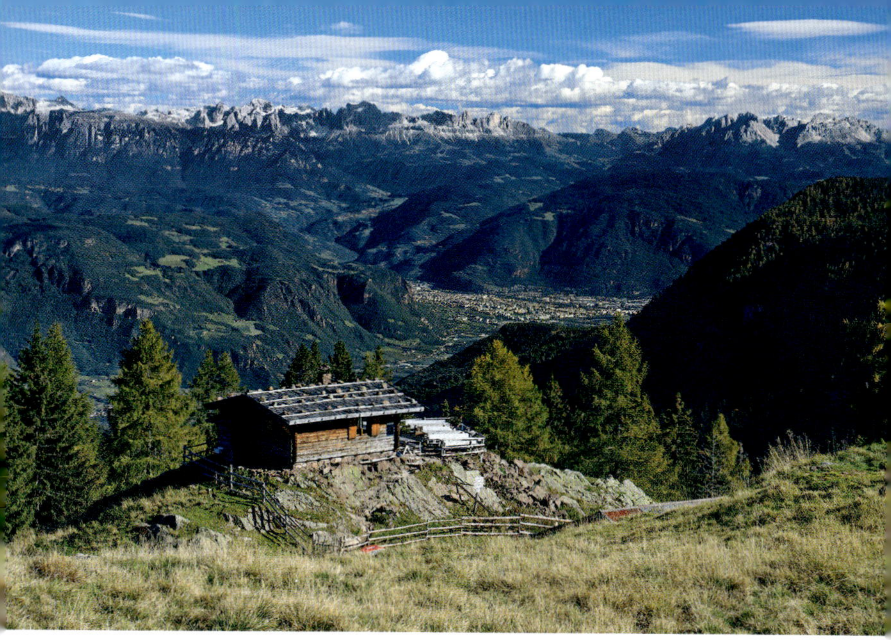

Die Gfrillner Alm vor großem Panorama: im Mittelgrund Bozen, hinten die Dolomiten.

In **Platzers 1** nehmen wir Weg Nr. 10 auf, der nach einer Weile in eine nordwärts führende Traverse übergeht. Bei P. 1519 unweit des Platzer Jöchls biegen wir nach links ab **2** und gewinnen bald deutlich an Höhe. Man folgt zunächst noch Forstwegen, später dann vorteilhaft dem alten Steig am Innerberg. Bei Kreuzungen mit dem Fahrweg jeweils gut achtgeben. Nach längerer Wanderung im Wald öffnet sich schließlich das Gelände der **Gfrillner Alm 3**, 1835 m.

Um noch etwas Abwechslung zu haben, folgen wir im Abstieg dem Hinweis »Gfrill« (Nr. 10A) in den Schlatwald. Der breite Schotterweg ist dort phasenweise überraschend steil und nicht unbedingt angenehm. Nach einigen Schleifen wenden wir uns am Rande einer Lichtung mit Nr. 11 nach links **4**. Bald wird auch »Platzers« ausgewiesen. Wir umgehen eine sumpfige Wiese, bewältigen nochmals ein etwas steileres Stück und queren zuletzt einige kleine Gräben, auch an einem Hof vorbei, zurück zum Ausgangspunkt **1**.

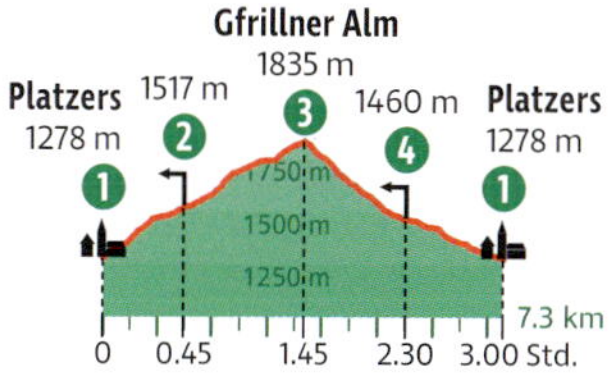

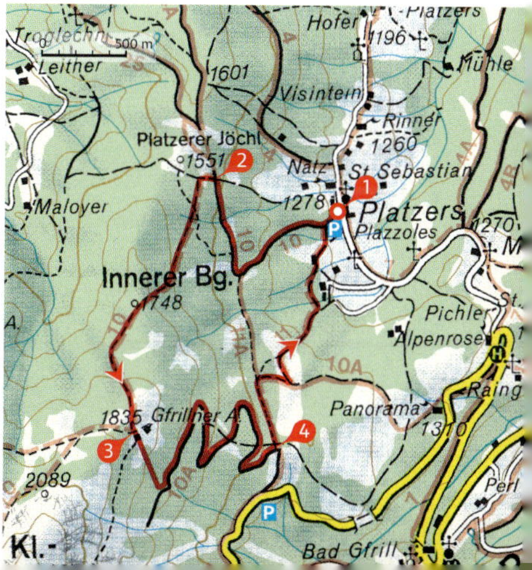

69 Gasthaus Waldruhe und Felixer Alm, 1630 m

Zum Felixer Weiher (Tretsee)

1.35 Std. | 5,2 km | ↗ 250 m | ↘ 250 m

Mittelgebirgsidyllen auf der sanften Westseite des Mendelkamms
Verträumt liegt er da, wie ein Edelstein eingefasst von dunklen Nadelwäldern: Der Felixer Weiher, von den Trentinern Lago di Tret genannt, ist das natürliche Kleinod schlechthin im Nonsberg-Gebiet. Ohne schroffe Züge ringsum vermittelt die Landschaft Mittelgebirgscharakter und lädt so richtig zum erholsamen Bummeln und Wandern ein, ganz ohne die Bürde strenger Aufstiege. Das Ufer des fischreichen und unter Naturschutz stehenden Waldsees ist glücklicherweise unverbaut. Doch in der Nähe finden wir zwei Einkehrstätten, wo man traditionelle Gerichte der Region goutieren kann. Wir haben die Wahl zwischen dem Gasthaus Waldruhe und der Felixer Alm, wo auch noch eigens produziert wird.

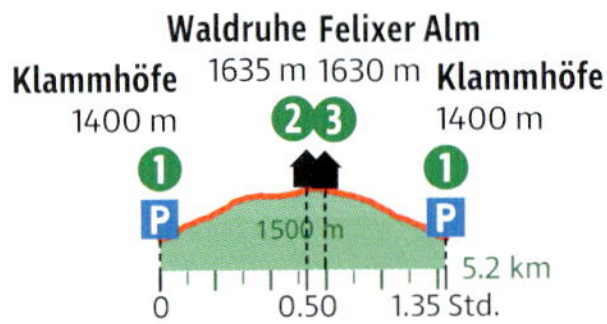

Ausgangspunkt: Parkplatz bei den Klammhöfen, ca. 1400 m. Stichstraße von St. Felix an der Gampenstraße (dort Bushaltestelle der Linie von Lana).
Anforderungen: T1. Ganz leichte Wege im Mittelgebirge. Eine der kürzesten Touren in diesem Band.
Karte: Tabacco 1:25.000, Blatt 046.

Das Gasthaus Waldruhe, eine von zwei Einkehrmöglichkeiten.

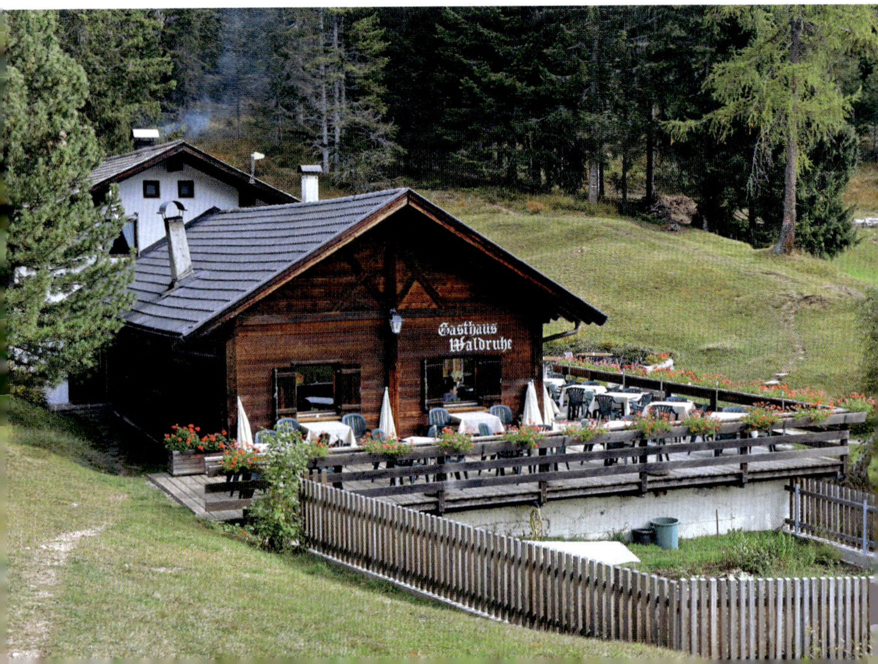

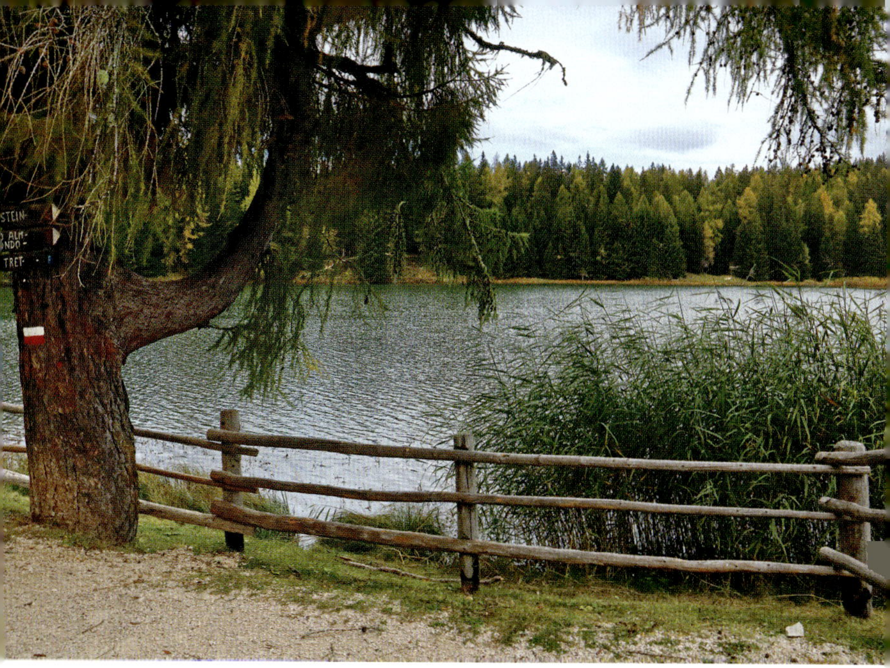

Der waldumkränzte Felixer Weiher entfaltet eine hohe Anziehungskraft.

Man kann natürlich in St. Felix starten, doch wird meist der vorgeschobene Parkplatz hinter den **Klammhöfen** ❶ genutzt. Hier folgen wir der Markierung Nr. 9 in Ostrichtung, anfangs mit einer kleinen Abkürzung des Fahrweges. In mäßiger Steigung benötigen wir eine gute halbe Stunde bis zum Ufer des **Felixer Weihers**. Jetzt lohnt es sich, den See zunächst auf der rechten Seite zu umwandern. Wo man wieder auf den Hauptweg stößt, schwenken wir scharf rechts aufwärts und erreichen in Kürze das Gasthaus **Waldruhe** ❷, ca. 1635 m. Eine teilweise neu hergerichtete Weganlage leitet binnen weniger Minuten hinüber zur **Felixer Alm** ❸, 1630 m. Von dort kehren wir zum Felixer Weiher (Westseite) zurück und laufen gemütlich hinunter zum Parkplatz ❶.

EINKEHR

Gasthaus Waldruhe, 1635 m: Mai bis Oktober, Tel. +39 368 7033743.
Felixer Alm, 1630 m: Juni bis Oktober durchgehend, im Winter an Wochenenden, Tel. +39 348 3975406.

TOUREN

Gantkofel, 1866 m: Weg Nr. 512 Richtung Gaider Scharte und im Kammbereich zur großartigen Gipfelaussicht hoch über dem Etschtal (T1–2), 1.30 Std.
Schönegg, 1772 m: in nördlicher Richtung zum Kamm am Moschen und weiter bis zur Aussichtskanzel (T1–2), 1.20 Std.

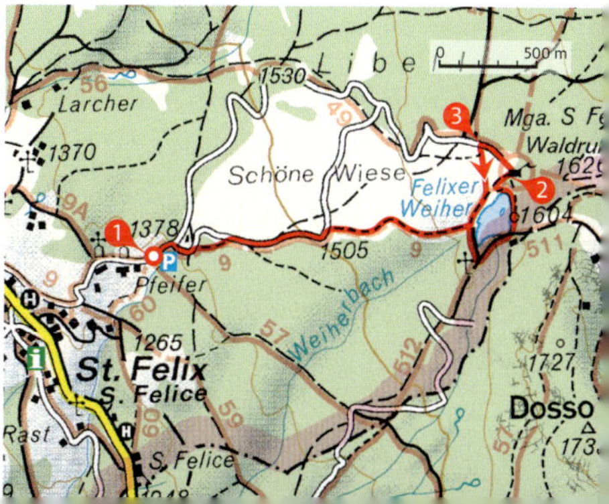

70 Überetscher Hütte, 1773 m

Über Göllersteig und Prazöllsteig

6.30 Std. | 17,8 km | ↗ 1200 m | ↘ 1200 m

Am Osthang des Monte Roèn

Die einzige voll bewirtschaftete, wenn auch kleine Alpenvereinshütte am gesamten Mendelkamm befindet sich unterm Felsabbruch des Monte Roèn, seines Zeichens der Scheitel dieses lang gestreckten Gebirgszuges zwischen Südtiroler Unterland und Trentiner Nonstal. Errichtet wurde die Überetscher Hütte (Rifugio Oltradige) bereits vor über 100 Jahren – und ein traditioneller Stil ist ihr bis heute auch erhalten geblieben. Wer es bequem wünscht, kann vom Mendelpass her durch eine fast parkähnlich anmutende Landschaft eine Art Höhenspaziergang ohne großes Schweißvergießen absolvieren. Um das Wesen des Mendelkamms wirklich zu erfassen, sollte man aber eigentlich einen der knackigen Steige von der Basis aus unter die Sohlen nehmen, den hochreichenden Waldsockel durchmessen und – um dem Ganzen die Krone aufzusetzen – schließlich auch den Monte Roèn erklimmen. Direkt oberhalb der Hütte führt ein Klettersteig durch die schroffe Ostseite. Somit ist dem südlichsten Ziel in unserer Hüttenauswahl gemäß dem nachfolgenden Vorschlag eine der strammsten Touren gewidmet: hinauf über den Göllersteig und – nach einer Stippvisite auf der touristisch ausgebauten Malga di Romeno – abwärts über den Prazöllsteig.

Ausgangspunkt: Altenburg, 612 m, Parkplatz und Bushaltestelle knapp südlich des Weilers. Zufahrt von Kaltern oder von Tramin über Söll.

Anforderungen: T2–3. Gut angelegte Bergwege, die streckenweise in recht

Der Monte Roèn bildet die Kulmination am gesamten Mendelkamm.

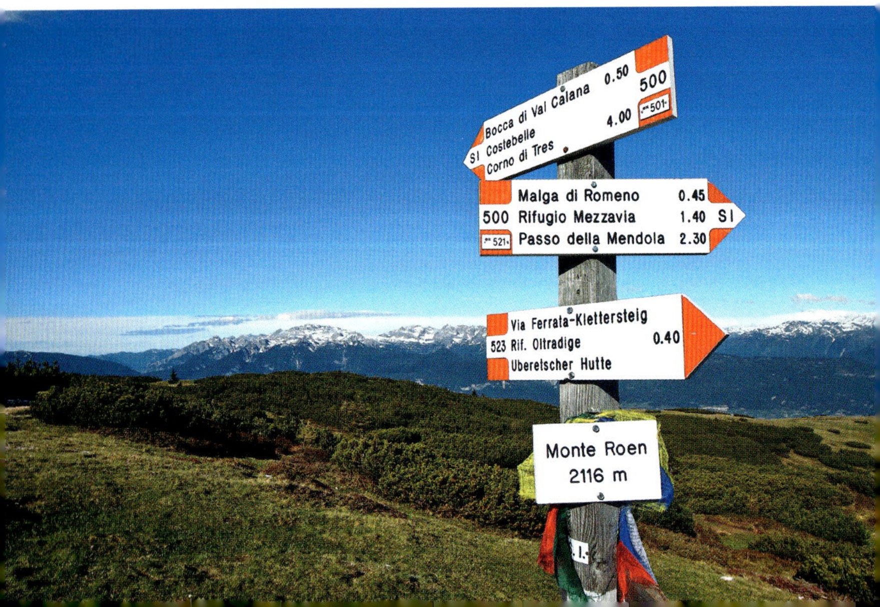

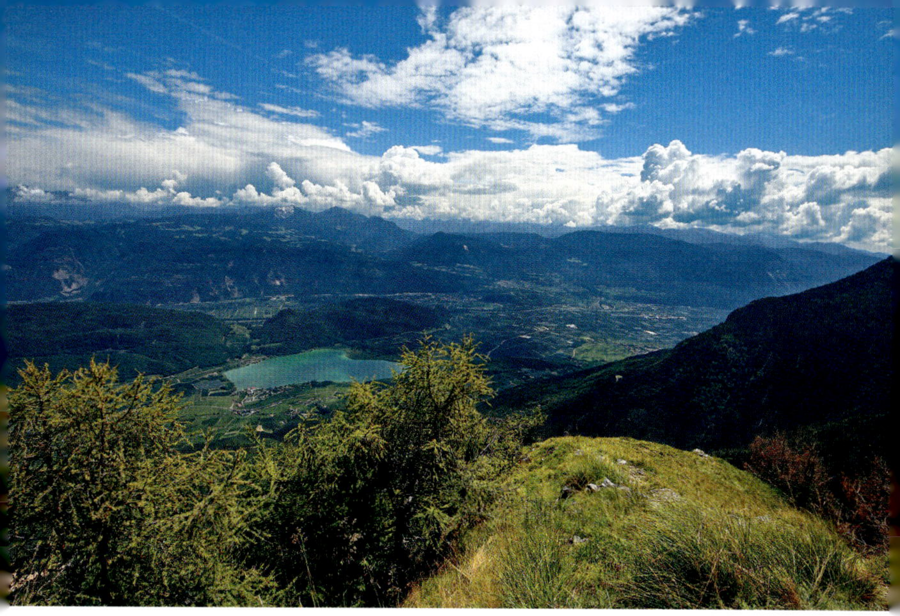

Atemberaubender Ausblick ins Südtiroler Unterland mit dem Kalterer See.

steilen Hängen verlaufen, deshalb grundlegende Trittsicherheit angezeigt. Aufgrund der beachtlichen Höhenunterschiede gute Kondition für eine volle Tagestour nötig. Für weniger Ausdauernde siehe Variante.
Variante: Der leichteste und bequemste Weg kommt vom Mendelpass, 1363 m, der mit dem Auto oder auch mit der kühnen Standseilbahn von Kaltern erreichbar ist. Gegebenenfalls kann mit dem Sessellift zur Halbweghütte noch merklich abgekürzt werden; von dort nur ca. 1.15 Std. bis zur Überetscher Hütte.
Karte: Tabacco 1:25.000, Blatt 049.

Von **Altenburg** ❶ nehmen wir die Zufahrt zu den Anwesen am Hangfuß, kommen kurz auf eine Forststraße und queren dann nach Beschilderung »zum Göllersteig« in den Altenburger Graben. Hier auf dem Kalterer Höhenweg kurz nach links, bis wir auf den mit der Nr. 523 bezeichneten **Göllersteig** ❷ abzweigen können. Dieser zieht am dicht bewaldeten Nordosthang des Kleinen Göller in vielen Kehren aufwärts, nicht unbedingt moderat, aber für typische Bergwege normal. Auf rund 1400 Metern erreichen wir eine Verflachung mit Unterstandshütte und die Einmündung des Steiges Nr. 10 von Tra-

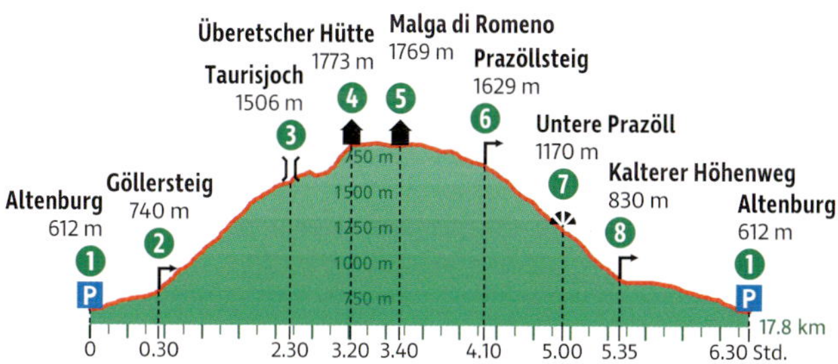

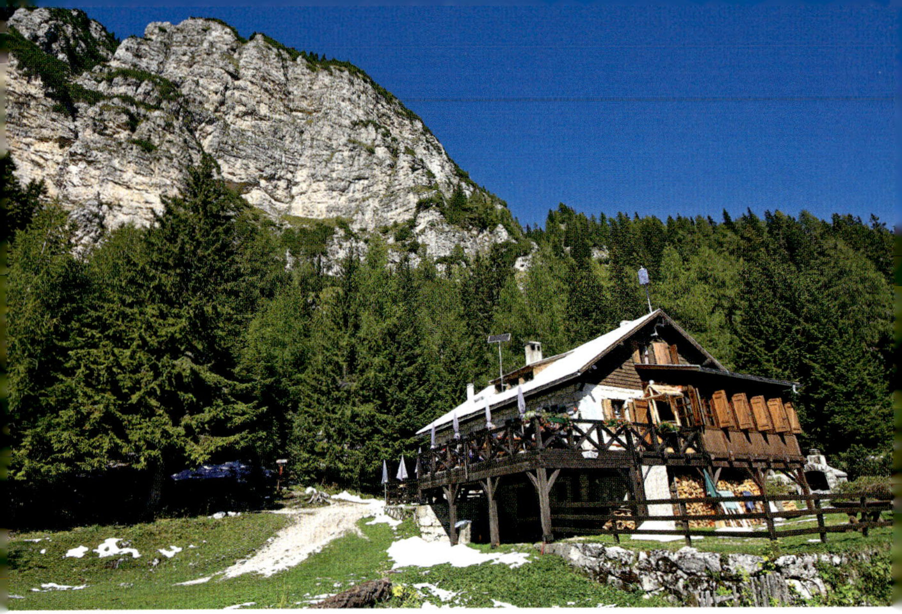

Die Überetscher Hütte mit ihrer schroffen Hintergrundkulisse.

Pfiffig angelegt: im oberen Teil des Prazöllsteigs.

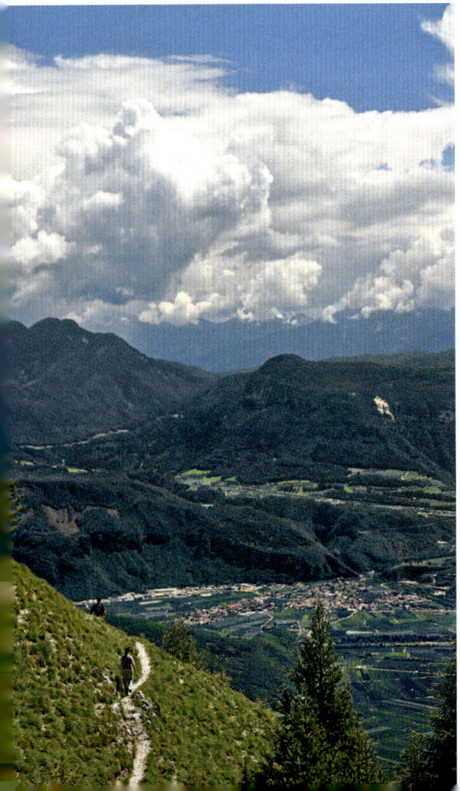

min. Der Göllersteig führt hier scharf rechts weiter, tangiert den Teich am **Taurisjoch ③**, 1506 m, und leitet ein wenig ausgesetzter in die Südflanke des Großen Göller (Paterkopf). In allmählich lichterem Wald werden schließlich die letzten Windungen zum Geländeabsatz mit der **Überetscher Hütte ④**, 1773 m, bewältigt.

EINKEHR

Überetscher Hütte, 1773 m: CAI, Mitte Mai bis Anfang November, 15 Schlafplätze, Tel. +39 338 2820065 oder +39 340 3610785, www.rifugiooltradigealroen.it.

Malga di Romeno, 1769 m: fast ganzjährig bewirtschaftet, Übernachtungsmöglichkeit, Tel. +39 340 1559707.

TOUREN

Monte Roèn, 2116 m: von der Überetscher Hütte über den Klettersteig (T4) oder von der Malga di Romeno über den harmlosen Nordhang (T2), jeweils ca. 1.00 Std.

Schwarzer Kopf, 2030 m: über den Gamssteig (T3+), 1.30 Std. oder als Überschreitung des Monte Roèn.

Die Verbindung zur **Malga di Romeno** ❺, 1769 m, erfolgt vollkommen harmlos über eine fast horizontal verlaufende Forststraße. Anschließend bleiben wir am Weg Nr. 500, wandern an der Kuppe der Pra Martin vorbei und gen Norden allmählich leicht abwärts, bis rechts der **Prazöllsteig** ❻, 1629 m, abzweigt. Mit Nr. 538 steigen wir nun in die südostseitig ausgerichteten Steilflanken ein. Man quert um ein markantes Geländeeck und verliert im aufgelockerten Wald an Höhe. An einer Geländenase schiebt sich ein kurzer Gegenanstieg ein, ehe eine ausgiebige Kehrenfolge tiefer leitet. Bei der Hütte an der **Unteren Prazöll** ❼, 1170 m, dreht die Route nordwärts ab und zieht in dichtem Wald teils schräg, teils weiterhin in Kehren abwärts. Dabei werden mehrere Forststraßen berührt. Wo wir auf den **Kalterer Höhenweg** ❽ stoßen, mit diesem scharf nach rechts, also südwärts. Nach einigen Kurven kommt man zum Ziegelstadel und überquert den Rastenbach. Das allerletzte Stück nach **Altenburg** ❶ ist dann vom Aufstieg her bekannt.

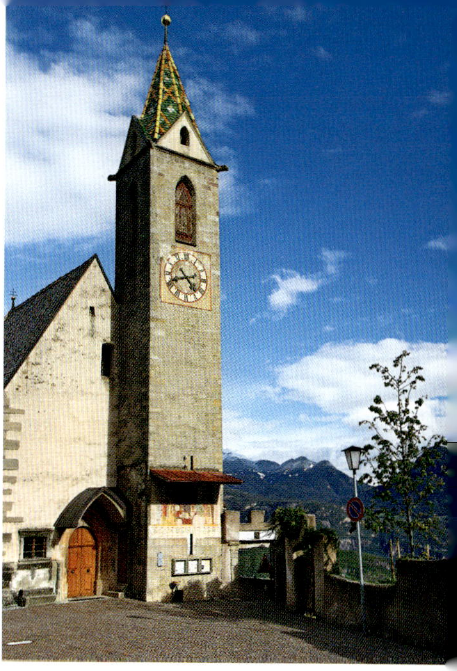

Altenburg bietet sich als Ausgangspunkt für die Überetscher Hütte an.

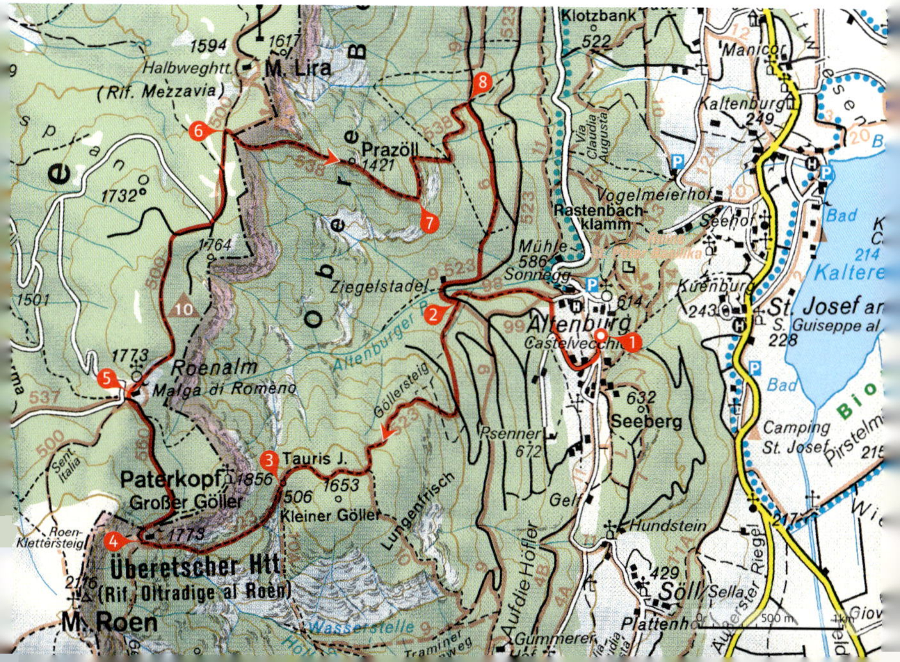

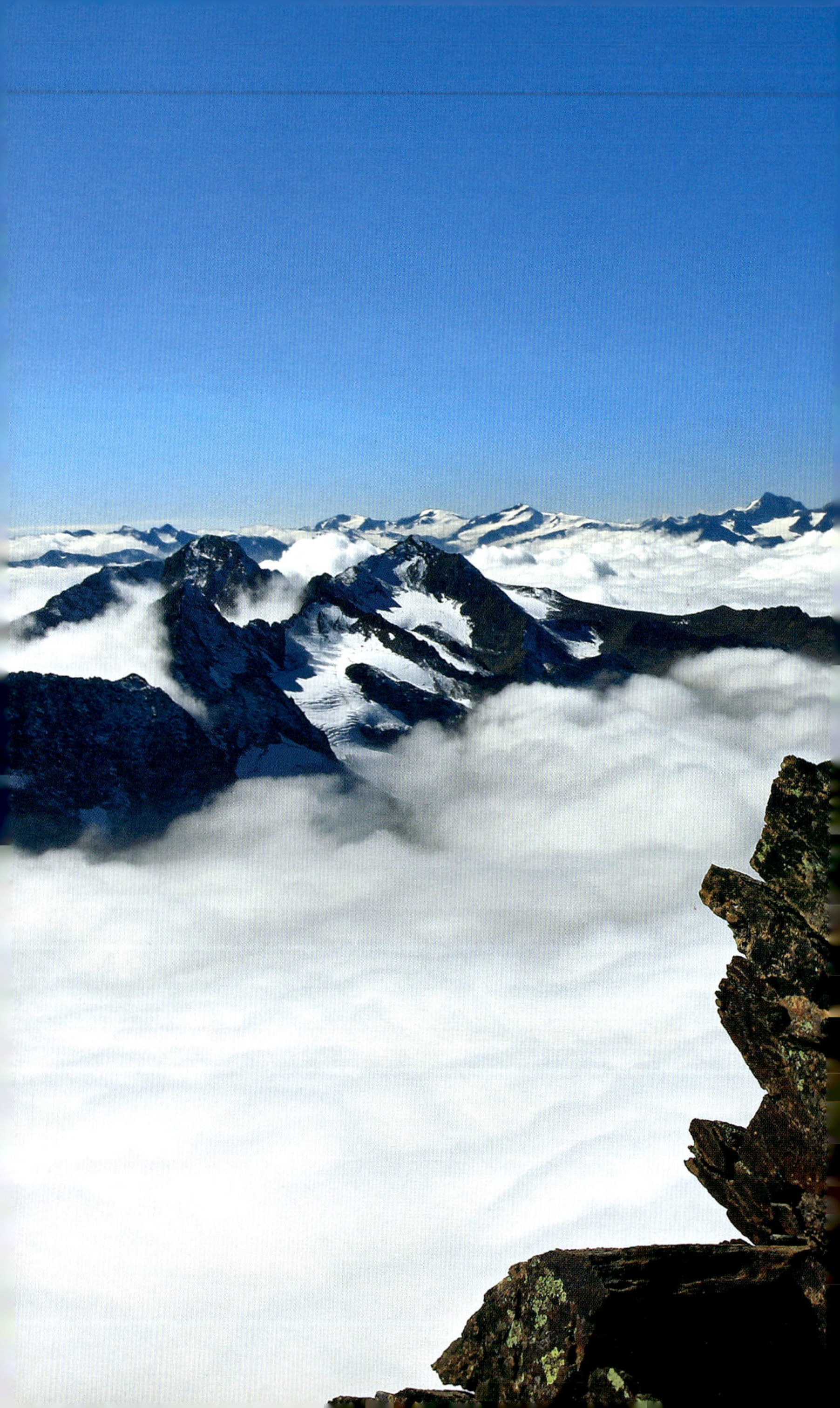

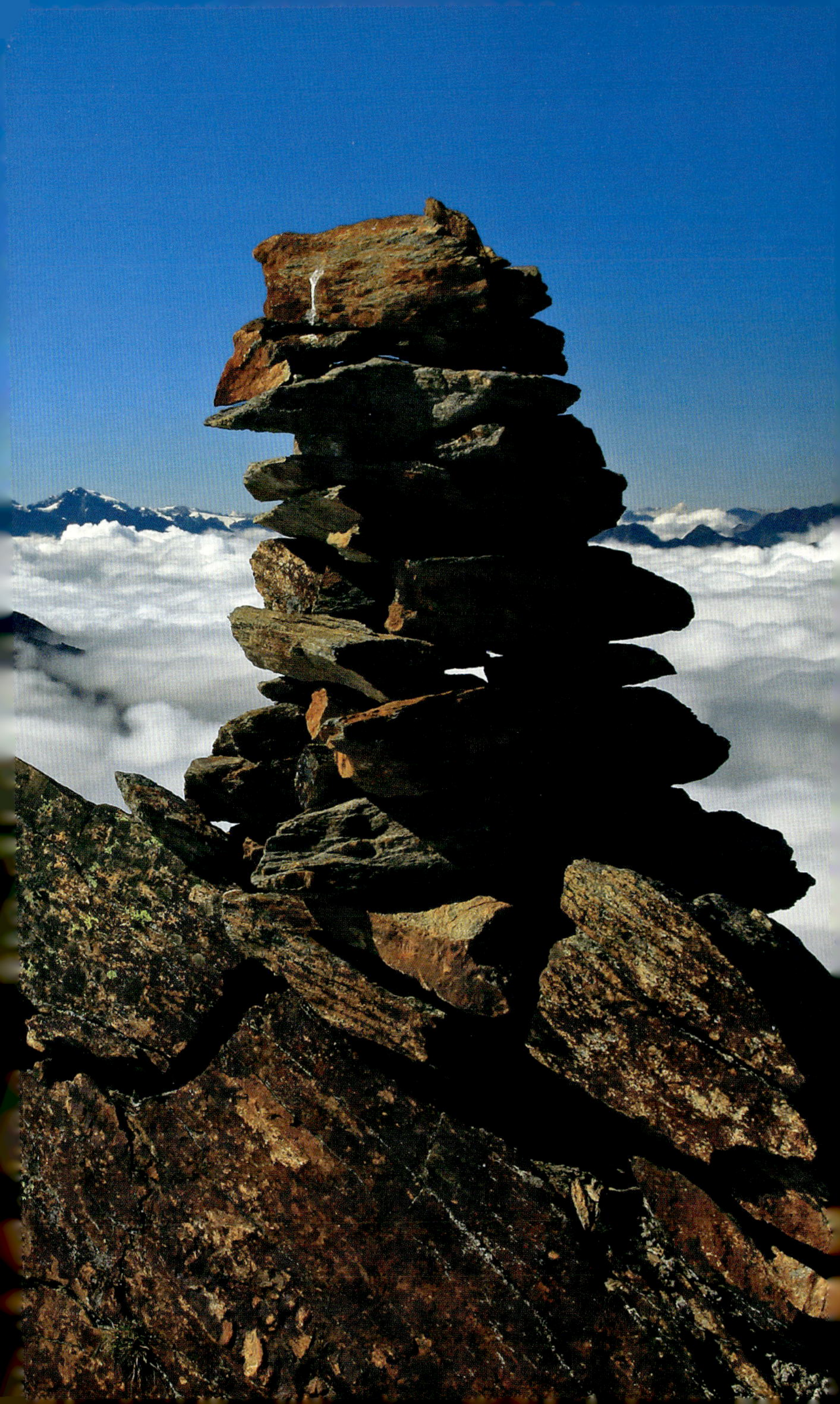

Stichwortverzeichnis

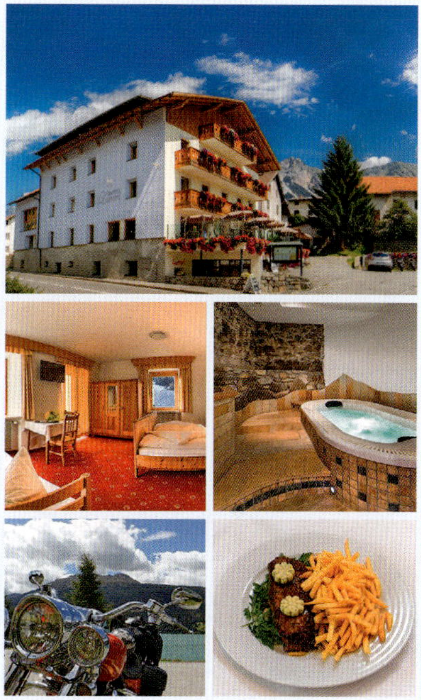

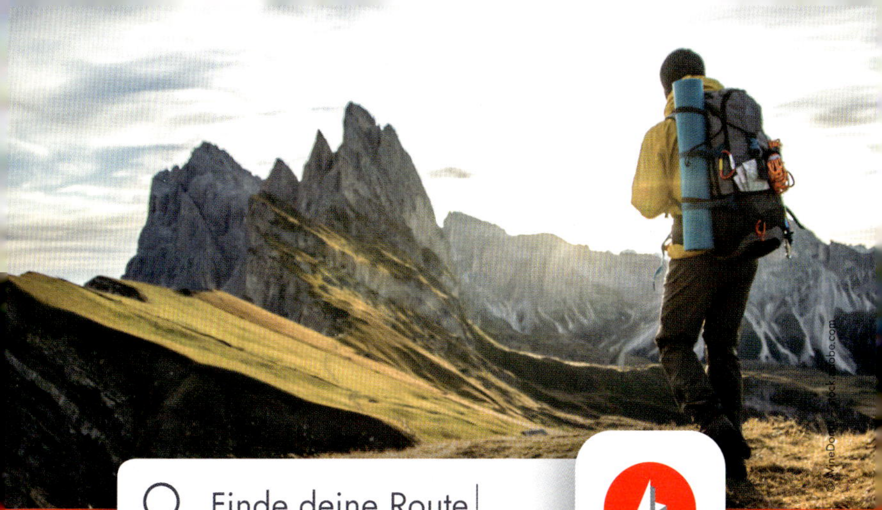

Impressum

Umschlagbild: Weit drinnen im Matscher Tal liegt die Oberetteshütte.

Bild im Innentitel: Beim Aufstieg durchs Zieltal zur Lodnerhütte.

Bild Seiten 36/37: Auf der liebreizenden Berglalm im Schnalstal.

Bild Seiten 224/225: Über dem Wolkenmeer – ein Traumtag auf der Hochwilde, die von der Stettiner Hütte aus bestiegen wird.

Alle 267 Fotos von Mark Zahel.

Kartografie: 70 Wanderkärtchen im Maßstab 1:50.000 / 1:75.000 sowie
2 Übersichtskärtchen im Maßstab 1:500.000 und 1:1.200.000
© Freytag & Berndt, Wien

1. Auflage 2023

ISBN 978-3-7633-3309-7

FSC
www.fsc.org
MIX
Papier aus verantwortungsvollen Quellen
FSC® C021956

Wir freuen uns über jeden Korrekturhinweis zu diesem Wanderbuch!
Bitte per E-Mail an: **leserzuschrift@rother.de**

ROTHER BERGVERLAG · Keltenring 17 · D-82041 Oberhaching
Tel. +49 89 608669-0 · www.rother.de